献给　　劳伦斯·M·弗里德曼
　　　　罗伯特·W·戈登
　　　　威　廉·H·西蒙

为了司法/正义：
法律职业改革

IN THE INTERESTS OF JUSTICE:
REFORMING THE LEGAL PROFESSION

《美国法律文库》编委会

编委会主任 江 平

编委会成员 （按姓氏笔画排列）

方流芳 邓正来 江 平 朱苏力
吴志攀 何家弘 张志铭 杨志渊
李传敢 贺卫方 梁治平

执 行 编 委

张 越 彭 江

美国法律文库

THE AMERICAN LAW LIBRARY

为了司法/正义：
法律职业改革

IN THE INTERESTS OF JUSTICE:
REFORMING THE LEGAL PROFESSION

德博拉·L·罗德　著
Deborah L. Rhode

张　群　温珍奎　丁见民　译

中国政法大学出版社

为了司法/正义：法律职业改革

IN THE INTERESTS OF JUSTICE:
REFORMING THE LEGAL PROFESSION
by Deborah L. Rhode

Copyright © 2000 by Deborah L. Rhode
All Rights Reserved

In the Interests of Justice: Reforming the Legal Profession was originally published in English in 2001. This translation is published by arrangement with Oxford University Press and is for sale in the Mainland (part) of The People's Republic of China only.

《为了司法、正义：法律职业改革》一书英文版初版于2001年。该书中译本经牛津大学出版社授权同意出版，且仅限于在中国大陆地区销售。

本书的翻译出版由美国驻华大使馆新闻文化处资助
中文版版权属中国政法大学出版社，2007年
版权登记号：图字01-2007-0832号

出 版 说 明

"美国法律文库"系根据中华人民共和国主席江泽民在1997年10月访美期间与美国总统克林顿达成的"中美元首法治计划"(Presidential Rule of Law Initiative),由美国新闻署策划主办、中国政法大学出版社翻译出版的一个大型法律图书翻译项目。"文库"所选书目均以能够体现美国法律教育的基本模式以及法学理论研究的最高水平为标准,计划书目约上百种,既包括经典法学教科书,也包括经典法学专著。他山之石,可以攻玉,相信"文库"的出版不仅有助于促进中美文化交流,亦将为建立和完善中国的法治体系提供重要的理论借鉴。

美国法律文库编委会
2001年3月

译 者 序

改革开放30年来，国人对于什么是包括市场经济、股票、基金、高速公路、网络等在内的一切新生事物，可以说已经有了切身体会，甚至都有明日黄花之感。但何谓法治社会，则似并无深刻认识，从早期的立法主义到近十来年的司法独立和法律职业化改革，每一次仿佛都是一旦实现，中国就可跑步迈入法治社会，但每一次总是不遂人愿。以法律职业化改革为例，又出现了脱离国情和群众的批评声调，仿佛又回到1950年代初期发动的针对旧法的司法改革运动中。历史真会如此简单循环吗？还是国人的认知真的出现功能障碍？他山之石，可以攻玉。当此之际，阅读这本美国学者撰写的法律职业伦理著作或可谓正当其时。

黛博拉·L·罗德（Deborah L. Rhode）* 女士现为美国斯坦福大学法学院教授、斯坦福法律职业研究所主任。1970年代罗德教授毕业于耶鲁大学，长期致力于法律道德、性别、法律和公共政策方面的研究，在这些问题上被公认为最权威的美国学者之一，迄今已出版过20本著作，其中关于法律伦理方面的著作的引用率居于首位。

---

* http://www.law.stanford.edu/directory/profile/51/.

译者序

2001年初版的本书是罗德教授关于法律职业伦理方面的一部重要专著，在美国学界有着重要影响。2002年，《斯坦福法学评论》（Stanford Law Review）、《佛德汉姆法律评论》（Fordham Law Review）先后为该书开辟书评专栏和研讨会专栏。甚至在美国图书馆学界，也有人撰写相关书评，讨论书中提到的法律职业改革方案可能给图书馆工作带来的挑战和机遇。

这首先可能是因为该书讨论的问题恰好迎合了当时美国社会的"法律职业危机论"。克林顿总统弹劾案等事件的发生，特别是律师、法官和检察官在司法中的角色和表现，使许多学者认为，美国法律界正在丧失其传统的职业灵魂和精神，鼓励社会公德的法律奉献和在奖励技术竞争基础上的公正审判的价值体系或许已经开始崩溃。但这场危机的罪魁祸首，人们将其简单地归于"法律商业主义"（legal commercialism）。本书则通过大量的实证资料，深入论证了当代美国法律职业危机的根源之一（partial），即这种"以财产的多寡论英雄"的职业文化。在这种职业文化的引导下，带有博弈（sporting）性质的对抗制、排除公众监管的自我规制（self-regulation）体制等使得律师只为富人或者大公司服务，从而最终损害了大多数人的利益（公共利益）。换言之，美国法律职业在规制和法律服务方面所面临的诸多问题，并非是简单的"某些律师个人的不道德行为"，它们是制度性（systemic）、结构性（structural）的。因此，这些问题并非如人们所想像的那样不可避免，而是可以通过制度改革获得解决的。

和许多道德论者不同的是，尽管罗德教授也非常强调法律职业道德的建设，比如她认为需要通过种种办法，使律师对其行为的个人道德责任心内置化、社会化；通过提高律师的伦理标准和道德义务，改变视金钱为唯一评价标准的职业文化，尽可能地降低对抗制等现有制度对公众的危害，但制度建构本身还是最基本和最关键的。

首先，罗德教授认为，需要利用市场竞争去实现法律服务的多元化，限制目前的律师自我管制体系，尽可能地发挥市场竞争机制的作用，从质量和数量上双重满足公众对法律服务的需要。尽可能方便顾客获取法律服务方面的信息。比如，通过制度上的设计使得老百姓可以通过热线电话、法庭的咨询员和简易（walk-in）中心等途径，方便、免费或者低费用地获取法律信息。简单的离婚、遗嘱检验和房产租赁等方面的争议，也可以通过提供信息、形式的简化和程序的流水式作业等途径，促进当事人的自我"代理"。同时，还应该对法律服务进行分类标价，从而使那些无法享用传统的法律服务的潜在顾客获得应有的帮助。律师应该提供一些不用全权代理的"低收费"的服务项目，如对供选择的纠纷解决方案的评估、磋商和谈判技巧的教授，以及其他专家（如会计等）的推荐等。她还主张通过国家立法，打破律师界在法律服务和信息方面的垄断，允许非律师人员（non-lawyer）从事一定的法律服务，包括解决离婚、破产、移民和福利等方面的争议，促进法律服务市场的良性竞争，降低法律服务的价格。

其次，需要更多地关注市场失灵，加强法院对律师渎职行为的审理，引入公众对法律职业的监控，如律师惩戒程序应更多地允许公众参与。也可以借鉴医疗界的做法，顾客可以从"国家信息银行"获得有关律师受惩戒的记录。在制度设计上应更加方便对违纪行为的调查和执行程序的启动。建立一个完全独立于律师协会、由来自各界的成员组成的独立委员会行使律师惩戒权，而不是像以前一样，纪律委员会的成员都来自律师界，在人员和财政方面都受其制约。或者借鉴企业界通行的"质量标准"体系（如 ISO 质量认证体系），制定一个由律师事务所自愿加入、并可依此对事务所作出评价的"最佳执业标准"等。

对于当前中国的司法改革来说，上述观点自不乏借鉴意义。但这只能说明该书在专业层次上的价值，即对有关具体问题的意义。这本书所展示出来的重视例证的研究方法和风格，对于当前中国的法学研究特别是伦理色彩浓烈的法律职业研究，也许更有价值。书中每一个重要问题和观点，几乎都有足够的统计数据佐证。如关于美国法律服务的不足问题，她引用的有关实证资料表明，80%的低收入者和60%的中等收入家庭的民事法律争议都没有通过合理的法律手段得到解决。更有讽刺意味的是，美国拥有世界上最多的律师，却根本无法满足普通民众对法律服务的需要。根据调查，在美国，9000个低收入家庭才拥有一个公共利益律师，但在中等收入或者高收入的家庭中，每240个家庭就拥有一个律师。又如，在讨论律师不满的根源时，作者选择私人律师事务所作为考察对象，因为在美国900万的律师中，大约有3/4的人工作于私人机构，其中绝大部分律师就职于律师事务所；将近一半的私人律师，大约占整个业界人员的1/3，独立执业。其余大部分律师工作于私人企业，其大约占10%，还有大约10%的律师供职于政府部门。

更值得注意的是，作者对统计数据的使用并非照单全收，而是经过一个类似于中国传统学术上的所谓的考据过程。因为调查并非都是可信和科学的，有些调查方法本身就有问题。比如，在律师工作满意度的调查中，当被直接问及对工作的满意度时，大部分律师和大部分美国人一样，普遍持一种积极的态度。美国律师协会组织的对年轻律师的大规模的调查显示，大约3/4的人都对他们目前的社会地位比较满意或者非常满意。美国律师基金会的一项研究也有类似的发现，芝加哥85%的从业律师都对工作很满意，这和全美工人对工作的总体满意度比例相当。但是，这和其他证据显示的相去甚远。所有的研究都发现，绝大部分律师，大约占3/4，都不希望他们的子女长大之后成为律师。基于以上难以分辨的调查结论，研究者指出，直接提问工作满意度易于导致比较正面的回答，如对芝加哥律师的调查主要依靠口头访问完成，而绝大多数人都不愿意对陌生人甚至对自己承认，他们对当前的环境不满意。要他们承认自己做了错误的选择或者没有采取行动去改善自己的状况是很困难的事情。能够更真实地探究律师满意度的举措主要来自于间接提问。例如，他们是否或何时准备更换工作；如果他们面临一个更好的选择，他们是否愿意更换工作；如果允许他们再次做出选择，他们是否会为自己或者自己的孩子选择同样的职业。用这些尺度来衡量，律师显得有很大的不满。在对女性律师的职业和家庭两难状态的研究上也充分体现了上述特色。作者在书中提出法律服务应多元化的观点，在研究方法上作者可谓已亲身实践了这一点。

有论者认为本书作者对美国法律职业现状的批判是"辛辣之旅"。笔者更倾向于认为这是正义感使然。当然，这不是简单的感情用事,而是如上文指出的,有着充分的理性思考和调查论证。如在分析对抗制的传统观点时,作者指出,很多纠纷都没有达到诉讼这一阶段,即使是那些真正的诉讼,90%以上都在审前得到和解;即使是那些经过庭审的案件,也很少符合那种被律师们理想化了的对抗制程序(adversarial processes)模式。因为对抗制有一个基本前提,即对抗的双方具有大体相当的动机、资源、能力以及获得相关信息的机会。但是,在一个贫富差距悬殊、诉讼成本高昂以及人们不能获得均等法律援助的社会,上述条件与其说是一种原则,不如说是一种例外。律师经验和辩护技巧的差异会扭曲审判结果,委托人之间的资源差异则使这一问题更为复杂。法律如生活,富裕的人总能拔得头筹。因此,对抗制的缺陷是不容讳言的。针对一些律师精英的回答"解决这一问题的办法,不是要求律师代表除委托人利益之外的其他利益,而是采取恰当的措施确保所有利益都得到有效的代表",作者明确指出,在现实生活中,这种代理如何才能实现并获得经济保障,往往被巧妙地忽略了。又如援助律师未能有效履行职责又缺乏有力约束的问题,作者例举了律师打瞌睡的案件。在德克萨斯州的一次死刑审判中,被告律师竟认为证人的证言"乏味"而多次睡着,而且他仅仅花了5个小时来为审判作准备。德克萨斯州上诉法院对此的推论是,睡觉这一决定很可能是该律师博取陪审员同情的一种"策略性"技巧。一位对该判决进行复审的联邦法院法官则认为,宪法规定人人有权自主选择律师,但宪法并没有规定律师不得睡觉。其他法官则对此持相同看法。在法庭上打盹的例子已经非常普遍,以至于法理学已经发展到去判定何种程度的打盹是宪法所允许的。

一些法庭甚至采用了三段论的分析方法：律师是在反复和长时间地睡觉吗？律师实际上是无意识的吗？律师睡觉使关键的辩护利益受到损害了吗？至于辩护中的偷工减料更是公开的秘密。

作为一本专门讨论美国法律职业伦理的著作，本书考察的范围是全方位的，其向我们展示了美国法律职业中律师、法官、委托人等各个方面的问题及其根源，在某种程度上也展示了一个法治社会的真实面目。其中有些问题已经在我国的司法实践中出现，有一些似乎还离我们很远，有一些则是在我国体制下可能根本不会发生的。但本书的意义也恰在此处。它证明，即使在法治最为完备的国家，对权利的侵害永远都不会绝迹，即使是一些用来维护权利的制度也可能变质甚至发生反作用，因此，需要不断地为权利而斗争。每一代人所能做的都只是历史赋予其的时代使命而已。法治社会既不可能一蹴而就，更不可能一劳永逸。

最后，衷心感谢中国政法大学出版社的信任，让我们有机会向中国法学界介绍这本美国一流的法律职业伦理著作，更要感谢责任编辑的耐心，让我们有比较宽裕的时间修改译稿，虽然直到现在这一刻也未臻满意。

特别感谢我的同门师兄、现任江西省高级人民法院研究室副主任的温珍奎博士（第一、二章的译者）和现任南开大学美国历史与文化研究中心副教授的丁见民博士（第七、八章的译者）慨允参与合作。

此外，李冰芬学友不辞辛劳提供了部分章节的译稿，我的博士同学苏苗罕、陈亮、袁翔珠、李辉、杨柳等在修改过程中给予了慷慨而睿智的帮助，香港黄海如律师（现为北京大学法学院博士生）利用她丰富的英美法知识为定稿作出了贡献。上海交通大学法学院李学尧副教授是国内最早评价本书的学者，他的有关论著对译者教益甚多。可以说，没有上述朋友的支持和帮助，我是无力完成这一任务的，谨在此致以衷心的谢意！由于笔者学养有限，译稿中一定还存在许多错误，敬请广大读者不吝指正。

张　群
2008 年 11 月 15 日

作者致谢

在一本有关司法/正义的专著中，要公平对待帮助或促成这个项目开展的所有人是一项巨大的挑战。多年以来我所积累的亏欠是我现在的致谢所不能弥补的。但是，这本书的最终出版得到了一些人的直接和难以衡量的帮助，值得专门在此指出。牛津大学出版社的编辑汤姆斯·勒·比安（Thomas Le Bien）和德迪·费尔曼（Dedi Felman）以其深刻的洞见和良好的判断从始至终引导着项目的开展。我的许多同事——理查·亚伯（Rechard Abel）、芭芭拉·巴布科克（Barbara Babcock）、保罗·布勒斯特（Paul Brest）、帕梅拉·卡兰（Pamela Karlan）、安东尼·克龙曼（Anthony Kronman）、罗勃特·法兰克（Robert Frank）、大卫·卢班（David Luban）、茱迪思·雷斯尼克（Judith Resnik）和保罗·特朗布莱（Paul Tremblay）也给予了精当的评论。斯坦福大学的图书馆馆员，尤其是保罗·洛米奥（Paul Lomio）和埃里卡·韦恩（Erika Wayne），以及学生研究助理，尤其是赖安·福特森（Ryan Fortson）、约书亚·克莱因（Joshua Klein）和肖恩·菲托尔（Shawn Vietor），不辞辛劳地贡献出了他们的时间和才智。我的助手玛丽·泰伊（Mary Tye），始终抱着无比的耐心、高度的幽默感和强大的判断力忍受着似平无穷无尽的手稿。本书还要献给评审全部书稿的三位同行：劳伦斯·弗里德曼（Lawrence Friedman）、罗勃特·戈登（Robert Gordon）和威廉·西蒙（William Simon），他们的工作为本书添色不少。当然，本书，与我的所有其他作品一样，要献给拉尔夫·卡瓦纳（Ralph Cavanagh），如果他愿意的话。他的支持和洞见简直无所不能。

/目录/

I	译者序
IX	作者致谢

1	第一章 律师业和公共利益
4	公众眼中的问题
12	律师眼中的问题
26	问题和对策

35	第二章 律师及其不满
37	抱怨的动因
43	律师执业部门的结构
48	利益优先
61	精英的神话
73	替代性机制

80	第三章 律师在抗辩制度中的角色
83	律师角色的演进

86		派别的前提
95		职业利益与忠于当事人原则的实践
106		忠于当事人原则的代价
109		律师角色的重新定位
115		疑难案件
131	**第四章**	**美国司法公正的"竞技理论"**
133		司法程序的"病理"及"处方"
154		与证人的关系
167		秘密
182	**第五章**	**太多法律,太少公正:太多修辞,太少改革**
183		律师超员
187		讼案如山
195		太多法律
196		吓人的费用
204		太滥修辞
207		太少的选择:替代性纠纷解决程序
214		律师之外别无他途
225	**第六章**	**对律师业的监管**
226		监管的理论基础
230		广告和推销
234		律师资格

243	法律继续教育
247	执业能力和执业纪律
258	专业失职行为
264	收费

289	**第七章　法学教育**
292	法学教育体制
299	多样性
307	教育方法和重点
312	职业责任
318	职业价值与义务机会

| 324 | **第八章　职业改革** |

| 333 | 索　引 |

第一章

律师业和公共利益

律师的行业声望持续下滑，它受到业内外的批评也越来越多。人们开始感觉到，律师不再有昔日的"尊贵与荣耀"，而是"浑身沾满铜臭"。这种看法最早出现在 1895 年，但此类慨叹在此前的一百多年左右已初显端倪。当前人们都倾向认为，律师业已经"迷失方向"、"误入歧途"，而且"危机重重"。这些断言典型地揭示了人们对美好律师时代的向往：在那个时代里，法律不是商业买卖，而是神圣使命。如果要说律师堕落了，那么律师业出现之初就堕落了。两千多年前，塞涅卡（Seneca）就指出，辩护律师是社会不正义的帮凶，"他们猖狂扼杀社会正义"。柏拉图则谴责他们是"卑微恶毒的小人"。[1]

---

[1] *American Lawyer*, quoted in Marc Galanter and Thomas Paly, in *The Law Firm and the Public Good*, ed. Robert A. Katzmann (Washington, D. C. : Brookings Institution, 1995) , 19, 38~39; Seneca, quoted in "Special Law Firm Report: Quality of Life," Online Exchange, *Legal Times*, April 1, 1996, S39~40; Plato, *Theatetus* in *The Dialogues of Plato*, 2 vols. , trans. Benjamin Jowett (New York: Random House, 1937) , 2: 143.

在这种历史背景下,对律师行业的批判很容易被误认为老生常谈。我们既不能过分夸大最近这些批判言论的新颖性,也不能低估它们的重要性。人们对法律实践的怨恨由多种结构性因素造成,而且这些结构性因素越来越难以抵挡。有些来自法律服务市场本身,如律师行业(the bar)的规模扩大、竞争加剧。有些则来自更宏观的文化潮流,这些文化潮流不断强化商业的优先地位,销蚀社会责任感。所有这些因素都拉大了职业理想与职业现实之间的差距。

奥登(Auden)曾经俏皮地说,律师们"正向滚滚的财富奔去",他们对社会正义的价值不再感兴趣——最初,正是这种对社会正义的价值追求把他们领进了法律的殿堂。法律职业问题又被司法体制问题进一步复杂化了。大多数美国人认为,当前司法体制极难驾驭、难以理解,让人难以承受。在过去的20多年里,贫富差距日益扩大,很少有律师愿意代理只收取基本费用的案件。法律代理中的不平等又加剧了法庭辩护中的不平等。《纽约客》(New Yorker)的一幅漫画非常形象地描绘了这个过程:衣着光鲜的律师问当事人:"皮特金(Pitikin)先生,您能买多少斤正义啊?"

最令人沮丧的事情莫过于,当前社会公众和律师界对问题的认识相差悬殊,而且都未发现问题根源所在。律师和非律师虽然对有些问题看法一致,但他们各自的先见和解决问题的方法却相距甚远。然而,有一点非常相似,即不管律师抑或社会公众,都既不愿谈及问题的结构性根源,也不愿意采取行动进行改革。结果是雷声大,雨点小,问题依旧。

本书力求更清晰地勾勒律师业所面临的挑战,主要集中在法律实践的条件、辩护律师的地位、辩护制度、法律服务的配置、律师行为的规制和法律教育体制等。这些问题对社会公众和律师都非常重要。法律和律师在美国社会生活中举足轻重，法律实践问题是我们所有人共同关注的问题。本书一个主要的研究缘起就是社会公众的利益根本无法左右律师的职业责任感，因为律师行为规范都是律师自我设计、自我服务的产物。

但这也不是说该律师体制完全服务于自我。众所周知，律师和法官共同致力于保护社会公众，共同致力于规制律师行业。律师协会的领导们也清醒地意识到，如果律师只图谋取私利，社会公众肯定将不再赋予他们制定规则的权力。不管动机多么美好，律师自我规制都摆脱不了他们的律师地位所决定的经济、心理和政治的制约。美国律师协会的发展史表明，律师们也不能免俗，在利益发生冲突时，他们也有维护自我利益的天性。

长期以来，人们忽视了这种自我规制过程中的自利倾向。美国律师守护着美国的政治制度、社会制度和经济制度，对他们的规制也受到社会的广泛关注。虽然对律师的抨击屡见不鲜，但颇有见地的批评和有深度的反击却不多见。本书的目的在于，促使更多律师和社会公众深入探究两者之间出现利益分歧的原因。因此，本章从律师业内外相互竞争的角度考察律师所面对的困难和问题。

这种考察当然不会很全面。本书虽然提出了一些改革的议题，但重点关注的是律师业存在的问题和困难，对律师业的成就着墨不多，因为乌云遮不住太阳。在美国民主进程中，律师也作出了许多杰出的贡献。他们是美国政治体制的设计师，这套体制已经成为世人的样板；他们领导了美国历史上几乎所有追求社会正义的重大运动。但既有成绩不能是骄傲自满的根据，他们在为了追求自身和当事人的利益的同时，也经常牺牲社会公众的利益。美国律师要应对所面临的挑战，唯有从根本上改革律师职业责任制度和律师职业规范。

公众眼中的问题

"提及律师妖魔化问题，我们几乎无话可说。"这是伦兹（Lunz）公司1999年提交给政府官员的施政参考中的建议，其并非毫无理由的。公众对律师的不满，罄竹难书。然而，事实也经常如此。随着时间的流逝，有些不满不再存在，有些不满则依然故我。从最近调查的结果，并参考大众文化的批评和讽刺所指来看，当前主要有两个问题：第一个是律师的道德品质问题；第二个是辩护律师的地位及辩护体制问题——辩护体制在一定程度上也制约着律师的道德。[2]

在律师的道德品质中，最为社会公众所诟病的就是贪婪。对律师曾经有一个经典的定义："博学多才的绅士，从您对手那里夺回财产并据为己有。"虽然这是老皇历，但仍然得到广泛认同。大约有3/5的美国人认为律师贪婪，有1/2至3/4的美国人认为律师收费过高。美国人还有一点共识，就是律师办理的许多案件可以由没有律师执照的人来办理，费用也更低廉。[3]

社会公众对律师道德品质的另一大诟病是忠诚。美国律师协

---

〔2〕 Lunz Research Companies, *The Language of the Twenty-first Century* (Arlington: Lunz Research Companies, 1999), 128.

〔3〕 Gary A. Hengstler, "Vox Populi," *ABA Journal*, September 1993, 60; "New Mexico's Legal System Reviewed," *Legal Reformer*, fall 1997, 5; Deborah L. Rhode, "The Delivery of Legal Services by Nonlawyers," *Georgetown Journal of Legal Ethics* 4 (1990): 209.

会（ABA）的调查结果显示，仅有1/5的受访者认为律师"诚实和讲道德"。在另一个研究报告中，这一比例还要低。律师的道德水准远远低于其他从业人员，如医生、警察和企业高级管理人员。但律师的位置排在二手车销售商之前，不过相差不远。[4]

其他道德品质问题还包括傲慢、粗鲁以及冷漠。美国律师协会的研究表明，认为律师"体贴、富有同情心"的美国人不到1/5。漠视委托人利益是律师管理机构受理的最多投诉之一。对律师冷漠、傲慢的投诉尤多见于弱势群体，如穷困潦倒的刑事被告，但许多地位显赫的商业当事人也对他们时有不满。基于此，对90%~95%的受访美国父母不希望子女当律师也就不感到奇怪了。[5]

确实，我们很难区分社会公众对法律职业的诸多不满，哪些是社会公众对法律规范、法律制度的不满，哪些是对律师的不满。由于美国律师界对法律制度享有很大的发言权，因此，它也要对这些不满承担相应的责任。对律师的不满，集中表现为对律师们不分是非都予以辩护的不满，因为他们经常不顾社会的道德感受为他的委托人服务，为某种事由辩解。人们仍然十分赞赏19世纪

---

[4] Hengstler, "Vox Populi,"62; Randall Samborn, "Anti-Lawyer Attitude Up", *National Law Journal*, August 9, 1993, 20; Stephen Budiansky, Ted Gest, and David Fisher, "How Lawyers abuse the Law," *U. S. News and World Report*, January 30, 1995, 50; Leslie McCartney and David W. Moore, "Annual Honesty and Ethics Poll," *Gallup Poll Monthly*, October 1994, 2; Leslie McCartney, "Gallup Poll Releases,"(November, 1999), http://www. gallup.

[5] Hengstler, "Vox Populi,"62; Janet Stidman Eveleth, "Perception Is Reality,"*Maryland Bar Journal* (July/August 1994): 7; Roy B. Fleming, "Client Games: Defense Attorney Perspectives on Their Relations with Criminal Clients," *American Bar Foundation Research Journal* (1986): 25; Paul M. Barret, "Poll Finds New York Law Firms Cost Too Much and Are Arrogant," *Wall Street Journal*, November 11, 1996, interactive ed.; Samborn, "Anti-Lawyer Sentiment Up,"20.

6 为了司法/正义：法律职业改革

英国社会批评家麦考利（Macaulay）勋爵对律师的质问："你们怎么可以为了钱而公然做对祖国不道德或不名誉的事呢？"在接受民意调查的美国人中，有 2/3 的人认为，律师已不再"追求正义"，而是死抠细节，为犯罪嫌疑人开脱罪责。[6]

人们还指责律师们企图利用繁琐的制度设计谋求经济上的好处和精神上的不朽。不管是议会游说分子、立法者抑或法官，这些法律职业共同体的成员已经缔造了一个非常复杂、昂贵，又非常容易被滥用的制度。报纸专栏作家阿特·布赫瓦尔德（Art Buchwald）调侃说："在这个国家，搅动司法制度的不是那些坏律师，而是那些好律师。……如果双方的律师都非常能干，一个三天就能解决的案子—不小心就会打上半年。"大多数美国人都有同感。在接受民意调查的人群中，认为诉讼成本过高、诉讼时间过长、富人受到的待遇更好的超过了 3/4。[7]

人们还要求律师对法律的泛滥负责。在过去的 50 年里，法律规制无处不在，简直就是不速之客。各种说法不绝于耳，有人说，有些争议大得法院都无法解决；又有人说，有些争议简直太小了；还有人说，有些争议压根儿就不是什么争议。大多数美国人指责律师好讼成风，以致有 3/4 的人觉得美国的律师太多了。这个话题催生了许多幽默："新泽西为什么这么多有毒有害垃圾，加利福尼

---

[6] Thomas Macaulay, *The Works of Lord Macaulay*, 6 vols., ed. Lady Travelyan (Boston: Houghton, 1900), 6: 135, 163; Hengstler, "Vox Populi," 60; Samborn, "Anti-Lawyer Sentiment Up," 1; American Bar Association (ABA), *Perceptions of the United States Justice System* (Chicago: American Bar Association, 1999).

[7] Buchwald, quoted in Frances Zemans and Victor Rosenblum, *The Making of a Public Profession* (Chicago: American Bar Foundation, 1981), 3, 5; ABA, *Perceptions*, 59; "Confidence Game," *ABA Journal*, July 1999, 86.

亚这么多律师？因为新泽西抢了先。"[8]

长期以来，社会公众的这些认识已经成为阻滞法律职业进步的根源。有人问及什么是法律职业所面临的最大问题时，律师们一致认为法律职业的公共形象和社会信任居于问题之首。大多数接受民意调查的人士认为，社会公众对法律职业的负面评价是"因为不了解所造成的，也基本上是不公正的"。探究问题根源的观点众多，律师界倾向于认为新闻媒体要负担大部分责任。好莱坞大片把律师丑化成贪婪、卑鄙的小人，报章杂志也热衷于歪曲事实的报导。纽约律师协会的领袖们说，律师界里极少数"恶劣分子"的恶行被刊登在杂志封面头条，法律界里"那些数不胜数的英雄美德被忽视，没有被社会公众关注"。被媒体曝光的那些"恶劣分子""是最蹩脚的推销员……他们不知道为自己无私的行为做任何形式的宣传"。为了降低律师费用，许多执业律师提供了大量援助，花费了大量时间，有时"得到的报酬甚至还要低于最低保障工资标准"。律师协会领袖们唠叨得最多的就是，"没有任何其他行业能够在时间和金钱上有如此大方"。但他们没有做进一

---

[8] Tony Mauro, "Lawyers' Top Topic: Public's Perception," *USA Today*, August 10, 1993, 3A.

步说明。[9]

律师界对社会公众观念的反应也有些问题。律师协会领袖们的许多言辞与他们所驳斥的新闻媒体一样,也经常故意夸大其辞。如果以工作时间、劳动报酬、社会捐赠作为行业比较的标准的话,律师肯定不可能博得无私奉献的头彩。律师的收入居于高收入排行榜的第二位,而接受民意调查的律师们每年支出的社会捐赠费用不到85美元。很多执业律师没有为穷人捐款,也没有为社会公共事业贡献力量,律师界每年提供的义工平均每周不到30分钟。律师的过分谦虚可能也是其社会形象欠佳的原因之一。在社会公众眼中,律师非常善于博取社会名声。为了宣传自己的服务,律师界每年支付的广告费已经超过了5亿美元,律师协会的社会公关活动也花费了大笔资金。[10]

律师协会进行社会公关活动的理由是:公众的无知、新闻媒

---

[9] Amy C. Black and Stanley Rothman, "Shall We Kill All the Lawyers First? Insider and Outsider Views of the Legal Profession," *Harvard Journal of Law and Public Policy* 21 (1999):835,856; "Law Poll: Lawyers Concerned about Their Image and Credibility," *ABA Journal*, April 1983, 440; Wes Hanson, "Lawyers, Lawyers, Lawyers," *Ethics: Easier Said than Done* (Josephson Institute newsletter), 1993, 23~24, 38; Robert L. Haig, "Lawyer Bashing: Have We Earned It?" *New York Law Journal*, November 19, 1993, 2; Laurence Gerber quoted in Chris Klein, "Poll: Lawyers Not Liked," *National Law Journal*, August 25, 1997, A6; Ed Garland, quoted in Bill Rankin, "Nation's lawyers Seeking to Polish Tarnished Image," *Atlantic Journal and Constitution*, August 9, 1993, 4; Haig, "Lawyer Bashing," 2. See also Jerome J. Shestack, "Respecting Our Profession," *ABA Journal*, December 1997, 8.

[10] See Deborah L. Rhode, "Cultures of Commitment: Pro Bono for Lawyers and Law Students," *Fordham Law Review* 67(1999):2415; Administrative Board of The Unified Court System, *Report on the Pro Bono Activities of the New York State Bar* (New York: 1999); Richard L. Abel, "Revisioning Lawyers,"in *Lawyers in Society: An Overview*, ed. Richard L. Abel and Philip S. C. Lewis (Berkeley: University of California Press, 1995), 14; ABA, *Lawyer Advertising at the Crossroads* (Chicago: ABA, 1995), 51; Saundra Torry, "A Million Dollar Campaign to Love the Lawyers,"*Washington Post*, May 24, 1993, F7.

体的歪曲报导已经成为律师形象欠佳的主要问题。这点很令人怀疑。实际上，与律师协会的研究结果相反。大多数对律师印象不佳的人，恰恰都是知识和阅历非常丰富的人。公司委托人对律师的批评最为激烈。相反，那些对律师职业和法律制度知之甚少的，以及那些主要从电视上获得律师信息的人，对律师的印象却出奇地好。根据这种情况，人们有充分的理由相信，绝大多数电视里描绘的律师形象还是正面的。因此，问题的关键不是宣传误导的结果，而是律师行为的结果。前律师协会主席歇斯泰克（Jerome Shestack）认为，社会公关活动"不是问题的答案。花费令人咂舌，收获值得怀疑，理念也缺乏职场新意"。[11]

解决问题的难度远非社会公众和律师所能想象。公众对律师的不满在很大程度上是法律制度所造成的，而不是因为律师们做错了什么，而且这种情况暂时还无法改变。法官因为案件而疲于奔命，法庭因为案件而财政吃紧，甚至最好的纠纷解决机制都不能排除社会的不满。与律师打交道的人群经常都处在郁闷之中：离婚、破产、个人伤害或者合同纠纷。这些不愉快肯定会影响人们对律师的看法，因为律师正从他们的不幸中获益。律师经常要转达那些令人不快的法律信息，因此，当司法制度无法实现人们所期待的公正时，律师就必然要成为社会怨恨所发泄的对象。

美国辩护制度更是加剧了公众的不满。官司很少能够双赢，败诉方经常指责律师。但指责的对象也不仅仅是——或者主要是

---

[11] Hengstler, "Vox Populi," 62; Black and Rothman, "Shall We Kill the Lawyers?", 854; Jerome Shestack, "Respecting Our Profession," *ABA Journal*, Dec 1997, p. 8. Only about two-thirds of surveyed corporate clients felt lawyers deserved to be called "professional." ABA, Commission on Professionalism, "*...In the Spirit of Public Service*": *A Blueprint for the Rekindling of Lawyer Professionalism*(Chicago: ABA, 1986), 3.

律师。在接受民意调查的人群中,有2/3至3/4的人对自己所聘请的律师感到满意。公众的不满主要集中在对方当事人的代理律师滥用权利以及司法制度在制止这种滥用方面的无能。正如一位专栏作家所说:"如果你每次住院治疗时,你的主治医生想方设法割你的阑尾,而站在边上的其他家伙的主治医生却想方设法要把它塞回去,你不也会痛恨医生吗?"[12]

无论如何,有一点是明确的,即社会公众期待建立一个新的体制,在这个体制中,律师扮演完全不同的角色。美国人也是自相矛盾的。很多人认为,美国现行司法体制即使存在这样那样的问题,也仍然是世界上最好的司法制度。很多人也批评律师过于积极地为犯罪嫌疑人和其他不受欢迎的被告人辩护,但他们同时又希望,一朝官司缠身,律师必须卖力。在其他涉及法律事务的地方,美国人也经常如此,既讨厌对方的律师,又希望自己的律师卖力。社会公众对律师最积极的评价之一是他们对委托人的忠诚;对律师最消极的评价之一是他们经常为了委托人利益而是非不分地玩弄司法。人们痛恨刀客,又需要刀客。[13]

社会公众在金钱和正义之间也极为矛盾。令美国人民感到愤懑的是,法律的服务越好,收费越高,法律已经沦为有钱人的工具。但美国人也不欣赏改变这一不平等局面的做法。平等与正义仅刻在法院大门上,而不是落实在社会政策里。美国对法律服务的投入远远低于其他西方国家。据律师协会的研究估计,超过4/5

---

[12] Hengstler, "Vox Populi, " 61; Samborn, "Anti-Lawyer Sentiment Up, "24; ABA, *Perceptions*, 59; John Hou, quoted in *San Francisco Chronicle*, May 29, 1995.

[13] ABA, *Perceptions*, 59; Robert Post, "On the Popular Image of the Lawyer: Reflections in a Dark Glass," *California Law Review* 75 (1987): 379, 380.

的低收入家庭和1/3的中等收入家庭的法律服务需求得不到满足。丹佛一位从事法律援助的律师说:"比穷人更少见的是带着律师的穷人。"我们哀叹司法制度中的不平等,但又不愿改革。作为一种文化,我们更倾向于指责律师的贪婪,而不愿承认自己也是如此。[14]

虽然社会公众对律师的不满有些是偏激的,有些是错误的,但也并非所有不满都是空穴来风。后面的章节将揭示,对律师行为及其规制的诸多批评都是言之有据的,诸如在高额收费、规诫机制滞后、行业垄断过度保护等问题上,美国社会公众的态度都毫不含糊,言之凿凿。又如在律师的狂热的辩护问题上,虽然社会公众中存在着较大的分歧,但那些与律师接触很多,对律师工作很熟悉的人们还是对他们感到严重不满。[15]

至于大多数的职业规制问题,关键不在于社会公众是否知情或者是否有决定的权力,而是因为他们缺乏组织,缺少参与。对大多数美国人而言,这些都不是主要的问题。直接与律师打交道的人群数量十分有限。经常与律师打交道的人群都是单位委托人,它们可以把高昂的法律服务费用计入营业成本。虽然律师过分滥用权力或者律师同行之间的竞争偶尔也会引发社会公众的反抗,但是非法律专业人士通常都因为缺乏激励机制而难以组织起来挑战律师行业的成规。

---

[14] Rhode, "Cultures of Commitment, "2420~21; Legal Services Corporation, *Serving the Civil Legal Needs of Low Income Americans*, (Washington, D. C.: Legal Services Corporation, 2000), 12; Roy W. Resse and Carolyn A. Eldred; Jonathan Asher, quoted in Brian Sullivan, Chris Zombory, and Kali Sabins, "So They Say," *ABA Journal*, November 1995, 37.

[15] Deborah L. Rhode and David Luban, *Legal Ethics* (Westbury, N. Y.: Foundation Press, 1995), 673~81, 691~703, 855~63.

相反，律师界对律师行为的规制问题积极性很高，甚至不惜牺牲自己的利益来阻止社会公众的反应。这些虽然不是现行律师管理体制中的唯一问题，然而由于律师协会在政策制定过程中发挥的重要作用，使问题变得复杂起来了。除非法律职业共同体中的所有成员——律师、法官或者立法者——就改革问题达成共识，否则前景将十分渺茫。然而，改革时机从未像现在这样有利。社会公众对律师职业的现状极端不满。问题的关键在于如何从更务实的角度重新审视律师的冷漠问题，以及找到如何弥合律师与社会公共利益之间裂痕的有效路径。

律师眼中的问题

当前，人们对律师执业的追问颇像一出中世纪的道德剧。大多数律师杂志的语调十分乐观，行文也非常务实，热衷于讨论金钱和地位、成功和失败、鼓吹和行动。但每过一段时间都会警告人们：律师的道德水准正在下降，律师职业良心正在迷失。繁荣的代价很高，许多律师好像都在"寻找他们失去的假发套"。[16]

这些互相矛盾的现象让人闻到了当前律师执业活动中的火药味。很大程度上，律师不是社会不满的根源，因为没有哪个职业能够像律师那样为财产安全和社会影响提供帮助。没有哪个国家的律师能够像美国的律师那样在经济和社会决策中发挥重大作用。没有哪个历史时期的律师职业能够像现在的律师职业那样这么多元，这么不分肤色、性别、宗教信仰和种族地向有才华的人士开

---

[16] Norman Redlich, quoted in the Committee on the Profession, Association of the Bar of the City of New York, "Is Professionalism Declining?" *Record* 47 (1992):129.

放。如果直接问律师们的社会地位如何，绝大多数律师会回答"满意"。本书第二章曾经给人们描绘了一些令人不快的场景。大多数律师说，如果可以重新选择的话，他们将会选择其他职业；3/4 的律师不希望子女继承父业。只有 1/5 的律师认为，法律满足了他们服务社会的愿望。律师的职业病也经常表现为身体不适。据估计，美国有 1/3 的律师或意志消沉，或酗酒成性，或吸毒成瘾，这个数字要高出普通社会公众平均数的 2 至 3 倍。[17]

虽然引起社会公众不满的主要缘由会因为律师执业领域和地理区域的不同而有所不同，但共性问题仍然存在。比如，律师对职业传统感到无奈，对工作场所中的布局感到不满，对司法制度的运行感到郁闷等。在大多数场合，律师协会都很关心律师"职业操守没落"的问题。"职业操守没落"这个说法概括了很多东西，诸如商人气越来越重，竞争越来越激烈，人情越来越薄，协作越来越少等。法律不再被视为手艺或职业，法律的公共服务意识和文化权威日益衰落。在接受民意调查的律师中，约有 3/4 的人认为，律师更"看重金钱"；大约有一半的人认为，他们不再那么有人情味了；约有 1/3 的人认为，他们更喜欢撒谎了。这些说法在一定程度上也反映了法律服务市场的结构变迁。律师队伍越来越大，行业竞争越来越激烈，以维护在较小职业圈子里的声望的非正式规则的效力正在减弱。随着单位委托人越来越讨价还价，律师行业内外竞争的限制越来越宽松，律师面临的经济压力越来越大。保本经营越来越受到重视，用于社会顾问、公共服务等其他

---

[17] Nancy McCarthy, "Pessimism for the Future," *California Bar Journal*, November 1994, 1; Mary Ann Glendon, *A Nation under Lawyers* (New York: Farrar, Straus and Giroux, 1994), 85~87.

职业活动的时间大大减少。[18]

律师行业竞争越来越激烈，律师与委托人之间的关系也越来越不稳定，律师的独立地位也受到越来越多的制约。单位委托人也经常特事特办，不再像从前那样与律师事务所签订长期协议并由其提供大多数法律服务。私人业务的竞争也越来越激烈，越来越专业化、商业化，为了满足委托人的眼前利益，律师受到的压力也越来越大。对律师而言，如果缺乏稳定可靠的委托和信任关系，不管是对不合理的权利主张进行抗辩，抑或是向当事人转达那些法律规定或职业伦理所要求的不受欢迎的信息时，风险就更大。在某种程度上，律师执业过程中出现的信誉扫地、人情冷漠、言辞尖刻等现象都是牟利行为惹的祸。波斯纳（Richard Posner）指出："对大多数买卖人而言，竞争市场绝不是儿戏。"法律也不例外，儿戏也不是唯一的受害人。[19]

律师事务所内部的律师之间以及律师事务所之间的竞争正变得越来越激烈。法律服务的市场需求变化多端，律师执业成本日渐增高，执业风险日益变大。律师事务所给所雇律师提供的薪酬标准越来越公开，律师事务所之间的经济竞争越来越激烈，律师跳槽现象越来越普遍。为了吸引或留住才华横溢的律师，律师事务所支付给他们的薪酬也相对较高，整个律师界为此也付出了较大代价。律师合伙的价值越来越小，且难以持续。年轻律师普遍对职业前景没有信心，互相之间的竞争更加惨烈。他们认为，律师执业就是吃吃喝喝，然后工作到生命最后一刻。更为严重的是，

---

[18] Hanson, "Lawyers,"35; Anthony T. Kronman, *The Lost Lawyer* (Cambridge: Harvard University Press, 1993).

[19] Richard Posner, quoted in Glendon, *A Nation under Lawyers*, 91.

工作稍有松懈就会被合伙人扫地出门，而有成就的律师则可能随时被人挖走。由于律师执业形成的工作关系较原先更为紧张，更为短暂，已经没有人去考虑律师文化的问题了。"宰到什么吃什么"的律师事务所的薪酬规则既描述了律师执业的现实，也加重了律师执业的前述趋势。拥有大量委托人的合伙律师享用最美的食物，而那些各有所长的其他律师，如公司顾问、公共服务律师以及法律援助律师等则没有这样的条件。

对大多数律师而言，"生活质量"已经不再是问题，而是"什么样的生活"。20多年来，小时工资标准提高的幅度很大，而每天的工作小时数没有发生变化。现有近半数的私人执业律师每年至少必须工作1900小时。为了完成这个工作量，他们通常必须每周工作60小时。大型律师事务所对工作时间的要求则更高，通宵达旦的工作而不休息已是家常便饭了。律师们失去的并不仅仅是闲暇娱乐，他们还失去了为社会公众服务的机会，失去了融入社会的机会，失去了开阔执业视野的机会，而这些都是律师执业所需要的，也是律师职业道德建设所需要的。[20]

私人交往的圈子正在日益缩小。有近半数的美国律师感到他们没有时间与家人团聚。对受雇的女律师而言，她们还要花两倍于受雇男律师的时间去操持家务，因而，私人交往的缺乏在她们身上表现得尤其明显。工作时间过长是女执业律师感到不满的主要原因。女律师在律师事务所中的地位如何？有份调查报告非常

---

[20] Lorraine Dusky, *Still Unequal* (New York: Crown, 1996); Nancy D. Holt, "Are Longer Hours Here to Stay?" *ABA Journal*, February 1993, 62, 64; Benjamin Sells, "Stressed Our Attorneys," *San Francisco Daily Journal*, May 25, 1994, 3A; Carl T. Bogus, "The Death of an Honorable Profession," *Indiana Law Review* 71 (1996): 911, 925~26, note 129; Kronman, *The Lost Lawyer*, 281, 303.

详实地描述了许多全职律师在进行血汗劳动，许多兼职律师遭到最大限度的压榨。那些要承担大量家务的律师经常不得不离开合伙岗位，也不再参加有关问题的决策。这也助于说明为什么长期以来女律师没有获得很高荣誉、没有赚到很多钱。[21]

还有些其他因素在影响律师执业。最近有60份关于职场歧视的报告，披露了妇女和少数种群所面临的就业困难。本书第二章也将说明，潜意识中的条条框框、缺乏就业指导、没有机会接触商家等，都会对律师的平等执业发生影响。

不满的另一根源是私人律师执业中的服务质量问题。挑战智慧是大多数律师选择法律作为自己职业的主要原因，但很多人没有成功。当律师知道如何"做案子"以后，"做案子"经常就意味着枯燥乏味的重复劳动。纽约大学吉勒斯（Stephen Gillers）教授说，很多律师都认为，他们的大部分工作都是"无聊的重复劳动，与当初选择法律专业时的模糊初衷完全无关"。没有了远大的理想，这也揭示了美国律师们的想法和做法不被社会所广泛认同的原因，因为人们普遍认为律师并没有为社会公益做什么事。[22]

---

[21] Bogus, "Death of an Honorable Profession," 926; Deborah L. Rhode, *Speaking of Sex: The Denial of Gender Equality* (Cambridge: Harvard University Press, 1997), 6~7, 149~53; "Women in the Law Survey: Analyzing Job Dissatisfaction," *California Lawyer* January 1990, 84~85; ABA, report of At the Breaking Point, a national conference on the emerging crisis in the quality of lawyers' health and lives, Airlie House, Airlie, Va., April 5~6, 1991; Suzanne Nossel and Elizabeth Westfall, *Presumed Equal: What America's Top Women Lawyers Really Think about Their Firms* (Franklin Lakes, N. J. : Career Press, 1998), 68, 138~39, 160; Cynthia Fuchs Epstein etal., "Glass Ceilings and Open Doors: Women's Advancement in the Legal Profession," *Fordham Law Review* 64(1996): 291, 387~88, 391~99, 411.

[22] ABA Young Lawyers Division, *The State of the Legal Profession 1990* (Chicago: ABA, 1991), 55; Stephen Gillers, "Great Expectations: Conceptions of Lawyers at the Angle of Entry," *Journal of Legal Education* 33(1983): 662, 669; ABA, Young Lawyers Division Survey, *Career Satisfaction* (Chicago: ABA, 1995), 11.

律师们的辩解理由与社会公众的看法在有些地方是相同的。双方都认为，有些问题是司法体制造成的，因为这个司法体制运行起来不仅成本很高，而且还很笨；有些问题是职业规范造成的，因为职业规范不够严谨或者缺乏约束力。很多执业律师对律师职业规范体系、执业中的不文明行为以及执业过程中大吹大擂的做派等不当行为都很不满，但他们又无能为力。因此，越来越多的律师对执业活动感到厌倦、懒散。耶鲁大学阿克曼（Bruce Ackerman）教授指出，今天的执业律师们把他们睡觉之外的大部分时间都投到工作中去了，但"他们最终关心的还是家庭、朋友、巴松管（bassoon）以及缅因州森林中的小木屋。即使职业取得了成功，这种生活……还是有很大的疑问——我在睡觉之外的大部分时间里想着的到底是什么呢？"[23]

现在，很多律师也提到这个问题，但似乎没有人愿意提及那令人不快的答案。大多数论及律师职业操守没落的言论都带着严重的历史偏见。在"法律乡愁的黄金岁月里"，虽然不敢说有律师背景的英雄的政治家们统治着整个地球，但至少统治着律师界。在随后的堕落时代以及今天的黑暗时代里，到处弥漫着铜钱的臭味，尔虞我诈，是非不分。这种变化到底发生于何时，由于缺乏详细的史实资料，已经不甚了了。也有人对传统的认识表示怀疑。例如，20世纪初，律师职业通常被描绘成最有前途的职业，但还是可以看见律师们对职业的不满。哈佛大学格伦登（Mary Ann

---

[23] Walt Bachman, *Law v. Life: What Lawyers Are Afraid to Say about the Legal Profession* (Rhinebeck, N. Y.: Four Directions Press, 1995); Deborah L. Arron, *Running from the Law: Why Good Lawyers Are Getting Out of the Legal profession* (Seattle: Niche Press, 1989), 25; McCarthy "Pessimism for the Future," 6; Bruce A. Ackerman, "Commencement Remarks," *Yale Law Report*, spring/summer 1987, 6.

Glendon)教授曾经注意到，许多律师事务所里的顶级律师都"曾经使出从书本上学到的浑身解数去打破他人的联盟，巩固自己的垄断地位，贿赂法官谋取好处"等来博取社会声誉。[24]

事实上，当代批评家所颂扬的时代都遭到类似于今天的批评。1903 年，美国联邦最高法院大法官布兰代斯（Louis Brandeis）曾经警告过律师：他们不再受到社会公众的尊敬，因为他们越来越缺乏为社会公众服务的精神，越来越缺乏对抗委托人要求的职业操守。几十年后，美国联邦最高法院大法官斯通（Harlan Fiske Stone）也说，经济压力让律师变成了"商人的弄臣，……他们满脑袋都是市场的道德和名利，甚至赤裸裸地对抗社会公众"。斯通进而指出，"日积月累，收入已经成为衡量律师执业成功的筹码"。通常认为，作为当前律师执业没落的重要标志的超负荷的工作时间，在那时就开始长期受到社会公众的关注。1928 年，特雷恩（Arthur Train）在小说中写到：华尔街上律师事务所的律师们"从不睡觉"，律师事务所合伙人"早来、晚走、早死"。[25]

从某个角度而言，现在的问题还要严重。金钱至上主义和超负荷的工作已经见怪不怪了，而且还有所变化，情况甚至变得越来越糟。至于律师的其他职业操守问题，诸如律师的诚信、对社会公益活动的参与等，由于缺乏事实依据，我们无法判断律师协会言论的对错。"律师为公益服务的精神已经今非昔比！"纽约律

---

[24] Marc Galanter, "Lawyers in the Mist: The Golden Age of Legal Nostalgia," *Dickenson Law Review* 100 (1996): 561; Glendon, *A Nation under Lawyers*, 57.

[25] Harlan Fiske Stone, "The Public Influence of the Bar," *Harvard Law Review* 48 (1934): 1, 5 ~ 7; Arthur C. Train, *Ambition* (New York: Scribner's, 1928), quoted in Maxwell Bloomfield, *Law and Lawyers in American Popular Culture* (Chicago: Commission on Undergraduate Education in Law and the Humanities, 1980), 47 ~ 48.

师协会的一个委员会如此断言。我们不知道过去的情况到底怎么样，所以不好下结论说问题被关注得越多就越糟糕，也不好说律师及其不当行为曝光得越多就越不像话。[26]

至少，律师职业操守的判别标准发生了好转。激烈的竞争提高了律师的工作效率，也提高了律师对委托人的关心程度。更多委托人享受到了价廉物美的法律服务。更多律师开始有了自觉的执业责任意识，这本身就是一种进步。律师的执业责任意识在法学院受到重视，也是一种进步。20多年前，我刚开始律师执业时，法律伦理还是法学教育的新玩意，不受重视，毫不起眼。我没有学习过律师执业责任的相关课程，参加律师资格考试时也没有看到过类似的题目，只是偶尔在有关的法律文献中看到过。原先不是问题的问题，却被现在的律师们一再念叨。

种族、性别和性取向问题也如此。华盛顿州的执业律师利诺维茨（Sol Linowitz）在其所著的《被背叛的律师职业》（*Betrayed Profession*）一书中回忆说，1950年代，他在法学院求学时，班上只有两名女生。不管是他自己，抑或是其他男同学，都没有觉得这种畸形的男女比例有什么不妥，但他们还是觉得两名女同学坐在旁边让自己感到有点不自在。利诺维茨现在有点后悔，"我们从来都没有想过，她们是否也会有些不自在"。今天，律师业仍然百废待兴，但这些问题却已经提上议事日程。我们在第二章中将看到，这些问题已经引发律师协会、司法机关和律师雇佣机构的

---

[26] Committee on the Profession, "Is Professionalism Declining?", 139; Galanter, "Lawyers in the Mist," 558.

改革。[27]

　　法律服务的问题也差不多。前面已经讨论过，律师服务社会公益的平均水平虽然还有待提高，但确实有更多的人得到了律师的帮助。最近，有少量的法律援助开始关注弱势群体的利益了。大多数受益者都是援助人的家庭成员、近亲属以及主要为中低收入阶层服务的医院、博物馆和青年会所（Jaycees）等机构。法学院不要求学生从事法律援助活动，也不鼓励志愿者的行动。相比而言，现在的律师和法律学子都更乐意去帮助穷人，推进公益。[28]

　　总之，美国联邦最高法院前首席大法官伯格（Warren Burger）所说的那段话——律师的职业操守已经"沦丧"到了"不可救药"的地步——还缺乏依据。律师的职业理想与职业实践之间越来越泾渭分明。虽然如此，也并不意味着今就不如昔。但在困境面前，整个律师界都十分消极、悲观。民意调查显示，约有2/3的律师预言，律师之间协作的机会将越来越少，律师的人情味也将越来越淡，而且谁也无能为力。律师兼精神病医生塞尔斯（Benjamin Sells）说："大多数律师肯定都已经找到了推卸律师职业责任的办法，看来他们从来就没有考虑过如何通过行动改变法律的问题。"律师们最经常干的事情，就是"盯紧自己的好处，……过自己的

---

　　[27] Sol M. Linowitz with Martin Mayer, *The Betrayed Profession* (New York: Charles Scribner's Sons, 1994), 6.

　　[28] See sources cited in Deborah L. Rhode, "Why the ABA Bothers? A Functional Perspective on Professional Codes, " *Texas Law Review* 59(1980): 689, 699.

小日子，管他娘的怎么样。"[29]

总而言之，美国律师业的症结在于它自己不愿意面对现实。问题的关键在于价值和利益的冲突非常严重。律师界总是想掩盖律师职业操守中的两种冲突：律师的经济利益与非经济利益之间的冲突；律师的个人利益和公共利益之间的冲突。金钱显然是上述两种冲突的根源。这个问题虽然熟视无睹，但要完全承认它，却也令人感到不快。所以，或承认，或回避，都很正常。例如，美国律师协会惩戒委员会认为，"律师是否可以为了利益而不讲原则，为了铜钱而不要脸面"？答案并不是简单的"是"或"非"。该委员会认为，市场竞争越来越激烈，律师经常为了谋取利益而置职业伦理于不顾。这个结论与其他看法并无二致。对律师而言，问题解决的方案已经超出他们卑微的本能。"拒绝贪欲"看来不是有效的方法。相反，加利福尼亚律师前程委员会坦承，律师对"超高收入"已经习以为常了。从此以后，奢侈品变成了必需品，财富的多少成为个人赢取社会尊敬的砝码，较高的个人收入成为"维持形象"的重要手段。[30]

但这种变化也经常令人感到沮丧。本书第二章的研究表明，社会公众和律师都普遍高估收入带来的满足感。对律师而言，"金

---

[29] Warren E. Burger, "The Decline of Professionalism," *Fordham Law Review* 63 (1995): 949; Warren E. Burger, "The Law Suffers When Lawyers Ignore Professional Ethics," *Los Angeles Daily Journal*, July 28, 1988, 4; McCarthy, "Pessimism for the Future," 1; Benjamin Sells, "Lawyers Aren't as Trapped as They Think," *San Francisco Daily Jounal*, September 12, 1994, 5.

[30] ABA Commission on Professionalism, *Spirit of Public Service*, 1; Stanley Fish, "Antiprofessionalism," *Cardozo Law Review* 7(1986): 645, 647; Commission on the Future of the Legal Profession and the State Bar of California, *The Future of the California Bar: Final Report*(San Francisco: California Bar Association, 1995), 52; Glendon, *A Nation under Lawyers*, 31.

钱买不来幸福"这个老生常谈完全正确。因为影响满足感的许多重要因素,诸如个人禀性、童年体验、身体残疾或所爱的人离世等,都不是个人所能把握的。此外,收入也不是直接左右个人幸福的主要因子。影响个人幸福的因素很多,例如家庭是否和睦、朋友是否支持,以及完成重大任务之后的成就感、把握未来生活走向的信心等。当然,其中某些因素也会受到金钱的影响。例如,是否有钱雇请好的保姆照看孩子、邻里关系是否和睦、个人接受多少的教育等,不仅会影响家庭关系,而且会影响到对其为人父母的评价。大多数人都高估了金钱的价值,他们很快就习惯了高收入的生活,期望和欲望也随之膨胀。律师和律师事务所为了追求高薪,不得不做出一些牺牲,例如,与亲朋好友团聚的时间少了,附庸风雅的机会也少了。[31]

还有一个问题。这个问题虽然在律师职业伦理论战中未曾提及,但律师是绕不过去的。从律师职业的理想层面来说,他们可以实现人格独立,收入丰厚,坐拥权力、财富和声望。但实际上,这些利益经常是相互冲突的。跨文化的历史研究表明,如果所有律师都像美国现在的律师那样,不仅要与自己的委托人保留着较大的人格独立性,还要肩负着第三人和社会公益的道德使命,那么他们的收入会少得多,社会影响也会小得多。人格独立增加了

---

[31] Robert E. Lane, "The Road Not Taken: Friendship, Consumerism, and Happiness," *Critical Review* 8(1994):521,527; Robert E. Lane, "Does Money Buy Happiness?", *Public Interest* 113 (fall 1993):56,57; Daniel Goleman, "Forget Money: Nothing Can Buy Happiness, Some Researchers Say," *New York Times,* July 16, 1996, B5; James Q. Wilson, "Wealth and Happiness," *Critical Review* 8 (1994):555,560,563.

律师获得社会尊重的筹码，同时也减少了律师的收入。[32]

在精心伪装之后，律师职业的华丽外表把这种冲突掩饰住了。有一种流行的律师职业伦理认为，律师根本无须在执业过程中考虑人格是否独立的问题。恰恰相反，他们最首要的责任就是忠诚于委托人的利益。一百多年来，律师执业行为规范中关于律师接受当事人委托授权之后的道德责任问题的规定，已经越来越少了。只有在极个别场合，如当事人要求律师为其犯罪或诈骗行为提供帮助时，他们必须保守当事人的秘密，并在"法律允许的范围之内"追求自己的执业利益。实际上，律师的职责就是保护当事人的权益，而不是判断他们的是或非。如此看来，道德高尚与生意兴隆就能够两全其美，其乐也融融。[33]

道德品质与经济利益共同进步的说法难以令人十分信服。美国出庭律师学院（American College of Trial Lawyers）曾给出过一个流传颇广的解释：律师的辩论过程是发现真相和维护权利最有效的路径，因为在辩论过程中，律师"会像维护自己的利益那样全力以赴地维护好各自当事人的利益"。在讼争双方当事人的利益诉求都得到充分表达，双方所获致的信息和拥有的法律资源也比较接近的情况下，律师容易在辩论中获得当事人的信任。但这种情

---

[32] Mark J. Osiel, "Lawyers as Monopolists, Aristocrats, and Entrepreneurs," *Harvard Law Review* 103 (1990): 2009, 2047~48.

[33] ABA, *Model Code of professional Responsibility* (Chicago: American Bar Foundation, 1979); Ethical Consideration 7 – 1. For requirements of confidentiality see ABA Code, DR4 – 101 and ABA, *Model Rules of Professional Conduct* (Chicago: ABA Center for Professional Responsibility, 1996), Rule 1.6; See Eugene R. Gaetke, "Lawyers as Officers of the Court," *Vanderbilt Law Review* 42(1989): 39. For general critiques, see David Luban, *Lawyers and Justice: An Ethical Study* (Princeton: Princeton University Press, 1988); and William H. Simon, *The Practice of Justice* (Cambridge: Harvard University Press, 1998).

况出现得少之又少。因为忠诚于当事人的目标经常与流行的道德观念相左。比如我们经常会遇见损害第三人健康、安全或经济利益的情况，而这些情况很少受到律师执业规范的制约，也很少为律师职业道德建设所关注。结果，传统的期待与现实的规范之间出现严重的分离。在日常的律师执业活动中，再也见不到人格独立的"正义卫士"型的偶像律师了。[34]

最后一个问题是律师的职业自律与社会尊重之间的紧张关系。这个问题也没有在律师职业伦理论战中出现过。前文已经指出，律师的公共印象问题是律师业所面临的最大问题。大多数执业律师的自尊心和自豪感都来源于他们对法律的"尊崇感"和律师职业的荣誉感。因此，他们虽然也意识到了律师的社会形象不太理想，却都不愿意去探究问题的根源，尤其不愿意正视社会尊重或社会责任的问题，或者说不愿意正视职业自律与社会尊重之间存在的紧张关系。相反，律师职业伦理规范以及律师职业研究中所津津乐道的是律师业的自我规制有助于"律师摆脱政府的控制，保持律师的独立性"，提供服务公益的能力和水平。[35]

没有哪位律师领袖会承认律师的自利行为偶尔也会影响到对律师执业规范的评价。但纽约市律师协会律师惩戒委员会（New York City Bar's Committee on the Profession）却十分肯定地说："律师的职业责任与自我趋利之间的关系表面上看起来紧张，其实根本就没有这回事。"诸如此类的言辞，十分关心律师自我欺骗的本事，却很少过问律师自我趋利的潜能。不管哪个行业的从业人员，

---

[34] See sources cited in Deborah L. Rhode, "Ethical Perspectives on Legal Practice," *Stanford Law Review* 37(1985): 589, 592.

[35] Preamble, *Model Rules of Professional Conduct*.

也不管他们的动机如何良好，都无法保证能够对关乎自己社会地位和经济收入的社会公益问题作出不偏不倚的评价。研究人员也已经注意到，律师界对自我规制的控制权力越大，固执己见、固步自封的危险性就越大。美国知名律师职业研究学者弗雷德森（Eliot Freidson）指出，任何自我管理的行业都"十分自然地会形成一些自己的看法，而且由于视野所限，这些看法都显得十分狭隘和荒谬，只管自己，不顾他人"。[36]

美国的律师业也不例外。律师执业规范的起草、批准和执行都完全由律师组成的机构来负责。在法院和律师协会制定这些规范时，律师之外的人没有任何发言权，律师惩戒委员会中的非律师代表也仅是点缀而已。即使如此，这些非律师代表也都是由律师所挑选的，其中既没有消费者组织——一个能够有效遏制律师自我趋利行为的机构——的背景，也没有消费者组织的渊源或其他关系。[37]

在这种格局之下，律师执业规范会公然藐视普通消费者的投诉也就见怪不怪了。我们将在第六章中看到，律师惩戒机构受理的投诉中，得到公开处理的不足2%。民意调查也发现，绝大多数律师都承认，当前的律师惩戒程序还很不完备，但他们又反对改

---

[36] Association of the Bar of the City of New York, quoted in Committee on the Profession, "Is Professionalism Declining?", 133; Roscoe Pound, *The Lawyer from Antiquity to Modern Times* (St. Paul: West, 1953), 7; Michael Bayles, *Professional Ethics* (Belmont, Calif.: Wadsworth, 1981), 138; David Young, *The Rule of Experts* (Washington, D. C.: Cato Institute, 1987); Jonathan Ris, "Professional Regulation," *Law and Human Behavior* 7 (1983): 103; Eliot Freidson, *The Profession of Medicine* (New York: Dodd, Mead, 1970), 370.

[37] Sylvia Ostrey, "Competition Policy and the Self-Regulating Professions," in *The Professions and Public Policy*, ed. Philip Slayton and Michael Trebilcock (Toronto: University of Toronto Press, 1978), 17; Rhode, "Institutionalizing Ethics," *Case Western Law Review* 44 (1994): 665, 687.

革。律师界在职业规制问题上的消极态度严重影响了律师职业的改革进程。律师不承担社会公共责任，就不可能赢得社会公众的信任。[38]

如果律师界要全心全意致力于律师职业建设，首先就必须改革律师行业的结构。律师业的改革确实需要一个全新的视野，以摆脱当前律师职业建设中的愁绪和狂热。

问题和对策

十多年来，人们对律师职业道德建设问题动了很多脑筋，上至国家权力机关、立法机构和新闻媒体，下至法学院校、民间团体和宗教组织都曾经做过一些零星的努力。虽然如此，律师行业的道德痼疾仍然没有根除掉。之所以如此，是因为律师职业道德建设中的许多问题还没有达成共识，能够同时满足律师职业道德建设和社会公共利益需要的方案还没有找到。律师界所达成的共识也多是大而化之，没有多少实质内容。当前，律师执业分工细致，执业领域广阔，而律师领袖们又四分五裂，懦弱无为，难以形成统一的律师执业理念。美国律师基金会（American Bar Foundation）的研究人员指出，美国的律师职业道德建设仍然停留在大而化之的阶段，"用一些含混不清的、根本就没有达成共识的'共享'价值观念来概括律师职业道德建设改革的整体局势，并以之来推进这场轰轰烈烈的复古改革运动……这与美国律师的日常工作一点关系也没有"。这些改革措施都是雷声大，雨点小，收效甚

---

[38] See sources cited in Rhode and Luban, *Legal Ethics*, 855~57; ABA, Commission on Evaluation of Disciplinary Enforcement, *Lawyer Regulation for a New Century* (Chicago: ABA, 1992); McCarthy, "Pessimism for the Future,"1.

微,而且都没有触及律师的职业道德标准和惩戒程序。律师界的改革从一个计划晃到另一个计划,全然不顾整个社会的气氛是否沉闷、口水战是否令人厌倦以及那些还要糟糕的东西。因此,我们也不难理解,为什么会有越来越多的资深律师加入"律师职业建设瘦身计划"[39]的声援队伍了。

要认真对待美国律师业所面临的困境,必须从多个角度进行思考。本书后面若干章节将深入探讨解决律师职业困境的方案及其指导原则,如律师道德责任问题、法律服务提供问题和律师管理体制问题。

第一,确立律师执业行为的道德责任。律师执业应该言行一致、公道正派、胸怀坦荡。这条原则对律师的执业活动而言,并不是要求他们必须在最恰当的时机做出反应,而是要有职业良心,实实在在地干事。如果律师以法官的角色自居,他们就必须为实现正义承担更多的责任。讨论律师职业伦理问题,决不能援引理论上的律师辩护制度。

本书第三章和第四章认为,律师必须在一个更务实的社会语境之下考虑他们的社会地位,因为在这个社会语境中,并不是所有当事人的权益都得到了律师的充分关照,也并不是所有的社会不公都得到有效的社会规制。当事人虽然在法律上有资格去追求某项权利,但并不意味着他们在道德上也拥有同样的权利,也不意味着他们的权益得到了律师帮助之后就必然实现了正义。不少

---

[39] The Working Group on Lawyer Conduct and Professionalism, *A National Action Plan on Lawyer Conduct and Professionalism* (Chicago: ABA, 1999), 15; Robert L. Nelson and David M. Trubek, "Arenas of Professionalism: The Professional Ideologies of Lawyers in Context," in *Lawyers' Ideals/Lawyers' Practices*, ed. Robert L. Nelson, David M. Trubek, and Rayman L. Solomon (Ithaca: Cornell University Press, 1992), 177.

在法律上正当的行为都是反社会的，之所以如此，一方面是因为从法律上禁止这些行为的难度太大或成本太高；另一方面是因为立法者的信息不充分，或者与之存在特殊的利益牵连。当事人的法律目标经常受到多方牵制。律师有责任去保护第三人不受过度的伤害，有责任去促进法律制度的公正和效率，也有责任去尊重和维护法律制度所依托的核心价值体系，如正直、公平、诚信。律师为当事人出谋划策时，至少应该从道德上提出广泛的参考意见，以免助纣为虐。[40]

这种改革方案还强调，律师无须对当事人的所有行为承担责任。从传统伦理习惯来看，要求一个人承担道德责任的因素有很多，如掌握了多少信息、对事情卷入的程度有多深、对行为的影响能力有多大、行为的后果有多严重以及行为与后果之间的联系有多紧密。例如，为了保护言论自由而触犯众怒，为了公正审判而为犯罪嫌疑人辩护，都是热心的法律服务行为，可能也需要付出代价。为容易引发道德谴责的案件进行辩护的法律原理不适用于普通案件。律师也决不会因为对正当裁判结果承担了责任，就心甘情愿地为明显无法实现正义的裁判结果承担责任。什么是正义？如何权衡价值冲突？虽然律师内部也是众说纷纭，见仁见智，但他们的执业行为也必须符合人们所普遍接受的伦理道德规范，而不是仅仅符合律师执业规范所确定的底线标准就能够了事。赢得委托人信任和保守委托人秘密固然极为重要，但决不意味着可以凌驾于一切之上。

---

[40] Model Rule 1.2; Robert W. Gordon, "Corporate Law Practice as a Public Calling," *Maryland Law Review* 49 (1990): 255, 258; Anthony T. Kronman, "The Future in Legal Ethics," *Dickenson Law Review* 100(1996): 489, 498.

第二，法律服务面前人人平等、充分选择。律师服务的费用以及获得律师服务的实现程度曾是社会公众关注的热点之一，司法程序也有同样的问题。为了回应社会公众的关注，我们应该调低法律援助门槛，降低法律服务成本，拓宽法律服务渠道。本书第五章将指出，所有改革计划都应该是为了促使人们可以更直接地解决自己所遇到的法律难题而制定。简化司法程序以及诉前援助就是例证。律师职业改革的配套措施应该重点放在法律服务市场的行业竞争、服务实现的程度以及当事人自由选择法律服务上。非法律人士应该得到许可，为一些诸如无争议离婚案提供法律援助。在适当管理之下，他们也可以合伙人身份加入门类齐全的事务所。就像会计行业和家庭医生行业一样，律师们也应联合其他专业人士为消费者们提供统一的"一站式"服务。[41]

更多的努力还应当集中在增加政府财政补贴的法律服务的数量上。其他工业国家通过拓宽保险范围与增加补贴的方式，提供了更多司法资源。美国采用类似制度将比我们当前实施的"穷人计划"更能得到公众的广泛支持，受到的限制也要少一些。私人事务所提供义务服务也是朝着正确方向迈出了另外一步。雇用律师机构需要在实践中更为重视公共服务，而不仅仅是在原则上提及而已，并在晋升和报酬上给予相应的回报。[42]

---

[41] Roger Cramton, "The Delivery of Legal Services to Ordinary Americans," *Case Western Law Review* 44(1994): 531, 562~63. See the sources cited in Deborah L. Rhode, "Professionalism in Perspective: Alternative Approaches to Nonlawyer Practice," *New York University Review of Law and Social Change* 22 (1996): 701; ABA"Report of the Committee on Multidistrict Practice to the House of Delegates,"*Professional Lawyer* 10(1999): 1.

[42] Cramton, "Delivery of Services," 581~90; Jim Towry, "Addressing the Needs of the Poor,"*California Bar Journal,* August 1996, 4.

美国人还应该有更多机会采用庭外调解和选择性争议解决项目。越来越多的法院正在成为"多门法庭",将不同类型的案例根据争议的性质、当事人之间的关系、采用程序的优先性（诸如速度、成本以及直接参与机会），分别采用合适的法律程序。我们需要建立更多类似的可选择机制,并了解相关效用的全面信息。[43]

第三,为了便于推进这些变革,最后一个主要原则要求公众对法律行业的规范负责。法庭在行使传统遗留下来的管理法律实践的权力时,高估了业界的独立性,并将太多本属于他们自己的监管责任委托给了组织严密的律师协会。其结果是,这种体制未能有效解决公众关注的问题,尤其是未能解决那些涉及法律服务的费用、质量和可接近性、保护社会利益以及制裁律师不当行为等问题。大多数情况下,律师道德规范与执行委员会在解决职业和公众利益之间的矛盾时,总是偏袒正在解决问题的一方。

毫无疑问,如果律师要制约政府的滥用职权行为,他们在一定程度上确实需要独立于政府控制。但是,目前占据主要地位的规范体制却以牺牲责任感为代价强调业界自治。正如第六章所指出的,其他存在独立法律界的国家都建立了监管体制,以便于业界对消费者关注的问题做出更为灵活的反应。研究职业许可的专家们一般都同意,为了推动业界达到他们自己的预期,实行外部的检查是有必要的。在面对如此多的反面证据的时候,律师们不能再想当然地认为,目前的自我规范体制能够服务于社会利益。通常情况下,律师界的约束机构既没有资源也没有权力去解决委

---

[43] See chapter 5 and Deborah L. Rhode, "Too Much Law, Too Little Justice: Too Much Rhetoric, Too Little Reform," *Georgetown Journal of Legal Ethics* 11(1999): 989, 1009~1112.

托人最为常见的不满,例如"单纯的"疏忽或者费用纠纷。除了极为严重的案件例如欺骗或者刑事犯罪,这些机构通常也不愿意去实施严厉的惩罚。业界监管体制的失灵推动其他一些举措产生,包括民事责任诉讼和行政机构的管制等,但是依然存在重大缺陷。我们面临的挑战就是要建立一个更为协调的监管制度,在公共责任感和行业自治之间保持某种平衡。[44]

现在也是时候检讨一下,统一的管理体制是否很好地服务于像美国律师业这样一个庞大而复杂的职业? 这是一个"后现代的专业主义"时代,个人背景、具体专长、执业环境等都在日益多样化。尽管专业委员会长期以来都坚持认为,律师队伍是联合多于分裂,但是这样的宣言看起来更像是一种理想而不是现实。一个小镇上独立执业的律师所关注的和那些城市政府的检察官以及华尔街主营企业兼并的合伙律师所面临的问题可以说毫无共同之处。不同社会背景和执业环境的律师需要得到不同的准备和指导。我们当前万金油式的法律教育模式和职业管制体系迫切需要改革。[45]

对日益多样化的法律职业进行高效的职业培训,就要求教育体制的多元化。正如第七章所指出的,更为灵活的资格认证体制能使许多法学院在能够继续提供整体性学历课程的同时,为某些特定领域的学生和执业律师提供高级跨学科教育。其他院校则可以提供短期且更为低廉的课程,从而为法律辅助人士提供某些限定性领域的低廉的常规服务。

---

[44] Americans for Legal Reform, *Attorney Discipline: National Survey and Report* (Washington D. C. : Americans for Legal Reform, 1990); Rhode and Luban, *Legal Ethics*, 863~75.

[45] ABA Commission on Professionalism, *Spirit of Public Service*, 11.

行业管制体制的改革也同样关键。业界道德规范并非充分的指导准则。在这样一个一盘散沙又利益重叠交错的职业界，这些规范都显得极为抽象，也很难成为律师通用的行为标准。为了达成共识，律师行业的行为准则必须满足如下群体的要求，即这个群体既在社会背景、执业环境、意识形态上各不相同，又在最大限度地增加成员收入、尽量减少触犯纪律或者触犯不当行为的风险上团结一致。其结果是，职业道德规范成为一个充斥着含混不清的指令（合理收取费用）、道德劝诫（自愿慈善服务）、最低限度的约束底线（拒绝协助犯罪活动）的混合物，人们当然对此很不满意。[46]

真正致力于专业化就要求制定更为明确和更为严格的标准。美国婚姻律师研究所和美国律师协会税法委员会等团体都已经进行了卓有成效的尝试。如果有更多的专业律师协会同意实行这套规范并确定律师必须遵守这些规范，美国社会就会形成一个对于律师声誉好坏更为灵敏的法律服务市场和对道德表现好的律师有更有效的奖励机制。如果法庭、律师代理机构、工作场所政策采用了更为严厉的规范，整个业界都会全面提升自身的业务水平。更多的公共和私人机构的雇主们也可以通过采取旨在鼓励道德行为的内部政策、监管机制与培训计划帮助推进这一进程。正像第六章所指出的，法庭或立法者也必需要求所有达到某种规模的机构以及那些已经卷入不当行为的律师接受上述创意。例如，审判

---

〔46〕 See Ted Schneyer, "Professionalism as Politics: The Making of a Modern Legal Ethics Code," in *Lawyers' Ideals/Lawyers' Practices,* ed. Robert L. Nelson, David M. Trubek, and Rayman L. Solomon (Ithaca: Cornell University Press, 1992) , 95, 132 ~35; Rhode, "Ethical Perspectives," 616.

法官、律师委员会或者类似于 SEC 的行政管理机构都应规定,那些违反职业道德准则的律师必需提交一份规范计划,保证以后遵守相关准则要求。[47]

其他可能危害到职业道德价值的工作场所也应该进行变革。越来越多的雇主和行业联合会已经制定了一些关于兼职时间安排、监控指导、多样性以及大家庭休假等方面的成功政策。但是,还有许多机构仍然尚未采取行动,一些雇主仍然漠视正式政策与实际状况之间存在的巨大差距。只有不到 5% 的律师减少了工作时间,大部分律师都相信,而且有充分的理由相信,兼职律师的身份会妨碍他们的晋升机会。在政策上对家庭和多样性等问题的关注不足,是导致律师对于工作不满意、压力大、沮丧和产生摩擦的主要原因。这对于委托代理和雇主利益都是致命打击。长期以来,律师都是美国争取平等权利的主要领导者。现在所面临的挑战仍然是他们如何克服自己所在业界的内部障碍。[48]

职业"profession"这个术语在拉丁语里的词根是"宣称(to profess)",在欧洲文化中其意思则是要求成员致力于维护共同认可的理念。美国律师界维持了这一理念的形式,但却丢掉了这一传统最核心的东西。入行律师可能依旧要像法官一样宣誓为正义服务,但是这些宣誓在当前的实践中几乎丧失了所有的道德内涵。

---

[47] See Ronald Gilson and Robert H. Mnookin, "Disputing Through Agents: Cooperation and Conflict Between Lawyers in Litigation," *Columbia Law Review* 194(1994): 509; Robert Gordon and William Simon, "The Redemption of Professionalism," in *Lawyers' Ideals/Lawyers' Practices*, ed. Robert L. Nelson, David M. Trubek, and Rayman L. Solomon (Ithaca: Cornell University Press, 1992), 230.

[48] See sources cited in Rhode, "Gender and Professional Roles," *Fordham Law Review* 63(1994): 39, 70.

为复兴含义极为丰富的专业精神所做的尝试都化为乌有，因为人们还没有就这个概念到底有什么要求、如何调和它与更为世俗化的利益之间的矛盾达成广泛共识。

在这种社会背景下，专业精神更应该看作一个不断发展变化的斗争，而不是一个固定不变的理念。现在面临的挑战是致力于理解或严或松的职业责任。我们的这些理解不应该仅仅局限于当前所实行的道德准则和实施体制，而应该在实践中探索切实可行的理念。过于理想化的目标和范围过窄的反馈机制损害了最近关于职业精神的讨论。

这二者之间的错失绝非不可避免。在没有牵涉到自身规范的公共利益问题上，律师弥合了理想和现实之间的差距，并在其中起到了十分关键的作用。通过将更多注意力转向自身，律师业界就可能为自己的最高目标注入更多的实质内容。

第二章

律师及其不满

对于美国律师来说，现在既是黄金时代也是悲惨时代。没有其他任何职业能像律师那样为它们提供一条通向财富和成功的捷径。但是，也没有一个职业像律师一样在其所期待的理想和所能提供的现实之间制造了如此巨大的差距。近来执业环境的变化迫使律师愤而辞职。竞争和商业化不断加剧，而真诚和文明礼貌则向相反的方向发展。人们一致认为，专业精神正在不断衰落，而执业压力在不断强化。不过，大多数律师看来都没有意识到，他们可以扭转这种趋势或者重塑他们的集体命运。[1]

本章目的在于向读者提供一个更为清醒的认识，看看职业究竟走向何方，以及采取何种举措来改变其方向。一个基本的信息可能是执业律师似乎不大愿意听到的，即在今天的经济环境下，某些价值观念存在冲突。律师，不论是个人还是作为一个群体，

---

[1] See Deborah R. Hensler and Marisa E. Reddy, *California Lawyers View the Future* (Santa Monica, Calif.: RAND Instiute for Social Justice, 1995).

都需要去作出艰难的抉择。做好事和将事情做好通常不一定是朝着同一方向发展的。如果在工作场所权利方面没有巨大变革，妇女和少数人的平等权利就不可能实现。律师业界与其怀念已逝的被理想化的过去，不如直接应对未来的挑战。

为此，下面的讨论将考察法律执业部门近期发展趋势及其原因和结果。我们的目的就是探寻律师不满的根源、执业中种族和性别歧视的动因以及当前制度安排所带来的社会成本。这种体制使公众和业界都付出了惨重的代价，虽然这种代价通常不一定能够清晰可见。本书中探讨的许多问题至少可以部分地追根溯源到这个体制。辩护制度的泛滥、反竞争规则、收费混乱以及法律服务的不平等分配等，通常都根植于法律实践的经济动因。律师在美国社会生活中处于中心地位，律师职业中诸多问题的悬而未决给律师执业者以外的任何一个人均带来负面的影响。

这里主要讨论的是私人事务所的律师。在美国 900 万的律师中，大约有 3/4 的人工作于私人机构；绝大部分律师就职于律师事务所；将近一半的私人律师，大约占整个业界人员的 1/3，独立执业。其余大部分律师工作于私人企业，大约占 10%，还有大约 10% 供职于政府部门。另外，还有一小部分是法官（大约 3%）、学者（大约 1%）或者法律援助、公诉律师或者公益律师（1%）。下面的分析将特别关注律师事务所，这既是因为它们是律师执业最集中的地方，同时也因为它们通常具有为整个律师业界设定标准的趋势。问题的关键在于，我们必须弄清楚，变革当前的执业体制对律师本身以及他们自身利益会产生怎样的影响。对于美国律师界来说，正如奥格登·纳什（Ogden Nash）所说："进步可能很快就可以实现，但是还需要走很长的路。"[2]

抱怨的动因

在媒体的描述中，"法律职业生涯很痛苦"，"从法律那里逃离"，"为破产者和失望者提供法律咨询"，美国法律职业几乎一无是处。不过，这些描述还是经过精挑细选的。媒体和公众都大量地被吸到这些悲惨故事之中。毕竟，新闻需要新的，至少也是某种意义上正在发生的故事。谁愿意去听有关律师的快乐的、高收入的消息呢？实际上，社会上确实存在许多这样的律师，当然他们也有明显的不满和运转失灵的时候。而且，研究者对如何评价不满——他们询问什么问题、他们询问的对象是谁——都存在着巨大分歧，这就使得上述情况进一步复杂化了。律师是一个各不相同的群体，不同区域的群体和不同的执业环境都会产生各种各样的不满。对职业满意度的调查得出的结论极为复杂，相关描述也极其不完整。不过，近期的研究，不论是关于整个工作环境的满意度的调查还是关于特定领域的法律执业的研究，均向我们揭示了什么是有意义的职业生活，为什么法律业界通常未能提供这种生活。[3]

当被直接问及工作的满意度时，大部分律师和大部分美国人

---

[2] "Lawyers in Profile," *Researching Law* 10 (Chicago: American Bar Foundation Research Newsletter, 1999), 8; American Bar Association, *Lawyer Populations in 1980 and 1991* (Chicago: American Bar Foundation, 1994), 7; Samuel R. Ogden, *America the Vanishing: Rural Life and the Price of Progress* (Brattleboro, Vt.: Stephen Green Press, 1969), vii (quoting Ogden Nash).

[3] Maura Dolan, "Miserable with the Legal Life," *Los Angeles Times*, June 27, 1995, A1; Tom Locke, "Running form the Law," *Denver Business Journal*, April 22, 1994, 3; Kate Muir, "Counsel for the Depressed and the Stressed," *Times*, July 13, 1995.

一样，普遍持一种积极态度。美国律师协会组织的对年轻律师的大规模的调查显示，大约3/4的人都对他们目前的社会地位比较满意或者非常满意。美国律师基金会的一项研究也有类似的发现，芝加哥85%的从业律师都对工作很满意，这和全美工人对工作的总体满意度比例相当。但是其他证据显示的却与以上调查结论相去甚远。美国律师协会调查显示，只有不到1/5的律师认为，法律职业实现了他们为社会进步做出贡献的预期。RAND研究所对芝加哥律师的研究发现，一半的被调查者表示会选择另外一种职业。更小范围的零散调查结果甚至比美国律师协会和基金会调查的不满意程度的比例更高。实际上，所有的研究都发现，绝大部分的律师，大约占3/4，都不希望他们的子女长大之后成为律师。[4]

基于以上难以分辨的调查结论，研究者指出，直接提问工作满意度易于导致比较正面的回答。这个解释在对诸如芝加哥律师的研究中尤为明显，因为此次调查主要依靠口头访问完成。绝大多数人都不满意对陌生人甚至对自己承认，他们对当前的环境不满意。要他们承认自己做了错误的选择或者没有采取行动去改善自己的状况是很困难的事情。能够更真实探究律师满意度的举措主要来自于间接提问。例如，他们是否或何时准备更换工作；如

---

[4] ABA, Young Lawyers Division, *Career Satisfaction* (Chicago: ABA, 1995), 53; John P. Heinz, Kathleen E. Hull, and Ava H. Harter, "Lawyers and Their Discontents: Findings from a Survey of the Chicago Bar," *Indiana Law Journal* 74 (1999): 735, 736; Glenn Firebaugh and Brian Harley, "Trends in Job Satisfaction in the United States by Race, Gender, and Type of Occupation," *Research in the Sociology of Work* (1995): 87. 在接受调查的律师中，差不多有超过一半的人感到法律符合他们对贡献社会的积极期望，另外的人则根本没有此感觉。(ABA, *Career Satisfaction*, 11.) 关于孩子们的职业变动和倾向性，参见 Hensler and Reddy, *California Lawyers View the Future*, 8; Shelly Phillips, "Lawyers Who Want Out: Nearly Half Say They Would Change Jobs If They Felt There Was a Reasonable Alternative," *Philadelphia Inquirer*, June 8, 1993, F1; Dolan, "Miserable with the Legal Life," A1.

果他们面临一个更好的选择，他们是否愿意更换工作；如果允许他们再次做出选择，他们是否会为自己或者自己的孩子选择同样的职业。用这些尺度来衡量，律师的不满显得很大。当然，对正在执业的律师进行调查研究已经排除了那些最不满的人，即那些已经离开了法律业界并更换了新工作的人。[5]

另外，正如第一章已经指出的，不管律师们的满意度如何，律师职业生活正在或已经严重伤害了许多律师。律师中患抑郁症的比例是整个美国公众的4倍，是所有职业群体中比例最高的一个。大约1/5的律师都有滥用药物的问题，是美国人整体水平的2倍。据报道，2/3到3/4的律师承担太大的压力，1/3的律师承认，紧张正在侵蚀他们的身体和情感健康。[6]

当然，律师不满和机能失调的所有根源并非都归咎于法律执业部门，或者说是该职业独有的。其中一些根植于更为广泛的社会趋势。竞争加剧、商业化和压力增大是许多工作都面临的共同问题。种族和性别歧视也是广泛存在的问题。文明、真诚以及社会责任感的缺失已经超越了职业界限，甚至是国界。据报道，英国法律业界的不满要远远高于美国。律师的部分不满也可能是个人性格而不是职业特点造成的。有些证据显示，法律所吸引的人

---

[5] David G. Myers, *The Pursuit of Happiness*(New York: W. Morrow, 1992), 27; personal interview, Deborah Hensler, Stanford, California, August 14, 1998. For competing accounts, see Symposium, "Attorney Well-Being in Large Firms," *Vanderbilt Law Review* 52 (1999): 869 ~ 1050.

[6] Michael J. Sweeny, "The Devastations of Depression," *Bar Leader*, March/April 1998, 11; Benjamin Sells, "Counsel on the Verge of a Nervous Breakdown," *San Francisco Daily Journal*, May 25, 1994; Don P. J. Jones and Michael J. Crowley, "Depression and Suicide," *Bar Leader*, March/April 1997; Laura Gatland, "Dangerous Dedication," *ABA Journal*, December 1997, 28 ~ 30; R, Lynn Pregenzer, "Substance Abuse in the Legal Profession: A Symptom of Malaise," *Notre Dame Journal of Law and Ethics* 7(1993): 305, 306.

才，通常具有某些性格特征，这些特征最有可能导致不满和机能失调的产生。竞争性极强且属于完美主义者的工人在很多社会环境中都容易产生挫败感；那些理想主义者也会发现，他们所付出的最大努力却未能实现他们预期的社会进步。因此，我们很难辨别，到底多少不满是法律实践引起的，多少不满是律师自我选择造成的。[7]

尽管职业结构并非造成律师不满意的唯一原因，然而，它们却是解决问题必不可少的因素。为探索合适的改革模式，我们需要清楚地了解工作不满的具体原因。由于有关律师的信息极不完整，我们就有必要回顾对整个工人的调查研究。这个回顾使得我们清楚两点：一是工人对于工作的满意很大程度上决定于内在的而不是外在的回报；二是从业者在哪些东西最能增进自己的幸福感的问题上也是出奇地缺乏判断力。

对自己的生活最满意的人其实也是对自己最满意的人。个人的成就感——应付了人生的各种挑战——是长期幸福的最好的预言者。这种自尊更多地取决于习惯看法所表示的评价而不是外在的回报。只要人们位于最低的生存标准之上，在影响满足感的因素中，收入只是一个占2%比例的变量。同样，许多研究发现，工作地位和工作的快乐之间几乎没有什么内在联系。人们最大的成就感通常是在一个感觉处于控制地位且完全有能力胜任工作的环境下，有施展自己才华的机会。许多律师所追求的星光灿烂的成

---

[7] Stephen Brent, *In an Age of Experts* (Princeton: Princeton University Press, 1994), 42; Robert N. Bellah et al., eds, *Habits of the Heart: Individualism and Commitment in American Life* (Berkeley: University of California Press, 1996); Rebecca Fowler, "Lawyers Sentenced to a Life of Misery," *Independent*, May 6, 1996, 1; "Working Your Nerves: The Toughest Job," *Newsweek*, March 6, 1995, 60.

就——高工资、法庭胜利或者职业荣誉——都只能带来转瞬即逝的满足感。这种极为罕见的成功时刻所产生的积极作用远远比不上那些微小但重复不断的满足感。相反，巨大的成功可能不利于产生持久的满足感，因为它们会扭曲工作预期，鼓励人们超负荷的工作，冲淡由较小但很容易实现的目标所带来的快乐。心理学家戴维·迈耶斯（David Myers）指出，"我们最好的体验是经常能经历的一些事情"，而不是牺牲日常生活中的快乐去追求那些只是偶然且转眼消失的"金戒指"。满足感并非是得到你想要的，而是付出你所拥有的。[8]

心理预期也会从其他方面影响生活经历。律师不满的部分原因来源于他们所预期的回报与法律业务中的生活现实存在的差距。太多的学生都是误打误撞进入法学院的。正如玛丽·安·格伦登（Mary Ann Glendon）所指出的，法学学位"已经成为学生们候选的学位，他们不情愿地作了一个不可撤销的选择，用一些时间和一间房子，得到一些精神上的休息。一日终了，对这些三心二意的律师来说，大吹大擂的那些所谓学位的灵活性根本不是那么回事"。许多学生就这样开始了自己的职业生涯，而对律师究竟干什么、法律职业的诸多要求将会怎样改变他们的生活一无所知。他们所了解的大部分信息都来自于影视描述，而这些描述在很大程

---

[8] Myers, *The Pursuit of Happiness*, 32~38, 63; Robert E. Lane, "The Road Not Taken: Friendship, Consumerism, and Happiness," *Critical Review* 8(1994): 521; Robert E. Lane, "Does Money Buy Happiness?" *Public Interest* 113 (fall 1993): 56, 58~59; Robert H. Frank, *Luxury Fever* (New York: Free Press, 1999), 133; Mihaly Csikszentmihalyi, *Beyond Boredom and Anxiety* (San Francisco: Jossey-Bass, 1975), 182~99; Daniel Goleman, "Forget Money: Nothing Can Buy Happiness, Some Researchers Say," *New York Times*, July 16, 1996, B5; David G. Myers and Ed Diener, "Who Is Happy?", *Psychological Science* 6 (1995): 13; Lawrence S. Krieger, "What We're Not Telling Law Students-and Lawyers," *Journal of Law and Health* 13(1999): 1, 7.

度上极富于戏剧变化。在电视节目的黄金时间里,法律提供财富、激情以及造就英雄的机遇,但是在现实生活里法律则完全是另外一回事。[9]

  法学院毫无理由去纠正这些被理想化的看法。这些机构本身的利益源于招收学生,并使学生相信法律工作回报丰厚,极富于智力上的挑战性,并处于维护社会正义的最前沿。面临固定不变甚至是不断减少的申请者群体以及飞涨的成本,大多数法学院都不愿意去宣传法律职业生活中不尽如人意的一面,诸如沉闷乏味的文件准备、委托人的紧催慢赶、混乱如麻的表格、沉重的债务压力以及公共利益资源的短缺等问题,说得越少越好。那些期望靠华尔街的工资存下巨款或者希望从头重演法庭辩论的入行者注定会感觉被欺骗了。威廉·基茨(William Keates)的《开端要小心谨慎》(*Proceed with Caution*),对律师事务所的生活进行了客观描述。作者指出,大部分学生都设想自己将"要利用司法制度来为社会洗清冤屈"。事实上,许多人最后都在"为富人更富而打拼",他们所从事的工作比原来想象的更无聊和严格,收入回报也比原来的预期低得多。那些没有拿到优秀毕业证书的毕业生甚至还面临着失业或半失业的巨大危险,越来越多的人不得不投身于特许律师事务所,他们工作时间很长、收入极低且所作的都是沉闷乏味的日常工作,最后终老一生。最近发布的关于年轻律师巨额贷款的调查显示,这些从业者都很遗憾选择了律师这个职业,

---

  [9] Mary Ann Glendon, *A Nation under Lawyers* (New York: Farrar, Straus and Giroux, 1994), 201(quoting Patrick Griffin); Michael Trotter, *Profit and the Practice of Law* (Athens: University of Georgia Press, 1997), 60.

这使他们不能将自己的债务和梦想协调起来。[10]

如果律师的部分不满意反映了理想和现实之间的巨大差距，那么问题就变成采用什么最佳方法来解决这个问题。正如第七章所指出的，法学专业的学生和申请人都有权对法律职业的真实情况有一个清楚的了解。但是，已经工作的律师也应该有更多机会去实现最开始引导他们投身于法律的某些梦想。至少，令律师感到沮丧失望和幻想破灭的部分原因并不是根植于法律执业本身。为此，下面的讨论将进一步考察哪些问题在很大程度上是不可避免的业界现实，哪些问题是律师的选择所导致的结果，这些选择可能是律师个人做出的，也可能是他们集体做出的，可能是默示的，也可能是明示的。如果有了这样的思想认识，律师或许就能更好的断定并控制那些现在他们只是抱怨哀叹的因素。

律师执业部门的结构

不可避免地，律师的抱怨是该职业本身所带来的副产品，在其与委托人打交道的过程中，那些不能正常应对这些困难的律师就可能变得像委托人一样沮丧。离婚、破产、个人伤害以及其他民事和刑事诉讼都很少能和人类本性中最美好的东西联系在一起。更要指出的是，就像沃尔特·巴克曼（Walter Bachman）在《法律诉生命》（*Law v. Life*）中所指出的，一些当事人之所以不再成为当事人，是因为他们的行为偏离了人们可接受的标准；他们在人

---

[10] Stephen Gillers, "Great Expectations: Conceptions of Lawyers at the Angle of Entry," *Journal of Legal Education* 33 (1983): 662, 667; William R. Keates, *Proceed with Caution* (Chicago: Harcourt Brace Legal and Professional Publications, 1997), 119; Jerry Van Hoy, *Franchise Law Firms and the Transformation of Personal Legal Services* (Westport, Conn.: Quorum, 1997), 38, 69, 85~88; Davis, "Debtor Class," *National Law Journal*, May 22, 1995, 24.

际关系处理上极不负责或者进行欺骗；他们与律师的关系也是如此。对于一些独自执业或者在小律师事务所的律师来说，他们的利润十分低廉，欠费已经成为一个长期悬而未决的难题。为了规避这种风险，有些律师从事有偿的法律援助工作，担任公共辩护人或者公益诉讼。最后他们也发现"并不是所有的当事人都像他们提起诉讼的原因那样吸引人。"律师和其他的行业一样并非所有的因素都十分吸引人。[11]

尽管大约3/4接受调查的委托人都对自己的律师表示满意，但正是那些不满意的当事人才惹出了很大麻烦。律师经常成为替罪羊，为并非自己的问题背黑锅。他们掌握着（bear）不受欢迎的信息——这是法律要求和对手一旦施压就必须抛出的——以及招致不快的法律背景资料。家庭纠纷案件的当事人在和律师打交道的时候，对待律师就像对待对方当事人一样变化无常、顽固不化，甚至是毫无理智。在商业纠纷的案子里，律师经常看起来像是生意的破坏者，或者像个漏管（a drain），把本来可以产生更多利润的时间和金钱都浪费掉了。那些接受法律援助或者法庭指定律师的当事人心情更不愉快，因为他们要把自己的命运寄托在一个自己一无所知且无法选择的人身上，这是可以理解的。但是，其他当事人可能也有类似的不愉快，因为他们要为自己不愿意又无法

---

[11] Walt Bachman, *Law v. Life: What Lawyers Are Afraid to Say about the Legal Profession* (Rhinebeck, N. Y.: Four Directions Press, 1995), 117; Eve Spangler, *Lawyers for Hire: Professionals as Salaried Employees* (New Haven: Yale University Press, 1986), 167, 203; Carroll Seron, *The Business of Practicing Law* (Philadelphia: Temple University Press, 1996), 117; "As We See It... A Roundtable Discussion among Solo/Small Firm Practitioners," *Houston Lawyer* 35 (1998): 10.

摆脱的法庭辩论支付报酬。[12]

司法实践中其他未涉及诉讼的方面则是律师毫无掌握，了解甚少的领域。在许多法律领域，日益增加的复杂化推动法律职业更为专业化。律师对越来越难以理解的东西知道得越来越多，但是他们的知识面也相应地变得十分狭窄。这个问题普遍存在于许多法律实践领域。独自执业或者在小事务所工作的通才型律师可能发现自己已经很难胜任多个领域的工作，而在大律师事务所工作的专家则由于所熟悉专业知识的局限性而感到无能为力。助理律师在复杂交易中处理收尾工作，合伙人被陷入狭窄的"壁龛"（niche）领域，独立执业者和特许公司的律师则在处理日常案例事务，所有人都发现，他们的工作不断地重复也极为无聊沉闷。[13]

尽管新技术的出现减少了许多极其机械无聊的工作，但同时又增加了许多新的负担和束缚。在一些大工作量的业务中，律师的服务必须在严格限定的时间内按照标准的计划实施，这大大减少了律师在智力上应对挑战和个人解决问题的机会。由于越来越多的信息都可以在网上随时找到，律师就需要更多的时间去浏览它们。在任何环境下，一些法庭都可能推翻、分类或者扩张解释

---

[12] Spangler, *Lawyers for Hire*, 77, 208 (resentment and deal breaking); Seron, *The Business of Practicing Law* (divorce), 107~13; Austin Sarat, "Lawyers and Clients: Putting Professional Service on the Agenda of Legal Education," *Journal of Legal Education* 41 (1991): 43, 46 (divorce); Randy Bellows, "Notes of a Public Defender," in *The Social Responsibility of Lawyers*, ed. Philip B. Heymann and Lance Liebman (Westbury, N. Y.: Foundation Press, 1988), 69, 78~99 (criminal).

[13] Deborah L. Arron, *Running from the Law* (Seattle: Niche Press, 1989), 10; ABA, report of At the Breaking Point, a national conference on the emerging crisis in the quality of lawyers' health and lives, Airlie House, Airlie, Va., April 5~6, 1991, 4; Sherri Kimmel, "Alone and on Your Own: The Growing Allure of Solo Practice," *Pennsylvania Lawyer* 19 (1997): 12; Van Hoy, *Franchise Law Firms*, 21, 131.

有关的判例。随着交通工具的日益发达，业务上的压力也日益增大。法律执业生活中除了最后期限之外还是最后期限，在有些领域，突然袭击式的过分要求变成家常便饭。通过电子邮件、传呼机、手提电话和传真机，律师必需一天24小时都在线，并如期做出回应。这些压力对于独自执业的律师来说尤为明显，因为他们没有同事提供背后支持。但是，律师无论在什么环境下都必须位于交通便利可以顺利到达的区域。由于协议合同的时间限制，律师在医院的病房里起草文件就成为很平常的事情了。[14]

其结果就形成了某种民间军备竞赛，人事与资金成本不断攀升。如果竞赛计划没有那么广泛和狂热，律师作为一个整体可能会从中获益，但是许多从业者决不会冒险单方面退出竞争。那些选择退出私人业务竞争的律师在不同工作环境里也会面临类似的压力。那些服务于低收入委托人和公共利益的律师要面对极其繁复沉重的案件，但可支配资源却严重不足。面对如此众多的关键需要，弥漫于业界各个角落的沉重压力使律师职业付出了极为惨重的代价。[15]

其他的难题则与法律业界规模不断膨胀相关。在过去的30年里，律师的数量增长了不止1倍。这种增长的部分原因在于消费者

---

〔14〕 Nancy Dart and Marilyn Tucker, "Workaholic Lawyers," *Washington Lawyer*, January/February 1998, 36, 39; Seron, *The Business of Practicing Law*, 124. For delivery rooms, see Meredith K. Wadman, "Family and Work," *Washington Lawyer*, November/December 1998, 28; Cameron Stracher, *Double Billing*(New York: William Morrow, 1998), 32, 42.

〔15〕 Tom Wells, "The Technological Arms Race", *Washington Lawyer*, March/April 1997; Charles Ogletree, "Beyond Justification: Seeking Motivations to Sustain Public Defenders", *Harvard Law Review* 106(1993) : 1239, 1240; Boston Bar Association, Task Force on Professional Fulfillment, *Expectations, Reality, and Recommendations for Change* (Boston: Boston Bar Association, 1997), 2, 15.

对法律服务的需要逐渐增加,同时也反映了学术管理队伍对法学院需求的日益扩大。由于法律教育相对便宜、声望又很高,学生们也有财力支付学费,法学院就成为极富吸引力的新崛起的企业。法学院规模和数量的扩大导致大量学生毕业,但这些毕业生却不能找到如意的工作尤其是公共服务部门的职位。[16]

业界规模的扩大再加上其他因素的推动,就越发加剧了律师行业的竞争。最高法院关于宣传广告以及揽客行为的裁决放松了对反竞争法规的束缚。在某些和法律有关的业务上,例如不动产、税收和财政计划以及离婚诉讼,消费者的需求也限制了律师相对于非律师的优先竞争的能力。会计师事务所也开始侵入一些法律业界的传统领域,对后者造成了极大威胁。全球化增强了会计师事务所的吸引力,将更多的国外竞争者引入美国的财政经济中心区域。另外,公司委托人在自己的市场中也面临着日益增大的压力,于是他们开始压缩法律事务开支。法律业务开始成为机构内部的日常工作、更为频繁的财政监督工作,计划分配的项目多是出于短期竞争考虑而不是以长期律师-委托人关系为基础。[17]

从消费者的角度来看,这些发展趋势对降低价格和提高效率有一些积极作用。但对于律师来说,其中的许多后果则是对其不利的。业界规模的扩大削弱了真诚感和非正式声誉的约束力,而

---

[16] Clara N. Carson, *The Lawyer Statistical Report*(Chicago: American Bar Foundation, 1999), 1; John E. Morris, "Five Questions to Ask Yourself Between Crises, "*American Lawyer*, June 1996, 5; Richard A. Posner, *Overcoming Law* (Cambridge: Harvard University Press, 1995), 65; For under-and unemployed, see National Association of Law Placement (NALP) , *Class of 1995: Employment Report and Salary Survey* (Washington, D. C. : NALP, 1996), 14.

[17] Jill Schachner Chanen, "A Wake-up Call," *ABA Journal*, June 1997, 68 ~ 72; Ward Bowman, "Law Firm Economics and Professionalism," *Dickenson Law Review* 100(1996): 515, 520~22.

这些因素原本都有助于控制非专业行为。律师在推销他们的专业上花费的时间越多,他们在实践和提升专业水平以及追求更有意义的兴趣(例如家庭和公益事业)上的时间就越少。当事人对价格越在意,要花钱培训初级律师以及聘请对他们的专业发展和满意度很必要的导师就越难。长期委托人关系的丧失也导致律师无力提供消息灵通、意见到位的服务。为了抢生意,从业者很难拒绝案件或者难以顶得住损害职业道德的压力。私人业务中的这一趋势被描述为"收益越差越小气"。因此,许多律师发现这一趋势很令人烦恼;但如果他们不这样做就会更烦恼,这就不足为奇了。[18]

不过,最让人惊讶且悬而未决的问题是,律师极不愿意变革他们所能够控制的实践环境。职业本身利益的驱使是产生这些不满的原因。私人业务中存在的不满最为严重,但也是可以避免的,问题的症结所在就是过分关注利润。

利益优先

当前私人律师的风格在《纽约客》(*New Yorker*),杂志卡通漫画所描述的一次车内谈话得到了很好的表达——一个富裕的律师对他的同行说:"我可能得到超值补偿,但我得到的超值补偿还不够多。"[19]

在过去的半个世纪里,与大多数美国人相比,律师收入一直

---

[18] Anthony T. Kronman, *The Lost Lawyer*(Cambridge: Harvard University Press, 1993), 277; California State Bar, Commission on the Future of the Legal Profession and the State Bar of California, *Final Report*(San Francisco: State Bar of California 1995), 53; Dale H. Seamans, "In 1996, Big Firms Must be 'Lean and Mean'", *Massachusetts Lawyer Weekly*, March 11, 1996, B3.

[19] Cartoon by Robert Weber, *New Yorker*, June 6, 1998, 5.

在大幅度增长。现在,律师的平均收入是其他全职雇员收入的5倍以上,法律职业已经成为位居第二的高工资行业。但是,尽管财富在不断增长,律师的满意度却没有相应上升。事实上,在不同的执业领域,收入和成就感之间并没有太多的关系。在报酬丰厚的大公司工作的合作伙伴的不满最为显著;而在收入相对低一些的学术研究机构、公益机构和公共部门的员工中,律师的不满则相对没有那么明显。[20]

律师们的经验印证了第一章的基本观点:在最低标准以上,金钱不是通往幸福的有效途径。在没有通货膨胀的情况下,美国现在的工资水平已经2倍于1950年代末期的水平,但是几乎没有报告显示人们更加幸福了,而据精神健康方面的许多客观证据显示,人们的幸福状况反而变得更为糟糕了。研究者经常发现,如果收入超过赖以生存的水平线以上,收入的多寡就与成就感几乎没有什么关联了。不过,尽管现实如此,律师乃至整个公众追求财富的愿望仍然十分强烈。当然,现在还不是对物质主义及其不满进行全面分析的时候,但如果不考察更为宏大的社会文化发展趋势,我们就不可能很好地理解律师的执业环境。[21]

就像其他的西方工业社会一样,美国也正在经历着一场市民精神和社会价值的沦丧。这些精神和价值本来可以用来抵制市场

---

[20] Bureau of the Census, *Census of Population and Housing* (Washington, D. C. : Bureau of the Census, 1992) (http://igovinfo. library. orst. edu/stateis); Patrick Schlitz, "On Being a Happy, Healthy and Ethical Member of an Unhappy, Unhealthy, and Unethical Profession," *Vanderbilt Law Review* 58(1999): 871, 881~89; Boston Bar Association, *Expectations, Reality, and Recommendations*, 4.

[21] Myers and Diener, "Who is Happy?", 12~13; Juliet B. Schor, *The Overspent American* (New York: Basic Books, 1998), 7; Frank, *Luxury Fever*, 72, 112~13.

经济的冲击。现在,经济富裕已经成为美国大学生最重要的生活目标。3/4 的学生认为,这十分关键或者非常重要。在过去的 1/4 个世纪里,该比例已经增加了 1 倍。所谓富裕的标准也在不断升级。正如经济学家朱丽叶·肖尔(Juliet Schor)在《过度消费的美国人》(*The Overspent American*)中指出的,富裕阶层的生活标准受到了人们的广泛关注和嫉妒。一个人赚钱越多,他们越认为更多的钱是必不可少的。在律师的收入范围内,超过 2/3 的人认为,他们的工资需要再上涨 50%~100% 才能满足。差不多 3/4 的受调查律师感到经济上没有保障,也不确定以后是否能得到。[22]

对更多财富的追求除了主观的需要——尽管这些需要显然也扮演着至关重要的角色——还有种种原因。许多律师在加入律师行业的时候都背负着巨额的教育债务。有些律师计划或正在需要养家糊口,他们所居住的地区房费高昂而公立学校和公共服务资源贫乏。长时间工作的父母们发现,高质量的儿童看护价格不菲。在这种情况下,律师要提供他们所认可的体面生活方式,确实需要丰厚的工资。不过,怎样才算充足则是一个主观问题,律师们主观上认为的需求水平,在多种因素的促使下,被急剧地抬高。

其中一个原因涉及参照框架和比较标准。相对收入影响人们的生活福祉,因为它也影响到人们的期望值和社会地位。私人事务所的律师,经常与公司经理、投资银行家、新兴企业家以及其他高收入专业人士合作或者为他们服务,因此也希望得到与上述群体类似的高收入,特别是这些高收入者拥有与律师类似的学历

---

[22] Schor, *The Overspent American*, 7; Mike Papantonio, "Legal Egos on the Loose," *ABA Journal*, September 1999, 108; see generally Frank, *Luxury Fever*.

文凭而时间却更少时，律师希望获得高收入的愿望就更强烈。律师越多地直接接触奢侈生活，他们越将奢侈看作是自然和必要的。而且，愿望一旦得到满足，就会招致更多的愿望。18世纪的法国哲学家狄德罗（Diderot）在他至今仍旧非常出名的自传中曾介绍了这种经历：作者在得到了一件昂贵的红色长袍之后却发现周围环境是如此的令人不满意。逐渐地，为了适应红袍"高贵而优雅的格调"他书房所有破旧的装饰都换掉了。同样地，对于当代的律师来说，高档的商业应酬需要高档的饮食和服饰，高档的住宅需要高档的家具，而这一切需要高收入来支撑。[23]

不过，昂贵的消费通常并没有产生持久的成就感。一旦它们的新鲜感消失，就需要新的快乐资源。欲望、预期以及攀比的标准随着它们的被满足而水涨船高。收入达到20万美元的人并不比只有其一半收入的人更为快乐。高工资并不能转化为对工资的满足感，这在对律师事务所工资和不满意水平的比较调查上已经十分清楚了。另外，对许多律师来说，高收入的工作带来更强烈的被剥夺感，进而刺激他们更为强烈的消费需求。那些在长时间高强度的环境下工作过的律师感到，他们有权享有更多的商品和服务，从而使他们的生活更便利，休闲时间更充足。这种补偿式的消费模式于是就自动地被固定下来。正如基茨（Keates）在《小心前行》（*Proceed with Caution*）中清楚描述的那样，律师们经常用"从工作中赚到的高收入去填充他们的工作所制造的空虚"。许多

---

[23] Schor, *The Overspent American*, 12, 145; Susan Orenstein, "Down and Out on $100 000," *American Lawyer*, October 1998; Michael D. Goldhaber, "Greedy Associates Envy I-Bankers,"*National Law Journal*, December 21, 1998, A17; Stracher, *Double Billing*, 28, 74; Denis Diderot, "Regrets on Parting with My Old Dressing Gown,"in *Rameau's Nephew*, trans. Jacques Barzun and Ralph H. Bowen(New York: Bobbs-Merrill, 1964), 311.

律师接受如此严苛的工作表，部分原因是他们希望得到自己无暇享受的"额外收入"。不过，一旦律师们习惯了这种生活方式，他们通常会发现，要放弃这种生活去换取一个更为满意的工作环境已经很难了。[24]

　　对于相对地位和"职位利益"的追求也是朝着类似的自欺欺人的方向发展的。对于包括律师在内的许多人来说，金钱是保持身份的一种方法，花钱则是显示成就和社会地位的手段。个人工资透明度的日益增大使得身份地位的竞争更易于发生，但却更难于获胜。正如《美国律师》杂志前编辑史蒂文·布利尔（Steven Brill）曾经说过的，一旦法律杂志开始比较律师事务所的工资，"一个合作人年薪达到25万美元，感觉生活十分幸福，但突然有一天他发现，在下一个街区另一家公司工作的同班同学已经拿到了30万美元的工资，于是他就变得十分不满了"。在诸如"贪婪的合作者"之类的网上聊天室，律师事务所工资计划的变动很快就家喻户晓，竞争就开始升级。在法律生涯中，"我是一个律师，请听我说"。是让人难过又无法摆脱的束缚。竞争的对象不仅仅是工资，还包括免费的瑜伽课程、宠物保险、内部消息等方方面面。当然，正如布利尔和其他评论者所指出的，工资体制向社会公开也有一些积极作用，可以阻止隐匿正常收入，曝光不公正的工资差别。但是，公开化也使得人们在社会地位比较上展开了新一轮的军备竞赛，这里几乎没有胜利者，只有许多失败者。实际上，社会顶层已经没有位置容纳这些人。"贪婪成瘾"点燃了永远无法

---

[24] Lane, "Does Money Buy Happiness?", 61, 63; Frank, *Luxury Fever;* Keates, *Proceed with Caution,* 126; Jim Shroder, "Midlevels'Money and Myths," *American Lawyer,* October 1999, 67.

满足的欲望之火。那些贪心不足的律师总发现别人得到了更多的东西。而且,那些在今天看来显示社会地位的商品在明天可能就没有分量了。待遇优厚的专业人士总能在其他场合找到竞争的目标:旅游、汽车、时装、慈善甚至孩子们的聚会。市场总有无穷无尽的需要。[25]

不仅是律师个人过高地将收入作为评估成就的方式,许多机构在雇用律师的时候难以找到其他更好的报酬方式。由于在所有人的标准里,金钱都是最重要的,因此相对于其他价值标准如缩短工作时间或公益事业等,人们在物质报酬方面也更易于达成共识。有些事务所力图降低报酬并以工作中的其他满足感来替代,这样它们就面临着丧失高素质人才的风险,也无法招聘到对收入有很高预期且有许多选择的新成员。一旦高工资的标准建立起来,它们就会自我固定化;降低工资就会成为痛苦的事情,丰厚的报酬则会吸引那些寻求高收入的人。在这种工作环境下,维持高工资成为必要,于是必然会产生一种被剥夺感和权利感,进而刺激要求更多物质回报的欲望。即使当初在法学院里只有较低工资预期的律师,在这种环境下也会陷入收入不断膨胀的怪圈。如果他们不能从事他们真心喜欢的公益事业,那么他们就希望自己的工作至少能得到丰厚的报酬。[26]

---

[25] Robert H. Frank and Philip J. Cook, *The Winner-Take-All Society* (New York: Free Press, 1995), 41, 66; Keates, *Proceed with Caution*, 144; Schor, *The Overspent American*, 5~12; Steven Brill, "'Ruining' the Profession," *American Lawyer*, July/August 1996, 5; David Leonhardt, "I Am Lawyer, Hear Me Whine," *New York Times*, February 6, 2000, E2; Karen Hall and P. Hann Livingston, "Perking Up," *American Lawyer*, February 2000, 60; Papantonio, "Legal Egos," 108; Debra Baker, "Show Me the Money. Com," *ABA Journal*, June 2000, 20.

[26] Marc Galanter and Thomas Palay, *Tournament of Lawyers* (Chicago: University of Chicago Press, 1991), 128~29; Trotter, *Profit and the Practice of Law*, 136.

结果，这种利益至上的心理反过来导致执业体制付出其他方面的代价。尽管许多律师喜欢独自执业或者小范围执业时对时间和案子的控制感，但是他们并不愿意承担随之而来的财政风险和牺牲。律师一旦获得某些专业知识，他们通常就不会亲自出马，而是依靠下属的劳动去赚取更多的钱。私人律师快速进入具有金字塔式结构的律师事务所，位于顶端的合伙人利用自己的技能、经验、名气和关系网，指导和推销初级律师（associates）获得收益。在这种安排下，初级律师允许事务所从自己的劳动中谋利，以换取培训和竞争合作的机会。律师事务所的主要目标就是为所有参与者提供激励以防止他们"开小差"、"掠夺"或"离开"——逃避工作、隐瞒生意或者拉走大批委托人。[27]

不论律师们追求这些目标的效果如何，以追求利润为目标的金字塔结构也付出了代价。其中的部分代价就是事务所规模的不断膨胀以及这种结构所鼓励的上限不断提高。如果不是只有一个合作人离开才能有一个晋升机会的话，事务所规模的扩大就是不可避免的。在致力于维持原有规模的律师事务所里，晋升的时间或者机会都毫无基本规则可言，下属人员（associates）可能长期处于被遗忘的角落而离职。这种体制使得引进新人和留住原有员工都变得很困难，许多事务所在合伙人离去所留下的空间之外开辟了大量关键性职位。这种增长模式受到了如下一种文化趋势的支持：这就是将规模看作衡量社会地位的一个标准并想当然地认为，最大的律师事务所也是最具影响力的事务所。结果，越来越

---

[27] Galanter and Palay, *Tournament of Lawyers*, 94~100; Seron, *The Business of Practicing Law*, 12; Carl T. Bogus, "The Death of an Honorable Profession," *Indiana Law Journal* 71 (1996):911, 923.

多的律师,大约占私人事务所律师的 1/3,都就职于拥有 50 个人以上员工的律师事务所,还有越来越多的律师任职于中等规模的事务所或者联邦特许的律师事务所的分支机构。[28]

随着规模的扩大,官僚体制化、没有人情味、为新律师寻找案源的压力也随之增加。组织机构的规模越大,维持真诚、忠诚和集体责任感的难度就越大。当事务所通过建立分支机构或合并等方式来扩大业务地理范围或者专业领域,进而寻找更多生意来源时,上述难题就更加复杂化。这些大公司的合伙人经常抱怨说感到被忽视或被疏远,特别是当管理决策来自远方,或从未谋面的合伙人安排一份此前从来没有耳闻过的单调乏味的工作时,他们的这种感觉更为强烈。不论规模大小,如果公司不能找到充分案源以维持日益膨胀的人员时,事务所通常都不得不痛下决心采取精兵简政的战略。许多事务所都不愿意降低合伙人的工作或者公开承认他们的经济困境,而是将削减开支视为上上之策。在这种情况下,被解聘的律师就不得不付出沉重而悲惨的代价。[29]

唯利是图还带来其他不良后果。为最大限度地增加合作人(partners)工资和控制,许多事务所压缩了下属(associates)成为合作人的比例,还排挤了那些"并非全职的"高级律师。当某一专业领域的需求下降时,该领域很能干的律师在他们有机会转型之前就可能被解雇。几乎每个律师事务所在各个层面的竞争都日益激烈,毫无安全感可言。当晋升的机会减少时,律师们就能体会到拉·罗什富科(La Rochefoucauld)的真知灼见:如果没有足

---

[28] Galanter and Palay, *Tournament of Lawyers*, 103~7; Seron, *The Business of Practicing Law*, 71; Carson, *The Lawyer Statistical Report*, 8; Van Hoy, *Franchise Law Firms*, 90~108.

[29] Jim Schroeder, "Slowing the Revolving Door," *American Lawyer*, October 1998, S7.

够的成功机会，总有人不得不面对失败的命运。合作人极为重视吸引生意，鼓励采取"享有你自己的猎物"的补偿体制，从而加剧了内部竞争，破坏了团队合作。隐瞒生意和争夺生意日益成为平常事，也导致更多的横向人事流动。在大律师事务所，只有一半受调查的律师感觉得到其他合作人的支持。[30]

过分关注收益还导致有薪工作时间的延长，这对私人执业的律师产生了重大的负面影响。接近一半的私人律师每年要工作1900小时，有相当多的律师尤其是大事务所的律师，则必须完成更高的工作配额。在办公室的时间中，只有大约2/3的时间是真正用于为委托人服务，其余时间都要处理诸如公司内部事务、了解专业领域最新动态等个人或者单位事务。结果，律师们经常每周要工作60个小时或更多。因此也就毫不奇怪，大多数律师都感到他们没有足够的自己可以控制的时间，有近半数的人感觉到他们没有足够时间与家人团聚。[31]

尽管律师事务所经常抱怨为满足委托人要求工作的时间太长，但显而易见地还有其他因素发挥了作用。在某些环境下，延长时间和随传随到对于当事人十分重要；但是这并不能解释大律师事务所存在的难以忍受的日常事务安排。当事人没有从那些两眼模糊、筋疲力尽的律师那里得到高效的服务。如果利益最大化不是

---

[30] Larry Fox, "Money Didn't Buy Happiness," *Dickenson Law Review* 100 (1996): 531, 535; Jill Schachner Chanen, "A Wake-up Call," *ABA Journal*, June 1997, 68~70; David B. Wilkins and G. Mitu Gulati, "Reconceiving the 'Tournament of Lawyers': Tracking, Secrets, and Information Control in Internal Labor Markets of Elite Firms," *Virginia Law Review* 84(1998): 1581, 1663; Chris Klein, "Big Firm Partners: Profession Sinking," *National Law Journal*, May 26, 1997.

[31] See studies cited in Schlitz, "On Being a Happy Member," 888~95.

优先考虑的因素，那么事务所通常就能做好人事安排，在更为合理的条件下提供高质量的服务。正如第六章所指出的，问题就在于当前盛行的按小时计费的制度，在计算费用时更多的是考虑所花费时间的数量而不是使用效率，因此利润仍然是关键性因素。长时间的工作要求也能间接地服务于公司的经济利益，因为它过滤掉了那些拥有不同价值观念的人。通常情况下，最易于被排除在外的律师都是那些家庭负担很重的人，通常是女性。尽管还有少许遗憾，但是这种后果通常被认为是不可避免的，是竞争性执业文化的副产品。[32]

尽管一些律师也承认这些问题，但他们通常都想方设法把这些责任转移到其他地方。律师事务所的合伙人责备贪财和不切实际的下属，而下属则责备贪财而无情的合伙人。实际上，整个业界充斥着各种责备之声。根据《美国律师》杂志对律师事务所经济状况的调查，即"几乎所有合伙人都认为，他们第一年的薪水很低，在经济上毫无疑义"，我们有充足的理由认识到，当前不合理的薪酬体制在下述情况下开始运转了：争取最能干的新律师加盟，导致他们的起点工资远远高于按小时计算工资的合理水平。这种薪水的提高也带动了其他律师工资的增加，而与会计师事务所以及网络公司之间的工资大战更使得这种状况进一步复杂化。由于竞争压力妨碍了单位时间工资水平的相对增长，事务所面临的选择是要么降低合伙人的收入，要么增加下属人员的工作量。

---

[32] Cynthia Fuchs Epstein, Carroll Seron, Bonnie Oglensky, and Robert Saute, *The Part-Time Paradox: Time Norms, Professional Lives, Family, and Gender* (New York: Routledge, 1998) , 14~25; Renee M. Landers, James B. Rebtzer, and Lowell J. Taylor, "Rat Race Redux: Adverse Selection in the Determination of Work Hours," *American Economic Review* 86(1996) : 329.

可以预见的是,大部分合伙人选择了后者。他们将由此导致的压迫性工作日程表归咎于下属更愿意追求高工资,而不是人性化的工作环境。管理层的合伙人经常发表和沃尔特·巴克曼(Walt Bachman)在《法律诉生活》(*Law v. Life*)中所表述的类似意见,一旦他的事务所企图冻结工作时间和基本工资,申请人就会纷纷涌向别的事务所。几乎可以肯定,许多跳槽的下属在新的职位上处境都很悲惨。法律就像生活一样,没有免费的午餐。在合伙人看来,初级律师不可能同时拥有高工资和较短的工作时间——所以他们需要认真地考虑,他们究竟想要走什么样的道路。[33]

从下属人员的角度来看,这种平衡看起来大不相同。大部分人在离开法学院时都背负一身的债务,但对于 2000 小时的工作量意味着什么则一无所知。刚刚入行的许多年轻律师还没有家庭拖累,在经历了多年的极端贫困之后,舒适生活的诱惑实在是难以抗拒。在他们看来,雇主要减轻无法管理的工作开支,就应该削减职业等级顶端的薪水而不是减少下层人员的工资。基本一样的工作,为什么许多高级律师得到的收入就比初级律师多呢?当然,难题也在于那些允许工资水平低于市场标准的律师事务所也同样面临着被抛弃的危险:高层次人才也会和刚入行的人一样流失。有能力挣钱的合伙人如果感到他们的工资太低,就更愿意选择跳槽,通常还会带走委托人和能干的下属。事务所管理者还担心,如果他们的公司开始将生活质量看得比利润更重要,他们就会在人员大量流失后倒闭。尤其是在低级职位上时,职员愿意长时间

---

[33] John E. Morris, "The New Seller's Market," *American Lawyer*, October 1996, 7; Bachman, *Law v. Life*, 106; Boston Bar; Boston Bar Association Task Force, *Facing the Grail: Confronting the Cost of Work-Family Imbalance* (Boston: Boston Bar Association, 1999), 12, 14.

工作通常被看作是敬业的表现，并在升职时得到重视。其结果就是囚徒般的两难选择。律师在远远超出他们承受能力的紧迫时间中终老一生，他们也发现，在现有组织体制下再没有其他选择可言。[34]

仅仅关注职业道德的底线，将对职业生涯满足感极为关键的其他价值观念排挤了出去。它不仅占用了家庭团聚的时间，而且还挤占了社区参与和文化追求的时间。在这个过程中，它也阻碍了律师获取自己广泛知识经验的机会，从而使他们无力担当顾问和领导角色。另外，它还使得律师丧失了从事义务法律服务的机会，而在过去律师将这一经历看作他们最易于满足的职业经历。

任何领域都没有像公共服务问题那样，职业理想和职业实践之间存在着如此巨大的差距。很少有律师达到美国律师协会的模范规则所规定的要求："律师每年至少提供不少于 50 个小时的义务公共法律服务"这些服务的对象主要是"那些收入有限的个人（persons of limited means）或者相关的援助组织"。实际上，大约半数的律师没有从事义务活动，全国律师的平均义工时间每周还不足半个小时。而且，律师提供的大部分义务服务也不是帮助那些低收入的委托人，而是给予了家庭、朋友、没有付费的当事人以及诸如医院和学校这些可能变成付费当事人的中产阶级。许多全国性大型律师事务所以及公司内部的法律顾问办公室仍然几乎没有参与公共利益和贫困法（Poverty Law）项目的义务活动。在全美最大的 500 家律师事务所中，只有大约 1/3 的公司同意参与美

---

[34] Renee M. Landers, James B. Rebitzer, and Lowell J. Taylor, "Rat Race Redux: The Adverse Selection in the Determination of Work Hours in Law Firms," *American Economic Review* 86(1996): 329.

国律师协会的"慈善挑战",该计划要求律师事务所每年至少要将所有工作时间的3%投入慈善事业。这些事务所的律师通常还是愿意参加这类工作的,但是他们却受到现存政策的阻挠:公司政策并没有将义务工作时间纳入按小时支付薪水的规定时间内,而且也不愿在职位晋升或补偿方面重视这一活动。[35]

公司缺乏对义务活动的支持,在多个方面说明它们目光短浅,特别是对于年轻律师来说,公共服务能够提供宝贵的岗位培训、法庭经验以及在执业初期阶段难以获得的人际关系。对处于职业生涯各个阶段的律师来说,这种工作对其职业生活具有重大意义。义务服务活动已经为许多关系美国公共利益的重大案件做出了贡献,并帮助成千上万的低收入家庭满足了最基本的需要。投入这些工作的律师通常都发现,这种执业活动能够成为维系职业地位和道德贡献的极为重要的表达方式。那些没有时间和缺乏支持而无法从事此类活动的律师,通常感到自己受到了欺骗。正如前文指出的,在被调查律师中,失望情绪的最大来源是他们感到自己没有"对社会进步做出贡献"。另外,对于许多律师来说,义务援助贫困者的工作是他们了解司法体制是如何发挥作用——或者为何未能发挥作用的唯一机会,帮助富人则不会有这样的机会。不能为公共服务提供更多的支持,意味着公众和业界都丧失了一个

---

[35] ABA, *Model Rules of Professional Conduct*, Rule 6.1; Carroll Seron, *The Business of Practicing Law*, 129~35(Philadelphia: Temple University Press, 1996); sources cired in Deborah L. Rhode, "Cultures of Commitment: Pro Bono for Lawyers and Law Students," *Fordham Law Review* 67(1999); For inadequacies among firms and corporate law departments, see David E. Rovella, "Can the Bar Fill the LSC's Shoes?", *National Law Journal*, August 5, 1996, A1; Harvey Berkman, "Past Struggles Echo as Clinton Makes a Pitch for Pro Bono Work," *National Law Journal*, August 2, 1999, A8.

大好机会。[36]

利益主导模式所导致的最后一个致命后果表现在良师益友关系上。经验丰富的律师要争取更多生意和获得更多工作时间,他们因此而承受着巨大压力,通常没有充足的时间和动力去培训刚入行的同事,这使得后者中的大多数人永远不能成长为合伙人。这种缺乏培训和指导的状况使许多低级职员十分沮丧,加速了他们的离职步伐。如此循环下去并逐渐固定化,最终导致了自我放逐的产生。超过40%的低级职员不到3年就离开了公司,这使公司甚至没有时间收回最初招聘和培训所花费的成本。另外,有些律师也可能半途而废,因为他们的种族、性别、甚至性取向等额外因素妨碍他们的良师益友关系。就像下面的讨论所表明的,其他方面的歧视也使这些有选择的筛选程序更为复杂化,也进一步损害了多样化和机会平等的改革尝试。[37]

精英的神话

"没有拥有任何东西,也不追求任何东西"这是1990年代中

---

[36] Donald W. Hoagland, "Community Service Makes Better Lawyers," in *The Law Firm and the Public Good*, ed. Robert A. Katzmann (Washington, D. C.: Brookings Institution, 1995), 104, 109; ABA, Young Lawyers Division Survey, *Career Satisfaction* (Chicago: ABA, 1995), 11.

[37] Fleming, *Lawyers, Money, and Success* (Westport, Conn.: Quorum, 1997), 94; Joel F. Henning, *Maximizing Law Firm Profitability* (New York: Law Journal Seminars Press, 1997), secs. 1.06~1.08; Wilkins and Gulati, "Reconceiving the 'Tournament of Lawyers,' "138; National Association for Law Placement Foundation, *Keeping the Keepers: Strategies for Associate Retention in Times of Attrition* (Washington, D. C.: National Association for Law Placement Foundation, 1998), 53~57; Debra Baker, "Cash-and-Carry Associates," *ABA Journal*, May 1999, 41; "Waging a War of Attrition," *National Law Journal*, December 13, 1999, 1; Boston Bar Association Task Force, *Facing the Grail*, 17.

期洛杉矶律师调查有关男女同性恋律师时一个雇主的回答。在美国历史上的大部分时期，这就是对待妇女、种族、少数族裔群体的主导性态度。在过去的几十年里，所有这些看法都发生了翻天覆地的重大变化。1960年代女性律师只占新入行人员的3%，到1990年代后期这个数字已经上升到45%；同一时期，少数族裔在律师行业的比例也从1%增加到20%。鉴于同性恋律师处在非公开状态，他们在从业人员中的比例是否发生变化还不清楚，但敢于公开性取向的律师数量增长很快。[38]

不过，正像律师委员会一再宣告的那样，尽管过去已经取得了重大进步，但是这项任务还"远远没有完成"。在职业地位和报酬体制中，妇女和少数族裔在下层占很大比例，但他们在上层的比例还很低。例如，妇女只占到律师事务所全职合作人的13%，法学院院长的10%，世界财富500强公司的内部法律办公室高级职位的10%，大型律师事务所管理合作人的5%。少数族裔占法学院院长的9%，事务所合伙人的3%，世界500强公司法律顾问的2%。相对于资历和职位相同的其他律师来说，妇女、少数族裔男性以及公开同性恋律师的工资都要低许多。同等条件下，妇女成为合伙人的可能性只有男性的一半。根据收集到的关于少数族裔、同性恋律师的有限的数据显示，他们在留任和晋升上都与其他人

---

[38] "Los Angeles County Bar Association Report on Sexual Orientation Bias," *Southern California Review of Law and Women's Studies* (1995)：295, 305.

存在极大差别。[39]

对此,律师业界的反应是比较复杂的:既承认又尽量回避。他们设立了委员会,提交了相关报告,公布了相关政策,实施了有关的教育项目。多样化问题已经写入业界改革的议事日程,这本身就是一个重大进步。但是具有讽刺意味的是,这一进步本身也为进一步的变革制造了障碍。社会普遍流行的观念是,障碍正在被打破,妇女和少数族裔正逐步得到晋升,机会平等已经取得了实质性进步。不论种族和性别还存在怎样的差异,所有这些都可以归因于不同的选择和能力。对于许多律师来说,歧视要么已经不再是一个重要的问题,要么他们自己公司发生的事情只是一个例外。正如接受德克萨斯州律师协会调查的一位律师所说的:"所谓性别的差异已经被过分夸大了。如果进入这个行当的人们将注意力集中在工作上,他们就会在今天的社会里做得很好。""妇女应该成熟起来,而不再抱怨不停。""在我们作为律师所碰到的

---

[39] ABA Commission on Women in the Profession, *Unfinished Business: Overcoming the Sisyphus Factor*(Chicago: ABA, 1995); Douglas McCallum, "Taking It to the Street,"*American Lawyer*, March 1999, 125; Deborah L. Rhode, "Myths of Meritocracy,"Fordham *Law Review* 65 (1996): 585, 587; Interview, Richard White, Association of American Law Schools, July 13, 1999; Melody Patterson, "Her Partners Call Her Ms. Chairman," *New York Times*, October 9, 1999, B1; ABA Commission on Opportunities for Minorities in the Profession, *Miles to Go: Progress of Minorities in the Legal Profession*(Chicago: ABA, 1999); David B. Wilkins and G. Mitu Gulati, "Why Are There So Few Black Lawyers in Corporate Law Firms? An Institutional Analysis,"*California Law Review* 94(1996): 501, 570; Darryl Van Duch, "Minority GCs Are Few, Far Between,"*National Law Journal*, October 18, 1999, 1; "Study Shows Inequalities in Pay, Partnership,"*San Francisco Daily Journal*, August 25, 1998, 31; Kathleen E. Hull and Robert L. Nelson, "Divergent Patterns: Gender Differences in the Careers of Urban Lawyers,"*Researching Law* 10 (1999):1,5; California Bar Association, *Report and Recommendations Regarding Sexual Orientation, Discrimination in the California Legal Profession* (San Francisco: California Bar Association, 1996), 2.

所有问题中，歧视在所有重要问题中位于最低层。"[40]

这个"不成问题"的问题自身已经成为一个主要问题。在过去的20年里，人们对法律业界的歧视问题进行了大约60次调查，他们总是发现，不同种族和性别在获得机会以及机会观念方面存在着巨大差异。2/3 至 3/4 的妇女报告说她们有过性别偏见的经历，但只有 1/4 至 1/3 的男性报告说他们观察了性别歧视现象。在美国律师协会最近的一次调查中，大约 2/3 的黑人及大约只有 10% 的白人认为，少数族裔在雇用和晋升过程中没有得到应有的公正待遇。全国法律职业联合会的一项研究发现，业界在选择合伙人时也存在类似的性别和种族歧视。要取得重大进步需要我们清楚地理解关于这个问题的不同观念以及为了解决这个问题所面临的挑战。[41]

首先，我们要弄清楚关于歧视的相互冲突的定义。对于许多律师来说，歧视就是公开而蓄意的偏见。他们所在职业的工作环境几乎没有产生多少明显的例证，因为带有种族和性别歧视的律师通常会有意地避免公开表示出来。不太过分的行为通常都会一晃而过，因为这些对他们的生活并没有影响，他们不必去注意。大部分他们确实亲眼所见的行为——歧视的观念和看法、漫不经

---

[40] State Bar of Texas Gender Bias Task Force of Texas, *Final Report*(1994), 20, 25; Diane F. Norwood and Arlette Molina, "Sex Discrimination in the Profession," *Texas Bar Journal*, January 1992, 50, 51; Bar Association of San Francisco Committee on Minority Employment, *Interim Report on Goals and Timetables for Minority Hiring and Advancement* (San Francisco: San Francisco Bar Association, 2000), 18~19.

[41] Rhode, "Myths", 586; Arthus S. Hayes, "Color-Coded Hurdle," *ABA Journal*, February 1999, 56; National Association for Law Placement Foundation for Research and Education, *Perceptions of Partnership: The Allure and Accesssibility of the Glass Ring* (Washington, D. C. : National Association for Law Placement, 1999), 33.

心的论调、微不足道的骚扰——看起来似乎都是个别现象而不是体制性问题。但是，对于那些正在遭受不断出现的各种各样的歧视——虽然是无意表现出来——的律师来说，法律业界的情况就完全不同了。芝加哥一家事务所的黑人女合伙人看见的就是一种歧视模式：她在每次出庭作证时都被误以为是速记员。对于有这样经历的律师来说，问题的关键已不是有意歧视的问题了，更多地是因为下意识中的陈旧观念、不被承认的倾向性以及形式上中立但实际上却不尽然的职业政策。[42]

不论是心理学研究还是实地调查都强调性别和种族的陈旧观念挥之不去，并产生了持久的影响力。在这些观念中，妇女和少数族裔并不像白人同事那样拥有同样的工作能力。传统力量中处于不利地位的群体发现，他们的错误总是先被注意到，而他们的成功则通常更多地归因于运气和特殊对待（special treatment）。对于非裔和西班牙裔律师来说，长期存在的智能低下论调，再加上平均分数很低的等级和考试成绩，使得上述陈旧观念尤其难以消除。正如多样化专家雅各布·赫林（Jacob Herring）所指出的："少数族裔失败时就会被看作是整个种族的代表，但当他们成功时则被看作例外和偶然。"传统观念中妇女拥有的性格和促使专业成功的典型特征存在着巨大差距，这就使女律师一贯处于双重束缚之中。他们经常被指责过于消极或过于匆忙，过于女性化或者没

---

[42] Judith Lichtenberg, "Racism in the Head, Racism in the World," *Report from the Institution for Philosophy and Public Policy* 12(1992): 1; Multicultural Women Attorneys Network of the ABA, *The Burdens of Both, the Privileges of Neither* (Chicago: ABA, 1994) [hereinafter Multicultural Women Attorneys Network]; San Francisco Bar, *Interim Report*, 18~19.

有女人味。总之，男人身上所拥有的女人身上一定不会有。[43]

有了孩子的女性还要面临另外一个双重标准和新的双重束缚。参加工作的母亲被科以比参加工作的父亲更严格的标准，而且通常被指责不论是作为父母还是专业人士都没有全身心投入。那些愿意为工作而牺牲家庭的人看起来缺乏母爱。那些申请延长假期或者减少工作时间的女性律师则被认为没有尽责。这些相互矛盾的信息使许多女性很不舒服地认识到：无论她们正在做什么，她们都应该去做其他的事情。生气的同事可能会提醒那些无视这些暗示的律师，当然很少人像华盛顿特区的一个律师那样说："你都对付不了一个孩子，为什么还要生第二个？"在波士顿律师协会近期的一次调查中，数名妇女报告说，她们收到了从来不会给男性的"友好建议"，即她们生育多个孩子"将是她们职业生涯的终结"。律师业界反对兼职工作的职业体制也使这个问题更为复杂化。不足3%的公司律师缩减工作时间，大部分接受调查的女律师认为，她们有足够正当的理由相信接受这样的安排就会严重威胁

---

[43] Jacob Herring, *The Everyday Realities of Minority Professional Life in the Majority Workplace*, quoted in San Francisco Bar, *Interim Report*, 28; Wilkins and Gulati, "Why Are There So Few Black Lawyers?", 557, 571; Michael, Fix and Raymond J. Struyk, eds., *Clear and Convincing Evidence: Measurement of Discrimination in America* (Washington, D. C.: Urban Institute Press, 1993); Kathleen E. Hall and Robert L. Nelson, "Gender Inequality in Law: Problems of Structure and Agency in Recent Studies of Gender in Anglo-American Legal Professions," *Law and Social Inquiry* 23(1998): 688~91; NALP, *Perceptions of Partnership*, 37; David A. Thomas and Karen L. Proudford, "Making Sense of Race Relations in Organizations," in *Addressing Cultural Issues in Organizations: Theory for Practice*, ed. Robert T. Carter (Los Angeles: Sage, 2000).

她们的职业生涯。[44]

当然,协调工作和家庭需要并非仅仅是"妇女的问题"。那些不愿意接纳母亲的工作场所也不会容忍父亲在这里工作。在波士顿律师协会的一项调查中,一位低级职员认为:"男人在口头上说他们乐意多花费一些时间陪孩子,完全没有问题,但如果真的那样做就不行了,除非他们是偶尔为之。"男性合伙人的普遍态度就是:"我也有自己的家庭,但我没有耽误任何时间。你为什么不能也这样?"十分具有讽刺意味的是,一些律师将这种态度看作是性别歧视根本不是问题的证据。毕竟,在家庭休假和灵活安排工作上,女性比男性更容易得到"特殊照顾"。但是,这种解释忽略了问题的关键:惩罚承担家庭责任的男性也等于在惩罚女性。它会妨碍男性律师承担同等分量的家庭事务,并强化了传统的性别分工。结果,就业女性承担了大约70%的家庭责任,却以自己的职业生涯作为代价。[45]

传统陈旧观念的力量由于其他观念上的偏见而更为复杂化。人们更可能去注意和回顾那些符合其原有观念的信息而不愿意去看那些和他们意见相左的信息。许多律师都认为就业母亲不可能全心全意投入工作,他们更容易记得她早退的时间而无视她加班熬夜的时间。律师们认为,他们的少数族裔同事是肯定性行动

---

[44] Cameron Strather, "All Aboard the Mommy Track," *American Lawyer*, March 1991, 126; Rhode, "Myths," 592~93; Boston Bar Association Task Force, *Facing the Grail*, 17. Meredith K. Wadman, "Family and Work," *Washington Lawyer*, November/December 1998, 33; NALP, *Perceptions of Partnership of Partnership*, 99; Cynthia Fuchs Epstein et al., "Glass Ceilings," 291, 391~99.

[45] Epstein, "Glass Ceilings," 409; Rhode, "Myths," 592; Boston Bar Association Task Force, *Facing the Grail*, 17.

(affirmative action)的受益者,而不是精挑细选的精英,因此更愿意发现他们的错误而不是卓识。一个相关的问题就是,人们都具有心理学家所说的"正义的世界"(just world)歧视。他们坚信,个人通常能够得到他们应该得到的,而他们所得到的也是他们应该得到的。关于行为方式的观念通常会下意识地转向考察它与最终结果之间的差距。如果女性和少数族裔在最为突出的职位中比例较低,一个最为便利的心理学解释就是,他们缺乏必要的能力或者敬业精神。[46]

不过,一个更为充分的解释将会承认,他们的职业生涯也因为遭到负面的陈旧观念以及难以融入监管和委托人关系网而夭折。一系列广泛的研究表明,人们和那些在重要方面和自己相似的人相处更为舒服,他们也更可能协助那些背景与自己相似的人。妇女、少数族裔和男女同性恋律师经常被报告说,他们被排挤在建议、合作和生意发展的圈子之外。[47]

对于这些群体中每个人来说,被排挤的动机在某种程度上是不同的,但负面的影响则几乎相同。女性既要承担大量家庭责任又要长时间工作,也就没有足够的时间参加社会活动。男性则担心自己举止不当或被当作下意识的性骚扰,也不大情愿主动发出邀请。有色种族的律师经常发现社会经济或文化背景的差异带来

---

[46] Federal Glass Ceiling Commission, *Good for Business: Making Full Use of the Nation's Human Capital* (Washington, D. C.: Government Printing Office, 1995), 26~28, 64~72, 93~96, 104~6, 123~25; NALP, *Perceptions of Partnership*, 37, 93; Melvin Lerner, *The Belief in a Just World*(New York: Plenum, 1980), vii~viii.

[47] Lichtenberg, "Racism"; Judith Lorber, *Paradoxes of Gender*(New Haven: Yale University Press, 1994), 237~38; Federal Glass Ceiling Commission, 552; NALP, *Perceptions of Partnership*, 54~58.

了新的障碍。其中许多律师报告说,他们被迫选择那些可以充分利用他们的种族身份的专业,或者他们发现,参与某些事务仅仅是为了起到某种象征性作用。例如,黑人律师被指派去为种族歧视的案子辩护,或者被邀请去参加可能揽到少数族裔委托人的会议,他们的唯一真实的功能就是"做一个黑人坐在那儿"。同性恋律师不但被排除在同事们会感到不舒服的环境之外,而且也被排除在有法官或委托人出现的场合,仅仅因为担心造成不快。随着时间的流逝,这些政策会被固定下来。高级律师们不愿意花费时间去培训那些可能离职的人。那些没有得到精心指导、没有得到平等机会的女性和少数族裔律师事实上也选择了离职。这些人不成比例地逐渐离职,减少了类似背景的律师的指导者和榜样,使得产生这个问题的观念永远固定下来。[48]

这个问题由于妨碍它提出的力量的存在而变得更为复杂化,人们普遍的反应就是消除传达消息者。那些表达类似关注的妇女认识到,她们"反应过度"或者"判断失误"。大多数律师对关于歧视的控诉并不会感到不舒服,但他们都倾向于不和那些使他们感到不舒服的人一起工作。同性恋律师"都想要抱住自己职业而不是提起诉讼",同样学会了容忍,对那些甚至是公开的反同性恋行为都不再提出挑战,尤其是在正式的投诉计划很少奏效后更是

---

[48] Epstein, "Glass Ceilings," 343~46; ABA Commission on Minorities, *Miles to Go*, 6~7, 14~15; Committee on Minority Employment, *Goals*, 17, 25; William B. Rubenstein, "Queer Studies II: Some Reflections on the Study of Sexual Orientation Bias in the Legal Practice," *UCLA Women's Law Journal* (1998): 379, 394; Wilkins and Gulati, "Why Are There So Few Black Lawyers?", 570; David Wilkins, "Do Clients Have Ethical Obligations to Lawyers? Some Lessons from the Diversity Wars," *Georgetown Journal of Legal Ethics* 11(1998): 855, 863; Thomas and Proudford, "Making Sense of Race"; NALP, *Perspectives of Partnership*.

如此。纽约某律师协会调查显示，只有不足4%的关于性取向的歧视案例得到了某种程度的解决。这种结果阻碍了对多样性相关问题的广泛讨论。受歧视者不愿意采取对抗性措施，决策者也不愿意将相关问题公开，从而使他们看起来也有了歧视的嫌疑。另外，由于大多数任命决策都是主观的和保密的，歧视的明确证据很难获得。不论是从个人还是从财政的角度来看，涉及律师歧视案例的诉讼费用都十分高昂。原告必需冒公开所有个人缺点的风险，很少有人在打赢官司后仍然能够在生活上获得成功。正像芝加哥的一个律师所说，为歧视辩护的律师"可能永远也不能在这个行业上混饭吃了"。[49]

保罗·巴勒特（Paul Barrett）的近期著作《好的黑人》（*The Good Black*）就提供了考察上述动因的个案。毕业于哈佛学院和哈佛法学院的非裔美国人芒吉（Lawrence Mungen），希望成为如那本书标题所表示的角色。作为一个高级律师，他加盟了一家芝加哥律师事务所在华盛顿特区的分支机构，并努力"按照游戏规则办事"。他受雇于一个复杂的破产案，最终无功而返，他的地位也因此一落千丈，最终失去了合伙人地位。但是直到最后，他也没有提出控诉或者揭示这种与种族有关的问题。他不希望自己被看作"愤怒的黑人"，并拒绝对事务所中的其他少数族裔同事进行指导和帮助。当他显然不能再获得业务工作之后，一些合伙人做出了

---

〔49〕 ABA Commission on the Status of Women, "Green Pastures, "*Perspectives,* summer 1995, 3; Association of the Bar for the City of New York, Committee on Lesbians and Gay Men in the Legal Profession, "Report of Findings from the Survey on Barriers and Opportunities Related to Sexual Orientation," *Record* 51(1996):130; Los Angeles County Bar, "Report on Sexual Orientation, " 355; Thomas and Proudford, "Making Sense of Race Relations, "; Paul M. Barrett, *The Good Black* (New York: Dutton, 1998),59.

一些善意却没有什么作用的回应。他们大幅削减他的有偿工作时间，以便他能够做某些日常工作，但这也影响了他作为一个能干律师的名望。尽管高级合伙人最后决定将他分配到另一个办公室，但他们并没有许诺将会给他晋升的机会。他以种族歧视为名起诉公司而且举了许多例子，例如公司没有提供正式的估价、非正式的指导、参加委托人会议的邀请或者做业务所必需的帮助等。哥伦比亚区由大多数黑人组成的陪审团支持他，但是上诉法庭驳回了他的诉讼请求。由于不能找到另一个类似的岗位，他只好去其他事务所做低收入的临时工作，该书最后说他正在考虑转行。[50]

正像一些评论者所指出的，这个案子是所谓的"种族测试"（racial Rorschach test）案，观察者看到了他们期望看到的东西。对于事务所律师及包括上诉法庭在内的外部的同情者来说，这是一个道德游戏，善意的行为却遭到了惩罚。在他们看来，芒吉的待遇并不比白人同事更差，在某些方面还相当好。他在法庭上指陈的那些微不足道的失误和监管问题"在生意场上仅仅算是日常管理不善"。事务所为挽留他所做的额外努力就是维护平等机会的证据。相反，包括巴勒特（Barrett）在内的批评家，则将它看作是"冷漠无情的肯定性行动"教科书案例。在他们看来，事务所消极无为且行动迟缓。不奇怪的是，这些截然不同的看法通常依据种族划分界限，也大致代表了业界内部的各种态度。美国律师协会的一次全国性调查显示，只有8%的黑人相信事务所在真正致力于

---

[50] Barrett, *The Good Black*, 42~48, 97~104.

推动多样化，持此看法的白人则高达41%。[51]

当然，这很大程度上取决于什么才被看做致力于推动多样化。Katten事务所的管理阶层和其他事务所一样，毫无疑问都希望少数族裔律师获得成功。即使从纯粹的实用主义的立场来看，如果一家公司不像Katten公司的华盛顿办公室那样只雇用一名黑人律师，多样化努力将有助于他们招聘员工和业务扩大。尽管许多律师希望更高程度的多样化，但他们并不一定愿意重新思考那些起着阻碍作用的体制。许多接受调查的律师都表示，他们的公司在多元化价值问题上是口惠而实不至，并没有把它置于优先地位或采取肯定性行动来实现它们。拒绝支持"特殊对待"的观念十分普遍。美国律师协会的调查发现，只有42%的白人律师支持采取肯定性行动，而相比之下黑人律师的支持率则高达92%。在反对派看来，依靠种族、族裔和性别差异使特殊对待永久化，正是美国社会应该努力消除的东西。批评者认为，这些待遇意味着妇女和有色种族的男性在要求获得特殊优势，这恰恰强化了我们应该加以反对的种族优劣论思想。[52]

肯定性行动确实要付出某种代价，这些律师的观念毫无疑问是正确的，但问题的关键在于"这种代价是与什么相比较的"，无所作为的代价也十分沉重。只有在确保为数不少的妇女和少数族裔在社会高层中占有一席之地后，我们才能保障业界无论在形式上还是实质上都是公正的。尽管带有多样化烙印的举措确实出现

---

[51] Barrett, *The Good Black*, 280; David Wilkins, "On Being Good and Black," *Harvard Law Review* 112(1999): 1924; Walter Lagrande, "Getting There, Staying There," *ABA Journal*, February 1999, 54.

[52] ABA Commission on Minorities, *Miles to Go*, 5~8; San Francisco Bar, *Interim Report*, 48.

了许多问题,但是批评者却未能找到最根本的原因以及合理的解决方案。种族优劣论在肯定性行动之前已经存在,即使没有后者它也会继续顽固地继续下去。妇女和少数族裔在关键的法律工作中的缺位也是一件令人感到遗憾的事情。另外,如果我们允许种族和性别歧视继续作怪而置之不理,或不加区别地反对所有形式的特殊对待,我们就永远不可能消除种族和性别歧视。处于不利地位的女性和少数族裔将会使整个美国社会蒙羞和低人一等,但不支持白人男性则不会出现这种情况。在某些社会环境下,为了克服特殊障碍就必需实施特殊对待。

恰恰与批评家的断言相反,多样化所必需的举措并没有降低律师行业的服务质量,反而是进一步推动了它。不同背景和经验的律师在整个事务所中占有充足的比例,对于推动人们在正在迅速多元化的市场中取得成功至关重要。另外,正如下文所述内容表明的,许多旨在为妇女和少数族裔提供平等机会的政策也能提升所有律师的生活质量。良好的人力资源管理是与整个业界利益攸关的事情。

替代性机制

在一篇名为《我们要关注什么问题的重要性?》的著名文章中,哲学家哈里·法兰克福(Harry Frankfurt)强调了一个显而易见但又经常被忽视的真理。当人们从事着他们认为有意义的工作,当他们在内心深处思考什么工作能够达到这个标准时,他们就很有成就感。福山强调说,我们应该"关注我们所关注的事情",并拒绝从事那些没有达到预期的工作,至少从长远观点看我们应该这样。律师不论是作为个人还是群体,都需要沿着福山所建议的方向思考相关难题。尽管理想的预期和日常生活现实之间不可避免地存在着某种距离，这也是毫无疑问的，但是这决不意味着，当前的执业状况就是我们所能争取到的最好条件。日益激烈的竞争已是一个不争的事实，但律师可以改变他们竞争的内容。相对于大多数职业来说，法律职业对工作重心的变动拥有更多的控制权。绝大部分律师都工作于那些为律师拥有或管理的机构中。他们能够选择优先考虑职业道德而不是企业利润，而且他们也能建立相关体制以便于进行上述选择。法学院、律师事务所、律师联合会以及其他法律机构也能帮助人们增进对相关社会条件的理解，而这些社会条件对职业满意度来说至关重要。[53]

　　首先，我们要教育那些位居管理职位的律师。尽管人们不断抱怨说，法律业界已经沦落为商业行为，但许多律师还是未能将有效的商业管理战略融入法律业界的结构调整之中。正如有关专家通常指出的那样，大多数律师事务所的人力资源政策处于非常糟糕的状态。法学院几乎没有开设与上述问题相关的课程，更没有关于公司管理所必需的市场营销、技术支持和财政管理等方面的课程。管理层的律师很少就人事资源问题接受过正式培训，也没有充分利用学者对就业满意度的研究成果。一般来说，这些研究都承认职业满足感的产生需要以下几个方面的条件：人们将所承担的任务视为一种挑战并承认其价值所在；对工作拥有某种程度的责任感和控制权；能够为个人、家庭和公共服务事业留出足够的时间；拥有支持工作且真诚的社会环境。律师特别是那些负

---

[53] Harry Frankfurt, "The Importance of What We Care About," *Synthesis* 53 (1982): 257, 262; Krieger, "What We're Not Telling Law Students," 2~12.

有管理责任的律师需要系统地了解,他们自己的执业环境在何种程度上符合上述条件。不过,前面的讨论表明了业界改革的总体方向。[54]

一个显而易见的目标应该是增加公共服务的机会。律师在义务工作中获得了技能,并在追求他们认为意义重大的事业的过程中获得了认可。法律业界需要在这些方面提供更多的支持:义务援助活动应该记入收费工作时间,并在业绩评价中占有重要地位。律师协会也可以支持这一政策,要求所有律师投入一定数量的时间,如每年50个小时或者相当数量的资金用于公共服务,而且这些服务的主要对象应该是那些收入有限而无力求助于律师的人。

此前,上述建议由于道德和实际原因遭到了人们的反对。其中一个问题就是仅仅要求律师而不要求其他业界人士提供慈善服务有失公允;另一个问题是让毫无经验或者动力的律师涉足贫困法律服务的可行性和效率高低值得怀疑。这些问题并非毫无道理,但是律师享有特权也应该承担相应的责任,这是事实。美国的律师得到了比其他国家的律师和其他行业的成员更为广泛的和排他性的权利。律师界坚决捍卫他们的这些特权以及成功地将非专业人士的竞争排斥在外,所有这些都使法律服务的价格极高,远远超出了许多消费者的承受能力。在上述情况下,人们希望律师做某些义务工作以换取他们的特权地位,这也是人之常情。通过允许律师以资金捐献替代直接服务,通过提供一种简洁但有效的培

---

[54] J. P. Ogilvie, Leah Wertheimer, and Lisa F. Lerman, *Learning from Practice* (Eagan, Minn. : West Group, 1998), 239 ~ 40; Myers, *Pursuit of Happiness*, 133; National Association for Law Placement Foundation, *Keeping the Keepers;* Henning, *Maximizing Law Firm Profitability*, §§ 1.08 and 1.17; Boston Bar Association Task Force, *Facing the Grail*, 13.

训和后台支持,效率问题也就迎刃而解。而且,业界志愿服务计划已经开始采用上述做法。即使公共服务的要求没有得到彻底的贯彻,但它们至少也在沿着对社会有用的方向发展。对于许多贫穷的当事人来说,即使援助律师没有经验,也比他们现在什么都没有要好。许多律师愿意参加慈善计划却苦于周围工作环境并不支持和鼓励,律师界的要求就为变革提供了必要的推动力。[55]

改革的另外一个重点就是律师业界要更好地承担起工作和家庭责任。律师应该有机会选择休长假或减少工作时间,而不必担心他们会为此而付出沉重的职业代价。正如 NALP 调查所指出的,"上进或者出局"应该改为"死亡或辞职"。不论是律师个人还是单位都会从更为灵活的安排中受益。制定充分的兼职工作和家庭休假政策,以及更为人性化和灵活的工作日程安排,都是朝着正确方向发展的举措。不过,更大的挑战是,我们必须确保那些作出上述选择的律师不会被降级到二流的地位,也不会在工作安排和晋升决策中受到不利影响。贡献的大小应该由完成工作的质量而不是按时付酬的时间来衡量的。[56]

其他的政策应该直接关注多元化和机会平等。业界雇主仍然需要这样一些政策,即禁止对性取向的歧视,给予内部合伙人更多的收益,进一步提升招聘新员工的效率,并疏通各种渠道以推动多样化的发展。许多事务所也缺少正式的监管项目,以保证对妇女和少数族裔权益的充分支持。极少有雇主确定了聘用和留任弱势群体的工作人员的实际目标,几乎没有雇主会委派律师监督

---

〔55〕 For a fuller discussion, see Rhode, "Cultures of Commitment," 2421~25.

〔56〕 NALP, *Perceptions of Partnership*, 38, 44; Boston Bar Association Task Force, *Facing the Grail*, 24~25.

这些目标的实现。通常情况下,确保为数不少的妇女和少数族裔拥有决策权,对于保证这些战略的实施至关重要。为了推进这一进程,越来越多的组织开始充分利用多样化培训和顾问。不过,在其他的法律公司,这些战略在事实上更多地只是改革的替代品而不是催化剂。就像一位心灰意冷的下属人员所指出的,公司"可以马上实施这些举措直到他们赚到钱",但要取得重大进步还需要律师就他们所听取的建议采取实际行动。[57]

另外,律师协会也必须做更多的工作去协助实施这些举措。其中一个很明显的战略就是,效仿那些在多元化议题上已经制定出模范政策、训练材料和持续的法律教育计划的组织。他们还应该积极制定多样化的目标和时间安排以及少数族裔顾问计划,参与上述计划的律师事务所和公司内部的法律顾问部门承诺,他们将增加少数族裔律师在他们公司的比例和使用,并将业务交给少数族裔拥有的公司。我们还需要集中注意力对这些建议的效果做出评价。某些单个项目的评估结果是喜忧参半,我们需要更为系统地研究以确定哪些策略最为有用。[58]

律师事务所还可以与法学院、公益机构合作,共同解决律师职业生活的质量问题。例如,我们应该更多地关注如何帮助独立执业和小事务所的律师探索在财政经济方面行之有效的措施来满

---

[57] Rubenstein, "Sexual Orientation Bias," 394~96; Stephanie Francis Cahill and Pearl J. Platt, "Bringing Diversity to Partnerships Continues to Be an Elusive Coal", *San Francisco Daily Journal*, July 28, 1997, 1, 2.

[58] ABA, *Promoting Professionalism* (Chicago: ABA, 1998), 61~62; ABA Commission on Minorities, *Miles to Go*, 15; Wilkins, "Do Clients Have Ethical Obligations?", 864~65; Cahill and Platt, "Diversity," 2; Lawyers for One American, *Action is the Difference We Make* (San Francisco: Lawyers for One America, 2000).

足那些未能得到服务的社区的需要。通过律师之间的合作网来提供咨询、参考、监管以及技术支持等,上述建议已开始付诸行动。按照这个发展方向推出新的举措也十分关键,如法学院和法学继续教育课程也需要关注提高律师生活质量和管理水平。我们还需要共同合作,在多样性、职业道德、监督管理、家庭适应、义务工作等方面制定最佳执业标准,以便于对法律业界的雇主做出评价。根据上述标准所得的调查数据,既可以用来评价正式政策,也能够用来评价实际操作。业界雇主现在主要依靠规模、利润和收入标准确定自己的地位,他们还需要更多的鼓励以推动他们在其他方面进行竞争。[59]

沿着上述方向发展的法律业界的变革,当然还需要法律文化的更为深刻的转变。律师需要重新思考政策的同时还要重新审视他们的发展重心。而且,普遍存在的对于法律业界某些方面的不满也使得重新评价看起来极为合理。数年前,斯坦福大学举办了一次关于公司法律师事务所的研讨会,一群杰出的管理合伙人被邀请与会,开始重新评价上述问题。有人对他们提出质疑:"为什么没有更多的律师事务所给予律师选择更为合理的工作日程安排和较低的工资收入的机会,从而使他们有时间来家庭团聚或者从事义务工作?"一个高级合伙人不耐烦地回答说:"因为减少工作量要付出代价。让编外律师加快速度,容纳那些只有有限时间的律师以及支付额外的加班费都很昂贵。谁会为这些买单?"答案看来多少让人吃惊,就是"你将会为此买单",至少在短期内情况不

---

[59] Ritchenya A. Shepherd, "ABA Position May Boost Solos and Small Firms," *New York Law Journal*, June 14, 1999, 1; James H. Johnston, "Old-Fashioned Bars Should Support Solos," *Texas Lawyer*, June 28, 1999, 42.

会改变。但是长期来看,这些投资能从获得员工士气、新员工招聘和留住人才等方面得到回报。另外,特别是在一些大型事务所,合伙人的薪水是美国普通工人的 10 倍以上,为晋升更为满意的职位,做出一些短期的收入上的牺牲,并不是没有道理的。

王尔德(Oscar Wilde)曾经注意到,这个世界只有"两个最大的悲剧。一个是没有得到自己想要得到的,一个是正在得到自己想要的"。许多律师不但希望过着舒服的生活,而且还想要得到一个有利的执业环境和对社会有益的工作。十分具有讽刺意味的是,律师在实现第一个目标上所取得的成功却限制了他们去实现其他目标的能力。结果可能不是一个悲剧,但也不是律师希望去实现的目标。

第三章

律师在抗辩制度中的角色

我代理的第一个案子差不多也是我经手的最后一个案子,它让我彻底地明白了陀思妥耶夫斯基(Dostoevski)对律师的定义——良知的聘用。同时,它也让我萌发了兜售自己的律师定义(mine)的冲动。

我对律师的了解(the insight)始自我在华盛顿公共律师事务所实习之际,彼时我还是一位刚刚结束法学院一年级学习生活的新生。当时,两个年轻的委托人出于好玩,竟将一个老"酒鬼"踩踏致死。这两个委托人向我的指导老师(supervising attorney)和执行任务的警察招供了(他们的所作所为);他们甚至为其杰作(accomplishment)而自豪。然而,在要求他们招供及收集其他有罪证据时,警方违反了许多宪法和程序法上的规定。我的指导老师以公众所谓的"诉讼程序问题"(technicality)为由,终止了这一案件,并引以为豪。另一方面,委托人则欢呼雀跃而毫无悔意。我相信,他们会成为这个律师事务所的"回头客"。我甚至不敢肯定自己是否真的愿意（be ready to）做一名律师，更不用说刑事辩护律师了。

时隔25年之后回首往事，我认为我的指导老师和我都是对的。他为维护宪法价值而进行了必要的、合于职业道德（ethically defensible）的辩护，而我认为案件结果具有道德非难性。因为我当时也向有罪的委托人传达了一些错误的信息：有些人的生命很廉价，但是聪明的律师一样可以帮助他们逍遥法外。

这就是法律职业道德上所谓的"烫手山芋"之一（hard cases）。美国既要致力于个人权利的保护，又要致力于社会责任的承担，而道德张力恰恰就产生于这种根深蒂固的冲突之中。在很多涉及到法律的情况下都存在这种冲突，在法律职业道德中同样如此。当律师们游走于这些文化冲突之间时，公众一方面要求律师的忠诚，而另一方面也在谴责他们有失忠诚。为没有权力的人和那些不受欢迎的公司辩护一方面为律师们赢得很大的尊重，另一方面也给他们带来了尖锐的批评。律师既是法庭官员，又是委托人利益的保护神，这两种责任之间的冲突是法律职业道德中最常见的窘境。通常，律师们在处理"公共利益"与"委托人利益"之间的冲突时，充分代表（overrepresentation）了那些付得起律师费的当事人，而对除此之外的其他人则未获得足够的法律帮助。当律师们为了追逐金钱利益而过分热衷于为大公司代理时，可能会对普通公众的健康和安全造成损害，并使得中低收入者无法得到他们需要的法律援助，其结果是以牺牲公众的利益来保护律师这一职业的利益。

使这一问题变得更为复杂的是，律师界常常否认存在这样的冲突。许多律师并不认为自己的职业利益与社会责任之间存在重大抵牾。正如美国出庭律师行为准则基金会（American Trial Lawyers' Foundation Code of Conduct）所说的："律师要通过自己对委托人的利益表现出他们所期望的忠贞不二的忠诚来为公众服务。"这种假定显然有益于律师，因为律师的经济收益和职业地位一般取决于其委托人的满意度。律师道德准则在这里也是出于私利的考虑。[1]

然而，合于职业的并非总是社会所需要的。在许多情况下，热心辩护的道德论证很难令人信服，下面即将探讨现行做法的社会成本。然而，讨论的重点既不是言过其实地谈论职业困境出现的频率，也不是轻描淡写地谈论律师们的各种反映。大多数日常的法律工作并不会带来重大的道德问题，而即使这种问题真的出现，有着不同价值观的律师在不同的环境下反映也不一样。但是律师的道德决定也是由一些既定的准则、同事的期望以及共同承担的那些令人不安的经济压力形成的。

综合上述，这些做法强化了律师损害公共利益的职业角色。对于那些强势委托人的过度代表，已经使无辜的第三方暴露于健康、安全以及经济等风险之中，而对那些经济拮据和不谙世故的委托人的不充分代表，使其处于同样的弱势境地。由于没有足够的代理，他们变得更加容易受到伤害，更加脆弱。这两个问题都不是可以轻而易举地获得解决的。但是，如果充分了解这两个问题的潜在原因，我们就可以找到更好的答案。

任何符合社会需要的、有关律师作用的观念，都对律师职业

---

[1] Roscoe Pound-American Trial Lawyers Foundation, *The American Lawyer's Code of Conduct* (Washington, D. C.: American Trial Lawyers' Foundation, 1981), 202.

准则和约定俗成的实践提出了更高的职业要求。事实上，律师要为其职业行为承担道德责任。这种责任要求律师在特定情况下考虑争议中的所有社会利益。比如忠诚于委托人虽然至关重要，但仍要与真理、正义以及防止无谓的伤害等其他价值保持平衡。道德义务不可避免地相势而动。适用于刑事诉讼的援助并不一定也适用于民事诉讼。

当然，在这种相势而动的道德框架下，律师们很难就如何调和相互冲突的价值形成一致意见。但是至少他们需要正视这个难题并为自己的职业承担社会责任。

律师角色的演进

美国律师通常都认为，现在的律师角色反映了某种固定的、由来已久的观念。事实上，在本世纪以前，现行的主流原则大部分都是非正式的、不准确以及很不全面的。在早期的有关法律职业的主要论著中，关于职业义务的各种相互冲突的观点尤为引人注目。1830年代，法学教授大卫·赫夫曼（David Hoffman）说道：辩护人为了一些毫无价值的立场去辩护，而这些立场会导致一些糟糕的法律，这是一些"卑劣而荒唐的"事情。宾西法尼亚州法官乔治·沙斯伍德（George Sharswood）的观点更加模棱两可。他在1869年的一部很有影响力的论文里说道：律师"无需为其维护非正义事业的行为而承担道德责任"。律师们不应该"篡夺法官和陪审团的职责"。但前后矛盾的是，沙斯伍德又宣称，律师应该拒绝帮助那些通过钻法律空子来从事违法行为的原告（plaintiff）。[2]

这些相互冲突的有关律师角色的观点，仍充斥于现代有关法律职业的讨论之中。然而，律师应该保持道德上的中立，应该为委托人辩护而不是评价委托人，这种观点已经逐渐占据统治地位。现在各种各样的力量都推动了这种趋势的发展，包括法律职业的日益商业化和竞争的日益激烈以及大家在公共利益方面的分歧。对于一些私人从业者来说，社会义务已经慢慢地从日常行为中消失了，他们很少提供公共利益事务和无偿的法律服务。

现代的职业准则反映和强化了道德中立和对委托人忠诚的原则。美国律师协会制定的职业行为示范守则（目前大概有2/3的州在采纳这项规范）要求律师与委托人在"代理目标"上保持一致，强调法律援助"并不意味着辩护人认同委托人在政治、经济、社会以及道德上的观念和行为"。美国律师协会职业行为标准规范（ABA's Model Code）也有大量的类似条款。这些条款在标准守则（Model Rules）之前就已经存在，并且在美国1/5的州依然生效。[3]

律师职业条款（执业规范或法律职业道德）也包括一些非常重要的有关党派忠诚性原则的规定。无论是律师职业标准规范，还是律师行为示范守则，都要求律师不得承接那些他们认为不正义的委托人或案件，也要求他们不得采用那些合法而不合理的策略。律师们不会有意去帮助一些罪犯或者错误的行为，在某种情

---

[2] David Hoffman, "Resolutions in Regard to Professional Deportment,"in *A Course of Legal Study*, 2d ed. (Baltimore: J. Neal, 1836) , 755; George Sharswood, *An Essay on Professional Ethics*, 3d ed. (Philadelphia: T. & J. W. Johnson, 1869) , 84~85.

[3] American Bar Association, Model Rules of Professional Conduct, *Rule* 1.2, *and Comment*.

况下，比如在委托人坚持采取"不愉快或轻率"（repugnant or inprudent）行动或者案件在未上庭之前，律师们一开始就会限制代理或者撤诉。但是，如果律师不能撤诉，则委托人对于重要事项的决定具有优先权。辩护人也应该替委托人保密，除了在一些极其有限的情况下，如要防止一些可能造成突发性死亡、实质性的身体伤害以及严重经济损失的犯罪行为。即使在以上的情况下，适用于许多州的规范条款也要求律师不得泄露委托人的秘密。律师有权保持沉默，即使这种沉默可能会给无辜的第三方带来杀身之祸。许多司法管辖区的律师职业规则禁止律师披露当事人那些虽未构成犯罪但存在欺诈的行为，不管这将给他人带来何种后果。[4]

律师界通常都在道德和实用的基础上为这些规则及其反映的律师行为辩护。这些道德上的宣称都是基于一些对道德角色的广泛理解，而这些理解本来就产生了一些重大的分歧。理论家用角色这一概念来描述某种特定的社会环境下产生的文化期待和义务。根据社会学家如尔文·戈夫曼（Erving Goffman）的观点，自身并不独立存在于角色之外，我们总在扮演某种角色，如父母、朋友、雇员以及辩护人。根据同样的推理过程，有些哲学家认为道德决定也要考虑特定角色的功能。那些坚持律师的工作是在为委托人辩护而不是作出裁决的辩护律师们主张不同的角色有着不同的道德。他们的隐含意义便是在某个具体案件中，即使过于狂热的辩

---

[4] ABA, Model Code of Professional Responsibility, EC 2~27, EC 7~9; Model Rules Commentary 1.2; Model Rules, Rule 1.2; Model Code, DR 7~101; Model Rule 13; Model Rules, Rule 1.6; Selected State Variations, in Stephen Gillers and Roy P. Simon, eds. *Regulation of Lawyers: Statutory Supplement*(New York: Aspen Law and Business, 1998), 74~78.

护导致非正义,也是合适的,因为在大多数情况下,辩护行为本身推动了正义的发展。[5]

然而再一次回到这种角色的说法带来的一些相关的问题,难道在道德上保持中立的辩护真是赢得正义的最佳途径吗?如果有另外一种关于角色的观点,这种观点能够对于非委托人和其他社会利益集团有着更高的敏感度,社会会不会从中受益呢?正如法学教授、哲学家大卫·卢曼(David Luban)所指出的,对于角色的迷恋到头来只不过是"暂时通过道德来证明其合理性"。"在道德打破或者改变其角色时,可以也必须要打破这种平衡。"然而很少有律师有兴趣去打破这种平衡,更多的原因是出于现实考虑而不是道德上的考虑。现行的辩护人角色观点有效地为其职业利益服务,即使这种利益损害公共价值。[6]

派别的前提

对律师角色的道德标准辩护建立在两个基本假设之上:第一个假设以功利主义理论为基础,认为彼此对立的辩护人之间的对抗性冲突是发现事实真相的最佳途径;第二个假设以个人权利理论为基础,认为建立在道德中立基础上的忠于当事人原则是保护人类自由与尊严的最有效途径。这两种主张阐明了几个至为关键的问题。

以事实的有关辩护人角色的原因认为只有通过相关法律和事实的陈述才有可能取得"正确"(right)的结果。就像美国律师协

---

[5] Erving Goffman, *Encounters* (Indianapolis: Bobbs-Merrill, 1961), 105~10, 132~52.
[6] David Luban, *Lawyers and Justice: An Ethical Study* (Princeton: Princeton University Press, 1988).

会和美国法学院协会联合会议所做的一份报告所强调的,只有决策者"获得当事人双方的聪明而富有活力的辩护的指引时,社会才可能相信决策者的决定"。对这种忠于当事人的程序的信任是一种更广泛的世界观的一部分,而这种世界观构成了美国的基本社会和经济制度的基础。起草了职业行为示范规则的美国律师协会主席罗伯特·库塔克(Robert Kutak)注意到,对对抗性框架中律师角色的坚信反映了我们在其他环境中同样珍视的那种根深蒂固的竞争价值。[7]

对建立在中立基础上的忠诚的第二种辩护涉及到权利保护以及为保护这些权利所必需的种种关系。我们优先考虑人身自由的做法植根于一种更加宽泛的文化信仰,而且在一个高度法治化的社会,个人尊严与自由的保护要求确保法律的可接近性。根据律师界精英所说的,如果律师业以道德价值来筛选(screening)案件的话,那么个人自由便会处于高度危险之中。其结果便是"律师独裁",即"圣人垄断着所有诉讼",而律师则享有决定谁有资格成为圣人的专有权。司法界对于正义并不享有任何特权,对于其正义观念也不承担任何公共责任。他们有什么权利"扮演上帝",拒绝提供法律服务或将"他们自己关于美德的观点强加给他们的

---

[7] American Bar Association and Association of American Law Schools, *Report of the Joint Conference on Professional Responsibility*, reprinted in *ABA Journal* 44(1958):1161; Robert J. Kutak, "The Adversary System and the Practice of Law,"in *The Good Lawyer: Lawyers' Roles and Lawyers' Ethics*, ed. David Luban (Totowa, N. J.: Rowman and Allanheld, 1983), 172, 174.

委托人"?[8]

一旦律师享有这种权威,律师精英就会进一步宣称,法律专业人才可以拒绝帮助那些急需专业咨询的委托人。如果要求律师为其委托人的行为承担道德责任,那么那些最容易遭遇大众偏见和政府压迫的委托人能够获得的合法代理会更少。律师一旦代理了不受欢迎的委托人,将会受到社会和经济的惩罚,这种例子在历史上俯拾皆是。比如,在麦卡锡时代,很难找到为被指控的共产主义者提供代理的律师,而在早期的南方民权运动中,也很难找到为政治激进分子提供代理的律师。合法的代理并不是对委托人行为的认可,如果没有这一原则,类似的困难将会更多。[9]

这些以权利为基础的对党派性忠诚原则的解释在一些刑事案件中有一定的合理性。当个人的生命、自由与名誉受到侵害时,确实需要一个辩护人,而这个辩护人同时也不能损害到自己对国家的忠诚。保证一个有效的代理不仅有利于避免一些非正义的结果,同时也强化了各种社会价值观和表达了我们对个人权利的尊重。一个人是否有罪,应该在公开法庭上通过正当程序来决定,而不是在律师办公室里秘密地决定。在许多极权主义国家中,后一种模式随处可见。辩护人的角色就是"为正义服务"(serve jus-

---

[8] Kutak, "The Adversary System," 174; Stephen L. Pepper, "The Lawyer's Moral Ethical Role: A Defense, a Problem, and Some Possibilities," *American Bar Foundation Research Journal* (1986):613,617(oligarchy); Samuel Bowles, quoted in Michael *Schudson*, "Public, Private, and Professional Lives: The Correspondence of David Field and Samuel Bowles," *American Journal of Legal History* 21(1977):191,199. See sources cited in Deborah L. Rhode, "Ethical Perspectives on Legal Practice," *Stanford Law Review* 37(1985):589,621.

[9] See Jerold Auerbach, *Unequal Justice: Lawyers and Social Change in Modern America* (New York: Oxford University Press, 1976), 254; Richard Kluger, *Simple Justice* (New York: Knopf, 1976).

tice），而不是为自己的委托人卖力，所谓的正义也从来不对外公开。通常情况下，被告的辩护人与国家的公诉人的角色在功能上是一致的，而代价则由无辜的第三方来偿负。一个恰当的例子就是著名的中国在20世纪60年代"文化大革命"结束后对四人帮的起诉。受命为毛泽东的妻子进行辩护的律师无法尊重其委托人自称无辜的主张，也不能进行任何调查、提供证人，或者怀疑政府的案件。正如这名律师所说的，这样的辩护完全没有必要，"因为警察和公诉人研究这个案子已经很久了，并销毁了他们认为不真实的证据"。[10]

在美国也有类似的情况，比如当碰到某种十恶不赦的罪行，或者被告是一个特别让人讨厌的团体的一员的时候。举个最典型的例子，在美国历史的大部分时期，如果南方黑人被控对白人犯有某种罪行，那么他们几乎不可能获得热心的辩护，也不可能得到公正的审判。尽管社会已经有了很大的进步，但是正像大多数美国人与律师（virtually every bar task force）所承认的，在法律程序中依然普遍存在着种族偏见。在其他的领域也同样存在类似的偏见与歧视。做假证、捏造证据、法律官员控制着一些开脱罪名的材料，这些情况都非常普遍。在60多个被告面临死刑处罚，由于有了DNA技术提供的证据，这些人又被无罪释放的案子当中，这种职业权力滥用在2/3的案子里存在。独立检察官美国办公室（Office of Independent Counsel）在调查前总统克林顿与莱温斯基桃

---

[10] Ma Rongjie, quoted in Monroe Freedman, "Our Constitutionalized Adversary System," *Chapman Law Review* 1(1998): 57, 59. See John Kaplan, Jerome H. Skolnick, and Malcolmm M. Feeley, eds., *Criminal Justice: Introductory Cases and Materials*, 5th ed. (Westbury, N.Y.: Foundation Press, 1991), 323~24.

色事件时的行为到现在还清楚地提醒我们检举部门滥用权力的危险。要是辩护律师不愿意去质疑法律实施行为,那么政府官员也就没有足够的动力去尊重宪法权利,或者去全面调查事实。为罪犯提供决不妥协的辩护是保护清白人士的最佳方式。[11]

虽然为热心辩护提供正当性说明的这些理论具有相当的说服力,但仍不能对现行的忠于当事人原则提供正当性基础。最大的缺点就在于律师们过分依赖刑事辩护,并把这种辩护当作律师的角色全能范式。在所有法律事务中,只有一小部分是关乎个人自由和政府权力的刑事或民事案件。律师的作用在于确保无罪推定和防止检察权的滥用,但这种作用并非可以确定无疑地移植到(刑法以外的)其他法律图景之中。律师界把律师比作"保护人们免受敌对世界之害的战士"(champion against a hostile world),这种比喻似乎与大多数律师的日常工作相去甚远。绝大部分法律业务都是在某种制度下帮助公司或富有的个人委托人,而这种制度很少是委托人利益的敌对者。当代表福布斯500强的华尔街律师事务所要跟人手不足的管制者或缺陷产品的受害者对簿公堂之时,

---

[11] For American examples, see Dan T. Carter, *Scottsboro: A Tragedy of the American South* (Baton Rouge: Louisiana State University Press, 1969); Daniel H. Pollitt, "Counsel for the Unpopular Cause: The Hazard of Being Undone," *North Carolina Law Review* 43(1964):9. For racial bias, see Clem Turner, "What's The Story? An Analysis of Juror Discrimination and a Plea for Affirmative Jury Selection," *American Criminal Law Review* 34(1996):289; ABA, *Perceptions of the United States Justice System* (Chicago: ABA, 1999), chap. 2. For law enforcement misconduct, see Jim Dwyer, Peter Neufield, and Barry Scheck, *Actual Innocence* (New York: Doubleday, 2000), 175; Myron W. Orfield, "Deterrence, Perjury, and the Heater Factor: An Exclusionary Rule in the Chicago Criminal Courts," *University of Colorado Law Review* 67(1996):75; Christopher Slobogin, "Testifying: Police Perjury and What to Do about It," *University of Colorado Law Review* 67(1996):1037; For the conduct of the Independent Counsel, see Deborah L. Rhode, "Conflicts of Commitment: Legal Ethics in the Impeachment Proceedings," *Stanford Law Review* 52(1999):269, 328~42.

他们之间的权力均衡一点也不像上面那个比喻说的那样。[12]

传统的为忠于当事人这一原则提供正当性说明的探求真相理论也存在同样的问题。这些理论的根本前提——即正确的结果产生于在公正法庭上进行的忠于当事人各方的竞争性陈述——取决于日常法律行为中那些几乎站不住脚的事实假设。很多纠纷都没有进入真正的诉讼这一程序,即使是那些真正的诉讼,超过90%都在审前得到了和解。即使是那些经过庭审的案件,也很少符合那种被律师们理想化了的对抗制程序(adversarial processes)模式。这种模式基于这样一个前提,即对抗的双方具有大体相等的动机、资源、能力以及获得相关信息的机会。但是,在一个贫富差距悬殊、诉讼成本高昂以及人们不能获得均等法律援助的社会中,上述条件与其说是一种原则,不如说是一种例外。律师技巧的差异会扭曲审判结果,委托人之间的资源差异则使这一问题更为复杂。法律如生活,富裕的人总能拔得头筹。[13]

对忠于当事人这一原则的传统辩护并不能解决这些结构性的不平等问题。根据美国律师协会执业示范规则的序言,如果对方获得良好的代理,律师便可以代表委托人进行热心的辩护,并假定正义得以实现。如果对方没有获得良好的代理,示范规则就不能提供这样的保障。通常,律师精英的回答是:"解决这一问题的

---

〔12〕 ABA, General Practice Section, "Proposed Revisions of Model Rules of Professional Conduct," *American Bar Association Materials on Model Rules of Professional Conduct* (Chicago: ABA, 1982), Item 519, 4.

〔13〕 Franklin Strier, *Reconstructing Justice* (Chicago: University of Chicago Press, 1996), 78; Marc Galanter, "Why the Haves Come Out Ahead: Speculations on the Limits of Legal Change," *Law and Society* 9(1974), 95; For discussion of inadequate access to legal services, see chapter 5.

办法，不是要求律师代表除委托人利益之外的其他利益，而是采取恰当的措施确保所有利益都得到有效的代表。"在现实生活中，这种代理如何才能实现并获得经济保障，这一问题往往被巧妙地忽略了。[14]

真相理论对忠于当事人这一原则的其他辩护所依赖的假设同样不现实。当事人双方的对抗性冲突会产生与事实相符的精确结果，这一主张也不是不证自明的。大多数国家并不实行对抗制（adversarial system 是诉讼法中的专门术语，意思是"对抗制"，与"纠问制"相对），它们主要依靠法官或预审法官，而非当事人的律师来推动案件的进程。在法庭外，律师一般也不依靠对抗制的方式，他们也不会雇佣相互竞争的取证人员。无论对抗制程序产生的"真相"（truth）如何，都会产生正义的结果，律师的这一主张更是问题重重。这些假设混淆了程序正义和实质正义。即使双方都得到了"很好的代理"（well represented），结果也会因实体法律或审判过程的内在缺陷而丧失公正。财富、权力和偏见都会扭曲立法和司法决策。公共决策者可能缺乏相关的信息，单利集团（single-interest groups）可能施加不当的影响，而正式规则也会因为协调成本过高而过于狭隘或过于宽泛。如果法官和陪审员无法接近秘密信息和未经串供的证人，那么他们作出公正的裁决就会

---

[14] Model Rules of Professional Conduct, preamble; Abe Krash, "Professional Responsibility to Clients and the Public Interest: Is There a Conflict?", *Chicago Bar Record* 55(1974): 31, 37. See also Stephen L. Pepper, "A Rejoinder to Professors Kaufman and Luban," *American Bar Foundation Research Journal* (1987): 657.

存在其他困难。[15]

同样,传统的那种以权利为基础的解释也未能为现行的对抗制实践提供足够的支持,这些解释含蓄地假定委托人有权获得法律许可的任何援助。这种假设混淆了法律权利和道德权利。某些不符合社会需要的行为可能仍是合法的,因为完全禁止这种行为在法律上是不可能的,或者是因为决策机构太无知或者与特殊利益集团的妥协而不能实施有效的管制。正如第四章表明的那样,在这种情况下,忠于当事人的道德原则鼓励律师们去帮助那些我们仍记忆犹新的、社会成本高昂的事业:石棉与子宫环的分配,隐藏关于香烟的健康信息以及那些不负经济责任的信贷企业。[16]

忠于当事人原则的拥护者认为,即使出现上述结果,保护委托人的权利也是符合伦理道德的,因为个人自由与自主是自由社会至高无上的价值追求。伦理学家一般不会犯这样的错误,正如大卫·卢曼所说的,热心辩护的标准解释混淆了"对于自主行事的人们的需要"与"对于人们的自主行为的需要"之间的重要区别。比如说,从道德上讲,委托人希望自己能够决定是否通过法律程序(technicality 的意思是"诉讼程序问题")来击败穷困潦倒的对手;从道德上讲,他们自己又不愿将击败对手的行为付诸实

---

[15] David Luban, "The Adversary System Excuse," in *The Good Lawyer: Lawyers' Roles and Lawyers' Ethics*, ed David Luban(Totowa, N. J. : Rowman and Allanheld, 1983), 83; Marvin E. Frankel. "The Search for Truth: An Umpireal View," *University of Pennsylvania Law Review* 123(1975):1031, 1036.

[16] see Paul Brodeur, *Outrageous Misconduct: The Asbestos Industry on Trial* (New York: Pantheon, 1985); Susan Perry and Jim Dawson, *Nightmare: Women and the Dalkon Shield*(New York: Macmillan, 1985), 208; David Margolick, "'Tobacco' Its Middle Name, Law Firm Thrives, for Now," *New York Times*, November 20, 1992, A1; *Lincoln Savings and Loan Association v. Wall*, 743 F. Supp. 901(D. D. C. 1990).

践。自主本身并没有内在的价值,它的价值来源于它所珍视的外在价值,比如个人的积极性和责任心。如果某个委托人的目的行为并没有促进那些价值,或者说是以损害第三方的利益为代价来促进那些价值的形成,那么对于那些狂热的辩护行为的合理解释便有点让人质疑。[17]

为了避免这样的结果,律师们通常选择性地放弃一些他们宣称要尊重的道德原则。根据现行的律师行为准则和惯例,委托人的合法权利和个人的自主性被认为至关重要,而第三方的权利与自主性倒在其次。从实践角度看,这种差别对待是完全有道理的,毕竟是委托人在为律师的服务买单。但是从道德角度看,这种选择性的考虑很难说是合理的。尤其是当委托人是一个组织的时候,个人自主这些价值就会与律师的传统特权发生冲突。公司有权通过某些不安全但未得到合理监管的方式来谋求利润最大化,但是,相对于消费者或雇员免受可以合理避免的风险的权利,公司的这种权利并不具有道德上的优先性。与律师精英的主张相反,律师拒绝帮助那些合法但不道德的行为并不必然损害个人自主这一价值,也不会造成少数人对律师职业的垄断。它很可能仅是促使委托人对其行为的伦理后果进行重新估计,或者仅仅是增加了委托人寻找其他律师的经济和心理成本。

当然,律师们并不擅长评价其行为结果的价值。但是,律师至少比他们的委托人公正,而且,律师对道德谦抑是非常谨慎的。委托人的行为一旦发生争议,律师很容易变成不可知论者。律师

---

[17] David Luban, "The Lysistratian Prerogative: A Response to Stephen Pepper," *American Bar Foundation Research Journal*(1986): 637, 639. See also Joseph Raz, *The Morality of Freedom*(New York: Oxford University Press, 1986), 381.

们坚持说，他们不会贸然地判定什么是公共利益，或者把自己当成公共利益的守护神，然而，当制约律师行为的道德标准发生争议时，在公共利益的决定方面，他们一般不会遇到类似的困难。实际上，有组织的律师一直在追求许多道德问题的专属决定权，比如保护委托人的秘密是否优于其他社会价值，律师是否有义务阻止对第三方的可预见性损害。[18]

真正的问题不是律师"有什么权利""强加"其道德观念，而是他们有什么权利免于承担应对所有人承担的基本道德责任（对其行为后果负责）。当然，理智人士通常对某些行为的合理性提出质疑，但他们也不同意一些道德争论是否可能得出正确的答案。即使律师们认为客观上有效的道德决定是不可能存在的，但这并不意味着所有的道德观点都是同样有效的。有些观点更合逻辑、未受偏见或私心的左右，并得到了可靠证据的支持。律师们能够也应该按照自己的信念行事，即使当他们意识到其他人确实持有不同意见。

正如许多法律伦理学家所赞成的那样，现行对抗制原则的道德辩护最终很难令人信服。但在实践中，我们常常不得不援引这些道德辩护，尤其是在允许律师出于个人喜好或经济原因而拒绝提供辩护的管制制度中。

职业利益与忠于当事人原则的实践

无论对抗制在服务公共利益方面有多大缺陷，它在服务职业

---

〔18〕 John Laylin, partner at Covington and Burling, quoted in Joseph C. Goulden, *The Super-lawyers* (New York: Weybright and Tally, 1972) , 52; ABA Comments, vol. 2, Rule 1. 13, 24. For similar views, see the sources cited in Rhode, "Ethical Perspectives, " 620.

利益方面一直是相当有效的。对抗制允许委托人用钱购买正义，只要他们买得起，而且也从来不把责任强加在那些没有经济能力的委托人身上。虽然律师们认为热心辩护的正当性主要在于他们对保护穷人和不受欢迎的人的承诺上，但是这种承诺往往没有兑现。

尽管存在某些重要的、令人尊敬的例外，但美国的主流律师通常拒绝为那些穷得叮当响的社会弃民提供服务。举个最明显的例子，在麦卡锡时代，几乎所有的执业律师都拒绝为被指控的共产党人提供辩护。用费利克斯·法兰克福特（Felix Frankfurter）的话来说，律师业呈现出"一幅惨淡的景象"。几乎在整整一个世纪中，南部律师有关种族案件的记录也好不到哪里去，最近，那些臭名昭著的例子的名单还可以列得更长。激进的学生组织、极端右翼政治团体、同性恋权益主义者以及刑事被告如俄克拉何马城的恐怖分子都面临着无法找到当地律师的困难。很多律师也拒绝提供无偿法律援助，因为那会左右有支付能力的委托人的态度。其他律师不情愿接受或者说不会满腔热情地代理那些可能影响其案源的案件。这种不情愿是可以理解的。长期以来，那些代理不受欢迎的案件的律师为此付出了沉重的代价，这种代价是由其他律师和公众强加给他们的。为激进分子或重罪嫌疑人辩护的律师很容易受到各种困扰，包括失去委托人以及推荐人的各种关系网、律师公会的惩戒程序、蔑视法庭的指控甚至是死亡的威胁。[19]

---

[19] Felix Frankfurter, quoted in Auerbach, *Unequal Justice*, 254; Pollitt, "Counsel for the Unpopular Cause"; Rhode, "Ethical Perspectives," 630; Ted Schneyer, "Moral Philosophy's Standard Misconception of Legal Ethics," *Wisconsin Law Review* (1984): 1529, 1545; cases cited in Deborah L. Rhode, *Professional Responsibility: Ethics by the Pervasive Method* (New York: Aspen, 1998), 26.

对此作出回应的律师职业守则仅仅是一种权宜之计。他们强调,代理不受欢迎的委托人并不意味着他们认可委托人的行为,而是对最高职业标准的遵循,他们之所以这样强调,是试图减少对忠于当事人原则的非难。然而与此同时,律师职业守则也承认律师有权拒绝或终止那些他们自认为有悖道德的代理。尽管律师行业的理想标准不断提醒律师负有提供无偿法律援助的责任,包括为"相当一部分穷人或不受欢迎的委托人提供无偿法律服务",但实践中这种责任普遍被律师们规避。不到一半的美国律师会为不受欢迎的团体提供无偿服务,他们的慈善性工作也很少涉及一些非主流案件。实际上,律师们愿意代理那些不受欢迎的人,这种虚假的承诺大多成为律师们代理声名狼藉的富人的正当理由,而没有成为律师们代理名声不好的穷人的正当理由。[20]

这种方法的实践优势是显而易见的,正如法律理论家卡尔·卢埃林(Karl Llewellyn)在半个世纪以前所说的,律师要获得职业成功的卑劣策略就是"在最有利的时间选择最有利的道德"。如果富有委托人的案子不受人待见,那么占统治地位的原则就是人人都应获得正当程序的保护。如果"穷困潦倒的人"需要这种帮助,律师们自己对道德的反感就会派上用场。对大部分律师来说,这种双重标准可能令人遗憾但很少被质疑。毕竟律师也要生存,他们凭什么要受制于那些其他行业所没有的严格要求呢?举例来说,医生就很少因为他们未能满足穷人和不受欢迎的病人的需要而受

---

[20] ECS 2-29, 2-30, 7-8; DR 2-110; Model Rules 1.2, 6.2; DR 2-110; EC 7-8; EC 2-30; Model Rule 6.2; and Commentary. See sources cited in Rhode, *Professional Responsibility*, 26.

到批评，尽管拒绝提供这种服务的社会成本也相当高。[21]

虽然这些观点并非毫无根据，却一点也不中肯。从道德上讲，律师和医生都可能犯错，尤其是他们不能满足公共利益的需要的原因是为了阻止那些由成本较低的竞争者所提供的服务。律师表现中最突出的问题是，他们坚持把职业上的权宜之计装扮成职业守则。律师们经常把他们应对穷人和受压迫者承担的义务作为他们为其他委托人辩护的正当化依据，如反对健康警告、信息披露义务以及受市场限制的烟草公司。[22]

在有些方面，美国律师所扮演的角色无论在哪个领域都极其糟糕。律师们坚持说，他们既有权拒绝"令人讨厌"的案件，又可以不为其承接的案件承担责任，这种说法使这两个相互冲突的原则都受到了损害。这种损害绝非不可避免。例如，英国的律师职业遵循"出租车排序原则"（cab rank principle）——就像出租车一样，律师必须根据"先来后到"的原则承接案件。尽管许多律师都有办法逃避这一义务，但这至少建立了一个关于不受欢迎案件的原则，该原则比管制美国律师业的标准要严格得多。[23]

与对抗制前提相关的另一个问题是，当相互冲突的职业利益处于危险之中时，他们会不会经常作出妥协。热心辩护常常不能保护那些缺乏足够信息或资源的委托人的利益。但这并不意味着

---

[21] Karl N. Llewellyn, *The Bramble Bush* (New York: Oceana, 1951), 150; Jack Hitt, "Who Will Do Abortions Here?", *New York Times Magazine*, January 18, 1998, 20.

[22] See the Washington lawyers quoted in Goulden, *The Super-lawyers*, 132, and in Richard Zitrin and Carol M. Langford, *The Moral Compass of the American Lawyer* (New York: Ballantine, 1999), 155.

[23] John Basten, "Control and the Lawyer-Client Relationship," *Journal of the Legal Profession* 6(1981): 7, 34.

律师们仅受私利的驱动，也不意味着他们常常故意损害委托人的利益。相反，这一问题更加微妙，因为它是个人责任与职业责任之间复杂权衡的结果。如果委托人负担不起律师费，甚至不知道有效的代理需要什么条件，那么他们的需要可能会被律师的利益侵蚀。许多研究都揭示了热心辩护是如何向收入最大化、缓解案件压力以及保持与法律制度中的其他参与人的关系等律师利益让步的。法律领域与其他领域一样，当个人利益与职业利益发生冲突时，人们总是有意无意地通过重新界定其职业角色的方式来减少这种冲突。[24]

在刑事案件中，这种抄近路的压力尤其强烈，因为刑事案件中的流行观念与日常实践之间存在一条鸿沟。大部分美国人相信法律体制是溺爱（coddles）刑事犯的。无论其委托人犯有多大罪行或有多危险，辩护律师似乎都乐意运用每一个诉讼程序为其辩护。那些被新闻和娱乐媒体大肆报道的审判也强化了这种观念。正如公众所看到的一样，在法庭上热心辩护就是准则。辛普森的律师们在法庭上不遗余力，因为他们根据其付出的努力来收费。大多数辩护律师则不会这样，并且这一点非常重要。对美国法庭（halls of justice）中的大多数被告而言，"唯一的正义就是法庭本身"。在法庭之外，案件缠身与准备不足的律师们匆匆忙忙地为那些别无选择的贫困委托人达成辩诉交易。被律师们认为进行理性决策所必需的所有对抗制保障措施都消失殆尽。在忠于当事人这一原则中，对抗制保障措施消失的原因是显而易见的。正如一个

---

[24] For general discussion of individual strategies for reducing conflict, Leon Festinger, *A Theory of Cognitive Dissonance* (Evanston, Ill.: Row, Peterson, 1957), 128～34; Eliot Aronson, *The Social Animal*, 6th ed. (New York: W. H. Freeman, 1992), 202～3.

联邦监管委员会所坦承的那样，大多数刑事辩护律师仍面临着"维持经济偿付能力与提供热心辩护的内在冲突"。[25]

　　大约2/3的重罪被告都非常穷，从而有资格要求法庭为其指定律师。这些律师的费用安排一般采取三种方式：有些司法管辖权采用竞标的方式，律师们同意为法庭全部刑事案件的一部分提供代理，并且每年仅收取固定的费用，而不管案件的数量和复杂程度如何。这种制度挑选出的是那些能以低廉的成本使大量委托人翻身的律师，从而无助于鼓励律师进行热心辩护。法院的案件量每年可高达3500件轻罪、900件重罪，而有的律师甚至几年都接不到一个案子。[26]

　　阻碍有效代理的类似因素也出现在那些指定私人执业律师以个案（case－by－case）为基础处理案件的司法辖区中。这些律师要么收取统一的最低费用，要么按小时收费，但有最高补偿限额。对重罪案件而言，1000美元的限额是比较普遍的，而有些州允许收取的费用则不到该数额的一半。即使对于面临死刑的被告，这种最低限额也适用。在某些诸如弗吉利亚的州中，重罪案件律师费的最高限额为300美元，就连暑期周末在美国沙滩上卖苏打水的小孩也比法庭指定的律师赚得多。对于大多数法庭指定的律师而言，为代理案件而进行全面的准备无疑是一条通向破财的捷径。

---

　　[25] ABA, *Perceptions of the U. S. Justice System*, 66; Report of the Commission to Review the Criminal Justice Act, reprinted in *Criminal Law Reporter* 52(March 10, 1993)：2265, 2284～85. The phrase about justice in the halls is commonly attributed to Lenny Bruce.

　　[26] Chester Mersky, "Quality Legal Aid Going, Going, Gone," *National Law Journal*, December4, 1995, A19; Alan Bellow, "Requiem for a Public Defender, "*The American Prospect*, June 5, 2000, 28; Stephen B. Bright, "Keep the Dream Alive, "excerpted in *Yale Law School Report*, fall 1999, 22.

在那些依靠公设辩护律师事务所的司法辖区中，类似的问题也同样存在。尽管一些公设辩护律师事务所的代理质量相当高，而另一些公设辩护律师事务所则为铺天盖地的案源和严重稀缺的资源所累。增加这些资源和提高法定费用的努力遭到了公众的强烈反对，这些公众急于严惩罪犯，而不愿为罪犯的辩护提供补贴。密苏里拨款委员会主席非常坦率地表达了相同的观点，他公开宣称他"并不关心贫穷的刑事被告是否得到了代理"。[27]

自己雇佣律师的被告也不没有好到哪里去。他们中的大部分人都在贫困线以下，根本支付不起高昂的律师费。他们的律师一般都收取定额费用（a flat fee），而且是提前支付，这显然激励着律师进行辩诉交易。只有那些能够支付高昂费用的被告，一般是白领犯罪或有组织犯罪的案件中的被告，才能轻易地聘请到那些技艺精湛的辩护人，而公众只有在电影里或公开审判中才能看到这种辩护。如果被告缺乏这些资源，律师们就面临着削减为其辩护的巨大压力。及时进行辩护交易可以节省律师的精力，避免律师因败诉而蒙羞。这种辩诉交易也有助于与法官和检察官保持良好的关系，而这些法官和检察官也经常面临着巨大的工作压力。在这种法律制度中，热心辩护只是个例外而非常态，而且，做一

---

[27] For private practitioners, see Dwyer, Neufield, and Scheck, *Actual Innocence,* 204; David Cole, *No Equal Justice* (New York: New Press, 1999) , 83 ~ 85; Marcia Coyle, "Hoping for $75 an Hour," *National Law Journal,* June 7, 1999, 1, 18; Bob Herbert, "Cheap Justice," *New York Times,* March 3, 1998, 15; For public defenders, see Cole, *No Equal Justice,* 83; Stephen B. Bright, "Counsel for the Poor: The Death Sentence Not for the Worst Crime but for the Worst Lawyer," *Yale Law Journal* 103(1994) : 1835, 1850 ~ 54; J. Michael McWilliams, "The Erosion of Indigent Rights: Excessive Caseloads Resulting in Ineffective Counsel for Poor," *ABA Journal,* March 1993, 8; For the Missouri state senator, see Ron Ostroff, "Missouri Remains Unable to Pay Indigents Counsel," *National Law Journal,* May 11, 1981, 2.

个富有的罪犯通常要比作一个贫穷的无辜者好得多。[28]

无论是市场力量,还是律师管制制度,都不能有效地抵销这些结构性的激励因素。大多数被告都缺乏充分的信息来推测律师有关辩诉交易的建议,在类似案件中,他们也无从获知关于公诉人、陪审员以及法官行为的知识。即使委托人怀疑被指定律师的妥当性,他们也束手无策。贫穷的被告无权选择律师,而法庭指定的律师又不靠满足委托人而生存。在法官负责律师指定的情况下,代表被告进行热心辩护而赢得的荣誉不可能对律师有利。处理业已失控的案件的法官常常拒绝指定有"蓄意阻挠者"(obstructionist)之称的律师,因为他们常常提升辩护的专业水平或者延长审判的时间。[29]

其他监管结构同样不能保证有效的辩护。从理论上讲,代理不充分会受到渎职的惩罚。事实上,这种惩罚几乎从来没有发生过,因为获罪的犯人不会同情原告,而现行原则也拒绝提供赔偿,除非他们能够推翻有罪判决或者证明自己的清白。律师纪律机构也不会仅仅因为刑事辩护律师的疏忽而施以惩罚。只有在最特殊的案件中,法庭才会因为律师提供了无效法律援助而推翻有罪判决。即使律师喝醉了酒或吸了毒,或在案件的紧要关头突然刹车,法庭也不会认定代理不充分。即使他们的律师缺乏任何审前经验,

---

[28] Stephen J. Schulhofer, "Plea Bargaining as Disaster," *Yale Law Journal* 101(1992): 1979, 1988; Kenneth B. Mann, "The Trial as Text: Allegory, Myth, and Symbol in the Adversarial Criminal Process: A Critique of the Role of Public Defender and a Proposal for Reform," *American Criminal Law Review* 32(1995): 743, 803~12; Paul Craig Roberts and Lawrence M. Stratton, *The Tyranny of Good Intentions* (Roseville, CA: Prima Publishing, 2000), 88.

[29] McWilliams, "Erosion of Individual Rights," 219, 224; Schulhofer, "Plea Bargaining," 1990~92; Robert E. Scott and William J. Stuntz, "Plea Bargaining as Contract," *Yale Law Journal* 101(1992): 1909, 1959; Roberts and Stratton, *Tyranny*, 89.

或者丝毫不知所有相关的死刑判例,或者未能出示可以减刑的证据,被告还是被执行了死刑。一份分类调查表明,99%以上的无效法律援助之诉都以失败而告终。[30]

一系列律师打瞌睡的案件清楚地表明了司法的容忍程度。在德克萨斯州的一次死刑审判中,被告律师竟认为证人的证言"乏味"而多次睡着,而且他仅仅花了5个小时来为审判作准备。在反对代理不充分的各种主张中,德克萨斯上诉法院推论说,睡觉这一决定很可能是博取陪审员同情的一种"策略性"技巧。一位对该判决进行复审的联邦法官得出结论说:"宪法规定人人有权自主选择律师,但宪法并没有规定律师不得睡觉。"其他法官也同意这种观点。在法庭上打盹的例子已经非常普遍,以至于法理学已经发展到去判定何种程度的打盹是宪法所允许的。一些法庭甚至采用了三段论的分析方法:律师是在反复和长时间地睡觉吗?律师实际上是无意识的吗?律师睡觉使关键的辩护利益受到损害了吗?[31]

令人沮丧的是,律师辩护和司法监管中的其他失误也频频发生。正如南部人权中心领导人史蒂芬(Stephen Bright)所说,为很多可怜的被告所指定的律师以前从来都没参与过以后也不会参

---

[30] Cole, *No Equal Justice*, 87; Bright, "Keep the Dream Alive;" Stephen J. Schulhofer, "Effective Assistance on the Assembly Line," *New York University Review of Law and Social Change* 14(1986):137; Scott and Stuntz, "Plea Bargaining," 1957~58; Bruce A. Green, "Lethal Fiction: The Meaning of 'Counsel' in the Sixth Amendment," *Iowa Law Review* 78(1993):433,499~501; Victor E. Flango and Patricia Mckenna, "Federal Habeas Corpus Review of State Court Convictions,"*California Western Law Review* 31(1995):237,259~60.

[31] *McFarland v. State*, 928 S. W. 2d 482, 505n. 20(Tex. 1996); Herbert, "Cheap Justice," 15; Bruce Shapiro, "Sleeping Lawyer Syndrome,"*Nation*, April 7, 1997, 27~29(quoting Judge Doug Shaver); *Tippins v. Walker*, 77 F. 2d 682, 687(2d Cir. 1996); *Burdine v. Texas*, 66 F. Supp. 854(S. D. Tex. 1999).

与刑事案件审讯。最近的研究表明重审的主要原因是辩护律师的失误。有一半到4/5的律师都是在未询问证人的情况下进行辩护的（enter plea），而4/5的律师是在没有提交任何辩护申请的情况下进行辩护的。德克萨斯州的另一案子较好地表明了这种偷工减料行为（inadequate efforts）的合理性，在该案中，一位已在狱中渡过7年之久的被告想方设法获得释放。他的有关无效代理的诉讼请求之所以胜诉，主要是因为法庭为其指定的前任律师出奇地不负责任（candor）。按照那位律师的观点，律师的职业角色并没有要求"走出肮脏的法庭去寻找证据"（going out to sleazy bars to look for witnesses），特别是他已假定他的委托人是有罪的。[32]

但这并不意味着大多数法庭指定的律师都乐意或有意地损害其委托人的利益。相反，他们深深地陷入了这样一种体制之中，即他们不能提供确保有效代理所必需的资源、标准或监管。在为贫穷的刑事被告进行辩护的案件中，尽管为穷犯人辩护的经济压力和工作压力特别大，但这种压力绝非为穷犯人辩护所特有。只要委托人的资源或经济利益太少而无法支付充分代理所需的费用，只要某些人的资助对律师的个人利益至关重要，而热心辩护会损害这些人的利益时，类似的问题就会出现。比如，对工作在小镇或者处理消费者诉求或保险诉求的律师们的研究表明，这些执业律师常常在其代理中偷工减料。其对手以后很可能为其介绍业务、

---

[32] Fox Butterfield, "Death Sentence Being Overturned in 2 of 3 Appeals," *New York Times,* June 12, 1, 21; Margaret L. Steiner, "Adequacy of Fact Investigation in Criminal Lawyer's Trial Preparation," *Arizona State Law Journal* (1981): 523, 538; Mike McConville and Chester Mirsky, "Guilty Plea Courts: A Social Disciplinary Model of Criminal Justice," *Social Problems* 42(1995): 216; William A, Mintz, "Lawyer Wouldn't Go to 'Sleazy Bar,' Client Wins Freedom from Life Term," *National Law Journal,* November 24, 1980, 7; Bright, "Keep the Dream Alive."

在其他方面提供咨询,或者在更重要的案件中相互合作,因此,他们不愿意激起对手的不满。其他那些特别脆弱的当事人也面临着同样的困难。对法律援助项目和离婚案件进行研究后发现,许多个体的需求并未得到充分满足。常用的技巧是"使委托人冷静下来"(cooling the client out),即降低当事人的期望以满足工作量太大而报酬太低的律师的需要。[33]

某些费用安排也阻止了不合格的辩护。正如第六章所表明的那样,集团诉讼可以展现当事人赔偿最大化与律师计时收益最大化之间的冲突。既然集团成员常常缺乏充分的信息,缺乏激励或资源来监督律师的行为,其结果便是达成有利于律师而非当事人的和解。同样的问题也出现在风险代理诉讼(contingent fee litigation)中,在这种诉讼中,律师费仅占胜诉请求权的特定比例,通常为1/3。同样,当事人补偿最大化常常与律师计时收益最大化的愿望发生冲突。在未进行大量的审判准备之前就匆匆达成的和解,很可能以牺牲委托人的利益为代价来满足律师的利益。尽管法院有权取消不合理的风险代理费或者集团诉讼费,但是,除非是在

---

[33] Donald D. Landon, *Country Lawyers: The Impact of Context on Professional Practice* (New York: Praeger, 1990), 136, 142; Richard Abel, "Revisioning Lawyers," in *Lawyers in Society: An Overview*, ed. Richard Abel and Philip Lewis (Berkeley: University of California Press, 1995), 6; Karen Winner, *Divorced from Justice* (New York: HarperCollins/Regan Books, 1996); Paul E. Lee and Mary M. Lee, "Reflections from the Bottom of the Wall: Racial Bias in the Provision of Legal Services to the Poor," *Clearinghouse Review* 27(1993):311.

极为特殊的案件中，大多数法官都缺乏这么做的时间和信息。[34]

总之，将辩护原则与执行措施结合起来的现行做法对律师还是有利的。只要委托人支付得起热心辩护所需的费用，律师就能找到一个高尚的道德理由来支持他们的辩护。如果委托人支付不起热心辩护所需的费用，律师监管制度中的漏洞则为律师的利益提供了必要的协调。现行的律师角色以极其简单的道德范畴（universe）来刻画律师，因而也具有心理学上的优势。烦人的委托人行为肯定不会出现，而承担责任的尴尬也可以轻易避免。委托人声称其判决（decision 这里应该是"法院判决"而不是"决定"）得到了律师的认可，而律师则声称决定权应由委托人作出。如果出现了不正义的结果，那么谁（委托人和律师）也不会受到谴责。[35]

忠于当事人原则的代价

然而，这些从经济上和心理学上看来合理的解释也会付出代价。对于律师、委托人及其依赖的法律制度而言，最终道德责任的逃避具有破坏性。对于许多执业律师而言，忠于当事人这一角色恰恰破坏了使其成为律师的那些承诺。正如第一章所表明的那样，被调查律师对其职业不满的主要原因是他们感到自己一直未

---

[34] See source cited in Deborah L. Rhode, "Institutionalizing Ethics," *Case Western Reserve Law Review* 44(1993): 665, 715~17; Letter to the Standing Committee on Ethics and Professional Responsibility, reprinted in *Fordham Law Review* 65 (1996): 229; Lester Brickman, "Contingency Fee Abuses, Ethical Mandates, and the Disciplinary System: The Case Against Case-by-Case Enforcement," *Washington and Lee Law Review* 53 (1996): 1339; Rhode, *Professional Responsibility*, 803.

[35] Richard Wasserstrom, "Lawyers as Professionals: Some Moral Questions," *Human Rights* 5(1975): 1, 9.

能实现正义。这种不满意某种程度上反映了像杰拉尔德·泼斯特马（Gerald Postema）和理查德·瓦萨斯特罗姆（Richard Wasserstrom）这些哲学家们所说的那些问题。将自我淹没于职业角色之中，常常使律师背离其道德信仰。当一个律师的职业行为与一般的道德经验脱轨时，他的道德意识也会逐渐减退。忠于当事人原则所鼓励的不可知论很容易渗入到其他生活领域，破坏律师的道德认同感。[36]

道德价值的弱化也不利于委托人。律师最重要的贡献值在于帮助个体践行（live up to）其天性和心灵深处的道德价值。这一角色要求律师乐于进行判断并找到协调委托人利益和公共利益的各种方法。即使是追求高额利润的商人，常常也需要那些具有"团体精神"（corporate conscience）的律师。有了这种能力，律师就可以帮助委托人根据维护良好社会声誉与诚信经营等长期利益来评价其短期经济利益。[37]

为有压力的委托人进行代理的律师，要帮助委托人看透那些可能扭曲其对法律纠纷进行判断的愤怒与焦虑。举例来说，离婚诉讼中的许多夫妇并没有得到无知律师们尽心尽职的服务，而这些律师竟自诩为"轰炸机"或者"技术专家"，毫不在乎其行为的道德维度，其结果常常是导致委托人和小孩都深受其害的消耗战。在这种情况下，过分忠于当事人则会减少达成长期经济协议、形

---

[36] Wasserstrom, "Lawyers as Professionals," 9; Gerald Postema, "Moral Responsibility in Professional Ethics," *New York University Law Review* 55(1980): 63; Donald Nicolson and Julian Webb, *Professional Legal Ethics: Critical Interrogations* (New York: Oxford University Perss, 1999), 176.

[37] Robert Gordon, "The Independence of Lawyers," *Boston University Law Review* 68 (1998): 1, 26~28, 71~74, 78.

成相互合作的父母关系的几率,而长期经济协议与良好的父母关系最终会给所有人带来好处。[38]

如果法治赖以存在的制度框架遭到侵蚀,那么无论是律师还是委托人的长期利益都无法得到满足。从逻辑上讲,单纯忠于委托人利益的职业角色会破坏法律秩序。耶鲁法学教授罗伯特·高登(Robert Gordon)曾经举过这样一个例子:"拿最简单的守法咨询来说,假设法律规则是清晰的,发现违法行为的几率又低,那么相对于从违法行为中获得的收益而言,惩罚也是很小的,或者说用一大堆文件来威胁管制者和解也是很容易的。为了其委托人的利益,许多提供法律咨询并助长违法行为的律师,很可能使法律归于无效。"在许多情况下,漏洞百出的律师行业能使竞争达到白热化,这反过来又会要求指定那种无孔不入的监管制度。这种过度监管最终会限缩热心辩护旨在保护的委托人的自治范围。一个真正承诺保护个体权利的职业,必须为保护这些个体权利的法律制度承担责任。[39]

律师行业也要承担与核心文化价值有关的责任,诸如诚信、诚实以及公平交易等规则,这些都是建立高效的市场和有效的监管体制所必需的。在追求委托人短期利益时,这些价值应受到共同的限制。法律程序也常常为妨害公物、扰乱社会秩序以及诈骗等行为提供可乘之机。一个对这些行为几乎不施加任何实质性限制的律师,就会破坏对信任与合作的期待。这些期待是作为整体

---

[38] See lawyers quoted in Rhode, *Professional Responsibility*, 682; Raoul Felder, *Divorce* (New York: World, 1971), 2~7. For the costs of partisanship, see Standards 2.27 and 3.6 of the Standards of Conduct of the American Academy of Matrimonial Lawyers (1992).

[39] Gordon, "The Independence of Lawyers," 72.

的委托人最终要依赖的公共产品。从短期来看，搭便车的人（free rider 是经济学术语，意为"搭便车的人"）可以通过违反他人尊重的规则来获取利益。但是，如果这种越轨行为成为一种常态和整个律师群体中习以为常的惯例时，这些价值就不可能再存在下去。从长远来看，一味追求委托人个体的自我利益很可能导致委托人整体的自我毁灭。

这些观点并非完全没有受到律师业的关注，律师组织的正式职业声明承认他们应当承担一些忠于当事人这一角色之外的其他责任。根据律师协会和法律协会的一份著名会议报告，律师承担主要义务的对象不是委托人，而是"法律的程序与制度"。如高登（Gordon）所言，这种承认主要出现在某些正式的场合，尤其是在律师们认为自己有权"借助想象的翅膀飞越日常行为的现实"之时。这种崇高的抱负很少落到实处，至少在违背富有委托人的直接利益之时是这样的。要取得实质性进展，必须重新表述律师的角色，使其可以经得起律师们实际工作关系的检验。[40]

律师角色的重新定位

律师角色的重新定位既要在理论上合乎道德，又要在实践上得到一如既往的支持。最为基本的是，这一定位要求律师为其职业行为的后果承担道德责任。作为辩护人，律师应该像有道德的个体作出道德决定那样作出其决定，律师行为应该根据一致、公平和普遍的原则予以正当化。当然，这些道德原则能够满足律师

---

[40] ABA and AALS, *Report of the Joint Conference*, 1159; Robert Gordon, "Why Lawyers Can't Just Be Hired Guns," in *Ethics in Practice*, ed. Deborah L. Rhode(New York: Oxford University Press, 2000), 42.

职业角色的特殊需要。进行负有道德责任的决策时必须考虑行为人的背景和能力。律师为委托人行为承担责任的大小取决于他们的知识、参与程度、影响以及遭到侵害的价值的重要性与否。

与律师业现行做法不同的是，律师角色的这种重新定位要求律师根据在特定情形下系争的全部社会利益来评价其义务。一个律师不能简单地退避到某种固定的角色观念之中，即那种否认个人为公共后果承担责任的角色观念，或者那种过分照顾委托人和律师自身利益的角色观念。委托人的信任和机密有权获得重视，但必须与其他同样重要的价值进行权衡。律师也有责任去防止第三方受到不必要的伤害，促进法律体系的公正和有效，尊重法律体系所赖以建立的诚实、公正、诚信等核心价值。在履行这些责任的时候，律师当然应该遵循相关的法律授权和律师监管条例，而尊重法律是最基本的品质，特别是对于那些发誓要忠于它的人。遵守普遍规则也可以用来防止决策者自己的偏见或私心。但是，律师也可能碰到这样的案件，由于可适用的法律规则是如此不确定和不充分，以至于不得不参考更为一般化的道德原则。

大多数道德困境都出现在主导标准为自由裁量权留下巨大空间的场合。律师有权决定是否接受或终止代理，是否采取特定的策略。在解决这些问题时，律师需要考虑其选择的社会背景，他们不能仅仅依靠某种理想化的对抗制和立法程序模式。相反，律师必须根据现实背景来评价其行为，在这种现实背景中，财富、权力和信息的分配并不平等，并非所有的利益都能得到充分的代表，而且大多数纠纷也绝不会到达中立的法院。律师越不相信司法制度在具体案件中产生正义的能力，他们矫正这种司法制度的责任也就越大。

要求律师为其职业行为承担责任会招致三个方面的反对。第一个反对就是模糊性。在许多律师看来，"正义"、"公平"以及"诚信"等术语太模糊，无法成为道德谴责或惩戒的标准。这一反对过于挑剔，当律师以立法、司法以及行政的身份行为时，他们常常认为其他人应该因其未能遵循这些标准而承担责任。法律制度常常要求法官、陪审员和公诉人践行"正义"或者决定"公平"，并惩罚那些未能按照"诚信"原则行事的行为，律师则因解释这些规定而收取巨额费用。当涉及律师自己的行为时，这种解释过程也不会有任何差异。[41]

律师们对于过重责任的第二个反对是，律师们即使能够决定诸如正义或公平的标准，那也不是他们的职责所在。正如克拉伦斯·大罗（Clarence Darrow）说的："我的工作不是评判一个人，而是为他辩护。"这种观点常常未得到详细的阐述，就好像这种观点的效力是不证自明的。但是，"不是我的职责所在"这一主张回避了争议问题的实质（begs the question 意为"回避正题"），即职责应该是什么。毕竟，无论是作为个体还是作为群体，律师都有相当大的自主权，可以决定其职业义务的恰当范围。正如战犯法庭的遗产所表明的那样，"我的职责所在"并非充分的道德辩护。[42]

---

[41] For objections, see Krash, "Professional Responsibility," 33~34, 37; Alan Donagan, "Justifying Legal Practice in the Adversary System," in *The Good Lawyer: Lawyer's Roles and Lawyers' Ethics*, ed. David Luban (Totowa, N. J.: Rowman and Allanheld, 1983), 123, 132; Rhode, "Ethical Perspectives," 620. For responses, see William H. Simon, *The Practice of Justice* (Cambridge: Harvard University Press, 1998), 2; William H. Simon, "Ethical Discretion in Lawyering," *Harvard Law Review* 101(1998): 1083.

[42] Clarence Darrow, quoted in John Basten, "Control and the Lawyer Client Relationship," *Journal of the Legal Profession* 6(1981): 15.

为了拒绝满足道德义务提出的要求，律师们常常变得谦虚，他们否认自己具备用以决定正义标准的"特殊的"专业知识。然而，正如前面所说，这种谦虚只是律师们精心挑选的借口，实际上离题万里。当调整其行为的规章制度遭到破坏时，律师们常常声称自己掌握着何谓正义的专业知识。无论如何，承担更大责任的理由不是因为律师具备特殊的专业道德知识，而是因为他们不应该享有任何特殊的道德豁免权。律师之所以要考虑其行为的公正性，不是因为他们具备特有的道德能力，而是因为他们具备任何人都具有的道德责任。[43]

为了推卸责任，律师们常常宣称他们缺乏为其判断进行辩护的、正式的责任制度。对于律师而言，将其道德观点强加在委托人身上会威胁到从理论上讲承认司法面前人人平等的制度的合法性。委托人案件的实体问题应该由法官和陪审团根据正当法律程序来决定，而不是由没有任何程序保障的律师来决定。但是，事实上相当多的法律代理都缺乏这样的保障。律师所从事的交易、顾问甚至是与诉讼有关的工作几乎都没能让法官或陪审团知悉。在许多法定情形下，如果律师拒绝发表评论，那么其他任何人都不可能发表评论。一旦正式的制度化责任机制缺位，内部化的道德责任标准就变得尤为引人注目。

反对这种责任的最后一个理由是实用性。使忠于当事人原则变得有吸引力的所有经济和心理压力，同样使得律师作用的重新定位看似不切实际。当然，最突出的困难还是钱。前法官马文·

---

[43] Thomas D. Morgan and Robert W. Tuttle, "Legal Representation in a Pluralist Society," *George Washington Law Review* 63(1995): 984, 997; Goulden, *The Superlawyers*, 561~62; sources cited in Rhode, "Ethical Perspectives," 620.

弗兰克尔（Marvin Frankel）坦率地说："委托人花钱请律师，为何让律师既要忠于自己又要忠于正义呢？"如果委托人对于道德建议不感兴趣，那么许多评论家也会怀疑这种道德建议是否有效。如果律师退出而不是参与那些看似不正义的行为，便会产生一些不良的后果。耶鲁大学法学教授杰弗里·哈泽德（Geoffrey Hazard）发表了一个广为人知的共识，即这种退出会被一个"高尚的"（high minded）的后来者取代，这个后来者将使委托人与将来的道德建议绝缘。[44]

　　这些担心并非毫无道理，但都不像职业律师所认为的那样引人注目。律师常常强迫自己退出案件以便为那些更差的律师让路，道德能让这种情形持续多久还不清楚。当律师们准备以道德为由拒绝提供法律援助时，他们就增加了委托人的精神和经济风险。在某些案件中，寻找和培训新律师的成本足以促使委托人重新考虑其诉讼请求，而不是更换律师。在其他情况下，如果律师的退出明显不会给委托人的决策造成影响，那么律师在评价自己的责任时便有权考虑那一事实。如果作出的决定既要反映道德的要求，又要反映作决定时的具体情况，那就不仅要考虑委托人行为造成的损害的大小与可能性，还要考虑律师影响委托人的能力以及这样做的个人成本。在某些情况下，律师们的影响能力有限且获取信息的渠道不畅，加之因委托关系恶化带来的负面影响，很可能使判决被取消。但是如果真的有道德上的问题，不论会有什么样的后果律师都有义务拒绝提供帮助。我们不能因为下一个律师会

---

〔44〕 Marvin Frankel, "The Search for Truth," 1031, 1056; Geoffrey C. Hazard Jr., *Ethics in the Practice of Law*(New Haven: Yale University Press, 1978), 145.

更差就免除个人的道德责任。

委托人为何要为律师的这种双向效忠买单呢？——弗兰克尔的这一问题常常被视为一个反问句，但答案并非显而易见。委托人应该为法律服务买单，因为最终受益的是作为整体的委托人。对忠于当事人原则的限制强化了委托人的良知（better instincts），维持了法律制度的有效运转。委托人个体通常也会受益于律师，因为这些律师的正直和公平交易美德会增进他们与对手和管制机关的相互信任和合作。与对方律师保持恰当的关系常常可以防止纠纷升级，有利于促进公正和解协议的达成。同样简单的是，如果为双向忠诚买单是唯一的现实选择，委托人一般也会为双向忠诚买单。道德上严格要求的律师角色并不会减少对法律服务的需求。

当然，律师们日益强化的社会责任可能会促使一些委托人隐瞒一些重要的负面信息。一些律师会通过拒绝承担道德责任的方式来谋求短期利益，但这样做也会付出代价。委托人因此而丧失了获得全面信息的渠道，律师则会失去保持个体诚信和社会责任而带来的精神和物质收益。律师的地位、自尊及其在法律圈中的信誉，很大程度上取决于他们是否遵循了关于律师角色的约定俗成的观念。这一职业角色的重新定位很可能对对抗制实践产生某种影响，尤其在律师职业守则和民事责任标准使这些变化得以强化的情况下更是如此。

当然，不应该过分夸大这一影响的程度，因为律师角色的重构并不能解决委托人经济和资源有限的问题，而正是经济和资源的限制才使得有效地代理委托人这一目标无法在实践中实现。出于某些显而易见的原因，律师更喜欢那些能够减少道德信仰与委托人目标之间的冲突的业务（practice settings）。经济和精神的双重压力也促使律师们以能够避免这些摩擦的方式来看待各种纠纷。社会科学研究表明，指派人们为某一观点进行辩护会大大增加他们相信这一观点的可能性。这些自我选择和精神适应的过程或许可以解释，为什么大量被调查的律师声称他们绝不会因为道德上的原因而拒绝案件的代理。这些执业律师之所以很少经历这样的道德困境，至少很大程度上是因为他们已经将防止这种道德困境的角色内在化了，而这一过程并非不可避免。许多律师选择法律为业，很大程度上是因为法律与社会正义这一更大的问题紧密相关。律师业自己的调查明确表明，大多数律师都因其日常执业行为缺乏这种联系而大失所望。律师角色的重新定位，是重建个人价值与职业责任之纽带的一种方式。[45]

疑难案件

检验任何新的辩护理论的最终标准是这种理论解决疑难案件的能力。这并非唯一的检验标准，法律职业面临的最大困境并非是对日常执业行为的反复干扰。但是，这些困境可以提供有用的案例研究：它们阐明了道德责任的普遍原则是如何适用于具体法律问题的。当然，既建立在一般原则之上，又对社会环境保持敏感的任何制度，都允许就结果的恰当与否进行讨论。让道德困境

---

[45] Donald Langevoort, "Where Were the Lawyers? A Behavioral Inquiry into Lawyers' Responsibility for Clients' Fraud," *Vanderbilt Law Review* 46(1993): 75, 98~99; Robert Nelson, "Ideology, Practice, and Professional Autonomy: Social Values and Client Relationships in the Large Law Firm," *Stanford Law Review* 37(1985): 503, 535~37; As chapter 1 notes, less than a fifth of attorneys feel law has lived up to their expectations concerning justice. ABA, Young Lawyers Division, *Survey: Career Satisfaction* (Chicago: ABA, 1995), 11.

成为困境的，是对立价值之间的相互冲突。如何解决这些冲突，每个律师可能都有不同的看法。本文提出的相势而动的制度的优越性，并不在于它提供了明白无误的答案，而在于它提出了一种反映道德要求的分析方法并承诺要采用这种方法。

对律师而言，疑难案件通常分为两种：第一种涉及用正义的方法实现不正义的结果，第二种涉及用不正义的方法实现正义的结果。第一种情形聚讼已久，在此情形中，律师常常依靠合乎道德的规则来为悖于道德的目标服务。律师能否运用时效规定中的时限来击败正义的诉讼请求，能否运用"机巧"和"智慧"来免除对犯罪嫌疑人的定罪，在这两个问题上，19世纪两个重要的法律伦理专家并未取得一致意见。律师能否依靠技术性辩护或者误导性观点来取得实体上不公正的结果，当代伦理专家同样莫衷一是。在弹劾克林顿总统的诉讼中，那种观点又卷土重来。评论家们谴责总统的律师为克林顿明显错误的行为进行"合法"而又"琐碎"的辩护。[46]

从理论上讲，关于这些策略的讨论不可能得到解决。根据普遍接受的道德原则，背景是至关重要的。例如在民事案件中，这些原则一般反对运用挫败正当诉求的法律规则，除非该策略能够实现这些法律规则的目的。例如，实效制度旨在预防过期的诉讼请求，它本来（otherwise）保护的是那些因记忆减退、证据丢失或证人失踪而无法为自己辩护的人。但是在某些案件中，如果委托

---

[46] Hoffman, "Resolutions in Regard to Professional Deportment," 754~55; Sharswood, *Essay on Professional Ethics*, 26~35, 42; David Margolick, "Like Sex Acts, Lawyer's Job Is a Matter of Definition," *New York Times*, September 26, 1998, B7; William Safire, "Kill the Lawyers," *New York Times*, December 7, 1998, 27; Maureen Dowd, "Power of Attorney," *New York Times*, September 20, 1998, E5.

人并不会因案件的迟延而遭受重大损害,律师就不得请求驳回那些符合实体正义的诉讼请求。[47]

然而,他们应该正式告知当事人那些在法律上可行但存在道德问题的选择。美国律师协会的职业行为示范规则要求律师提供这些信息——而且要理由充分。如果法律技巧会给结果造成不利影响,那么放弃这些策略的决定应由委托人自己作出。毕竟他们才是承受这一后果的人,而且如前所述,他们享有的作出自主决定的权利本身也是一种值得尊重的价值。但是,委托人作出的选择并非总是律师应予提供法律援助的选择,律师也有决定其法律援助是否合乎道德的权利和责任。[48]

正如前面的讨论所清楚地表明的那样,这种诉讼程序在两个方面独具特色:政府滥用权力的可能性及其对个人的生命、自由和尊严的影响。这些独特性为采取特殊保护措施提供了依据,这些措施包括无罪推定、免于自证其罪和法律代理权的保障,如果其他权利得不到尊重,最后一项权利也就毫无意义。如果律师因为委托人看似有罪或暴露了某些有罪的信息就取消其辩护,那么程序保障机制就不可能得到有效地执行。

尽管多数人美国人从理论上支持这一制度,但其承诺却在实践中消失得无影无踪,至少牵涉到看似有罪且极为危险的罪犯时是如此。对许多观察者来说,这些被指控的罪犯的权利不应该高于无辜受害者的权利。为什么坦白的强奸犯或儿童猥亵罪的惯犯

---

[47] Simon, *The Practice of Justice*, 33; Luban, *Lawyers and Justice*, 47~48.
[48] Model Rule 1.2 requires that lawyers "abide by a client's decision concerning the objectives of representation and …consult with the client as to the means by which they are to be pursued."

应该从每个可想见的策略（tactic）中受益，而不管这些策略有多大的误导性？从这个角度看，被指控的犯人有权要求检方证明其观点。但是，他们无权采取那些阻挠、混淆或者迎合种族歧视的辩护机巧。按照当时任独立检察官的肯尼斯·斯达（Kenneth Starr）的说法，司法界负有"不得妨碍真相调查的责任"。法学教授哈里·舒宾（Harry Subin）也表达了类似的看法："采取指出其弱点的方式攻击说服力弱的案件（a weak government case）是一回事，用假象糊弄陪审团攻击说服力强的案件（a strong government case）又是另外一回事。"对威廉·西蒙（William Simon）来说，在特定案件中，只有在为忠于当事人这一原则提供正当性说明的价值发生争议时，不受限制的辩护才是合适的。在他看来，这类案件包括被告可能无辜但执法官员可能已经侵害了宪法权利或种族偏见（racial bias）可能已影响（tainted）到公诉案件（the government's case）。[49]

这些限制的理由表明，刑事辩护中的主要道德问题是过分忠于当事人——太多的罪犯因律师的热心辩护而逍遥法外。但是，正如前面总结过的研究所表明的那样，刑事案件中最常见的问题是代理不足，而非代理过度。侦查不充分极为普遍，无罪开释则凤毛麟角，约98%的重罪被告要么自认有罪，要么经过审判而获罪。减少刑事辩护的提议可能恰恰朝着错误的方向发展，这些提

---

[49] Kenneth Starr, remarks before the Mecklenburg Bar Foundation, June 1, 1998; Harry I. Subin, "The Criminal Defense Lawyer's 'Different Mission': Reflections on the 'Right' to Present a False Case," *Georgetown Journal of Legal Ethics* 1(1987): 125, 148; William Simon, "The Ethics of Criminal Defense," *Michigan Law Review* 91(1993): 1703.

议强化了那些不利于有效法律援助的实际压力。[50]

　　让律师的责任维系在委托人的表面罪行或危险性之上，会使正义面临让人无法接受的风险。对未来暴力的预测，即使是由训练有素的精神病专家作出的，也有约 2/3 的案件不准确。那么，未受过训练的律师几乎不可能做得更好。就像斯坦福大学法学教授芭芭拉·艾伦·巴博拷克（Barbara Allen Babcock）所说，事实上有罪并不等于法律上有罪。从事了犯罪行为的委托人常常可以主张正当防卫或者减轻情节。为有罪的人进行热心辩护也保护了那些没有犯罪的人。辩护律师提出强烈质疑的这种可能，促使执法人员更好地行使职权并尊重个人权利，罪行最残忍的案件也是公诉人最想胜诉的案件。毫不奇怪的是，这些案件也是政府最有可能滥用权力的案件，因而辩护律师进行审查的需要也就最强烈。[51]

　　最近的弹劾诉讼强调了不受制约的检察权的危险性。尽管许多不满针对的是克林顿的行为及其对法律技巧的选择，但也有许多不满是针对侦查行为，而且更多的是对侦查行为的担忧。为克林顿辩护的律师可能合理地坚持说，"合法性"应该得到遵循。作伪证和妨碍司法公正是有理由获得技术辩护的技术指控。总统的律师在这里发挥了关键的作用，让人们清楚地看到检察官的不当行为远比总统发表的关于双方自愿发生性关系的虚假陈述更为严

---

　　[50] See the research summarized in David Luban, "Are Criminal Defenders Different?" *Michigan Law Review* 91(1993):1729.

　　[51] John Monahan and Henry J. Steadman, *Violence and Mental Disorder: Developments in Risk Assessment*(Chicago: University of Chicago Press, 1994); John B. Mitchell, "The Ethics of the Criminal Defense Attorney: New Answers to Old Questions," *Stanford Law Review* 37(1980): 293,332~33; Barbara Allen Babcock, "Defending the Guilty," *Cleveland State Law Review* 32 (1983):175,177~78.

重，后者导致独立检察官对莱温斯基的调查。这种不正当的职权滥用包括强迫和威胁（骚扰）证人、泄露高度保密的审前信息、干涉当事人的辩护权、威胁指控其家人犯有技术性的不相干的罪行、散布无关的图文资料或侮辱性的性传闻。如果不让其承担某种法律责任，检察权滥用权力的风险就会暴露无遗。我们保护个体权利的文化承诺是以司法界同样承诺为这些权利进行辩护为前提的，那些坚持说检方应该遵守法律程序的律师是在维护法治，而不是在破坏法治。[52]

当然，正如伦理专家指出的那样，诉诸审判或引起公众注意的案件只占一小部分，这些为数不多的案件中的热心辩护无法为那些未诉诸审判或未引起公众注意的大多数案件提供充分的保护。例如，威廉·西蒙（William Simon）更注重增加刑事辩护的资源并确保对律师行为进行更多的监管，尤其是在辩诉交易的情况下。这样的改革在理论上是受欢迎的，但在实践中仍有不足。我们国家一直不愿意为刑事被告的代理提供充分的补贴，大多数法官一直也不愿意监督律师的法律援助行为，法庭能够而且也应该做得更好。比如说，他们可以要求法庭指定的律师详细报告他们的工作情况，除非准备充分，否则他们可以拒绝接受辩护或拒绝继续审判。许多法官也效法某些司法管辖权区的做法，更多法官则效仿（follow the lead of）某些司法管辖区的做法，要求各州为公设辩护人提供足够的资源，并为私人律师制定切合实际的法定收费标准。有组织的律师业可以进行更多的游说，提供更多的无偿法律援助，以提高为贫穷被告辩护的水平。但考虑到加强辩护律师有

---

[52] Rhode, "Conflicts of Commitment," 331～41.

效援助所面临的困难，热诚辩护这一伦理原则仍很重要。其实，这一伦理原则在实践中常常隐而不彰，但在刑事案件中，我们因损害了这一原则的道德力量而失去了太多。[53]

当然，承诺忠于当事人也有其局限性。概括起来，律师与其他所有公民一样都负有不得从事有损司法制度的基本义务，最明显的例子就是故意运用伪证或者助长未来的犯罪行为。理性人不能形成一致意见的是，他们是否有充分的事实相信委托人在特定案件中的诚意或目的。但是按照常识，律师有时候确实"知道"他们的委托人在撒谎或在从事违法行为。正如杰费里·哈泽德（Geoffrey Hazard）已经指出的那样，代表面临刑事指控的被告是一回事，而"成为黑手党的仆人"则是另一回事。[54]

同样，为美国纳粹党或三K党等团体的公民权进行辩护是一回事，而以专职法律顾问（in-house counsel）的身份为其提供全部法律服务则是另一回事。但这样的区分对公众而言并不总是很明显，这一点从过去20年的著名案件中就可以看出。其中一个案件是美国民权联盟对纳粹党的代理，因为纳粹党试图在芝加哥的犹太人聚居区举行示威活动，该组织的许多成员辞职表示抗议。在他们看来，这种执行第一修正案的行为给生活在该地区的大屠杀幸存者及其家人造成了巨大而不必要的痛苦。纳粹分子可以到其他地方游行，ACLU的成员也可以找到"更合适的当事人"。既然组织资源有限，该组织为什么还要"为可能的暴君争取言论自由

---

[53] *United States v. DeCoster*, 624 F. 2d 196, 264(D. C. Cir. 1979) (en banc) (Bazelon, J., dissenting); David E. Rovella, "Unclogging Gideon's Trumpet," *National Law Journal*, January 20, 2000, A1.

[54] Hazard, *Ethics in the Practice of Law*, 144.

权，而这帮人一旦掌权就会破坏其他人的这一权利"。[55]

同样引起争议的是 ACLU 的合作律师为德克萨斯州的三 K 党的龙图腾所进行的辩护。三 K 党一直以来都在挑战德州人权委员会强行公布三 K 党成员名单的努力。律师安东尼·格里芬（Anthony Griffin）是非裔美国人，同时也是 NAACP 律师分会的大律师。争议始于三 K 党从事系列活动来骚扰并恐吓那些在白人聚居区 Vidor 市内享受了白人国民住宅（all-white projects）待遇的黑人。这种废除种族隔离的努力发生于联邦法院作出公共住房官员歧视黑人的判决之后。为维护其代理，格莱费恩提到了 60 年代民权运动中那些为第一修正案而奋斗的重要先辈们，其中包括 NAACP 这样的组织，该组织曾成功抵制了南部检察官为获得三 K 党的成员名册而进行的不怀好意的活动。在格里芬看来，民权组织在防止那些可能遭受骚扰和威胁的成员暴露一事上负有很大责任（had a strong stake）。

然而许多 NAACP 的成员仍没有被说服，而格里芬也不赞同阿瑟港（Port Athur）分支机构的观点。在他们看来，三 K 党完全不同于卷入早期成员身份案的人权组织，三 K 党有涉嫌暴力及恐吓的前科，而这是其他组织所没有的。一些 NAACP 成员还相信，由非裔美国律师为三 K 党进行辩护很可能提高三 K 党的可信度，增

---

[55] Jules Feiffer, quoted in Anthony Lukas, "The ACLU Against Itself,"*New York Times Magazine,* July 9, 1978, 9; "The High Cost of Free Speech, "*Time,* June 26, 1978, 63(para-phrasing William Kunstler).

加潜在受害人受损害的风险。[56]

这些观点并非毫无道理，但传统的道德原则也可以为 ACLU 律师的决定提供正当性说明。如果言论与结社自由等原则不能保护每一个人，那么它谁也保护不了，我们对这一原则的遵从会受到严峻的考验。如果我们拒绝将其适用于我们所鄙视的人，那么我们就会损害这些原则的合法性。因此，ACLU 花费很少的精力去为其他律师所不愿代理的当事人辩护是有意义的。第一修正案案件的"更合适的当事人"在寻找律师时遇到了难以想象的困难，而民权机构的组织声誉依赖于他们为其敌人的民权纠纷进行辩护的意愿。为纳粹党人的游行示威权或三 K 党成员的隐私权进行辩护的 ACLU 律师所依据的道德理由，完全不同于那些在任何问题上都为这些组织进行辩护的律师所依据的道德理由，也不同于那些不为第一修正案条款效忠的律师所依据的道德理由，不同于那些为了其委托人的利益而反对这些原则的律师所依据的道德理由。[57]

最后一类棘手的案件涉及"手段不干净"（dirty hands）这一经典难题：以不公正的手段实现公正的目的。这一难题并非法律所独有，正如马基雅维里（Machiavelli）在很久以前所认识到的那样：这是政治生活的核心挑战之一。但是，当律师找到强大的道德理由来克服这一难题的时候，他们对抗这一难题的形式则迥然有别。

---

[56] David B. Wilkins, "Race, Ethics, and the First Amendment: Should a Black Lawyer Represent the Ku Klux Klan?" *George Washington Law Review* 63(1995): 1030; Sue Anne Presley, "Klan Leader and NAACP Counsel Make an Odd Couple on Civil Rights," *Washington Post,* September 29, 1993, A3.

[57] Luban, *Lawyers and Justice,* 161; Wilkins, "Race, Ethics, and the First Amendment."

一个常引起争论的例子就是在无过错责任确立之前的离婚诉讼程序。直到20世纪60年代末、70年代初的时候，许多州还只准许在非常有限的情况下离婚。直到1966年，纽约仍把通奸作为离婚的唯一理由，而审判记录则展示了同一个法庭游戏的不断重演。在律师的帮助下，提供有偿服务的私人侦探会证实他们已经以某种秘密方式发现了配偶的不忠。正如对这类案件的审讯所揭示的那样，律师们有一套标准的剧本：这个"第三者"必须穿着纯桃红色的长袍出庭，绝不能穿蓝色，一直是桃红色，而当这个丈夫被找到时，他也总是身着短装。负责反复讲述这些故事的律师很显然缺乏生动的想象力，他们是否也缺乏道德正当性就不得而知了。许多委托人的离婚理由相当公正，但不合法。很多人都是家庭暴力、虐待和遗弃的受害者。他们的婚姻已经结束，而法律却不愿意承认这一事实，这只会加剧他们的个人痛苦和经济困难。[58]

在委托人的观点似乎合于道德而悖于法律的情况下，也会产生"手段不干净"这一现代难题。有关济贫法的实践提供了特别令人心痛的案例。许多贫穷的委托人强烈要求得到法律援助，而法律却没有承认这类援助。比如，给予贫困家庭福利资助根本不能为其提供充足的收入，其生活水平一般都在贫困线3/4以下。为了满足基本生存需要，委托人别无选择，只得以隐性收入来补贴政府的资助。最近的调查显示，几乎所有靠福利过活的母亲都处于这类情况。意识到经济拮据的律师们也面临着他们自己的经济

---

[58] Justice M. Steinbrink, "Testimony before the New York Legislative Committee on Matrimonial and Family Law," *New York Herald Tribune*, October 1, 1965, A19.

困难。[59]

作为一名在法律援助部门工作的法律专业学生,我最初遇到的诸多案件之一恰恰就属于这种情况。从我们的委托人的情况来看,她显然有未经公开的收入,从技术上讲,这种收入使其没有资格获得救济金。但是,如果没有救济金的支持,她很可能会失去完成其教育计划的机会,而该计划可能帮助她摆脱贫困,实现长期的经济独立。从目前来看,她好像正是法律制度旨在帮助的那种人。我们的法律援助机构必须决定是否为其提供法律援助,以帮助她取得她可能无权享受的救济金。

处于这种范围之一端的法律专家相信律师有责任追求实质公平,并且这种责任有时会准许不遵守正式的法律规定。在为这一观点进行辩护时,威廉·西蒙把法官或陪审员宣布法律无效的判决作为类比。如果必须避免严重的不公正,我们的制度就会允许他们拒绝执行一项过时的法令,或者拒绝为犯罪嫌疑人定罪。在西蒙看来,如果法律规则明显不公正而且损害到某些基本价值,那么我们应该授予律师反对这些法律规则的自由裁量权。根据他的分析,拒绝给予最低救济金的不合理规则可能为不遵守这些规则的行为提供正当性依据。处于这种范围之另一端的法律专家则否认委托人享有的公正可以划定律师责任的范围。哈佛大学法学教授安德鲁·考夫曼(Andrew Kaufman)宣称:"对我而言,处于津贴基准线之下并不意味着给予靠福利过活的母亲获得法律援助

---

[59] See sources cited in Deborah L. Rhode, *Speaking of Sex: The Denial of Gender Equality*(Cambridge: Harvard University Press, 1997), 199; Ruth Sidel, *Keeping Women and Children Last*(New York: Penguin, 1996), 88; Jason de Parle, "Learning Poverty Firsthand, " *New York Magazine*, April 27, 1997, 32.

的道德权利。"哈泽德同样认为，离婚案件中律师策略的妥当性不应该"视基本实体问题而定"。在这些评论家看来，遵守正式规则对于有效法律程序是至关重要的。如果这些规则导致实体不公，律师就应该公开地为这些规则的改革而努力，而不是为了特定委托人的利益而偷偷地破坏这些规则。[60]

处于这种范围的中间，也是与本文提出的伦理制度相一致的观点，即探求既能促进正义而又不违反形式限制的种种方法。只要持这一观点的律师不从事故意作伪证或准备欺诈性文件等非法行为，他们追求的结果便是合于道德要求而悖于实体法律的。比如，在实行以严格过错责任为基础的离婚法（divorce statutes）时期，一些律师找到了从程序上（technically）讲并不违法的规避法律的手段。在那些把人身虐待作为离婚理由的司法管辖区内，律师们就满足这一规定所必不可少的证据提供咨询。有些法院要求两次人身性侵犯间应当有个冷却期，一些头脑灵光的律师就想方设法去符合这一要求。他们证明：一方轻轻地扇了对方两个耳光，在这两个耳光之间隔着一次文明的午餐。许多济贫律师（poverty lawyers）则把有选择地忽略某些事情（selective ignorance）作为规避法律的手段。在我第一个涉及福利金的案件中，很快就表明知道少许事情（a little knowledge）是多么危险的事情，知道得越多，事情就越糟。我的指导老师就不采用那些能够清楚反映委托人的不实陈述的信息，以此来免于承担"故意"帮助委托人进行不实

---

〔60〕 Simon, "Ethical Discretion in Lawyering," 1116; Andrew Kaufman, "Book Review of Alan Goldman, The Moral Foundations of Professional Ethics," *Harvard Law Review* 94(1981): 1504, 1514; Geoffrey C. Hazard Jr., "Panel Discussion: Professional Responsibility and Professional Conduct," *University of Miami Law Review* 35(1981): 639, 654.

陈述的责任。

这些规避法律的手段并非完美的解决方案，但我们生活的世界本来就不完美。偶尔纵容一些规避策略，同时又不触犯法律，这种方法比其他方法更符合传统的理论规则。允许律师完全不遵守法律，会创造一个提供糟糕类比的先例。我们可以接受法官和陪审团宣布法律无效的行为，因为他们对法律的违反是公开进行的，并受到某种有限的审查。如果这一方法不可用或者不成功，那么宣布法律无效这一行为会推动相应的改革。律师的决策就不会承担这样的责任，而且在某些情形下，律师不守法的隐蔽行为既有损对司法制度的尊重，又减少了进行建设性改革的压力。要是多一些律师为政治改革而奋斗，少一些律师容忍作伪证的行为，纽约早就拥有一部切合实际的离婚法律。而且，合法目的成了非法手段得以正当化的依据，这种制度会给职权滥用以相当大的诱惑。由于实践中的经济和心理压力，律师们常常说服自己，基本价值和不合理的规则允许律师暗地里违背法律。如果律师的经历成为指导性原则，那么最有可能从这种决策中获益的委托人不可能是穷人和受压迫者。

然而，让公平与伦理判断完全脱节的这种完全相反的观点也同样不会让人满意，改革的努力并不总是切合实际的选择。济贫律师可以运用政治建议权来纠正福利法规中的不公平，这种建议忽略了最初（in the first instance）制定这些法规的力量。这种建议也忽略了政治活动所受到的法定限制以及由受政府资助的法律援助律师所进行的福利改革诉讼。即使立法改革的前景不那么让人沮丧，这些改革前景也不能解决那些有迫切经济需要和严格道德主张的委托人的问题。在这些情形下，传统的伦理原则可以证明忠于当事人的做法是合理的，而在其他情形下，忠于当事人的做法是不可能获得合理性的。一个极力逃避福利的赤贫的母亲所站的伦理立场是不同于一个富裕官员逃税的立场的。[61]

然而，这种因人而异（contextual）的道德体制的目的并未创设辩护的双重标准：有产者一个标准，无产者一个标准。我们现行体制常常维护着这种双重标准，而仅仅改变受益人的这一做法既不现实也不可取，况且这种替代机制的目的是让律师更看重案件的实体问题。并非所有的贫穷委托人都有权获得无条件的辩护，但是，如果相关因素影响到特定诉讼请求的公正，那么包括贫穷在内的每一个因素都是毫不相干的了。当然，在像美国律师业这样影响深远的职业中，不同的律师对何谓事实上的公正有着不同的判断，即使这些判断符合广为接受的伦理原则，其具体运用必然会反映个人自身的经历与责任。正如威廉·昆斯特（William Kunstler）在解释他为世贸中心的恐怖袭击者辩护而不为三K党辩护的理由时所表明的那样："人人都有权聘请律师，这一点不假。但他们没权聘请我。"并非所有那些反映道德要求的律师都赞同威廉·昆斯特为恐怖袭击者而不为三K党辩护的做法（priority 指的是昆斯特代理恐怖袭击者而不代表三K党的这种做法），也不会赞同安东尼·格里芬（Anthony Griffin）在三K党成员案中所形成的法人隐私与种族平等之间的平衡。并非所有理性的律师都会像在离婚案和

---

[61] Lawyers who receive funding from the federal Legal Services Corporation may not assist political activities and may not engage, or encourage others to engage, in public demonstrations, boycotts, or other related activities. 42 U.S.C. §2996e(1997). Nor may they engage in welfare reform lobbying. Omnibus Consolidated Recessions and Appropriation Act of 1996, Public Law No. 104-134, Section 504(16).

福利案中那样对程序合法性与人类需求进行折中处理。本文提出的制度并不要求律师在所有疑难案件中都得出同样的结果，只要求律师认识到这些案件的确棘手，并要求律师根据具体情况进行道德评价。[62]

对律师角色的这种重新解读并非赋予执业律师更大道德责任感的首次尝试。但是，这种解读确实可以避免律师行业建议（initiatives）中那种常见的倾向：切合实际的建议缺乏创新性，有创新性的建议又不切合实际。本文提出的因人而异的道德制度同时符合创新性和可行性的要求，它们既考虑了公平正义的要求，也考虑了灵活变通的需要。但是，它们并非源于某种乌托邦想象，而是源于律师们深思熟虑的道德判断。这种方法的全面效果很难预测，但最起码它能够缩小律师个人理想和职业实践之间的差距。

如果更多的律师认为自己应对其行为后果负责，那么更多的委托人就会采纳（end up）林肯曾与那些向其寻求法律援助之人分享的智慧：

> 是的，我们肯定会为你打赢官司。我们要……让一个寡妇及其六个孩子陷入窘境，以便为你赢得600美元，这600美元似乎是你有权获得的，但在我看来，这600美元归于那母亲及其孩子与归于你一样符合正义。你务必记住，许多合法的东西未必合于道德。我们不会接手你的案子，但我们会给你一些建议，而且分文不取。你

---

[62] William Kunstler, quoted in Wilkins, "Race, Ethics, and the First Amendment," 1036n. 34.

看起来是一个愉快、活泼、精力充沛的人,为何不尝试用其他办法来赚取这600美元呢?[63]

---

〔63〕 William Herndon and Jesse Weik, *Herndon's Lincoln*(Chicago: Belford Charter, 1989),2n.345.

第四章

美国司法公正的"竞技理论"
(sporting theory)

在对抗式辩论程序产生之前,中世纪的英格兰常用的审判方式是神明裁决。其理论依据是神灵的介入能确保审判结果的公正,但实施过程却存在诸多诉讼风险。例如,一种常见的神明裁决方式是把被告绑上石块扔进水里,那些沉下去的往往来不及解救就淹死了,而那些没沉下去的则被判有罪并被处以刑罚。[1]

对许多当事人来说,诉讼仍然带有神明裁决性质,只不过方式不同。我们不再完全依赖神明的意志,但我们也没找到一个彻底令人满意的取代方式。我们采用的替代方式就是司法理论家罗斯科·庞德(Roscoe Pound)称之为"司法的竞技理论"(sporting theory of justice)的方式,它的前提是事实真相将会在双方慷慨激

---

[1] S. F. C. Milsom, *Historical Foundations of the Common Law* (London: Buttersworth, 1969), 28; Marion Neef and Stuart Nagel, "The Adversary Nature of the American Legal System: A Historical Perspective," in *Lawyers' Ethics*, ed. Allan Gerson (New Brunswick, N. J. : Transaction Books, 1980).

昂的交锋后大白于天下。这种方式的实施值得我们深思熟虑。对法院的老手来说，许多陪审团就像是 12 个决定谁的律师更好的人，而正如人们所熟知的那样，决定法律高手分配的通常是金钱而不是公正。[2]

即使法律技能方面多多少少分配均衡了，信息和资源方面的不平等依然存在，并不是所有的当事人都能付得起奥斯卡·王尔德（Oscar Wilde）所谓的"钱能买到最好的证据"。并且，与早期英格兰的神明裁决不同，那时的审判起码能仁慈地速战速决，而今日的官司却可以无休止地拖延下去。正如一位有经验的庭审律师说的那样："一个无能的律师能把一场官司拖上几年……一个有能力的律师可以拖得更久。"[3]

大多数律师至少在心底都承认这些弊端，但在官方场合律师则坚称对抗式辩护制度是探求真相和保护权利的最佳方式。第三章探讨了这些传统辩护人所起作用的局限性，本章探讨对抗式辩论程序在实践中存在的类似问题，诸如礼貌或文明行为、保密和与证人的关系。在所有这些讨论中，根本的问题是一致的，即我们当前的体制过于注重律师和委托人的利益，而牺牲了公共利益。

这种行业利益优先与社会价值之间的不协调对法律职业伦理提出了严峻的挑战。我们如何能使真理、公平和成本效益在律师

---

[2] Roscoe Pound, "The Causes of Popular Dissatisfaction with the Administration of Justice,"*American Bar Association Report* 29(1906):395; Donald Nicolson and Julian Webb, *Professional Legal Ethics: Critical Interrogations*(New York: Oxford University Press, 1999), 161. surveys cited in chapter 1.

[3] Oscar Wilde, quoted in Jonathan and Andrew Roth, *Poetic Justice*(Berkeley, Calif.: Nolo Press, 1998), 88; Evelle J. Younger, quoted in Brian Nash and Allan Zuto, *Lawyer's Wit and Wisdom*(Philadelphia: Running Press, 1995), 189.

和委托人的短期利益之外取得更大的重要性呢?对于这个问题,没有简单的或统一的答案,但我们一定能找到比律师协会所支持的更有希望的办法。最近对行业运动和自律条例的关注令人想起一幕经典的杂耍剧。一个醉鬼徒劳地在街灯旁寻找丢失的钱包,过路人问他是否确定这就是他丢钱的地方,醉鬼答道:"不是,但这里有街灯啊。"同样地,美国律师协会也绝不可能找到解决滥用对抗式辩护制度的有效方法。自律条例和行业道德运动也许是积极的举措,但它们代替不了必备的要件:在道德规范、执行结构和经济刺激方面的根本转变。

司法程序的"病理"及"处方"

在过去的10年中,律师协会对于对抗式辩护程序的关注焦点一直是不文明行为。约90%的州和地方协会领袖认为不文明行为是个问题,一百多个律师协会组织已制定了自律条例加以纠正。对抗式辩护程序中没有其它问题像文明行为一样引来如此一致的意见或改革的努力。然而潜藏在表面的一致下是更深刻的争议性问题,即问题的界定、严重性、原因以及最能防治的策略。[4]

在司法界就文化上来说,"文明"已成为一个集合了社会上各种不满意见的词,约90%的美国被调查者认为不文明是一个在公众中普遍存在的问题,而律师则被指为罪魁。然而,准确地界定这个问题却众说纷纭。从出庭服饰到反对用轻佻的言辞违反现行规则等,律师条例、代理规范和律师课程对不文明行为进行了广

---

[4] N. Lee Cooper, "Courtesy Call," *ABA Journal,* March 1997, 8; ABA, *Promoting Professionalism* (Chicago: ABA, 1998), 66.

泛的界定。例如，弗吉尼亚州要求律师保持整洁高雅的外表，并与对方辩护律师握手。然而，大多数文明关注的都是那些在技术上并未违反现行条款或虽然违反却难以证明或取证费用太高的行为。[5]

这种行为的例子并不鲜见，规避、损耗、利用对手的技巧包括如下几点：

● 滥用庭审前的披露程序，如拒绝承认已无异议的事实；通过拖延提问边缘性事务制造"文件垃圾"；或用几百个质疑相关性的问题折磨对方（这样无人会怀疑律师的精力充沛）并美其名曰"第一套讯问"。

● 歪解语义学，如克林顿总统最擅长的诡辩"是"的意思，重新定义"单独"，或歪曲"性"的涵义。

● 不合理的时间安排，如制造缺席以使不便和开支最大化；拒绝合理的延时要求；在限时内送达文件以阻止对方有充分的时间回应或强迫对方辩护律师在假期、周末、节日期间工作。

● 对对方辩护律师的侮辱性行为，如淫秽的语言、对性别或种族的歧视性言论。

● 令人反感的提问方式，如讯问边缘化但带有侮辱性的问题、反对合理的质询、不当地诱导证人并指令他们不回答。

---

[5] John Marks, "The American Uncivil War," *U. S. News and World Report,* April 22, 1996, 66; Virginia Bar Section on Litigation, "Principles of Professional Courtesy," *Virginia Lawyer,* July, 1989, 29.

第四章 美国司法公正的"竞技理论"(sporting theory)

- 狡猾的行径,如利用对方的疏忽大意得到无罪判决。
- 规避策略,借以制造事端,如声称律师委托人的特权依据不足、不断错置或弄混文件以阻止对方找到相关材料、用有缺陷的或误导的方式编排数据、散布不相关的烟幕信息以迷惑对方。[6]

这些行为的使用频率很难测定,而且最近的研究表明滥用的水平发生了很大变化,多取决于诉讼的类型和地理位置。在高分红(high stakes cases)的案件中,最严重的程序滥用发生比例相对较小,特别是在那些缺乏非正式制裁和重大司法纰漏的法律组织中。在这些案件中,一般的原则是尽可能少、尽可能晚地揭露;而普通的诉讼则是"尽量发掘……尽量指控、尽量揭露、尽量激怒"。但是在许多其他的案件中,损害辩论程序的不文明和歪曲行为表现适中。[7]

这些行为是多种原因造成的,阻挡或防止有倾向性信息的获

---

[6] Frank F. Flegal, "Discovery Abuse: Canses, Effects, and Reform," *Review of Litigation* 3(1982):21,22; Austin Sarat, "Ethics in Litigation," in *Ethics in Practice*, ed. Deborah L. Rhode(New York: Oxford University Press, 2000); Robert F. Nagel, "Lies and Law," *Harvard Journal of Law and Public Policy* 22(1999):605n. 1; Mark A. Cohen, "Courts Cracking Down on Discovery Abuse by Attorneys," *Massachusetts Lawyers Weekly*, September 2, 1996; Peter Pringle, *Cornered: Big Tobacco at the Bar of Justice* (New York: Henry Holt, 1998), 5, 153; Nicolson and Webb, *Professional Legal Ethics*, 171~91.

[7] John S. Beckerman, "Confronting Civil Discovery's Fatal Flaws," *Minnesota Law Review* 84 (2000):505,507~9; James S. Kakalik et al., *Discovery Management: Further Analysis of the Civil Justice Reform Act Evaluation Data* (Santa Monica, Calif.: RAND Institute for Civil Justice, 1998), xx, 55; Susan Keilitz, Roger Hanson, and Richard Semiatin, "Attorneys' Views of Civil Discovery'," *Judges Journal* (winter 1993):2~6, 34~35. For large cases, see Flegal, "Discovery Abuse,"23; Wayne D. Brazil, "Views from the Front Lines: Observations by Chicago Lawyers about the System of Civil Discovery," *American Bar Foundation Research Journal* (1980), 219; Sarat, "Ethics in Litigatlon," 150~51.

取可以保护委托人免于司法责任和不利的公开，拖延技巧可使他们继续从事对有质疑的法律有利可图的活动或为非法的策略赢得时间，如政治或公众关系方面的主动。通过把诉讼变成一个昂贵的损耗战，也许能迫使各方拿出有利的解决方案或使其他潜在的对手放弃打官司的念头，正如为R·J·雷诺德烟草公司工作的一个律师轻率地在档案的备忘录中写道："关于……我们所采取的对抗策略是……不断制造程序使这起案件的原告律师不堪重负、昂贵无比，帕顿总经理的意思是，我们不是靠花光R·J·雷诺德公司的钱来赢这起案件，而是让情人生的另一个儿子花光他所有的钱。"这种硬球技巧（hardball tat tactics）常常导致硬球式的反应，在许多情况下，法律上的争议很容易超越合法的范围。

　　律师们自己的激励机制也会导致对抗辩护制度的滥用。延长庭前活动以迫使和解方案通过，能够避免失败的可能性及随之而来的声望上的损失。律师努力使办案时间最大化具有明显的利益，就像"百米跑"一样——这是一种策略，庭审律师不停地吹嘘自己的经验，但实际上从没有亲身跑过。特别是在分红很高的案件中，律师往往倾向于风险规避。如果委托人的资金充足的话，过于准备对律师显然是有好处的，这个策略对律师新手们特别有吸引力。许多律师事务所缺乏有效的监管，而且在遵守办案时间限额、顾及所有的部门、避免首席律师被猜疑使用诡计方面面临着巨大的压力。这些压力可以解释一些最臭名昭著的滥用诉讼案件，如佰克·柯达公司反托拉斯诉讼案。在此案中，一位资深的合伙人发假誓说某些文件因意外被毁了，而另一位知情的关系人则保持沉默。虽然这个谎言最终被揭穿，但在大多数案件中则不会被揭穿。如果首席律师玩弄硬球把戏，他手下的律师们就会把这当作唯一的游戏。[8]

最后，一些律师和委托人发现以牙还牙有它自己的好处。两个错误并不等于一个正确，但同一个滥用诉讼的对手交锋也许是最好的选择。有些律师认为如果他们占理就无须准确遵守法定程序，许多过度检察似乎都根植于这种自以为是。当辩护律师觉得他有权不遵守程序时，他把自己当成了不朽的神仙。不断扩大的律师队伍也使其他的反应能力降低。在大的组织中，非正式的声望已失去了作用，"打一枪换一个地方"的"游击"不文明行为在律师中很常见，因为他们认为双方以后不会再碰面了。如果委托人想采取"焦土政策"（earth tactics），律师就投其所好地兜售自己。正如在一个关于文明的 ABA 研讨会上一个与会者对其公司评价说："我们以自己的卑鄙为荣，这是公司文化的一部分。"[9]

但是这种文化使所有相关的人付出了代价。从短期来说，对抗的方式通常只会使争端升级而不是解决争端。滥用对抗辩护制度会引发以牙还牙的行为，破坏具有建设性的解决问题的努力。从长期来看，这种行为有损律师正直、理智的名声，其结果可能是法院和对手不再信任和推荐他，工作环境也变得更不愉快。和不文明的律师共事就像与他作对一样令人觉得疏远，他与委托人的关系也会恶化。许多人希望律师避免冲突而不是让冲突扩大。使诉讼的风险和成本降到最低限度对有些当事人是极有价值的，

---

[8] Sarat, "Ethics in Litigation," 54; Brazil, "Views from the Front Lines," 219; James B. Stewart, *The Partners* (New York: Simon and Schuster, 1983), 327; Steven Brill, "When a Lawyer Lies," *Esquire*, December 19, 1978, 23; *Haines v. Ligget Group, Inc.*, 814 F. Supp. 414, 421 (D. N. J. 1993) (quoting memo).

[9] Laura. Pappano, "The Crusade for Civility," *Baston Globe Magazine,* May 4, 1997, 39; Susan Getzendanner, quoted in "Overheard," *Newsweek,* November 18, 1991, 23.

因为他们有可能继续保持来往，这对他们的名誉至关重要，或者有举足轻重的第三方利益牵涉其中。[10]

这个问题在家庭婚姻法中尤其明显，一桩破裂的婚姻很少会显示出人性中最好的一面，充满报复心的夫妇发现他们并不缺少职业的帮凶。对某些家庭婚姻法律师来说，公正和文明并不重要，毛利斯·弗兰克（Maurice Franks）问他的男委托人："你认为在离婚案件中孩子是有价值的商品吗？"纽约充满传奇色彩的婚姻杀手劳尔·法德骄傲地宣称，他是个"技术专家"而不是"道德专家"，他"并不关心我的委托人在事实上是对还是错，我的委托人总是对的"。罗伊·科恩更坦率地说：在离婚官司中，"你是在战斗，只有一方能赢"。然而，赢的方式比这些律师所承认的更复杂。不称职的诉讼者（partisanship）很少产生不称职的胜利，比较常见的结果包括揭露隐私、隐匿财产，而孩子的监护权变成了报复和讨论解决方案时讨价还价的砝码。有道德责任感的律师需要同时考虑委托人的长期利益和短期需求，并且正如美国婚姻协会的律师指出的那样，把孩子当成诉讼程序的砝码，或偏袒一方致使离婚后双方关系不睦，都不能使他们的上述利益得以实现。专家也强调，在把家庭争端的不幸降至最低程度方面，双方协商解

---

[10] Robert N. Saylor, "Rambo Litigator: Why Hardball Tactics Don't Work," *ABA Journal*, March 1988, 79; Bartlett H. McGuire, "Rambo Litigation: A Losing Proposition," *American Lawyer*, May 1996, 39~40.

决问题普遍比司法辩论有效得多。[11]

而且，不公正的代价不仅限于争端双方。在许多商业案件中，过多的司法开销被转嫁到消费者头上或通过政府对法院的拨款和减税由公众来承担。有些公司还利用诉讼费来平息批评。SLAPPs（反对公众参与的诉讼战略）被指控其在公司活动方面的不当要求损害了环境、消费者、邻近集团的利益。虽然这种官司在法庭上几乎从没胜诉过，但它们却常能在法庭之外成功地封住那些付不起冗长诉讼费用的评论家的嘴。而且，即使在其他双方更心平气和的案件中，滥用对抗辩护也会产生非正当性的结果，那将导致更大的社会成本。[12]

最典型的是发生在 90 年代初期状告大制药商菲森公司的一个产品责任案。这桩案子以辩护律师骇人听闻的狡狯行径著称。该案争议的标的是一种菲森公司推销来治疗哮喘的基因药物西奥菲林。80 年代初有越来越多的报道说这种药物会引发儿童病毒感染，这促使公司有选择地警告医生这种危险的存在，并且推荐了菲森公司生产的另外一种以克诺莫林为基础的替代药物——色甘酸钠。一份公司内部的办公备忘录中也详细记载了这种危险性，并建议公司停止对西奥菲林的促销，转而鼓励使用克诺莫林。菲森公司

---

[11] Mautice Franks, *Winning Custody*(Englewood Cliffs, N. J. : Prentice Hall, 1983), 32, 34; Raoul Felder, *Divorce* (New York: World, 1971), 2; "Roy Cohn's Tips to Men on the Divorce Game, " *People*, January 24, 1983, 17; American Academy of Matrimonial Lawyers, Standards of Conduct, Standard 2.25 (Chicago: ABA, 1992); Pauline H. Tesler, "Collaborative Law: What It Is and Why Family Law Attorneys Need to Know about It, " *American Journal of Family Law* 13 (1999): 215. The term *matrimonial mafia* comes from Michael Gross, "Trouble in Splitsville, " *New York Magazine*, December 13, 1999, 39.

[12] Deborah L. Rhode, *Professional Responsibility: Ethics by the Pervasive Method* (Boston: Aspen, 1998), 185~95; Jerome Braunn, "Increasing SLAPP Protection, " *University of California, Davis Law Review* 32 (1999): 965.

没有听从建议。1986年，一个2岁的孩子在服用西奥菲林时因病毒感染导致脑部严重受损。她的父母起诉了公司和孩子的医生，但该医生并没收到警告信，他同孩子的家庭达成和解，并且以菲森公司没有告知相关风险为由追究菲森公司的责任。来自西雅图著名的博格盖茨律师行的律师为公司辩护说，药物的危险没有达到需警示的程度。

在开庭前的调查取证期间，医生的律师搜集了所有菲森公司发给医生的关于西奥菲林对儿童有害的信件副本，以及所有关于克诺莫林药物的文件。辩护律师答辩说，他们将只提供有关西奥菲林的信件，并以"不相关、过宽延、繁琐"为由反对对克诺莫林的质询。为了支持反对意见，辩护律师声称他们正在发放的材料包括了所有与医生案件有合理关联的文件。基于这个声明，法院准予菲森公司缩小取证的范围。辩护律师随后提供了上千份文件，但不是警告信或内部备忘录，因为这些文件是关于克诺莫林的不属于取证的范围。原告律师得到的材料没有一份表明在孩子发病前菲森公司的员工了解西奥菲林的危险。

4年的取证程序结束后，这个案件终于提到了审判台上。菲森公司的律师得到了警告信和内部备忘录，但他们决定不向对方律师出示副本，理由是这些文件没有清楚地提到儿童服用药物的名称，而是打算促销克诺莫林，因此文件不属于取证范围。在通常情况下，这个案子会就此了结。如果没有这些文件，这个案件毫无疑问会因缺少证据而被驳回。但是，一位匿名的多事者把那些信寄给了医生的律师，使律师成功地获得了所有相关的文件，包括那个内部备忘录。在认可医生的敬业精神后，初级法庭奖励给医生几百万美元，但拒绝制裁辩护律师的拒证行为（nondisclosure)。该案上诉后,华盛顿高级法院改变了判决结果,内容是辩护律师有责任确保所有的相关文件被出示;任何关于修改证据顺序范围内的问题都必须提交审判法院裁决。判决下达后,菲森公司和博格盖茨律师行被处于32.5万美元的罚金。[13]

这起案例发人深省之处并不在于其极不寻常的结果,因为规避证据很少被曝光并且很少遭受严厉制裁。使得案件如此引人注目的是由14名顶级伦理专家组成的辩护小组,他们都作证说,该公司的行为事实上并不重要或不值得制裁。其中有2名专家曾是华盛顿州律师协会的会长,其中一个曾作过《律师执业行为规范范本》的宣传员。14名专家都认为辩护律师的行为是"正常的"并且是恰当的。有几位声称律师职业道德要求"律师必须热忱地代表他们的委托人"。这一共识使这一案例成为《美国律师》的封面故事,题目恰恰是"西雅图丑闻"。[14]

另一名伦理专家门罗·弗里德曼(Monroe Freedman)在评论"菲森"案时问了一个关键的问题:

这些专家的共同意见告诉了我们什么?它告诉我们,几十年来整个律师界的律师(包括后来成为法官的律师)都熟知对取证要求的不诚实的应对手段正在系统化地侵蚀取证规则。它也告诉我们,当华盛顿最高法院声称对这种事情还在继续表示震惊的时候,它自己也是不诚实的。

这个案例同样也告诉我们,不论华盛顿最高法院的震惊是真

---

[13] *Washington State Physicians Insurance and Exchange Association v. Fisons Corporation*, 858 P. 2d 1054 (Wash. Sup. Ct. 1993).

[14] David Boerner, Jerry McNaul, and Payton Smith, quoted in Stuart Taylor, "Sleazy in Seattle," *American Lawyer*, April 1994, 74, 78.

的还是假的，他们都应当震惊。正如一位支持制裁的西雅图法学教授所言："由于菲森公司的律师和管理人员为了赢得诉讼而隐匿信息，很多孩子濒临死亡。"[15]

当然，这种道德上可置疑的行为的出现频率是不确定的，但是从可得到的有限证据来看这绝对不正常。在最近由全美律师行业协会主持的诉讼伦理研究中，许多律师和法官赞同一个与会者的观点："菲森案件其实很平常。律师隐藏文件……通常没什么后果。律师关心的是保证委托人的利益和赢得诉讼。"大部分最新的关于取证的系统性研究都发现，几乎一半的律师在获取相关文件时都存在问题。更早一些的研究表明，处理大宗案件的律师表示有大约一半的案件通过和解解决，而在那些约40%的开庭审理的案件中，他们有重要的信息没有被对方发现。[16]

这种滥用对抗诉讼的案例在历史上屡见不鲜，甚至置公众的健康和安全于不顾。硬球（hardball）的诉讼，诸如关于石棉、达康盾·希尔德（Dalkon Shield）宫内避孕器、香烟以及汽车设计缺陷等案件，置公众于极大的危险之中，而且拒绝赔偿几千名严重的受害者。在其他许多不很明显的情形下，一些国家的顶级律师行和公司的律师卷入了毁灭或不提供物证的事件。在另一个与菲森案有点类似的案件中，德士古（Texaco）公司的律师们没有按要

---

[15] Monroe Freedman, "Masking the Truth to Resolve Competing Duties," *Legal Times*, September 11, 1996, 22; Robert Aronson, quoted in Ralph Nader and Wesley J. Smith, *No Contest: Corporate Lawyers and the Perversion of Justice in America* (New York: Random House, 1996), 126.

[16] Sarat, "Ethics in Litigation," 150; Thomas E. Willging et al., "An Empirical Study of Discovery and Disclosure Practice under the 1995 Federal Rules Amendments," *Boston College Law Review* 39 (1998): 525, 540; Brazil, "Views from the Front Line," 225.

第四章　美国司法公正的"竞技理论"（sporting theory）

求出示载有种族主义讨论的原始人事会议记录，而只提供了经过编辑的会议记录。由于原告不知道有两个版本的会议记录，所以并没有指明要没有修订过的完整会议记录。于是德士古公司的律师据此给了"他们所要求的——不多也不少"。但是在一个不满公司的职员泄露会议原版录音后，德士古公司为了避免惩罚性的赔偿金而与原告和解了。这个案例因此创下 1.76 亿美元的记录，"不多也不少"。[17]

这种病态的忠诚在律师界引起两种主要反应。对于明显违背程序规则和道德规则的行为，律师要求更大的司法控制。被调查的律师执业者一直支持审判法院在监察诉讼程序和制裁滥用行为中能起到更积极的作用。但在其他的实务中，律师们有所分歧。一些律师将硬球策略（hardball tactics）看作是对抗辩护制度和保密规则不可避免的副产品，虽然从总体上说这两个制度能很好地服务于社会及行业利益。而其他的律师更愿意看到对滥用的抑制，但他们对什么构成滥用却有所分歧。他们自愿妥协于文明准则，毕竟文明准则比现存的程序和道德规则有更高的伦理要求，但它并非意在施予司法制裁、律师自律或渎职责任。[18]

每个解决方案都有明显的局限。过去的 20 年见证了通过管理审判策略来抑制滥用程序所做的更大的努力，包括增加使用庭前

---

[17] Paul Brodeur, *Outrageous Misconduct: The Asbestos Industry on Trial* (New York: Pantheon Books, 1985); Susan Perry and Jim Dawson, *Nightmare: Women and the Dalkon Shield* (New York: Macmillan, 1985), 208; Ralph Nader and Wesley Smith, *No Contest*, 70~93, 194~218; Karen Donovan, "Ex-Texaco Execs Say the Lawyers Were to Blame, "*National Law Journal*, March 4, 1998, A1, A24.

[18] For lawyers' views, see Sarat, "Ethics in Litigation, "148~50; Willging et al., "Empirical Study, " 542; Brazil, "View from the Front Lines, "245~51; Keilitz, Hanson, and Semiatin, "Attorneys' Views, "38.

会议、专家监督取证过程、对没有"充分事实依据"或没有基于"诚实辩论"的诉讼请求给以制裁，以及对有意干扰或引起不必要延误或费用的行为给以制裁。然而这些司法努力却因为缺乏足够的资源和激励以及应用上述标准的困难而难以进行。一项研究要求几百名法官考量 10 个根据已知判决所假设的案件，其中六个案件，参与调查者就是否对其实施制裁，持不同观点的人数几乎各占一半。标准的不确定性使法官很容易根据自己的偏见作出判决。增加司法控制带来的一个不受欢迎的后果是过度利用取证制裁来惩罚那些在争议性民事权利和公众利益诉讼中法院所谓的"无聊的"诉讼要求。然而减少法官自由裁量的改革也会引起其他的问题。比如，在 20 世纪 80 年代末和 90 年代初，联邦法院试图要求制裁所有违反取证规则的行为，结果激发了律师对所谓"触犯"的抗议并指控他们的对手滥用权力。制裁请求因此变成了辩护人武器库里的又一个武器，而且常常导致更多的费用和讽刺性，而这正是他们努力制止的。这一经验促使立法者再一次让制裁变成了自由裁量，而不是强制实施。联邦司法部最近采取进一步的改革，在一定程度上限制授权取证的范围。但考虑到目前的激励体制和实施困难，专家们怀疑这种亡羊补牢之举将会大大影响滥用行为。[19]

司法监督在控制滥用对抗程序方面还有一个局限性，正如一个联邦法官所说"一般来说法官既没有时间和财力，也没有意愿"

---

[19] Federal Rules of Civil Procedure, Rule 11; Saul M. Kassin, *An Empirical Study of Rule* 11 *Sanctions* (Washington, D. C., Federal Judicial Center, 1985). Some but not all studies find disproportionate punishment of civil rights daims. See David Wilkins, "Who Should Regulate Lawyers?"*Harvard Law Review* 102 (1989):799, 869.

第四章 美国司法公正的"竞技理论"(sporting theory) 145

提供这样的监督。分清是谁的责任、什么是规避或不诚实,需要对案件的特点有更多更深入的了解,而案件堆积如山的法院难以做到这一点,尤其是那些可能在开庭前就能解决的案件。一个法官在全美律师协会的诉讼研究中很坦率地指出:"取证辩论纯属瞎扯……把时间浪费在制裁上并不能推动案件的解决。"大量增加司法财政投入,减少案件积压以及提供更多的专家有明显的帮助,然而立法者不愿意投入这些必要的开支,而公众也由于知情不足或关注不够没有对立法者提出相关的要求。[20]

而且,即使法院有更多的财力去监督不正当行为,天知道隔多久他们才会有效地执行一次。多数法官都不喜欢针锋相对的律师,并用给予制裁来惩戒。这种惩罚会加剧诉讼辩论、调解努力、上诉风险,并损害司法选举和律师民意测验的支持率。如果律师在审判中不能够保持倾向性,那么普遍的司法反应就是让律师们各行其是。这时诉讼就成为一场"裁判缺席的接触运动"。即使法官确实作出了强制性处罚,他们也很难划分律师和委托人的份额。菲森案就是一个经典的例子,在一个包含几百万美元潜在损害赔偿金和诉讼费的案件中,公司和委托人被处以32.5万美元的罚款。这种"大数目的零头"能让多少律师重视这种惩罚呢?[21]

---

[20] Beckerman, "Confronting Civil Discovery," 584 (quoting Judge Keeton); Sarat, "Ethics in Litigation," 159; Council of the Chief Justices Committee on Professionalism and Lawyer Competence, *A National Action Plan on Lawyer Conduct and Professionalism* (Chicago: ABA, 1998), 49.

[21] The reference to contact sports is David Luban's, and the *Fisons* comment is Richard Zitrin's at ABA Annual Conference on Professional Responsibility, Montreal, May 30, 1998. See generally Charles Sorenson, "Disclosure under Federal Rule of Civil Procedure 26(a) — 'Much Ado about Nothing?'" *Hastings Law Review* 46 (1995): 679, 705 ~ 9; Brazil, "Views from the Front Lines," 246 ~ 48.

由于缺乏官方监督，律师界领袖只好寻求提高自我约束的办法，文明准则和行业规则成为可供选择的策略。理由显而易见：它们具体实在，成本也低。反对这种努力的律师们大可置之不理。然而没有强制机制，文明准则的有效性很难令人信服。目前律师界对这些准则的热衷源于没有迹象说明它们会对律师行为产生重大影响。有几个司法机构要求律师证明他们已经读过适用的文明准则，但没人试图评判律师的遵守程度，更别说检测他们对准则的认识程度了，也没人努力去确定行业规则是否影响从业者的行为。

对准则有效性的不情愿部分地反映了对潜在结果的担忧。指望自律准则或偶尔的培训能使律师改邪归正是令人难以置信的。一位辩护人在近期《国家法律杂志》的社论里表达了广为流行的观点："对任何律师来说，花费时间去思考自己对其他律师的责任是一个危险的干扰。我的目标永远是为我的委托人打赢官司，不是赢一点，而是赢很多。"愚弄对手可以获得明显的收效，正如一位律师说道："我与笨蛋打交道的经验就是他们喜欢当笨蛋。"其他人则发现这种技巧有利可图，一个国家级最臭名昭著的不文明律师同时也是一个收入最高者。德克萨斯州人身伤害律师 Jo Jamail 就因为其语言恶毒、行事狡猾而成为传奇人物，到20世纪90年代中期他拥有约9.5亿美元的净资产。[22]

---

[22] Peter Appleton, quoted in Craig Anderson, "State Bar Revamps Project to Encourage Reporting of Nasty Lawyers," *San Francisco Daily Journal,* October 10, 1997, 1; Shawn Collins, "Be Civil? I'm a Litigator," *National Law Journal,* September 20, 1999, A21. For Jamail's conduct and income, see Roger E. Schechter, "Changing Law Schools to Make Less Nasty Lawyers," *Georgetown Journal of Legal Ethics* 10 (1997): 367, 379n. 43; "The Forbes 400," *Fortune,* October 13, 1997, 418.

第四章 美国司法公正的"竞技理论"（sporting theory） 147

文明准则的局限性之一就是关键条款模糊不清或前后不一致。例如：

　　［律师应当］学习和遵守鼓励尊重、勤奋、坦率、准时以及信任的行为和文明做法。

　　［律师应当］在代表委托人时应积极热情地辩护，但同时须认识到作为一名法院的官员，过分的热情可能会损害许多委托人的利益，并对我们司法制度的正当功能有所损害。

　　［律师应当］在积极为委托人代理、辩护、负责时，应当坚定有力、但要宽容，并且不滥用对方律师的无能和缺乏经验

　　［律师应当］尽力避免在提问时威吓、胁迫或讽刺证人，除非该庭审手段在合理情形下合理恰当地使用。[23]

这样的准则之所以获得广泛的支持是因为它们避开了难点。既然这些并不是真正的规则而只是一些期望，而且告诉律师不要采取威吓手段除非"必要"或"适当"，那谁能不赞成这样的规则呢？真正需要讨论的问题是怎样才能决定什么时候热情是不必要的或"过分"的。什么时候"积极"的代理要求利用对方律师的无能？涉及在委托人个人利益和更广大的社会价值之间实现平衡的难题时，大多数文明准则都以外交辞令含糊其辞，而且那些有利于广大公众的问题往往与律师执业纪律不一致。

这些问题在密苏里州最高法院裁决一个案件时被清晰地反映

---

[23] Oregon State Bar Statement of Professionalism; State Bar of Arizona, A Lawyer's Creed of Professionalism; Kentucky Bar Association, Code of Professional Courtesy; Virginia State Bar, Principles of Courtesy.

出来，此案的法官们对律师的职责意见完全相左。该案件的律师在原告得到无罪判决后收到被告律师要求取证时间表的信件，因为被告律师误以为已经进入答辩程序。原告律师一直等到被告无法驳回判决之后才通报对方律师对其不利的结果。4个法官认为该律师在维护委托人利益方面行为正当，所以支持其无罪。3名持反对意见的法官坚持认为该律师应当及时告知对方律师时间上的错误以便驳回判决。首席法官坚持认为未告知行为"让所有思维正常的律师感到震惊"。[24]

这个案例表明：律师和法官想兼顾双方的立场或模糊他们达到目的的手段是多么困难。理想化的文明准则建议律师不要利用他们对手的疏忽错误，但强制性道德规范则要求尊重委托人的诉讼请求。而当文明标准和纪律条款一致时，冗长的基本原则却极其不清楚。如果问题是律师们过于频繁地触犯现行律师准则，"那解决的答案决不是再制定另一个准则"，尤其是没有制裁力的准则。[25]

理想化的文明标准不足以弥补强制性规则的局限性。如果行业准则想发挥有效的调节作用，那就应当包括更少的模糊性劝诫而增加更多的具体义务。这种准则应当清除重复或矛盾的强制条款，提供更具体的指示，法院和律师协会也愿意将其作为执行标准而奉行。有几个司法机构已经向这个方向努力，如洛杉矶最高法院已经在诉讼行为上采用当地律师协会的准则，并将其作为程

---

〔24〕 *Sprung v. Negwer Materials*, 775 S. W. 2d 97, 109 (Mo. 1989) (Blackmore, J., dissenting).

〔25〕 John B. Harris, "Should New York Adopt a Code of Civility: No," *New York Law Journal*, August 11, 1997, 2.

序规则的一部分。这些纲领列有不能接受行为的具体范例。一些联邦法官在作出制裁时也部分参考州立文明准则。有几个律师协会也制定规章，参考第三方调解或同行律师的意见来确定不文明行为。[26]

其他律师界领袖也做了充满希望的努力来强化文明标准，如美国律师学院协会（the American Inns of Court）等组织也建立了辩护和指导章程。一些赫赫有名的企业内部（in-house）律师一致同意遵守文明准则并合理履行承诺。例如，通用汽车公司最近解雇了外聘律师（outside counsel），因为当对方律师母亲过世时，该律师拒绝重新安排宣誓作证的日程，而时间对该公司的案件并非至关重要。委托人更仔细的监督和不按小时收费的努力控制了成本，也促进了对玩弄诉讼技巧的抑制。[27]

然而从长远来看，对抗诉讼的重大进步需要对律师道德准则、执行模式以及激励机制进行重大的改革，目前的准则远没有达到要求。一些道德准则只是照抄现有民事诉讼程序中的禁止性规定，而这些规定针对的只是无聊的或故意干扰的行为，而且这些规定几乎从未在诉讼纪律中被执行过。其他一些准则的条款不过是对所有公民适用的最低程度的禁止性规定，如禁止欺骗、做伪证、毁销证据等。增加更多道德要求的提案并不鲜见，在全美律师协会讨论《律师执业行为规范范本》期间曾形成几个议案但被否决了。例如，一个提案禁止律师"不公正地利用"对方律师的无知

---

[26] Los Angeles Superior Court Rules, Rule 7.12; James E. Moliterno, "Lawyer Creeds and Moral Seismography," *Wake Forest Law Review* 32 (1997): 781, 797~800; Craig Anderson, "In Search of Civility," *San Francisco Daily Journal*, October 10, 1997, 19.

[27] "Civility Conference Draws Record Attendance," *Professional Lawyer*, August 1996, 22.

来达到"不合理的结果";另一个议案则要求,如果某些事实可能对证据构成实质性影响的话,即使该事实不利于自己,律师也必须披露。其他的议案要求律师不应当歪曲或藏匿相关事实或法律原则,民事案件中的律师也应当遵循刑事案件中运用于公诉人的规则,即也要考虑对对方有利的物证。[28]

对这些议案的反对源于几个担忧:一个是下面要讨论的保密问题,其他的包括公正、激励和执行问题。陷入"司法竞技理论"的律师看不出减轻对手繁重工作的理由,要他们的委托人为诉讼双方都付钱似乎是不公平的,而且削弱迫使对方律师做充分准备以对付官司的动机也降低办案效率。然而,如果鼓励重复寻找事实或允许律师不提供对方律师通过正当努力但没能发现的物证还不算更没有效率的话,那现行的体制已经相对公平了。也没有迹象表明一些最起码的披露要求将会大大减少对方律师的努力。在委托人有足够的财力支持的刑事案件中,这些要求也没有多大效果。不论O·J·辛普森案的律师们有什么其他的道德问题,但免除公诉人的工作并不包括在内。当委托人不能承担辩护费用时,他们律师积极性的降低也许会被应强制披露条款而提供的信息的价值所抵销。在联邦法院所要求自动披露的基本信息中,大多数被调查的律师和法官都支持保留那些要求,几乎很少有反对意见。其他实行对抗辩论制的国家也实行了比美国更高的强制道德标准,但并没有遇到明显的困难。正如一位英国的法官所说,诉讼是一

---

[28] ABA Discussion Draft, Rules 3.3 and 3.1; Carrie Menkel-Meadow, "The Limits of Adversarial Ethics,"in *Ethics in Practice*, 123; *Brady v. Maryland*, 373 U. S. 83 (1963), ABA Model Rules, Rule 3.8, and ABA Model Code, DR 7-103(B).

件"严肃的事情,它绝不是一种室内娱乐活动"。[29]

如果美国的律师们将对抗辩论制更多地看作是对真理的寻求而不是一场竞技运动,那么这些标准就不会看似不公正了。为什么委托人不应该抱着事实不放?如果司法体制的目的在于促进正义,那为什么不阻止律师对不合理结果的协助呢?正如罗伯特·加登所建议的那样:对对抗辩论制最终的考验应当是"如果每个人都这样作的话,那整个体制将会如何?对抗制会不会……干扰迅捷精确的事实寻找和基于事实正义的解决方案?"要经受这种考验,律师需要更坦率、协作、文明,结果可能是更少的诉讼费,更少的相互攻击和不公正。从长远来看,如果体制的核心目标是公正和真理,而不是因律师运作而产生的偶然性副产品,那么委托人会像普通大众一样从这样的体制中获益。[30]

这个体制的主要障碍在于强制实施问题。如果律师规范的制定者不能阻止广泛的违纪行为,那么加强道德规范本身就没有多大价值了。而且目前的监督系统也不尽完善,司法制裁在制止滥用程序方面时断时续、相互矛盾而且收效甚微,律师自律准则对滥用程序的作用就更微乎其微了。纪检官员对没有正式控告的行为几乎都不予理睬,而且很少有法官和律师认为控告这种行为有任何意义。当诉讼悬而未决时,纪检官员通常拒绝采取行动,而且他们很少下达实质性的制裁或要求对滥用程序的受害者进行财

---

[29] See surveys cited in Kakalik, *Discovery Management*, 71~72; Franklin Strier, *Reconstructing Justice* (Chicago: University of Chicago Press, 1996), 213~15, 265~68; Andrew Boon and Jennifer Levin, *The Ethics and Conduct of Lawyers in England and Wales* (Oxford: Hart, 1999), 203~4 (quoting Justice Robert Walker).

[30] Robert W. Gordon, "The Ethical World of Large Law Firm Litigators: Preliminary Observations," *Fordham Law Review* 67 (1998):709, 734.

产赔偿。如果控告不能让律师或法官达到目的或没有好处时，他们为什么要冒险引起唇枪舌剑、针锋相对的听证呢？

一个典型例证是福特汽车公司被一确证无理的集团诉讼告上法庭。因为是在错误的司法机构起诉，所以该诉讼被驳回。驳回后，福特公司付给律师10万美元要求他不要到正确的法院重新起诉。记者后来采访福特公司的律师为什么接受这笔不当报酬而没有起诉。他解释道，避免不利的舆论和诉讼费用对公司来说更划得来。"难道这不会鼓励律师拿其他的大企业作下一个靶子吗？"一名记者问道，"当然会，"辩护律师承认，但"我代理福特汽车公司，不是别的公司……我的名单范围很小"。[31]

当然，我们改变这些激励机制的能力非常有限，但我们还没有穷尽一些明显的可能性。法院和律师纪检机构需要更多的财力和动力来制裁不正当行为。司法规定可以要求参考纪检机构的违纪规则，而取证制裁或民事渎职诉讼也能够促进调查。对无聊索赔和滥用诉讼策略（SLAPP）的案件应当有更多的立法和司法救济，如律师费奖金和惩罚性损害赔偿金。同样，职业规则中应当适当增订一些有关白领犯罪、公司违法以及遵守环境标准等案件的条款。例如法伊森（Fisons）案件，纪检机构可以要求律师事务所和公司内部律师制定规制计划以阻止未来的滥用行为。这个计划可以包括内部政策、教育规划、监督委员会、汇报渠道以及道德审计过程。自律性组织像商业审判律师协会（ABTL）或美国律师学院协会（AIC）可以制定包括这些内部计划的"最佳执行标

---

[31] Jerome Shapiro, quoted in Steven Brill, "Roy Cohn Rides Again," *American Lawyer*, March 1980, 5.

准",以验证公司是否遵守。律师机构也可以充分利用名誉制裁,如要求律师向其他委托人通报他们或他们的律师事务所所受到的司法制裁或纪律处分。法官可以根据对滥用诉讼行为的反应对其进行评价。法律教育应当对职业道德和协作解决问题技能方面给予更多的强调。对这些策略有效性的研究需要一个更合理的改革日程。[32]

这个日程表的前景将取决于业内对承诺的履行和业外的压力。司法、立法机构和媒体的领导们需要对对抗性诉讼程序作根本性的改革,而律师要在履行对抗性诉讼程序和律师监督机制方面承担更多的责任。正如全美律师协会研究所表明的那样:反对道德滥用的核心问题是人们认识到这些问题无处不在。法官责怪律师的贪婪和不文明。公司内部律师(in-house)将责任推给虚假索赔的原告律师和那些将程序手段变成"摇钱树"的被告律师。原告律师责怪对方律师妨碍办案和法官的疏忽。辩护律师同样也对法官不满,而他们都责怪穷凶极恶的委托人。简而言之,每个人都认为是"其他人的错误"。[33]

这种观念需要改变。由于问题广泛存在,解决问题也需要多方协作。福特汽车公司的律师不仅仅代表该委托人,他们也肩负着公众对司法人员及作为一名自律行业成员的信任。太多的律师没有承担起责任,而且几乎没有做出任何努力来承担责任。

---

[32] Patrick E. Murphy, "Creating Ethical Corporate Structures, "*Sloan Management Review* (winter 1989):81; Peter A. French, Publicity and the Control of Corporate Conduct: Hester Prynne's New Image, "in *Corrigible Corporations and Unruly Law* ed. Brente Fisse and Peter French (San Antonio, Tex.: Trinity University Press, 1985), 159; Robert L. Nelson, "The Discovery Process as a Circle of Blame, "*Fordham Law Review* 67 (1998):773,807.

[33] Gordon, "The Ethical World, "729; Ndson, "The Discovery Process, "790~92.

与证人的关系

如果美国律师真的认为对抗诉讼体制是为了探索真理,他们就会用完全不同的方式对待证人。现行体制下,出庭作证的每一个人必须发誓称所述情况均属实,完全属实,决无虚假,但是律师搜集和准备材料、交叉讯问却不是为了这一目的。辩护人的职责就是辩护,当发现对自己不利的信息时,律师没有理由也没有义务去披露。探索事实的程序所产生的结果不是事实,而是对事实的歪曲和对事实选择的误导。

重新包装事实是让证人出庭作证的准备工作必不可少的一部分,这也暴露了一个广泛存在的伦理问题。一方面,蓄意伪造证据明显违反律师职业道德准则和刑事法规;但另一方面,它却能产生意想不到的效果。社会科学证据表明,即使人人都在力求精确,律师与证人间的讨论也能够改变对事件的回忆和叙述。律师在提问前提供的信息以及他组织和提出问题的方式,都不可避免地会影响证人的回答。在这两个方面之间是一个庞大的灰色区域,律师以明确的目的引导着委托人的记忆取向。[34]

一些道德问题是由通常先解释法律然后讨论事实的做法引起的。实际上,律师先确定了什么构成成功的诉求或辩护后,才问证人"事实碰巧是这样"。影片《桃色血案》(*Anatomy of a Murder*)就对这种技术进行了虚构的描述。律师先描述了怎么证明暂

---

[34] ABA Model Rules, Rule 3.3; Model Code, DR 7-102. See E. Allan Lind and Tom R. Tyler, *The Social Psychology of Procedural Justice* (New York: Plenum, 1988), 115~16; Richard C. Wydick, "The Ethics of Witness Coaching," *Cardozo Law Review* 17 (1995): 1, 9; Michael Owen Miller, "Working with Memory," *Litigation*, (summer 1993): 10, 12.

时性精神失常后，其委托人就很顺利地回忆起了合乎这种描述的信息。[35]

另一个不那么有名但更声名狼藉的真实例子是达拉斯巴伦和巴德（Baron & Budd）律师事务所1997年的备忘录事件。其诉讼部起草好了委托人出庭做准备的备忘录，却误把它放入了给对方辩护律师的文件中。委托人是身体受到石棉制品影响而要求损害赔偿金的原告，这类案件在25年至30年前经常发生。备忘录一开始就对委托人需要怎么说能使被告公司"想要…和解结案"做了有利的解说。在辨认石棉制品时，"记住要说你在产品或包装上看见了被告［制造商的］名称。尽量回忆你们离产品有多近，你们与产品接触越频繁，对案情就越有利。要坚持说从没在产品标签上见过'警告'或'危险'的字眼，这点很重要"。对担心被抓住说谎的委托人，备忘录上一再保证"被告没有任何记录告知他们哪些产品是用在特定工作上的"。备忘录还举了一些与石棉有关的疾病造成身体和经济损失的例子，同时也提醒原告们"千万不要提"有备忘录这回事。然而当文件披露出来时，事务所虽尴尬却并没有受到任何纪律或司法的制裁。[36]

律师给出了多少这样的指示不得而知，他们的助手有多少次跨越了帮助证人描述他们所知道的事实与帮助证人了解其他事实之间的界限，更是无从知晓。一般说来，律师给委托人的所有口头和书面指示都是秘密，律师—委托人特权保护其免遭泄露，与其他证人的书面交流也可作为秘密工作产品受到保护。但多数专

---

［35］ Marvin E. Frankel, *Partisan Justice* (New York: Hill and Wang, 1980), 15.
［36］ Lester Brickman, "When Witnesses Are Told What to Say," *Washington Post*, January 13, 1998; Michael Higgins, "Fine Line," *ABA Journal*, May 1998, 52, 54.

家认为不道德的指示是常见而且几乎无法证明的。这是由于律师通常会把起草的庭审前陈述材料给证人签字,而这些材料包括了向法院提出关键性动议所需的事实。理论上,证人可以自由陈述,但事实上,律师的看法经常左右其陈述。有足够的案例史料表明,令人怀疑的草案及建议性的指示绝非个案。[37]

另一个很有名的例子是《美国律师》杂志的一名记者报道的。她扮成一位在建筑工地附近摔倒受伤的委托人,面见了随意挑出的13位曼哈顿律师。她的最确切的回忆是当时正在做白日梦,没有注意到可能引发事故的破瓦残砾或裂缝。然而,她暗示为了打赢官司可以有不同的回忆。13位律师中有5位有同样的意愿。最直截了当的说法是"这基本上取决于你,就是说,取决于你是否能坦然地说谎"。当记者对伪证提出些许保留时,这名律师回答道:"人人都在誓言下说谎,关键是你要打败建筑公司。"别的律师表现得更圆滑些。最谨慎的建议是让她回到现场"重新回想一下"。当她说已经那样做了,但是没什么发现时,律师的提议是"是否你一下子想不起来……",并耐心地解释道,如果她能回忆起一些使她摔倒的实质性细节,"那我就能帮你了"。[38]

无论在帮助证人回忆事实与协助他们修改事实之间的界限多么模糊,这些例子都清楚地倒向错误的一面。律师之所以越界的部分原因是律师道德准则和对抗诉讼鼓励他们打擦边球。许多律师都同意法学教授门罗·弗里德曼在讨论事实前披露法律的观点。他认为,律师不应假定证人会非法利用他们的建议,在委托人开

---

[37] Higgins, "Fine Line," 52~54.
[38] Jane Berentson, "Integrity Test: Five of Thirteen Lawyers Fail," *American Lawyer*, May 1980, 15~18.

第四章 美国司法公正的"竞技理论"(sporting theory) 157

始回忆主要事实之前,他"有权利知道自己的利益所在",否则受教育少的被告会处于不利地位。巴伦和巴德律师事务所的一位律师也持同样观点,他说石棉案中委托人的教育程度都不高,很容易受到对方律师的威胁。然而正如大多数法律伦理学家所说的,总是从人性上为说谎寻找过多的有力动机后,才期待事实。如果受过良好教育的委托人能无须帮助而更好地说谎,那律师就不用帮着每个人说谎了。[39]

类似问题也出现在律师建议可能的证词措辞中。当然,这样的准备有其合法性。它可以去除误导性描述,防止不当技巧或随意陈述,帮助那些不太老练或紧张的证人更有效地作证。这种帮助会大大地影响裁判者对案件的看法。比如,一项研究要求参加者看一场撞车影片,然后估计车速。如果描述撞车的问题用"猛撞"这个词,平均估速为41里每小时,用"撞上"和"碰触"估速分别是34里每小时和32里每小时。但是,困难在于当律师建议可能有利的遣词时,证人可能会受到很大的鼓励从而对事实作相应的修改。除非律师"知道"证词是假的,否则不违反律师道德准则。[40]

对于什么构成"知道"以及给证人多少指示是合适的,执业律师们的观点截然不同。在针对该问题的一项调查中,对证人在庭前准备中作如下陈述是否可以接受,诉讼人看法各异:

---

[39] Monroe H. Freedman, "Professional Responsibility of the Criminal Defense Lawyer: The Three Hardest Questions," *Michigan Law Review* 64 (1966): 1460, 1479, 1481; "How about a Tony for Best Asbestos-Related Script?", *Wall Street Journal*, October 7, 1997, 23.

[40] Monroe H. Freedman, "Counseling the Client: Refreshing Recollection or Prompting Perjury?" *Litigation* 2 (spring 1976): 35, 46.

如果你不能确定，就说不记得了。证明"不记得了"是假话几乎是不可能的。

我听你说绿色轿车碰上卡车时，开得非常快。你为什么不说绿色轿车猛撞上卡车呢？用这个词可以吗？

在我问你的回忆之前，先让我告诉你玛丽·史密斯的回忆吧。[41]

当然，正如有经验的庭审律师所说的，他们自身的利益会对证人的指示行为作一些限制，从证人那发现事实真相可以防止以后出现不利的意外。当律师暗示真相不重要时，委托人可能会添油加醋造成不良后果。但大多数情况下，律师和委托人的兴趣都在认真核对法庭陈词与事实之间的有限的一致性上。而法官、陪审团及对方律师往往不能把事实与虚构区分开来。虽然有时对方律师可能会问非委托人证人所接受的准备训练，但他们回答的真实性是极难断定的。证人一旦发现说"我不记得了"很方便，问题就会变得复杂。克林顿总统在葆拉·琼斯性骚扰事件中的证词就是一个很好的范本，在作证期间克林顿有 267 个场景记不起来了。[42]

如果对抗式诉讼程序真的是为了寻求真理，他们就应该为证人准备完全不同的指示。一种可能性是修改道德准则，允许对方律师询问更多有关律师指示的做法，或者禁止某些技巧，比如对

---

[41] John Steel, "The Ethics of Witness Preparation," unpublished paper, Palo Alto, 1996.

[42] Steel, "Witness Preparation"; Higgins, "Fine Line,"58; "l Honestly Don't Recall,"American Enterprise, May/June 1999, 34.

第四章 美国司法公正的"竞技理论"(sporting theory)

特定措辞的建议。一些专家认为检察官可以通过对那些扮作委托人的秘密代理人进行有效的"特情引诱"。但鉴于揭露不道德律师行为的难处,大多数西方国家的处理方法也是合理的。他们禁止律师在庭审前接触证人,并允许法官或地方调查官进行据实询问,获得未经预排的证词。这样的禁令要付出一定的代价,但我们当前的诉讼制度也一样。正如本章的总结部分提到的,一种更多的依靠法官的中立,而不是依靠有偏向的律师追求真相的制度,可能更有助于发现真相。[43]

同样的观点也适用于交叉讯问证人的程序,一个世纪前,安东尼·特罗洛普(Anthony Trollope)建议:

> 人们会自然而然地想象……可靠的证据应来自处境安全、思想未经荼毒的证人之手。但事实并非如此,要让证人做有利的陈述,他一定会遭到这样那样的骚扰……他一定会被折磨得直至左右不分、大脑一片混乱……在这种濒临崩溃的惨状中突然从唇迸发出的词一定具有非凡的价值,因为法庭辩论的精英们最擅长引发出这样的词来。

律师职业道德规则对这一程序的限制相对来说非常少。这些规则禁止律师们问与案件无关或者没有实质性的问题,除非能让证人丢脸、尴尬和感到压力。但是律师经常有更实质的目的:他们力求混淆和贬低说实话的证人或使他们丧失在第一时间作证的勇气。律师界反对禁止律师破坏证词的真实性规定标准。事实上,

---

[43] John H. Langbein, "The German Advantage in Civil Procedure," *University of Chicago Law Review* 52 (1985): 823, 824; Frankel, *Partisan Justice*, 115~17.

审讯实践指南提供的技术就是为此而设计的。例如，某执业法律协会公开承诺可教你用很有意思的方法来挖苦证人和加分。欧文·杨格（Irving Younger）教授的交叉问讯十诫（Commandments of Cross Examination）建议律师"不要允许证人解释他（她）们的回答"。"当证人无法反驳他们时"，以对证人回答的破坏性解释来结束争辩。[44]

其他很少在正式理论中出现但实际中常用到的策略是介绍带偏见的信息。与辩护无关的事实通常能影响法官和陪审团，并且在审前程序或访谈时对无关问题的交叉讯问可打断他方寻求合法权利的念头。强奸和性骚扰案件就是最臭名昭著的实例了。这类案件的标准辩护是展示原告的责任——她在所起诉案件中是被迷惑的、易受挑逗的、迎合的或听从的。这种"胡闹的下流辩护"却非常有效。陪审团对受害者行为和性格的看法是预测性侵犯案件审判结果的最重要因素。这些看法所基于的事实与被告的罪行无关。女性的穿着或是否喝酒和她们是否是漫不经心的母亲或是滥交聚会的常客，都可能在技术上与案件无关但在辩护时却十分有用。[45]

为尽量降低受害者的受害程度，除了特定的有限条件外，州

---

[44] Anthony Trollope, quoted in Jerome Frank, *Courts on Trial* (Princeton: Princeton University Press, 1949), 83; Model Code DR 7-106(c); Model Rules, Rule 4.4; ABA Standards for Criminal Justice, Defense Standard 7.6(b) (Chicago: ABA, 1971); Flyer for *Cross-Examination: Evidence and Tactics* (Menlo Park: Practicing Law Institute, 1999); Irving Younger's "Ten Commandments of Cross-Examination," quoted in David Luban, *Lawyers and Justice: An Ethical Study* (Princeton: Princeton University Press, 1988), 70.

[45] Rhode, *Professional Responsibility*, 659; Gary LaFree, *Rape and Criminal Justice* (Belmont, Calif.: Wadsworth, 1989): 95~107; Nicolson and Webb, *Professional Legal Ethics*, 174~75.

第四章 美国司法公正的"竞技理论"（sporting theory） 161

和联邦立法规定禁止陈述原告以前的性行为。然而一些司法区允许不遵守这一条例，律师可以提供以前性行为的证据来形成行为模式或给法官更多的证明而非偏见。例如在新泽西州的格伦里奇（Glen Ridge）有一个用棒球棍轮奸智障女孩的案子，被告的辩护律师呈上的证词就是受害者先前行为可说明受害者有男女滥交的行为，甚至当法庭从审判过程中排除了原告的性行为背景时，受鼓励的律师仍可以通过新闻报道、庭前记录和间接提问泄露这些信息。在威廉·肯尼迪·史密斯（William Kennedy Smith）的强奸起诉中，辩护律师在法庭上大肆揭露原告穿的维多利亚（Victoria）内衣、她的非婚生孩子、流连于酒吧间的劣迹以及"狂野瞬间"的恶名。同样的技巧使得纽约市警察暴力案闻名全国。辩护律师的公开辩词暗示对海地移民的伤害是由同性恋关系引发的而非警察施暴。尽管并没有令人信服的证据证明这种同性恋关系的存在，但在被告承认后一切都变得明朗了，律师坚持认为他的主张与被辩护人的义务是一致的，就是"在他的权限内尽力保护委托人"。[46]

性骚扰案件的辩护律师常持同样的看法，并且乐于用自己的伤害性技巧侮辱或威慑原告。女性起诉自己在精神或身体上受到伤害通常要面临屈辱性的问题，关于她们受伤害的其他可能原因——从私密的同性恋关系到流产经历或夫妻间的难言之隐等一

---

[46] Elizabeth Kessler, "Pattern of Sexual Conduct Evidence and Present Consent: Limiting the Admissibility of Sexual History Evidence in Rape Prosecutions," *Women's Rights Law Reporter* 14 (1992): 79; Peter Laufer, *A Question of Consent* (San Francisco: Mercury House, 1994), 64~70; sources cited in Deborah L. Rhode, *Speaking of Sex* (Cambridge: Harvard University Press, 1997), 126~27; Laura Mamsnerus, "When the Job Requires a Walk on the Ethical Line," *New York Times*, May 30, 1999, E10.

切事情。原告律师有时可以同样的方式回应,如保拉·琼斯(Paula Jones)起诉克林顿总统案就很典型。琼斯的陈述因缺少受伤害的可靠证据没经过审讯就被驳回了,但在此之前却先调查了克林顿的婚外性关系。[47]

这类充分公开的案子所给出的教训被其他潜在的诉讼人所吸取。超过90%的性骚扰和伤害的受害者不再起诉的部分原因是她们不想为了证明她们所受的伤害而受到更重的伤害。正如一位地方检察官所承认的那样,她们意识到无论法律如何规定,大多数案子以侮辱受害者为唯一真实的辩护形式。即使法庭通过限制提问或压缩陈述来尽量减少对证人的伤害,但对违反行为的制裁通常不足以制止其再次发生。几乎没有律师因侮辱性问题或透露带偏见的信息而受到法庭的纪律处分。典型的反应是司法训诫或少量的罚款,但这与律师得到的回报相比显得苍白无力。法官对令人生厌的交叉讯问所作出的普遍反应也同样如此,批评记录中不适当的材料并建议陪审团对此不予理会。但不注意这些材料是不可能的,社会科学研究发现这样的建议反而会起相反的作用,陪审团可能特别关注这些证据并发现其中的价值。[48]

加强对误导和卑鄙技巧进行有效约束的提案并没有得到律师

---

[47] Federal Rules of Evidence 412(b); Ellen E. Schulz and Junda Woo, "Bedroom Ploy: Plaintiffs' Sex Lives Are Being Laid Bare in Harassment Cases," *Wall Street Journal*, September 19, 1994, Al; Andrea Bernstein, "Sex Harassment Suits: The Fight for Damages Gets Uglier," *Ms.*, July-August 1996, 18~19; *Jones v. Clinton*, 990 F. Supp. 657 (E. D. Ark. 1998); Jeffrey Rosen, *The Unwanted Gaze* (New York: Random House, 2000).

[48] Rhode, *Speaking of Sex*, 102~4; Bob Wilson, quoted in Patricia Yancy Marlin and R. Marlene Powell, "Accounting for the 'Second Assault': Legal Organizations' Framing of Rape victims," *Law and Social Inquiry* 19 (1994): 853, 854; Sharon Wolf and David A. Montgomery, "Effects of Inadmissible Evidence and Level of Judicial Admonishment to Disregard on the Judgments of Most Jurors," *Journal of Applied Social Psychology* (July-September 1997): 205.

第四章 美国司法公正的"竞技理论"(sporting theory)

组织的支持。主流意识和激励体制在朝另外的方向推进。可以肯定,几乎没有律师会支持这样一条道德规范——倡导在法律允许下侵扰、挫伤、搅乱、妨碍、歪曲、蒙蔽、骚乱、迷惑、愚弄、困扰其对手。但事实上,许多律师支持相反的规范。在一次对处理强奸案的律师的调查中,一位公共辩护者总结了普遍流行的看法:"底线就是让我的委托人解脱出来。(我)更关注的是委托人和他的自由,而非性别歧视的道德问题。"当问及另一个辩护人对性骚扰案件受害者所进行的侮辱性交叉审讯时,提出了类似的观点:"毫无疑问我不愿这样做,但我没资格去后悔。"然而,这种自我否定绝非高尚,也并非律师这一角色所固有。社会公众决不会对角斗技巧欢呼万岁。在一次少有的律师行业内外态度的比较调查中,3/4 的律师认为诉讼者为获得精确真实的证词而侮辱证人是合理的,但大部分非律师人士却对此表示反对。[49]

较多关注道德纪律而较少考虑委托人利益的规范体制将使证人的关系出现新的平衡。律师道德规范本应禁止代理律师们羞辱或怀疑他们认为可以给出事实的证人。当然,律师有时不确定哪位证人可以给出事实。如第三章所讨论的,在刑事案件中,要求证据高于合理怀疑的制度授权辩护律师对即使他们认为有罪的委托人进行合法的质疑,但并不是所有的质疑都是合法的。在民事或刑事案件中,律师也绝不应该不择手段地利用事实证人的脆弱。

---

[49] For the hypothetical bar rule, see Albert Alschuler, "How to Win the Trial of the Century," *McGeorge Law Review* 29 (1998): 291, 299n. 34. For *attorneys' views, see* Timothy Beneke, *Men on Rape* (New York: St. Martin's Press, 1982): 104~5; Ronald M. Green, quoted in Sehulz and Woo, "Bedroom Ploy," Al. For surveys comparing lawyers and nonlawyers, see Wes Hanson, "Lawyers, Lawyers, Lawyers," *Ethics: Easier Said than Done* (Josephson Institute newsletter), 1993, 38.

有些情况需特别的限制，如上庭证人年纪非常小、受教育少、掌握英语语言技能少或讨论私密的性问题。律师应该考虑到对这些证人、对拒绝出庭的证人以及对真相调查程序可能产生的危害性后果，同样也应当考虑引导法庭更积极地监察诉讼技巧。例如辩护律师应当对可能被证明有侵犯性和耻辱性的问题作出清晰而具有说服力的解释。"为委托人开脱"不应该是唯一的价值观，并且在司法的竞技理论中它也被抬举得太高了。

在证人的选择上也应该有同样的考虑。联邦法官理查德·波斯纳（Richard Posner）一针见血地指出："那些只要表面上不荒谬的东西现在都可以找到所谓的专家来证明。"专家愿卖，律师愿买。而我们却要为这种错误的结果买单。[50]

律师们对专家证词的依赖近年来急速增长，部分原因是许多案子的技术复杂性在逐步提高。专家们提供证词的领域极其广泛，如伤害的本质和原因、证据的可靠性和被告的精神承受力或危害性。认可专家证词的标准十分宽容，他们接受任何可以促进事实调查的专业性证据。这些证词不需要其他专家的"普遍认可"，证据仅需来自"可靠的基础"。这样的标准给律师们足够的机会去购买有偏见的证词。他们根据对委托人案件的有利程度选择专家，而不是根据专家的资格或专长。为了猎取有利的证人，律师可以依赖咨询机构或广告从专家证词中获取有利的结果。正如一个这样的机构所承诺的，如果"我们推荐的第一个医生不合你的法律理论，我们将提供第二位的名字"。律师也可以只雇佣身份明确的

---

〔50〕 *Chavik v. Volkswagen of America*, 808 F. 2d 639, 644 (7th Cir. 1986) (Posner, J., dissenting).

专家以减少寻找成本,如在德克萨斯州(Texas)就有一位著名的"死刑医生",在70多个判处死刑的案件中,他往往没有经过亲自调查就得出结论说,此人仇视社会并会继续杀人。陪审团都被说服判了死刑,只有一个案子例外。[51]

律师领袖们总是谴责"垃圾社会"造出"垃圾法律"。但他们普遍认为对抗诉讼制度可以揭露这一现象。如首席法官伦奎斯特(Rehnquist)将此写入道伯尔特诉梅雷·道制药厂(Daubert v. Merrell Dow Pharmaceutical)案:"激烈的交叉讯问、反面证据的出示和详细的陪审团指导……都是打击不可靠但可接受证据的传统而恰当的方法。"但这些传统方式通常是不完善的。专家的道德因人而异,他们所代表的立场或偏见程度也很难解释。法伊森(Fisons)案就是很典型的例子,被告的律师事务所可以在全国范围内列出知名学者和律师界领头人的名单,他们愿意为诉讼技巧提供最好的帮助。原告却没有做好证明这些观点错误的准备。在许多案件中,每一方都组建自己的参赛小组,经过仔细遴选的专家准备好为团队提供支持。尤其在涉及高度深奥或高技术问题时,这种专家之间的战斗并不是自动揭露真相的有效途径,正如戴维·卢班(David Luban)说的,他们可能只会"加剧迷惑"。[52]

而且,即使一方在庭审中挑战专家证词成功,这位证人所提供的仅有的一点事实可能让案子再上法庭。结果可能是,根据似

---

[51] Federal Rule of Evidence 702, *Daubert v. Merrell Dow Pharmaceuticals*, 509 U. S. 579 (1993); *Kunho Tire Co. v. Carmelaw*, 526 U. S. 137 (1999); Peter W. Huber, *Galileo' Revenge: Junk Science in the Courtroom* (New York: Basic Books, 1991); Ralph A. Cohen, "Dallas' Unreliable Expert Witness Testimony,"*For the Defense*, April 1990, 8.

[52] *Daubert v. Merrell Dow Pharmaceuticals*, 509 U. S. 579 at 596; Luban, *Lawyers and Justice*, 70.

是而非的但明确的诉讼请求，花费大量的诉讼费或敲诈更多的钱。例如在保拉·琼斯（Paula Jones）起诉克林顿总统的案件中，有一个关键的问题是她的损害赔偿要求是否达到开庭审理的可信标准。对她诉讼请求的支持来自于一个有教育学位的"专家"，他曾在性骚扰发生6年后对她进行过短暂的谈话辅导，并断言她遭受性侵犯。尽管庭审法官否决此断言的可靠性并驳回起诉，但据报道许多其他法官同意继续审理此案。只要一位证人的证词涉及专业领域，法庭一般允许本案继续审理并让陪审团决定如何掂量此争议证词。[53]

依靠传统的抗辩方法揭露专家证词中的错误，其最大的问题在于不是所有诉讼方都承受得起有效挑战的成本。财力不平等在刑事和个人伤害案件中尤其明显。公诉人及企业被告通常能负担大大超过他们对手的专家来帮助自己。在O·J·辛普森这样极少的案件中，被告律师指出公诉人提供的专家证词存在重大缺陷，但他们在此过程中却耗费了好几百万美元。绝大多数刑事案件被告没有能力获得这种帮助。[54]

由于律师道德规范和司法规则都禁止专家向胜诉一方收取费用，这进一步加剧了财力的不平等现象。原则上此禁令设想得很完美，他们试图阻止证人隐藏事实而影响判决。但实际上，禁止胜诉酬金的规定并没有消除对有利专家的聘请，反而增加了诉讼成本。许多人与案子的律师一直保持个人联系，还心照不宣地约定他们只能在胜诉的官司中拿到的赔偿金。交叉讯问无法揭露这

---

〔53〕 *Jones v. Clinton*, 990 F. Supp. 657 (E. D. Ark. 1998).

〔54〕 See George Fisher, "The O. J. Simpson Corpus," *Stanford Law Review* 49 (1997): 971, 991 n. 147.

种协议,因为庭前和庭审中证人都能证明他们的作证报酬与官司结果无关。不愿也不能安排这种事情或不愿在金钱上让步的律师通常无法负担一场专家的战斗,有效诉讼请求可能因此被搁置。[55]

许多呼吁改革的建议都值得考虑:一种可能是建立像德国一样的民事诉讼方法。法庭决定专家是否需要,如果需要,由法庭选择。法官从官方发证许可或其他公共机构许可的名单中选择专家。双方可能因偏见等理由反对某个特定的人,他们要求任命另外的专家或雇佣他们自己的专家。还有一种可能就是让法庭从诉讼者选出的专家名单中任命一组专家或案件双方各选一名专家,法院选第三位。还有更多的折中改革提议,包括在充分披露和法庭许可的情况下,允许与专家订立明确的胜诉酬金协议。在现存规则下鼓励由法官任命中立专家,只允许在该领域内提出可接受观点的专家作证。任何一条这样的改革都将我们推向正确的方向,并不是所有事实生来就是平等的,公众应当拥有一个对差异更宽容的制度。[56]

秘密

"如果我必须在背叛我的国家和背叛我的朋友之间选择,我希望我有勇气背叛我的国家。"这是 E·M·福斯特的观点,对于许

---

[55] ABA Model Code, DR 7-109; ABA Model Rules, Rule 3.4(b); Jeffrey Parker, "Contingent Expert Witness Fees: Access and Regulation," *University of Southern California Law Review* 64 (1991): 1363, 1387.

[56] Marcia Angell, *Science on Trial* (New York: Norton, 1996), 6; Patrick R. Andersen and L. Thomas Winfree Jr., eds., *Expert Witnesses: Criminologists in the Courtroom* (Albany: State University of New York Press, 1987), 4; John H. Langbein, "The German Advantage in Civil Procedure," *University of Chicago Law Review* 52 (1985): 823.

多律师来说，这个原则所指针的对象更多的是对诉讼委托人，而不是朋友。他们可能很少面临背叛国家的情况，但却常常面临背叛无辜第三方的严重威胁，正如下面案件所反映的：

> 由于一名书记员的疏忽，已确定的宣判日期找不到了，但他拒绝联络法院，而且被告的律师知道这一事实，因此一名涉嫌强奸的被告由于判决书尚未制作完成而被释放。
>
> 一名代理计算机租赁公司的律师获悉公司帮助一位委托人做成了一笔总计近6000万美金的欺诈贷款协议。律师辞去了委托，却拒绝向公司新的代理律师解释原因。在罪行被揭露之前，那个公司又秘密协助完成了另外一笔1500万美金的欺诈贷款。在委托人被判欺诈罪后，第一位律师们以未向被诈骗的出借人披露事实而被所起诉。
>
> 一个个人伤害案件的被告律师要求原告出具医学专家的伤情鉴定。医生提交给律师一份秘密报告，指出原告患有他自己的医师没发现的威胁生命的疾病。如果他不披露情况，律师就有机会用较低的赔偿金和解结案。
>
> 在一位律师允诺完全保密之后，他的委托人坦诚他曾犯过谋杀罪行，为此另外的一个人已经被判处死刑。那人被判在一场被反犹主义者破坏的试验中杀害了一位年轻的女工作人员。委托人拒绝披露他的罪行而且也不允许律师披露。
>
> 一名为一家肾透析公司工作的律师获悉公司在德国的子公司刚刚用船送来一批机器，而这批机器不符合美国食物卫生管制局的标准。这些机器的系统会释放过度的钾和磷酸盐而使一些病人处于危险中。公司总裁说他会接收货物并转售给他认为更看重价格而不计较质量的委托人。律师在威胁揭

第四章 美国司法公正的"竞技理论"(sporting theory) *169*

发其罪行后被解雇了,而机器也被转售了。[57]

这些案例都不是假设的,它们全都是真人真事,而且在这些案件中,没有一件是主流司法机关的道德规则要求揭露的。一般说来,这些规则只允许揭露有必要预防未来犯罪的行为,及会导致死亡或严重身体伤害的犯罪行为。既然上述行为不是代理人拒绝认罪,或违犯食品卫生管理标准,或保留另一方没有要求的信息的罪行,律师基本上没有权利披露其委托人的秘密。

除了一个案子外,所有案件的律师都没有这么做,那个例外就是肾透析公司的代理律师。该律师在伊利诺伊州执业,而那里是很少的几个要求必须揭发委托人行为以阻止可能引发的死亡或严重身体伤害的州。律师向食品药物管理局报告有缺陷的机器事件,然后控告了公司不正当地终结他的雇用。伊利诺伊州最高法院驳回了他的请求。大多数州的最高法院的法官同意这名律师除了揭露委托人的不法行为外别无选择,但是正因为他没有选择,法院得出结论认为他也不能因雇主的报复性解雇而受到保护。律师应该预料到他们常常"必须放弃经济收入以保全职业利益"。在法院看来,保护公司免于不公平的诉讼要比保护职员免于不公平的解雇更重要。如果公司担心来自不满的前律师的诉讼,并且因

---

[57] E. M. Forster, *Two Cheers for Democracy* (London: E. Arnold, 1951), 68; Tom Coakley, "N. M. Rapists Free 10 Years in Court Foul-Up," *Denver Post*, March 23, 1983, 12A; "OPM Leasing Services, Inc.," in *The Social Responsibilities of Lawyers*, ed. Philip B. Heymann and Lance Liebman (Westbury, N. Y.: Foundation Press, 1988), 184; *Spaulding v. Zimmerman*, 116 N. W. 2d 704 (Minn. 1962); Arthur Powell, "Privilege of Counsel and Confidential Communications," *Georgia Bar Journal* 6 (1964): 334, 345; *Ballau;* Nader and Smith, *No Contest,* 347 (discussing Gambrell).

审判而暴露部分秘密，那么"雇主可能更不乐意向他的内部代理人坦诚相见"。这种危险对维护公平来说要比保全代理人的工作显得重要多了。[58]

明尼苏达州最高法院就一起威及生命的伤害案作出了类似的判决。在该案中，原告最终在一次军队体检中了解到了自己的状况，并且起诉要求和解解决他的人身伤害。审判法官准许了他的请求，理由是和解的时候他的伤已无大碍，而且法院的批准也被要求写进了协议的条款。然而在确认判决时，明尼苏达州最高法院认为律师通常没有向对手披露信息的道德义务，他们仅有向法院披露的职责。假如原告是一个成年人，他唯一的救济手段就是以未发现病情及不当治疗起诉他自己的医生，而他的律师也没有去寻求医学专家的报告。法院甚至从不承认这种可能性：原告可能在了解他的病情和接受适当治疗之前死亡，更别提可能接受的是不当治疗了。法官后来在一次解释他的判决的谈话中说，他与被告律师事务所里的一个资深合伙人有私人关系，而且不想使事务所受到批评。[59]

其他案件连法庭都没上。在一起商业租赁交易中，律师支付了1000万美金解决了被诈骗出借人的起诉。判决上的疏漏直到10年后被告被保释出狱时才被发现。律师证明他拒绝披露疏漏是合法的，理由是他的委托人事实上可能无罪，而且看上去根本不像

---

[58] *Balla v. Gambro Inc.*, 584 N. E. 2d 104 (Ⅲ. Gambro, Inc., 584 N. E. 2d 104 (Ⅲ. 1991);1991).

[59] *Spaulding v. Zimmerman*, 263 Minn. 346 (1962); Roger C. Cramton and Laurie P. Knowles, "Professional Secrecy and Its Exceptions: *Spaulding v. Zimmerman* Revisited," *Minnesota Law Review* 83 (1998): 63, 126.

第四章 美国司法公正的"竞技理论"（sporting theory）

是"那种会在正常情况下抢劫的人"。[60]

律师在错误刑事诉讼中的困境后来在律师的自传中被曝光了。1915年，一位著名的亚特兰大执业律师亚瑟·鲍威尔听到他的委托人承认了一桩谋杀，为此莱恩·法兰克被判定有罪。鲍威尔联系了州长，而且宣布了法兰克无罪，但是不愿透露细节或信息的来源。虽然州长免除了法兰克的死刑，但是没有足够的证据进行新的审判。一群私刑暴民绞死了法兰克而且形成了一个团体，该团体后来成为三K党的一部分，70年之后，法兰克才在死后得到豁免。鲍威尔为他自己的行为辩护，理由是宪法保护律师的权利，包括协助保密的权利，律师受到他们遵从宪法誓言的约束。然而，鲍威尔也说："在我让一个无罪的人被绞死之前，我有强烈的念头来打破我的誓言，但是要知道如果我那样做了，就违背了法律和我的誓言。"[61]

这些案件并非孤例，在最近一起与法兰克事件相似的案件中，一个人被错控谋杀而坐了12年牢，而罪犯的律师却保持了沉默。律师不仅没揭露他的委托人在审判中作伪证的行为，而且还建议其以后也不要承认其罪行。[62]

代理人对其委托人这种不当行为的隐瞒导致了美国的一些最糟糕的公共健康和财政危机。在相当一段时间内，律师比管理机构和产品的使用者们更了解石棉、护罩和烟草的危害。烟草公司故意通过律师所来联系减少危害的科学研究，目的是声称它们是经过授权的而且还能免于披露。通过对这种授权的公开声明，律

---

[60] Coakley, "Rapists," 12A.
[61] Powell, "Privilege of Counsel," 345.
[62] David Kaplan, "Death Row Dilemma," *National Law Journal*, January 25, 1988, 35.

师阻止了揭露欺骗行为的上千份文件的定期散发。律师在信贷联合案中对不当行为的积极协助或被动默许造成了灾难性的损失，这些损失花费了纳税人2000亿的税金。联邦法官斯坦利·斯伯金（Stanley Sporkin）在回应林肯信贷联合滥用案（Lincoln Savings and Loan）时提出了一个切中要害的问题："当这些明显的不当交易完成时，那些律师们都在哪啊？为什么他们中没有一个人站出来说话，或是阻止他们自己参与这些交易？"[63]

有两个解释尤其似是而非，其中一种解释是金钱。为了代理林肯信贷母公司与联邦货币委员会长达5年的对抗，80余家律师事务所赚取了约7000万美元的资金。根据内部人士透露，"在纽约，只要有50万美金你就可以从任何律师所买到你想要的法律意见"。另一种解释是职业理念和规范机制。律师职责的主流思想是要不惜一切代价为委托人保密，而律师伦理准则则加强了这种看法。[64]

《美国律师协会的执业行为准则》及其前身以及《责任准则》，都禁止律师披露秘密信息，除非在有限的情况下。这些准则不要求披露信息，除非出于阻止欺骗审判人员的必要。准则甚至不允许为阻止非犯罪行为而披露信息，除非该行为危及生命或能挽救巨大的经济损失。当然，律师可能会建议委托人改正他们的行为。

---

[63] Paul Brodeur, *Outrageous Misconduct: The Asbestos Industry on Trial* (New York: Pantheon Books, 1985); Susan Perry and Jim Dawson, *Nightmare. Women and the Dalkon Shield* (New York: Macmillan, 1985), 208; John Schwartz and Saundra Torry, "Anti-Tobacco Activists Hope to Put lndustry's Legal Tactics on Trial," *Washington Post*, September 26, 1995, A8; Martin Mayer, *The Greatest-Ever Bank Robbery* (New York: Charles Scribner's Sons, 1990), 2; Keith B. Bradsher, "S. & L. 'S See New Threat, This Time from Banks," *New York Times*, October 20, 1994, D6; *Lincoln Savings and Loan Association v Wall*, 743 F. Supp. 901 (D. D. C, 1990).

[64] Mayer, *The Greatest-Ever Bank Robbery*, 20, 122~23.

在委托人是法人的案件中，律师会向法人最高层指出严重违法的事件。但是如果他的委托人拒绝采取得当的更正措施，代理人的唯一选择通常是撤销代理，否定任何之前他们自己对第三方所说的协助犯罪或诈骗行为的话。[65]

这些伦理规则更多地维护妥协性信息，而不是作为法律证据去维护律师与委托人之间的权利。这些权利只能免除律师在法庭上为那些直接来自于委托人的、不涉及将来犯罪或欺诈的通信作证。美国律师协会准则要求：与委托代理有关且不涉及身体伤害行为的任何来源的信息在任何情况下都要保密。尽管州伦理准则对保密要求通常比《准则》包含更多的例外情况，但这些例外始终还是受到限制的。大多数准则在有必要阻止委托人的犯罪行为时允许披露信息，也允许揭露在代理期间即将实施的欺诈或既成的欺诈。大约12个州要求在特定的案件中披露信息，尤其是可能导致死亡或身体伤害的犯罪行为。然而，除了律师知道委托人的犯罪意图或欺骗法庭等极少数情况外，大部分律师都会对信息慎重地保守秘密。律师也在遵循标准规则和所有州准则的情况下慎重地披露秘密信息，以使自己不会因行为不当或收取非法费用而被起诉。[66]

从职业的角度来看，这些规则的意义十分重大。它们在最大范围内保护律师自己的利益和那些付费委托人的利益。然而从公众的角度来看，他们不明白为什么律师有权利通过揭发任何行为去赚钱，却没有责任有限地披露信息以阻止更大的伤害，而且没

---

[65] ABA, Model Rules of Professional Conduct 3.3,1.6.
[66] Model Rules 1.6,3.3.

有一个律师界的传统回答能为主流道德规则提供正当的理由。这些保密原则与传统的辩护原则的作用是一致的：一个辩解理由是保守秘密在保护个人权利方面的重要性；另一个理由则是保守秘密在促进公平解决法律争端和履行法律义务方面的价值。但这两个理由都不能完全使人信服。

对保密权利的观点建立在几个关于社会价值和委托人行为的假设上。其一，法律代理为个人权利提供必要的保护，而且这种代理的有效性取决于委托人是否愿意披露有关信息。一个相关的假设是，如果得不到信息会被保密的保证，委托人一般是不愿做出这种披露的。根据律师界领袖的说法，如果律师承担重大告发义务，那么职业关系所必需的信任和坦诚就无从立足。虽然这些观点并非没有力量，但它们无法界定现行秘密保护的范围。关注个人权利，就不能解释为什么保密原则应维护组织的不当行为，也不能解释为什么委托人的权利始终要凌驾于所有人的权利之上，尤其是涉及公共健康和安全的时候。实际上，传统的保密原则产生了错误的结果，他们无条件地讨好委托人，而委托人为了逃避罪责不惜牺牲无辜第三方的利益而隐瞒有罪信息，因为这些第三方在生理上或经济上的健康状况都取决于这些被披露的信息。排除律师保密义务同样难以成立。如果一个不那么重视自我利益的团体负责修改保密规则，那我们就绝无可能看到现在的保密规则了。除了法官会还会有谁为了防止欺骗法院而不是为了挽救生命要求披露信息？除了律师界还会有谁允许披露信息以帮助律师赚取费用而不是去阻止大规模的健康或财政灾难?[67]

律师一般都声称委托人坚持保密,并说如果没有这种保护,他们就隐藏其他的有关信息。但现行规则却被委托人看不懂的例外和不确定重重包裹。最系统的研究表明,增加进一步的限制不会改变大部分委托人的行为。例如,法学教授弗雷德在纽约的研究发现,律师几乎从来不告知他们的委托人关于保密的规则。很多委托人大大曲解了这些规则,只有约1/3提供信息给他们的律师的委托人说,他们在没有保密保证的情况下决不提供信息。[68]

其他的研究也显示,无论律师的道德责任如何,即使委托人想保守秘密,他们也无法做到这一点。在许多案件中,个人不知道什么样的资料可能会带来法律上的损害,他们的律师可以从其他来源获得这些信息,或他们对法律援助的需要超过了披露信息的风险。从历史上看,跨文化和跨专业的数据都清楚地显示,执业者一直在对保密事项提供协助,而且并没有豁免美国律师现在获得的披露义务。在法庭承认法人特权之前,企业向代理人透露妥协信息成为惯例,大多数欧洲国家现在已经不这么做了。许多美国人也对会计师、财务顾问、私家侦探以及类似无法承诺保护披露义务的执业者们适当地坦诚相见。当为其他行业诸如精神科医生、法律决策者界定他们特权的适当范围时,得出的一般结论

---

[67] William H. Simon, "Ethical Discretion in Lawyering," *Harvard Law Review* 101 (1988): 1083, 1142.

[68] Fred C. Zacharias, "Rethinking Confidentiality," *Iowa Law Review* 74 (1989): 351, 382~83; Nicolson and Webb, *Professional Legal Ethics*, 257~260. Leslie C. Levin, "Testing the Radical I Experiment: A Study of Lawyer Response to Clients Who Intend to Harm Others," *Rutgers L. Rev.* 47 (1994): 81, 122.

是，绝对保密的危险性太大，会加重第三方的风险。[69]

进一步讲，当律师自己揭发信息的要求还有争议的时候，保密义务的维护者几乎不考虑他们立场的逻辑性。如果为保护无辜第三方而披露信息会削弱当事人的信任，难道为保护律师的经济利益披露信息就不会造成同样的损害吗？正如杰弗里·哈泽德（Geoffrey Hazard）和苏珊·康尼克（Susan Koniak）所说："委婉地说，律师与第三方受害人相比处于优势，这似乎很难说得过去。正如与其他受害者相比，律师在阻止欺骗方面也处于优势地位……（并且）如果欺骗实施了，律师遭受实际伤害的危险也更小。"律师不乏对付赖账委托人的手段，他们可以事先要求大笔律师费，拒绝履行义务或拒绝提供委托人的文件，或制定取证诉讼程序，而非律师则几乎没有选择。[70]

简言之，当前保密规则的宗旨是为了更多地保护行业内部利益而非公众利益。律师界在这些规则上辩论的历史表明，律师最重要的目标是将他们自己的民事或违纪责任风险降到最低。普遍结合广泛的保密要求和有限且谨慎的例外规定就是为此目标服务的。例外条款给了律师与犯罪或欺骗行为洗清干系的选择，就算他们选择不这么做也能降低责任风险。为避免在这一点上的任何

---

[69] Deborah L. Rhode, "Ethical Perspectives on Legal Practice, "*Stanford Law Review* 37 (1985): 589, 614; Steven Lubet and Cathryn Stewart, "A 'Public Assets' Theory of Lawyers' Pro Bono Obligations, "*University of Pennsylvania Law Review* 145 (1997): 1245, 1280~81; Richard Iitrin, "Overprivileged, "*Recorder*, March 17, 1999, 5; See also Canon 41 of the ABA Canons of Professional Ethics (Chicago: ABA, 1964); *Trasoff v. Board of Regents of the University of California*, 551 P. 2d 334 (Cal. 1976) (holding that psychiatrist had duty to warn victim of patient's threat).

[70] Geoffrey C. Hazard Jr. and Susan P. Koniak, *The Law and Ethics of Lawyering* (Westbury, N. Y.: Foundation Press, 1990), 279.

第四章 美国司法公正的"竞技理论"(sporting theory) 177

歧义,标准规则和许多州立法规的评论都提到"律师的谨慎义务不是披露信息……不应屈从于重新审查"。然而,从公共政策角度来说,律师对保密的决定应多次审查。如果广泛保密义务的宗旨是将社会作为一个利益共同体,那么社会应该决定所得是否超过所失。正如哲学家西塞拉·博克(Sissela Bok)所说的,业内人士都太孤立、太自私以至于不能做出正确的评价。[71]

律师和非律师对保密看法的区别主要体现在就此进行的有限的研究上。例如,扎卡赖亚斯(Zacharias)的调查要求参与者思考一个假设的案子,此案中律师知道了他的制造商委托人关于飞机的秘密研究,该研究表明飞机的零件可能松动并导致高空爆炸。然而这个零件却符合联邦标准,而委托人的董事会得出结论确定安全隐患太不确定而无须要求披露。在这种情况下,超过3/4的受调查的律师表示他们不会披露这一消息,这一决定与纽约律师道德规范一致。相反,85%的委托人相信他们的代理律师应该披露,一半人相信(不准确)代理律师已经谨慎地这样做了,只有15%的人表示披露会影响他们对律师的信赖意愿。同样地,在一个关于谈判道德的研究中,大约多于律师3倍的非律师认为律师错误使用他们的代理授权来和解结案或为了纠正蹩脚对手对关键事实的误解而隐瞒信息是不恰当的。[72]

这些调查结果显示,较少关注职业义务而更多关注公众利益

---

[71] Ted Schneyer, "Professionalism as Bar Politics: The Making of the Model Rules of Professional Conduct," *Law and Social Inquiry* 14 (1989): 677, 728; Rhode, "Ethical Perspectives", 612~15; Model Rules, Rule 1.6, Comment; Sissela Bok, *Lying: Moral Choice in Public and Private Life* (New York: Pantheon, 1978), 170~72.

[72] Zacharias, "Rethinking Confidentiality," 362~63; Hansen, "Lawyers, Lawyers, Lawyers," 42.

的决策者,毫无疑问会废除不同的条例而代之以一个新的更为清晰的程序。如果要预测可能的结果的话,哲学家罗尔斯在其经典思想实验中的变量是很有用的。如果决策者支持罗尔斯的"无知之幕"(veil of ignorance),并且不知道他们在社会上应采取何种立场,他们会制定什么样的保密规则?什么因素与他们的决策最相关?理智的人们可能对各自的优先权看法不同,但在某些关键问题上总是保持一致意见。保密规则应考虑到故意隐瞒造成危害的可能性和严重性,考虑到通过策略而非披露信息以最大限度减少危害的可能性,考虑到披露律师与委托人间关系的可能结果。[73]

  法律道德专家和试图从中立的角度平衡这种关注的起草委员会推荐了各种各样的改革方案。原先起草的示范规则本来要求律师揭露可能严重危害第三方健康的行为,揭露律师服务范围内出现的犯罪或失误、法人委托人的违法行为或者可能影响确定关键事实的信息。还有的方案建立在保证规则上,要求律师披露重要证据并限制对关键事实进行误导性的陈述。正如限制律师在自己与委托人的争端中披露秘密信息的权利一样,任何这些改革都逐步朝着正确的方向前进。如果律师不得不弄点辩词来证明这种披露的情况是合法的,那么就可以减少委托人被迫支付不合法费用或被迫放弃合法的诉讼主张以交换继续保密的风险。[74]

  这些改革的有效性是很难预测的。批评者们通常认为这些改革会严重侵犯告密者的义务,并且这种不一致会威胁到其他道德规范的可信度。这种担忧是有理由的。规定披露义务的州,也很

---

  [73] John Rawls, *A Theory of Justice* (Cambridge: Harvard University Press, 1971).
  [74] Marvin E. Frankel, "The Search for Truth: An Umpireal View," *University of Pennsylvania Law Review* 123 (1975): 1057~58.

少是诱导或强制性的。但没有正式制裁措施并不意味着与其他道德义务的合法性相妥协,也不意味着即使强制性是有限的,没有坦诚和公平的保密要求的律师行业会变得更好。这种要求至少能唤起道德期待,消除借口,支持第三方的主张并鼓励那些希望顶住委托人或同行压力的律师。[75]

但要争取重大的改良,则需要通过其他法律和团体策略来加强律师规则。要实现这个目标,行业需要更多的立法、司法和行政机构制定义务和保护告密者。例如安全与交换佣金(Securities and Exchange Commission)和美国联邦储蓄机构监理局(the Federal Office of Thrift Supervision)试图对律师规定适度的举报责任以确保他们不会给委托人的欺骗行为提供帮助,这一义务可以扩展和深入到其他领域,尤其是涉及健康和安全的领域。一些适用于医药和工程行业的有用模式和其他国家的法律建议也可借用。一个相关的策略是为告密者提供更多的安全保障以防报复。在保护公务员的立法中,立法机关可以禁止解雇任何合理报告违法或违反公共政策活动的个人,包括律师在内。[76]

法院也应该通过允许因告发或拒绝参与非法行为而被解雇的律师提出非法解雇的申诉。尽管一些法庭允许这样的申诉,但其

---

[75] James J. White, "Machiavelli and the Bar: Ethical Limitations on Lying in Negotiations," *American Bar Foundation Research Journal* (1980): 926, 937~38; Michael D. Goldhaber, "Blowing a Whistle on Client Misdeeds," *National Law Journal*, October 25, 1999, A10; Levin, "Radical Experiment," 148.

[76] See Rhode, *Professional Responsibility*, 575~82; Robert D. Boyle, "A Review of Whistle-blower Protections and Suggestions for Change," *Labor Law Journal* 41 (1990): 821; Terry M. Dworkin and Eletta S. Callahan, "Internal Whistle-blowing: Protecting the Interests of the Employee, the Organization, and Society," *American Budness Law Journal* 29 (1991): 267, 306~7.

他的法庭却拒绝或仅同意补偿与披露保密信息无关的非法解雇。例如，根据伊利诺伊州最高法庭的规定，律师可以被信任去"做正确的事"和即使在没有反报复的合法保护下报告非法行为。历史记录几乎没有为这种假设提供事实支持，告发者常常会遭到骚扰、撤职、调离或列入黑名单。许多个人不愿付出这样的代价，尤其是那些在责任不清或密切的同行关系会受到威胁的组织环境中。要顶住这些压力，就需要更多的工作保障和对那些保持沉默的人更多的民事惩罚。其他行业正逐步加强对助长欺骗的责任或加强对可能产生欺骗事实有意回避的责任，律师也应被赋予同样的标准。[77]

对律师揭露错误行径的组织上的支持也是同样重要的。大多数研究表明内部的制度鼓励可能比外部机构偶尔的制裁更能促进道德行为。通过建立专门的道德指导条款、培训计划和申诉渠道，律师事务所和其他雇佣律师的机构应当鼓励当事人和同行对滥用行为的申诉。不遵守道德的律师应在绩效评估和补偿决定方面受到惩罚。[78]

---

〔77〕 For gatekeeper rules see Rhode, *Professional Responsibility*, 576~87; Boon and Levin, *Ethics and Conduct*, 210~11. For Whistle-blowing, see *GTE Products Corp. v. Stewart*, 653 N. E. 2d 161, 166~67 (Mass. 1995): *General Dynamics Corp. v. Superior Court*, 876 P. 2d 487 (Cal. 1977); Rhode, *Professional Responsibility* 281~85; Myron P. Glazer and Penina M. Glazer, *The Whistle-blowers: Exposing Corruption in Government and Industry* (New York: Basic Books, 1989), 210. For cases imposing liability, see *Petrillo v. Bachenberg*, 655 A. 2d 1354 (N. J. 1995) and *Greyeas v. Provd*, 826 F. 2d 1560 (7th Cir.), cert. denied 484 U. S. 1043 (1987); *Schatz v. Weinberg and Green*, 943 F. 2d 485 (4th Cir. 1991), cert. denied, 503 U. S. 936 (1992).

〔78〕 Ian Ayres and John Braithwaite, *Responsible Regulation: Transcending the Deregulation Debate* (New York: Oxford University Press, 1992); Toni Mikkai and Valerie Braithwaite, "Professionalism, Organizations, and Compliance," *Law and Social Inquiry* 18 (1993): 33, 35~37.

第四章 美国司法公正的"竞技理论"(sporting theory) *181*

　　对前述各项的改革——在职业规范、法律标准和组织结构方面——没有折中办法。这意味着我们要重新考虑正义公平理论的本质并从根本上重组维持该理论的激励体制。然而，只有极少部分的改革目标是可实现的。许多业内和业外人士已经被对抗诉讼的弊端弄得精疲力竭，最大的挑战就是如何减少他们因追求实质性改革策略而产生的沮丧情绪。

　　对抗诉讼有自身的价值，但它们往往被当成了目的，而它们的弊端也被诟病得太多太多了。导致对抗滥用的现行机制不一定保护大多数美国人在现行诉讼程序中发现的美德：保护个人权利、鼓励有效的准备、监督审讯偏见和政府权力。其他的法律制度却无需困惑，美国律师已接受的不文明行为也能维护这些美德。在纽约时报一篇著名的《律师为什么说谎》(*Why Lawyers Lie*)的社论中，纽约律师弗洛伊德·艾布拉姆斯(Floyd Abrams)提出了关键的问题："如果在一个体制中，律师花大量的时间去回避真相而不是去寻找真相，那么它是否真的产生公平就值得追问了。如果在一场比赛中，参赛者忘记了他们最初为什么开始，而观众忘记了他们正在看的是什么，那么它就不再是比赛了，追问我们是否应该继续这样的法律比赛永远都为时未晚。"[79]

---

[79] E. Allen Lind, "Procedural Justice," in *Everyday Practices and Trouble Cases*, ed. Austin Sarat et al. (Evanston, Ill.: Northwestern University Press/ABA, 1998), 177, 181; Floyd Abrams, "Why Lawyers Lie," *New York Times Magazine*, October 9, 1994, 54.

第五章

太多法律，太少公正：太多修辞，太少改革

1770年新罕布什尔州的人口普查报道指出，格拉夫顿县拥有"6489人，大部分人从事农业……这里一个律师也没有，我们不会把这一事实归功于自己，而是要感激全能仁慈的上帝。"对于同时代的观察者来说，这样的美好前景无疑显得非常诱人。大部分美国人相信美国有太多的律师，律师提起了太多的诉讼；律师界的领袖也把人们的好讼视为律师行业的首要问题。传统的看法是美国的法律太多，公正太少，法律行业带来了更多问题而非解决问题之策。[1]

---

[1] Census Report, quoted in E. Norman Vesey, "The Role of Supreme Courts in Addressing Professionalism of Lawyers and Judges," *Professional Lawyer* (1997): 2, 8; American Bar Association, *Perceptions of the United States Justice System* (Chicago: ABA, 1999), 59; "Anti-Lawyer Attitude Up," *National Law Journal*, August 9, 1993; Amy C. Black and Stanley Rothman, "Shall We Kill All the Lawyers First? Insider and Outsider Views of the Legal Profession," *Harvard Journal of Law and Public Policy* 21 (1998): 835, 854; see also Gary A. Hengsler, "Vox Populi," *ABA Journal*, September 1993, 63. For a more extended treatment of issues raised in this chapter, see Deborah L. Rhode, "Too Much Law, Too Little Justice: Too Much Rhetoric, Too Little Reform," *Georgetown Journal of Legal Ethics* 11 (1998): 989.

然而，在明显的共识背后却是备受争议的假设和相互冲突的价值观。除了在修辞学层面上，法律服务传播的过程中所遇到的问题仍然有待解决，部分原因就在于对问题的本质还没有达成一致意见。拼命压抑这个问题，却引发了更多问题。我们凭什么说美国的律师或诉案数量太多呢？跟什么相比算太多呢？别的国家？别的时代？为什么我们只关注律师的数量？为什么我们不着重考察律师工作的价格和品质？如果像以下讨论所表明的美国的诉讼率是正常的话，那么我们遇到的困难可能与通常讨论所揭示的并不一样。对大部分美国人来说，最重要的问题不是律师太多了，而是接近正义的机会太少了，法律服务及争端解决过程中可有的选择太少了。对于许多决策者来说，这个问题牵涉太多问题：大多数人对法律需要视而不见，对于争论中的利益也不加思索。

我们讨论的反复出现的法律"危机"，大部分源于人们更乐意接受民间故事式的报导。在媒体评述及政治辩论中，系统研究最多只是打边鼓的角色（a walk-on role），歪曲的数据遭来谩骂，而不具代表性的奇闻轶事却很有魅力。扭曲的问题视角当然导致扭曲的解决方法。我们的注意力应该更少地集中在法律的数量上，而更多地关注它自身的分配与传播。太多的消费者不能以可承受的价格满足自己的法律需求，极少有消费者能在可能提高选择效率的政策制定中发出自己的声音。我们最大的困难不是我们拥有的律师太多，而是我们给予了他们太多的法律政策控制权，结果再次造成了以牺牲公众的利益来服务于法律行业的这样一个体制。

律师超员

在过去的 30 年中，美国律师的数量几乎翻了 3 番，现在接近

90万人。然而几个世纪以来，对于律师数量——不管是何等规模——的抱怨从来就没有停止过，甚至其使用的言辞手段都不曾有任何改变，就像是受到"诅咒的毛毛虫"和"蝗灾"一样，律师们周而复始地"榨取美国事业的生机与活力"，这个国家埋葬在"无数的讼案之下，并给商业带来彻底的毁灭"。丹·奎尔（Dan Quayle）声称美国的律师数量占世界律师总数的70%，媒体报导不加鉴别地重复和依赖这样的论断。然而据推测，律师数量可能只占世界总量的1/4或1/3，相当于美国国内生产总值在世界总值中所占的份额。跨文化比较也同样具有误导性，原因就在于在其他国家有些人接受过法律教育而且做着美国律师所做的工作，但是他们却没有律师执照，可是这种比较却无法揭示这一点。[2]

评论家对日本的无尽偏爱是因为这个国家需要律师资格证。在日本，执证律师的数量少于2万人，可是美国每年有3.5万新人加入到律师这一行业。然而，这种比较也忽视了一些重要的事实。日本商界和政府职员都接受过大学法律教育并从事法律服务，但是他们却没有律师执照，因为日本法律考试的通过率只有2%。事实上，一些日本评论家抱怨日本培养了太多法律顾问，其比例比

---

[2] For critiques, see Lawrence M. Friedman, *A History of American Law,* 2d ed. (New York: Simon and Schuster, 1985), 96; Jerold Auerbach, "A Plague of Lawyers," *Harper's,* October 1976, 37; Robert Dee, "Blood Bath," *Enterprise* 10 (March/April 1986), 23; Terry Carter, "A Lesson Learned," *ABA Journal,* May 1998 (quoting Thomas Donahue, president of the U. S. Chamber of Commerce); Paul W. McCracken, "The Big Domestic Issue: Slow Growth," *Wall Street Journal,* October 4, 1991, Al4. For responsible research, see Marc Galanter, "News from Nowhere: The Debased Debate on Civil Justice," *Denver University Law Review* 71 (1993): 77, 79 ~80; Marc Galanter, "Pick a Number, Any Number," *Legal Times,* February 17, 1992, 26.

美国还高。日本的法学毕业生所占的人口比例差不多是美国的2倍。[3]

当然,即使是调解人与人之间或职业之间的分歧所需要的法律服务,美国也比其他一些工业国家提供得更多。许多人认为,律师对法律的关注对促成美国极端依赖法律这一现象具有重要作用。当然对于这一看法也有不同的意见,举一个普通的例子(不一定是匿名)来说,一个商人独自来到一个小镇开始他的生意,紧接着就来了一个律师,然后他俩都发财了。

然而,这一传统看法可能在主要问题上把因果关系弄颠倒了。律师确实推动和利用了美国法律至上的文化(legalistic culture),但如果我们就此认为是他们创造这一法律文化,则不免有点儿天真。大多的研究者都承认,美国律师比例的失衡与其说是依赖复杂而分散的法律程序的原因,不如说是它的结果。正如后面讨论所表明的那样,其他国家寻求同样的管理和赔偿目标,所依赖的是集权化的官僚结构,而后者所需要的高价法律专家要少得多。[4]

在许多美国人看来,我们如此依赖律师是既浪费又低效的。一些著名批评者,如哈佛大学前校长德里克·博克(Derek Bok)就认为,法律职业除了吞噬太多的"人类才智"外,什么也没做。据说,律师与工程师等其他职业人不可同日而语,因为他们"只

---

[3] Kahei Rokumoto, "Issues of Lawyer Population in Japan," in *The Social Role of the Legal Profession*, ed. Kahei Rokumoto (Tokyo: International Center for Comparative Law and Politics, 1993), 206; Junjiro Tsubota, quoted in Marc Galanter, "The Day after the Litigation Explosion," *Maryland Law Review* 46 (1986): 3, 13n. 36.

[4] Marc Galanter, "Predators and Parasites: Lawyer Bashing and Civil Justice," *Georgia Law Review* 28 (1994): 633, 677; Robert Kagan, "Do Lawyers Cause Adversarial Legalism? A Preliminary Inquiry," *Law and Social Inquiry* 9 (1994): 1, 8.

是在盘算如何瓜分馅饼，却丝毫不能让这个馅饼变大"。[5]

可是，这种描述（不管在言辞上它多么有说服力）在现实中却并没有说服力。就像律师在合作开发、监管合规（regulatory compliance）、民权诉讼（civil liberties litigation）或是刑事案中所起的作用一样，馅饼这个比喻严重地误导他人，正如一位评论家所说的——那是"天空中的馅饼"。律师在提供的同时也分割公共产品（social goods），他们为个人权利和政府义务提供根本性保障（essential safeguards），律师为保护发明者的专利而提起的诉讼，就不仅仅是在"分割馅饼"，而是在执行奖励创新的激励措施，也就是使馅饼变大。[6]

此外，对于好讼懊恼的同时，却忽视人们获得法律保护的途径。正如罗格斯法学院（Rutgers Law School）的院长罗杰·阿布拉姆所指出的那样，对大多数美国人来说，问题不在于律师太多，而在于"太多的律师正在努力为同一群委托人服务"。对于资产雄厚或具有潜在丰富诉讼的公司或个人来说，愿意给他们提供服务的律师可能供过于求，但对于有需求的普通人来说，却不是这样。对于穷人来说，不到万不得已，他们是不可能请到律师的。虽然4/5 的美国人认为，对于民事诉讼，穷人有获得免费法律援助的权利（a right to free counsel for civil cases），但是法院和政策制定者却不这样认为。据估测，每9000个穷人只有一个法律援助律师，而

---

[5] Derek Bok, "A Flawed System of Law Practice and Training," *Journal of Legal Education* 33(1983): 570, 573~74; Robert Wills, *Lawyers Are Killing America* (Santa Barbara: Capra Press, 1990) , 10, 57.

[6] David Luban, "Tasseled Loafers," *Report from the Institute for Philosophy and Public Policy* 12 (summer/fall 1992): 9.

普通居民中每300人就有一个律师为他们服务。[7]

美国的律师是否太多不是一个可以抽象回答的问题，而且这也并不是一个至关重要的问题。问题的重点不是律师"有多少"而是服务"有多好"？这个法律职业如何有效满足国家的法律需求？还有什么其他选择？一些法律问题能不能少花一点钱请非律师的专业人士解决？随着竞争的激烈，这类执业者会不会给消费者提供更多更好的选择？然而，这些问题并不是大众讨论的全部问题，除非有所改变，不然留给我们的只有太多的花言巧语，太少的改革。

讼案如山

据主流媒体的评述，美国遭受着持久的"法律疑病症（legal hypochondria）"危机，其某些症状就是使用复杂的言辞手段。这个国家忍受着"雪崩的"、"血流成河"、"疟疾病"的诉讼倾向，其可怕程度犹如"黑死病"，而诊疗的方法大体上却是奇闻轶事，评论家也把新闻贴上了歌舞杂耍的标签和畸形的、使人发笑的法庭审案进程。一位25岁的受"不正当教育"长大的受害人向他的父母索赔，一位求婚者可能起诉他失约的约会对象，一位顾客会因为某天发型不好看而要求美容师赔偿，一位太太想用微波炉烘干

---

[7] Roger Abrams, "Are There Too Many Lawyers?" *New Jersey Law Journal*, February 11, 1995, 23; Paul Tremblay, "A Very Moral Type of God: Triage among Poor Clients," *Fordham Law Review* 67 (1999): 2475; State Bar of California, Office of Legal Services, *And Justice for All: Fulfilling the Promise of Access to Civil Justice in California* (San Francisco: State Bar of California, 1996), 1~2, 17; Albert H. Cantrel, ABA Commission on Legal Service and the Public, *Agenda for Access: The American People and Civil Justice* (Chicago: ABA, 1996), 4, 26~27.

她洗完澡的长卷毛狗,都因未能如愿而要求生产商赔偿。[8]

显然,因为某些显而易见的原因使这些案子受到了不合理的关注,在一个竞争日益激烈的媒体市场中,新闻和娱乐的分界线越来越模糊。为了存活下去,严肃的法律系统与更加活跃的对手展开竞争,比如脱口秀节目、小报花边新闻、纪实电视剧。结果,实质性的内容经常被一些华丽的先入为主的讨论所掩盖。公众好奇地瞥过这些离奇的案子,却丝毫感觉不到它们整体上的重要性。由于一些政治家们在辩论中大量使用修辞的语词,这个问题愈加恶化。按加利福尼亚前州长皮特·威尔逊(Pete Wilson)的说法,"律师的公文包变成了令人畏惧的武器"。德克萨斯州的州长乔治·W·布什声称"垃圾诉讼案充塞着我们的法庭",法庭裁定的损害赔偿数额"让一些小商人感到恐惧"。丹·奎尔(Dan Quayle)再现了一个似乎无穷尽的单调的说教,在他描述的我们"这个疯狂喜好诉讼的国度"中,一位棒球手的棒球因为砸在窗户玻璃上而撞坏了,于是这位"受害者"起诉他的邻居或是棒球生产商,或者是玻璃生产商,但通常情况下他会同时起诉三者。随着事实和虚假的分界线越来越模糊,这个世界开始变得像肯塔基州(Kentucky)议员米尔奇·麦克蒙内尔(Mitch McConnell)这类政治家们所多次形容的那样,成为一个"每个人都在起诉每个人"

---

[8] U. S. *News and World Report*, December 4, 1978, 50; Dee, "Blood Bath," 23; McCracken, "Domestic Issue," *Wall Street Journal*, October 4, 1991, A14; Dan Rather, quoted in W. Lance Bennett, *News: The Politics of Illusion*, 3d ed. (New York: Longman, 1996), 1; Deborah L. Rhode and David Luban, *Legal Ethics*, 2d ed. (Westbury, N. Y. : Foundation Press, 1995), 722; Mary Ann Glendon, *A Nation under Lawyers* (New York: Farrar, Straus and Giroux, 1994), 263; "The Trouble with Lawyers," with John Stossel. ABC News special, January 2, 1996, transcript, 69; Roger Cramton, "What Do Lawyer Jokes Tell Us about Lawyers and Lawyering?" *Cornell Law Forum*, July 1996, 7.

的地方。[9]

然而，这些经过润色后的描述并不能说明美国的法律嬉皮士（legal frolics）为数众多，或他们占据了太多的司法时间。在许多不同的文化中，法庭为琐碎的伤痛提供了一个发泄口，同时建立了禁止或者当场拒绝毫无意义的诉讼的策略。如果美国大众以更宽广的历史或跨文化角度思考问题的话，那么美国现在的疯狂起诉就不至于那么令人担忧。贝尔格莱德法庭曾经面临9000起诽谤诉讼案，使美国的法庭觉得自叹弗如。[10]

进而言之，被视为没有任何意义的诉讼取决于观察者的标准。虽然少部分经常被引用的案例符合大众的看法，但是常常难以区别报复和辩护之间的界限。过去，性骚扰案件一般作为司法视野之外的事件予以驳回，在某些地区，这种状况仍没有得到重大改善。一些媒体评论家借此大做文章，认为性骚扰是"蛊惑的审判"或"全体的麦卡锡主义"，它们必定会使激进的女权主义者"因为任何事情起诉任何人"。对一些法官（经常为男性）来说，允许反歧视法律来处理这些极其敏感的琐碎问题是一个错误。然而，只有通过这些表面上极其琐碎的诉讼案，美国人才最终开始认识到性骚扰的真正代价。女性为此在经济及精神上直接付出了高昂的

---

[9] Bennett, News, 39; "Ridiculous Unjustified Suits Are Bringing Down State's Economy," *San Jose ad Silicon Valley Business Journal*, May 12-18, 1997, 43 (quoting Wilson); George Lardner Jr., "'Tort Reform': Mixed Verdict," *Washington Post*, February 10, 2000, A6 (quoting Bush); Dan Quayle, *Standing Firm: A Vice Presidential Memoir* (New York: HarperCollins, 1994), 283; *Congressional Record* S948-49 (daily ed., February 4, 1986).

[10] Marc Galanter, "Reading the Landscape of Disputes: What We Know and Don't Know (and Think We Know) about Our Allegedly Contentious and Litigious Society," *University of California at Los Angeles Law Review* 31 (1983): 4, 56n. 238; Lawrence M. Friedman, "Access to Justice: Social and Historical Context," in *Access to justice*, ed. Mauro Cappelletti and John Weisner (Milan: Giuffee, 1978), 2:3.

代价，而我们每个人间接付出了更高的代价，因为性骚扰使得世界500强公司每年平均损失约600万美元营业额，工人不来上班，因此失去了生产力。[11]

最受媒体欢迎的那些小案子和令人气愤的裁决都建立在经过精心选择的真实片断的基础上。教科书上的案例围绕近期麦当劳向客人销售滚烫咖啡因此被罚了几百万美元这一诉讼案。对大部分记者来说，这个案子被看作是对法律职业及法律程序的一个全方位的控诉，贪心的律师在这些失控的陪审团面前弄出一些小事件，而且提出一些荒谬的赔偿请求。国立商会（Chamber of Commerce）总结道："仅仅因为你把咖啡洒在自己身上，就要求饭馆赔偿几百万美元，这公平吗？"对于这一观点，报纸的社论、电台的脱口秀以及杂志评论无止境地改变它们的立场。[12]

进一步思考可以得出，这个问题不再是个语言层面上的问题。原告即一位79岁的老太太，把180度的咖啡洒在身上，造成极为痛苦的三级烫伤。她在医院治疗了8天，又再次回去做了植皮手术，只是在麦当劳拒绝支付医疗费用的情况下她才提起了诉讼。在审判过程中，陪审团了解到在过去的10年中有约700起类似的麦当劳烫伤案，虽然医学专家已经警告过如此高的温度会造成严

---

〔11〕 "Asides: The Office Bore," *Wall Street Journal,* July 21, 1997, 22; John Leo, "An Empty Ruling on Harassment," *U. S. News and world Report,* November 29, 1993, 20; John McLaughlin, quoted in Deborah Epstein, "Can a Dumb Ass Woman Achieve Equality in the Workplace? Running the Gauntlet of Hostile Environment Harassing Speech, "*Georgetown Law Journal* 84 (1996) : 399, 408; Deborah L. Rhode, *Speaking of Sex* (Cambridge: Harvard University Press, 1997) , 97 ~ 98. For costs, see Kerry Segrave, *The Sexual Harassment of flamen in the Workplace,* 1600 ~ 1993 (Jefferson, N. C. : McFarland, 1994) , 203.

〔12〕 Ralph Nader and Wesley J. Smith, *No Contest: Corporate Lawyer and the Perversion of Justice in America* (New York: Random House, 1996) , 267.

重的烫伤,然而公司的安全顾问却认为这些投诉的数量"微不足道"。陪审团决定罚款230万美元并不是一个草率的决定,惩罚性赔偿的金额只是麦当劳两天的咖啡营业额,而且后来法官把罚款降低到了64万美元。原告为了避免遭遇上诉,后来以更少的不公开的金额私下了结了此案。此麦当劳竖起警示牌,其他速食店也采用类似的手段。虽然对最后结果的评判可能不一致,但这一案例却不是像媒体评论家所描述的那样,是一次显然"荒唐"的嘲弄。[13]

麦当劳诉讼案并不是一个孤立的案子。为了得到有趣的案例,评论家们经常曲解真相,"缺乏戏剧性"的故事有时添加了戏剧因素。《60分钟》节目详细报道了一个表面离谱的判决。梯子因为放在马粪上面而滑倒,受伤的原告获得了30万美元的赔偿,因为生产商没有警告客人这种危险。这一滑、一摔的潜在喜剧性过于巧合,以致不太可信。如果有人费神查一下审判记录,生产商也许已经发现,事实上这个案子存在问题,因为梯子存在质量缺陷,受害者的骨折和遭到撞击的脊椎,造成的是永久性伤痛。当被问到为什么没有检查到这些事实的时候,新闻发言人哈利·里森纳(Harry Reasoner)的回答是没有这样做的必要,他说道:"毕竟,我们过去努力代表(被告的)立场。"[14]

---

[13] Cindy Webb, "Boiling Mad," *Business Week,* August 21, 1995, 32. "Ridiculous" is the Chamber of Commerce's characterization. see Nader and Smith, *No Contest,* 267~73; Andrea Gerlin, "A Matter of Degree: How a Jury Decided That a Coffee Spill Is Worth ＄2.9 Million," *Wall Street Journal,* September 1, 1994, A1.

[14] David L. Paletz and Robert M. Entman, *Media Power Politics* (New York: Free Press, 1981), 16. For examples, see Richard Lacayo, "Anecdotes Not Antidotes," *Time,* April 10, 1995, 40; Steven Brill and James Lyons, "The Not So Simple Crisis," *American Lawyer,* May 1986, 1, 12.

然而，这种故事的简化版本却忽视了那个真实的故事。太多的奇闻轶事代替了分析，乔装打扮代替了更为周延的深思熟虑，由于奇闻轶事比数字统计更畅销，市面"流传"的诉讼报道倾向于以更多的篇幅写故事，以更少的篇幅写事实。这一问题由于认知的偏颇变得更为严重。因为生动的事件特别容易回想起来，我们倾向于高估它们发生的频率。在统计趋势中，一旦叙述代替了数据，就会给公众留下严重扭曲的印象，这并不是说真实而"正确"的数据总是可以获得的，但相对于其他方面而言，数据对某些法律程序的陈述与证据的关系更为密切，有关合法性的争论成为一些马虎统计的排污口（a sinkhole for sloppy statistics）。[15]

一个恰当的例子就是那个长期流传的断言，美国是"世界上最为多讼的国家"。学者们经常揭穿这一断言（assertion），以至于令人感到惊奇还有那么多的鬼话（bunk）流传至今。许多对"证据"的误解都源于统计手法。评论家们指摘某些特殊案子具有戏剧性的增长，比如说联邦法院里的那些破产和产品质量案子。但联邦法院的这类案子只占全国诉讼总量的2%，而且在州法院产品质量的案子数量已经下降。一些商业领袖对"法律疑病症"的投诉最为严重，而商业争端却是美国民事案中数量最多、增长最快的案件类型。专家们也一致认为，不管是与过去还是与没有好辩之名的其他许多西方工业国家相比，美国现在的诉讼率并不是特别的高。在过去的几个世纪，在美国的某些地区总有许多悬而未决的案子，但是现在，如果按人口比例来计算，美国的上庭案件

---

[15] Michael J. Saks, "Do We Really Know Anything about the Behavior of the Tort Litigation System—and Why Not?," *University of Pennsylvania Law Review* 140 (1992): 1147, 1161.

第五章 太多法律,太少公正;太多修辞,太少改革 193

与加拿大、澳大利亚、新西兰、英国、丹麦大体相同。[16]

无论如何,诉讼率都不是用来衡量文化上的好斗或法律上的多疑的完美尺度。协议离婚是最近民事案件数量上升的重要原因,但是这种数量上升并不能反映一个国家更为好讼,相反它反映的是对婚姻满意度的更高期望、对家庭暴力容忍度的降低、法律程序的进一步简化。这些案子也不会耗损太多的司法资源,一项具有代表性的调查表明,听审一起协议离婚案平均只需要 4 分钟。[17]

评论家们把太多注意力放在太多的诉讼案上,却忽视了一个如果不是最重要也是同等重要的问题,即大多数美国人缺少维护合法权利主张的信息或资源。当然,问题的确切程度很难量化,在具体个人看来,一个问题是否需要法律援助具有很大程度上的主观性。尽管不同的方法论产生的必然是多少有些不同的结果,但事实上,所有最近的研究均显示大量法律需求未能满足。各州调查及国家的调查总体上说明,超过 4/5 的低收入家庭的法律问题没有得到解决。一项美国律师协会(ABA)的最新研究发现,在中等收入家庭中,大概 60% 的民事法律案件从来没有提交司法系统;在这类案件中,大概 40% 的案件的当事人对替代的纠纷解决

---

[16] John Leo, "The World's Most Litigious Nation," *U. S. News and World Report*, May 22, 1995, 24; Stephen Budiansky with Ted Gest and David Fischer, "How Lawyers Abuse the Law," *U. S. News and World Report*, January 30, 1995, 50, 56; Marc Galanter, "Real World Torts: An Antidote to Anecdote," *Maryland Law Review* 55 (1996): 1093, 1104~6; sources discussed in Galanter, "Litigation Explosion," 3; Michael H. Trotter, *Profit and the Practice of Law* (Athens: University of Georgia Press, 1997), 167; Galanter, "Pick a Number"; Glendon, *Nation under Lawyers*, 268; Galanter, "News from Nowhere," 79~80.

[17] Ralph C. Cavanagh and Deborah L. Rhode, "The Unauthorized Practice of Law and Pro Se Divorce," *Yale Law Journal* 86 (1976): 104, 129.

方式不满意。[18]

关于特殊法律问题的其他调查显示,此类法律需要未能得到满足的比例同样很高。例如,最为系统性的研究发现,大概仅有10%的意外事故受害者要求赔偿,只有大约2%或3%的受害者提起诉讼。一项关于纽约近3万份医院记录的评论也透露,在因护理疏忽遭到伤害的病人中,只有大约12%的病人对医疗事故采取行动,其中又只有50%的病人得到了赔偿。根据《侵权行为责任法》的规定,因意外伤害而产生的直接费用只有大约4%能得到赔偿。另外,如果公众同时听取法人的辩护和被告的索赔主张,公众对这类问题的看法就会截然不同。[19]

对于那些最需要帮助的人,美国法律机构提供的帮助却是最少的。司法系统的障碍给弱势群体带来了巨大的苦难:需要寻求法律保护的家庭暴力受害者、不能享受医疗福利的贫困家庭、申请社会福利或退休金问题而未解决的老年人。然而这些不同群体的需要在公共讨论中依旧没有得到重视,也未在公共政策中得到解决。我们的民间传说主要集中在疯狂的诉讼当事人和贪婪的律师身上。更为普遍的困境——不能足够方便地聘请律师,不管是贪婪的还是其他类型——仍旧在视野和心灵之外。

---

[18] Office of Legal Services. *And Justice for All*, 17; Cantrel, *Agenda for Access*, 4, 26 ~ 27.

[19] Deborah R. Hensler et al., *Compensation for Accidental Injuries in the United States* (Santa Monica, Calif.: RAND Institute for Civil Justice, 1991), 110, 121 ~ 28; Peter A. Bell and Jeffrey O'Connell, *Accidental Justice: The Dilemmas of Tort Law* (New Haven: Yale University Press, 1997), 58; Harvard Medical Practice Study, *Patients, Doctors, and Lawyers: Medical Injury, Malpractice Litigation, and Patient Compensation in New York: The Report of the Harvard Medical Practice Study to the State of New York* (Cambridge: Harvard University Press, 1990) 6 ~ 9, 7 ~ 1; Saks, "Do We Really Know Anything," 1183 ~ 84.

太多法律

根据传统看法,在美国不仅有太多的诉讼,还有太多的法律,最近的统计趋势印证了这一感觉。自 1960 年代以来,法律服务所带来的效益在国民生产总值中的比例已有成倍的增长。每年,州法庭颁布几乎 1 万个法律决议(legal decisions),州立法机构通过 2.2 万多部法律(law),行政机构出台上千册规章和报告(regulations and reports)。不但法律的数量在增多,法律内容也越来越广泛,同时这些法律并非总是受到欢迎的。如果对一个随便接吻的 6 岁的"性骚扰者"发出禁制令,那么法律的限制范围也过大了。[20]

最近,法律范围的扩大及数量(the reach and volume of law)的增长反映了更广泛的文化趋势。对于大部分情形来说,美国绝不是独一无二。随着生活方式的复杂化和依赖性的增强,对于法律的需求也相应增加。在西方工业化国家,随着生活水平的提高,人们对法律制度在维持生活水准中的作用的期望值也随着增高。在过去的 20 世纪,很多国家的人们一直都在期待斯坦福法学教授劳伦斯·弗莱德曼(Lawrence Friedman)所倡议的"完全公正(total justice)"。工业事故、歧视行为、环境损害及社会服务措施不完善都曾经被视为理所当然的事件,现在都期望得到法律的救济。[21]

---

[20] Marc Galanter, "Law Abounding: Legislation Around the North Atlantic," *Modern Law Review* 55 (1992): 1; Thomas E. Baker, "Tyranneous Lex," *Iowa Law Review* 82 (1997): 689, 700~702; Adam Nosseter, "Six-Year-Old's Sex Crime: Innocent Peck on Cheek," *New York Times*, September 27, 1996, A9.

[21] Lawrence M. Friedman, *Total Justice* (New York: Russell Sage Foundation, 1994).

此外，自阿雷克西·托克维尔（Alexis de Tocqueville）以来，评论家们都认为，比起其他社会，美国更多地依赖法律和律师去解决社会问题。一直以来，美国人不信任中央集权，而且通过以个人为出发点的诉讼系统来监督其运转。美国人在有必要时到法庭解决问题，而其他国家则是通过行政手段和政府行为解决问题。例如许多西方工业化国家，事故受害者可以得到有政府保障的医疗保险，同时也能得到有效的工资补偿，而不是通过个人伤害诉讼要求赔偿，但那些为好讼感到悲哀的人们却很少注意到好讼背后的压力，也没有注意到不同行政机构之间所需要的协调。[22]

吓人的费用

从公众的观点可以推测，如果法律、诉讼和律师少一些，那么美国会更美好。几个世纪以来，美国人都认为法律系统"难以置信的昂贵、拖延"（staggering expense and delay）。现在这个观点更为普遍，超过4/5的美国人相信诉讼耗时太长、花钱太多，大约3/4的人相信诉讼正在破坏国家的经济。在调查中有一半的公司领导人认为产品质量责任诉讼对公司的国际竞争力有很大影响。加利福尼亚州的高级执行官多次强调产品质量责任法案是最可能破坏国家商业环境的因素。[23]

---

[22] Kagan, "Do Lawyers Cause Adversarial Legalism？", 8.
[23] Dan Quayle, quoted in David Margolick, "Address by Dan Quayle on Justice Proposals Irks Bar Association," *New York Times*, August 14, 1991, Al; McCracken, "Domestic Issue," Al4; Karen O'Conner, "Civil Justice Reform and Prospects for Changes," *Brooklyn Law Review* 59 (1993): 917, 922; Samborn, "Anti-Lawyer Attitude Up,"1; Galanter, "The Regulatory Function of the Civil Jury,"*in Verdict: Assessing the Civil Jury System*, ed. Robert E. Litan (Washington, D. C.: Brookings Institution Press, 1993), 61; Sullivan, "Ridiculous Suits," 43.

第五章 太多法律，太少公正：太多修辞，太少改革 197

如果要对这些问题作出评价，那么区分两个相关联但又截然不同的问题是很重要的。首先，与追究质量问题的法律责任所带来的收益相比，其总体费用是不是过多了？这些花费是不是威胁到了美国经济的健康发展？其次，考虑到解决特殊类型的法律案件所带来的益处及可以提供的其他选择，解决这类案件的交易费用（transaction costs）与之比较，是不是过多了？大部分的公众舆论并未正确理解这两个问题，而且从这些误读的前提出发，提出了错误的政策性建议。

尽管我们缺乏对民事责任总成本的可靠评估，但对民事侵权行为制度进行合理的估计还是可望实现的。这些数字远远低于最为流行观点的预计，而且也没有揭示其对经济生产力的重大影响。例如，布鲁克林研究所（Brookings Institution）的研究估计，民事侵权责任仅占美国商品和服务业总成本的2%，这个数字是"绝不可能"（highly unlikely）对美国的竞争力产生巨大影响的。另一项研究表明商业总责任（businesses' total liability）的合法要求，包括民事侵权行为，每100美元税收中大约只占25美分。公司风险投资经理则汇报告说，这些诉讼费用对较大的经济指标，比如对收入总额或市场份额只有很小的负面影响。根据大多数经理的经验，民事侵权诉讼的主要影响是增强了产品安全性以及危险警告的努力。[24]

然而，这种系统的调查结果对公众感受几乎没有什么影响，

---

[24] Robert E. Litan, "The Liability Explosion and American Trade Performance: Myths and Realities," in *Tort Law and the Public Interest: Competition, Innovation, and Consumer Welfare*, ed. Peter H. Schuck (New York: Norton, 1991), 127, 128; Nader and Smith, *No Contest*, 279; Nathan Weber, *Product Liability: The Corporate Response*, report no. 893 (New York: Conference Board, 1987), v.

部分原因是它们极少触及主流观众。享有盛誉的数据研究正逐渐被一些更华丽的失控判决所取代。近期的调查发现,媒体的报道非常明显地偏重于成功诉讼以及大笔的赔偿费。对新闻报道过的案件的判决比所有送审案件的平均判决率高出4～20倍。这一不太正常的报道折射出观众趣味与新闻行业的自身利益。正如此前的讨论所指出的,新闻总是需要是新鲜的消息。因此,不同寻常的赔偿数额吸引了过分热衷的报道。记者也很容易发现类似的案件,因为原告律师对公开报道大获全胜明显有兴趣,而对羞愧的认输或低调的和解则不然。也如前面所说,当某些事件特别逼真时,人们就会倾向于夸大它们发生的频率。选择性报道和选择性回想的综合结果导致对获得较大胜诉可能性的错误感知,尤其在民事侵权行为背景下。即使一些相对见多识广的人,包括律师、议员和保险精算人,也会对诉讼的数量、规模以及原告胜诉的可能性估计过高。[25]

尽管商业领袖们不断感叹惩罚性损害赔偿数额太大,但他们都不认为此类裁决做出的频率很低。事实上,原告获得惩罚性赔偿的不足所有案件的1%,并且只有2%～3%的产品责任和医疗事故诉讼引起了广泛的谴责。此类损害在商业纠纷中更为普遍,而在这一点上公司老板们则圆滑地保持沉默。再者,赔偿数额绝对

---

[25] Daniel S. Bailis and Robert J. MacCoun, "Estimating Liability Risks with the Media as Your Guide: A Content Analysis of Media Coverage of Tort Litigation," *Law and Human Behavior* 20 (1996):419,426; Marc Galanter, "The Regulatory Function of the Civil Jury, " 85; Amos Tversky and Daniel Kahneman, "Availability: Heuristic for Judging Frequency Probability, " *Cognitive Psychology* 5 (1977):207; Donald R. Sgonger, "Tort Reform in South Carolina: The Effect of Empirical Research on Elite Perceptions Concerning Jury Verdicts, " *South Carolina Law Review* 39 (1988):5, 85; Galanter, "Civil Jury, " 86; William Glaberson, "When the Verdict Is Just a Fantasy, " *New York Times*, June 6, 1999, El.

不是像流传中所揭示的那样过分或轻率。典型的判决是适中的，在1990年代中期的人身伤害案中，中度的判决均低于5万美金。与广泛流传的设想相反，陪审团对腰缠万贯的商业集团并未存有全面性的偏见。这些判决与专家们如法官、医师的意见并无多少分歧，后者也评价同样的事实。尽管高额的民事侵权赔偿费大多是民愤和改革提案的目标，但事实上，受到严重伤害的受害人更多的是补偿不足而不是补偿过多。例如，一个对佛罗里达州医疗事故案件的调查发现，原告平均只得到相当于他们损失的一半的赔偿，那些受到最严重伤害的仅获得1/3的赔偿。使用不安全产品、机动车和飞机事故中的受害者存在类似的补偿不足情形。[26]

现今流行的争论不但夸大了过度判决的频率，也夸大了后果。再者，多数传达给观众的"证据"多属轶事趣闻，其中的道德内容也存在高度误导。约翰·斯托塞尔（John Stossell）在美国广播公司（ABC News）的特别节目"律师的烦恼"（The Trouble with Lawyers），就是一个个案并且是个案研究的滥用。这个节目的开场白是："如果你认为有太多的律师从太多的法律诉讼中赚了太多的

---

[26] John Sullivan, "Ridiculous Unjustified Lawsuits Are Bringing Down State's Economy," *San Jose and Silicon Valley Business Journal,* May 12-18, 1997, 43; Marc Thompson, "Applying the Brakes to Punitives,"*ABA Journal,* September 1997, 69; Nader and Smith, *No Contest,* 280~81; Erik Moller, *Trends in Civil Jury Verdicts since 1985* (Santa Monica, Calif.: RAND Institute for Social Justice, 1996), 35~36; Glaberson, "Verdict,"El; Andrew Blum, "Study Finds Punitives Are Small, Rare,"*National Law Journal,* July 1, 1996, A6 For undercom-pensadon see Frank A. Sloan and Stephen S. van Wert, "Cost and Compensation of Injuries in Medical Malpractice,"*Law and Contemporary Problems* 54 (1991): 131, 155; W. Kip Viscusi, "Toward a Diminished Role for Tort Liability: Social Insurance, Government Regulation, and Contemporary Risks to Health and Safety,"*Yale Journal on Regulation* 6 (1989): 65, 95~97; Saks, "Do We Really Know Anything?", 1286~87.

钱，那么这个节目就是适合你的。"[27]

在整个广播节目中，斯托塞尔谴责了好讼之风，但巧妙地回应了美国的诉讼是否正在增加、与其他国家相比是否过多，以及在多大程度上影响国民经济这些棘手的问题。"无论数字如何，"他指出，"它们很难弄清楚，恐惧也在上升"。如果数据没有关联，只是感知问题，那么观察者得到的只是许多恐惧诉讼的痛苦幻想。首先是来自亚利桑那州（Arizona）的一对夫妻，他们"免费为穷人烹饪了成千上万次感恩节晚餐，直到……一个人腹痛，并威胁要告他们"。紧接着的一个例子是父母"不敢在小联盟（Little League）中当教练，因为他们可能会为内野高飞球（a pop fly）而遭到起诉"。讨论以看上去没有必要的对产品安全性的投资和没有根据的撤销有医学价值的产品而结束。斯托塞尔和其他批评家一样为"因为诉讼，每个棒球头盔价值超过100美元"而惊骇。他在《华尔街日报》（Wall Street Journal）社论中解释说，上述做法的结果是"一些财政短缺的学校不再开展棒球运动，孩子们只好到街上打球。这更安全吗？"他所没有提及的是那些正在从事明显安全得多的其他体育运动的学生，以及那些在头盔重新设计前每年在棒球事故中死亡的学生的惊人数字。[28]

诸如此类的歪曲描述并非不同寻常。美国民事侵权行为改革联盟（The American Tort Reform Association）花费数百万美元来宣传责任保险花费巨大。其中一项运动就是以一些孤独的孩子坐在封闭的游泳池边为内容，图片的题目是"他们取消了7月4日的

---

[27] "The Trouble with Lawyers," transcript, 4.

[28] "The Trouble with lawyers," transcript, 6; John Stossel, "Protect Us from Legal Vultures," *Wall Street Journal*, January 2, 1996, A8.

第五章 太多法律，太少公正：太多修辞，太少改革 201

那一天"（The Day They Canceled the Fourth of July）。《华尔街日报》的一篇代表专栏版直接用标题"律师可能杀死我的女儿"（Lawyers May Kill My Daughter）指出同一个观点。社论痛骂由于乳房移植诉讼而带来的取消有机树脂产品的潜在可能性，而不承认和上述决定相关的存在异议的安全性问题。除了律师自己，几乎没有一个人在讨论以取消或改良产品来拯救他们的女儿的诉讼。即使非常有名的案例也会迅速从视线内消失。杂志编辑们也没有认识到悲剧可以预防中毒性休克综合征（toxic shock syndrome）、易燃睡衣裤（falmmable pajamas）以及达康盾（Dalkon Shield）事件等的重演。[29]

在这一事件的评论上，一些主流媒体没有对那些根据一些片面材料得出的值得怀疑的论断提出挑战。媒体经常把一些医学组织和保险公司存在较大争论的主张报道成无可争辩的事实。例如，在一个试图阻碍病人权利的司法诉讼中，商业化运作的美国健康计划联盟声称（American Association of Health Plans ran commercials claiming），"大鱼吃小鱼"的出庭律师们（a "feeding frenzy" of trial lawyers）"迫使国会产生新的方法起诉你的健康计划。想想这不会伤害你吗？最好再想想，如果出庭律师成功的话，那么上千万美国人的健康护理（health care）也会轻易消失"。事实上，国会预算办公室（Congressional Budget Office）已经估计过对供养的起诉权（the right to sue provisions）增加的保险费用不到2%，这

---

[29] Bell and O'Connell, *Accidental Justice,* 189; Linda Ranson, "Lawyers May Kill My Daughter, "*Wall Street Journal,* March 29, 1996, A16; Andrew D. Dyer, Todd E. Hymstead, and N. Craig Smith, "Dow Corning Corporation: Product Stewardship, "in *Cases on Leadership, Ethics, and Organizational Integrity: A Strategic Perspective,* ed. Lynn Sharp Paine（Chicago: Irwin, 1997）, 298. For examples of positive effects, see Nader and Smith, *No Contest,* 315~17.

个数字不可能对保险项目的决定有显著影响。医生们宣称，过量的医疗事故诉讼和保险开销使得许多内科医生对分娩业务态度消极，并自然助长昂贵而没有必要的医学检查（medical tests）。然而，联邦政府技术评估办公室对证据的系统评论没有发现在保险费的增加与妇产科业务的萎缩之间有这样的关系，其结论认为，"在所有诊断过程中，有相对较小的一部分———般少于整体的8%——主要是意识到医疗事故责任危险而实施的"。确定这类预防措施是否值得投入涉及复杂的医疗诊断和价值问题，这是当前讨论中很少提出来的，更不用说解决了。[30]

对责任费用（liability expenses）的夸大也使批评家所描述的问题更为严重。对责任成本（liability costs）的普遍过高估计则会鼓励一些没有必要的测试或是产品的淘汰。对过高司法赔偿费的过度关注进一步加剧对诉讼泛滥的过度关注。政策制定者认为，人们起诉太频繁，胜诉太多，无意义的要求充斥法庭，判决处于失控状态。诸如此类的假设支持限制伤害的民事侵权改革立法和要求败诉方支付对方法律诉讼费的建议。然而，正如先前讨论所明确揭示的，美国民事侵权制度（American tort system）最普遍的问题是对受害人的赔偿不足，而不是赔偿过度。最近的改革恶化了这一不公正。有限的赔偿金经常不能为错误行为提供足够的防范，特别是对最为悲惨的受害者，他们的大部分损失通常都得不到补偿。要求败诉的民事诉讼当事人支付他们对手的法律费用可以减少无意义的诉讼，但这也会让应得赔偿的一方感到沮丧。那

---

[30] Leo, "Litigious Nation," 24; Bell and O'Connell, *Accidental Justice*, 92~93; Office of Technology Assessment, *Defensive Medicine and Medical Malpractice* 103 (1994): 56, 71, 74; "Health Plans Depict Lawyers as Threat," *New York Times*, October 8, 1999, A22.

第五章 太多法律，太少公正：太多修辞，太少改革

些最有可能遭到伤害的并不是企业，它们可以把支付对手诉讼费的风险当做一笔可以免税的商业开支一样消化掉。真正的输家是那些普通的人，其中有些人有充分的权利要求，但却不能承担败诉后任何一方的风险。[31]

费用转移动议的支持者经常不会讨论这个问题，然而他们强调"输者支付"（loser pay）制度是其他国家的标准。但是赞成者几乎从不承认的是那些国家明显拥有更全面的法律援助（legal assistance）、社会福利和医疗保险项目。这些项目通过降低对私人资助诉讼（privately financed litigation）补偿受害方费用的依赖，减轻了费用转移的威慑影响。对费用转移政策的主流争论也没有考虑佛罗里达州失败的经验。实施5年后，这个州废除了医疗事故案件中败诉方支付对方律师费的制度。尽管其他法律费用的威胁的确在一定程度上减少了医疗事故领域的案件数量，但它也增加了要求进行审判的案件数量。因为赌注更高，原告诉讼更加艰难，而且因为有大量败诉的原告当事人没有足够的财产支付对手的费用，被告的总体支出也随之增加。在其他的诉讼环境中是否会出现类似的结果，在更为细心设计的制度下这些问题是否可以避免，依旧是还在争论的问题。但是此类争论经常缺位，而争论对合理的

---

[31] See Glaberson, "Verdict,"1; Lardner, "' Tort Reform'," 46; Common Sense Legal Reform Act, H. R. 10, 104th Cong., 1st sess. (1995); Lawsuit Reform Act of 1995, S. 300, 104th Cong., 1st sess. (1995); Attorney Accountability Act, H. R. 988, 104th Cong., 1st sess. (1995); Joanne Doroshow and J. Robert Hunter, *Premium Deceit-the Failure of Tort Reform to Cut Insurance Prices* (New York: Citizens for Corporate Accountability and Individual Rights, 1999); Herbert M. Kritzer, prepared statement, and Thomas D. Rowe Jr., prepared statement, Attorney Accountability, Hearings before the Subcommittee on Courts and Intellectual Property of the Committee on the Judiciary, House of Representatives, 104th Congress, 1st sess., February 6, 1995, 49~66, 42~47.

政策选择是颇为关键的。[32]

太滥修辞

简单地说,当前许多关于好讼之风的争论都集中在"冰山的一角,而且还是错误的冰山"(on the tip of the iceberg, and the wrong iceberg, at that)。对于"太多"类问题——法律太多、诉讼太多、律师太多——的过度关注,使得注意力偏离了那些"太小"类问题——获得法律援助的机会太少、对司法制度运作的有根据的探讨太少。公众对诉讼费用和延期的关心起到了很好的作用,但公众争论误解其根本原因,并且误诊适当的反应。[33]

在一个除了重视效率(efficiency)、速度(speed)以外,还重视利益[包括参与的机会、公开审判、为未来案件提供指引的先例的发展(development of precedents to guide future cases)等]的法制系统(a legal system)中,费用昂贵是必然的。例如,无过错诉讼程序(no-fault processes)可以提供更快捷更便宜的方式去补偿受害者,但是所提供的数额也许会削弱对非法行为的威慑力和应负的责任。虽然替代性纠纷解决方式(alternative dispute resolution methods)可能削减成本,但是不能提供充足的程序保护。很少有美国人充分了解这些交易(trade-offs)。正如耶鲁大学法学教

---

[32] "The Trouble with Lawyers," transcript, 24; Werner Pfenningstorf and Donald G. Gifford, *introduction to A Comparative Study of Liability Law and Compensation Schemes in Ten Countries and the United States*, ed. Donald G. Gifford and William M. Richman (Oak Brook, Ill: Insurance Research Council, 1991); Kagan, "Adversarial Legalism," 8; Kritzer, Hearings, 57; Rowe, Hearings, 70.

[33] Budiansky, Gest, and Fisher, "How Lawyers Abuse the System,"53; Saks, "Do We Really Know Anything?"; Thompson, "Letting the Air Out of Tort Reform,"68~69; Galanter, "Civil Jury."

授皮特·沙克（Peter Shuck）所言，法律界"并未教育公众关于我们所生活的这些制度的复杂性……我们不能在同一时间或同一程度上实现所有的理想"。不过，我们能做到对优先事项有更清晰的了解，对法律制度和法律界人士如何更好地推进这些事项有更丰富的认知。[34]

这并非低估公众精确理解司法的难度。正如 H·L·门肯（H. L. Mencken）曾指出的："困扰真理的是那些让人非常不舒服的，通常也很无趣的事情。"媒体在发稿截止前，也比较难以获得事件的真相，也不是政界和商界游说团体发表的简明扼要、有说服力的片段意见。但要将这些扭曲意见对严肃政策讨论的先入为主的影响降到最小程度，也要有一些策略。一种策略是让新闻界变成一个对法律制度和法律界的要求更加熟练的消费者。我们能通过法律和新闻学校为记者提供更多的法律教育。业内人士还可以仿照建立类似"公正和准确报道"（Fairness and Accuracy in Reporting）的组织去抵制对法律职业问题（legal profession issues）的歪曲报道。一个相关的策略是帮助法学专家们变得更善于向公众爆料，以及建立中立性质的研究机构，加强负责任的学术研究。

这些策略在多大程度上影响公众舆论和政策选择，还是一个没有定论的问题。在许多影响获取正义的问题上，美国人不仅不太了解，而且有严重分歧。但如下希望是可望实现的，即在某些关键问题上，通过更多知情的辩论，达成合理程度以上的共识。如下三个主要原则看起来应该获得社会的广泛支持：其一，对于

---

[34] Peter Shuck, quoted in Hope Viner Samborn, "Public Discontent: The Debate Goes Beyond Tort Law: It's about Lawyers," *ABA Journal,* August 1995, 70, 73.

重要的法律需要，个人应该有合理的机会取得法律服务和纠纷解决的途径；其二，这些过程应满足基本标准的实质和程序上的公平；其三，这些服务应满足对竞争和成本—效益的合理期待。

当然，这些基本原则的基础是非常复杂的。"合理"是法律中一个典型的"模棱两可的"词汇，在特定案件它意味着哪些要求是需要经过辩论的。"法律面前人人平等"也是一个特别无用的口号。正如政治理论家理查德·托尼（Richard Tawney）对平等问题的广泛考察发现，并不清楚是什么让支持者更恐惧，是"拒绝还是尝试运用这个原则"。考虑到关于法律或律师之间技能的巨大差距等一系列问题，任何获取平等的严肃尝试需要大量的政府补助。如果没有充分的平等，扩展更加普通的要求，将陷入困境。我们准备为这过程付出多少呢？法律服务如何与我们对集体资源的其他要求协调？[35]

这些都不是可以抽象解决的问题，但在具体的政策辩论中应该更坦率地正视它们。这些辩论不但需要从更宽广的角度去思考问题，而且要在更了解情况的基础上去解决这些问题。问题不是美国是否有太多或太少法律，而是由谁来决定它们。法律行业经常主宰一些影响公民接近法律体制的决策，并进行一些以牺牲公众利益为代价去服务行业利益的"交易"。过去，美国人在怎样才能最好地满足自己的法律服务需求这个问题上几乎没有选择，对他们获得或者应该获得的那些选择也知之甚少。最近，选择范围有所扩大，特别是对老练的委托人，但仍有许多个体被拒绝在有

---

〔35〕 H. L. Mencken, quoted in Donna Woolfolk Cross, *Mediaspeak*(New York: Calvert - McCann, 1983) , 49; Richard H. Tawney, *Equality*, 5th ed. (London: Unwin Books, 1964) , 102 ~ 3.

效的服务市场及有望提升他们地位的政策制定过程之外。

太少的选择：替代性纠纷解决程序（ADR）

4/5 的美国人相信去法院要花很多钱，事实上他们的感受明显带有偏见。法律是一个昂贵的消遣，部分原因是法律是一个昂贵的职业，提醒人们冷静认识这一点的事实来自兰德（RAND）公司对一系列侵权诉讼的研究。在受调查的案例中，保险公司有一半以上的支出都用于交易费用，不到一半的数额补偿给了受害者。在石棉诉讼中，每赔付给受害原告 1 美元，就要花费超过 2.5 美元的成本。这一过高的交易费用有多种原因，但一部分原因涉及法律服务和纠纷解决程序的不足。[36]

与有关好讼的辩论一样，有关法律程序结构的辩论经常受到下述弱点的不利影响：太多的修辞以及太少的谨慎的事实分析。当前法律制度的批评者经常将替代性纠纷解决机制（ADR）描述成一个全能药方，是解决成本过高（excessive expense）、拖延（delay）和好斗（combativeness）等问题的优先方案。替代性纠纷解决机制的批评者提出类似的总体性评价。在他们的分析中，替代性纠纷解决机制提供了"种族隔离的公正"———一个绕过而不是解决当前制度体系中不足问题的次等策略。[37]

---

[36] ABA, *Perceptions of the United States Justice System*, 1, 4; James S. Kakalik and Nicholas M. Page, *Costs and Compensation Paid in Tort Litigation* (Santa Monica, Calif.: RAND, 1986) vi; see also Saks, "Do We Really Know Anything?", 1282; Wills, *Lawyers Are Killing America*, 10.

[37] Nader and Smith, *No Contest*, 299~300; Robert Gnaizda, "Secret Justice for the Privileged Few," *Judicature* 66 (1987): 6, 11; Owen Fiss, "Against Settlement," *Yale Law Journal* 93 (1984): 1073.

要很好地理解这一争论，公众需要少一些教条的看法，多一些具体情况下的具体分析。过去的 20 年见证了替代性纠纷解决机制在范围和熟练程度上的惊人发展。例如，由私人聘请法官（privately retained judges）进行仲裁、调解、判决以及简易陪审团审理（summary jury trial）。这些模式在体系上相当多样化，也呈现不同的优势和局限，并不是引起诉讼争论的所有意见都会得到及时的回应。

有关替代性纠纷解决机制的讨论经常导致过度简化或理想化的模式。对于许多替代性纠纷解决机制的支持者来说，相关的比较是在法庭审判及其费用和一个不太正式的参与程序及其所有优点之间进行的。从这个角度来看，对抗程序（adversarial proceedings）远不如替代性纠纷解决机制那么有吸引力，后者能帮助当事人明确潜在利益、提升合作关系、开发共赢的可能以及发现可能防止或解决未来争端的策略。反映当事人自己优先利益的非正式程序也可以培育更多的合法性和服从性。然而，如替代性纠纷解决机制的批评者所指出的，90% 的案件没有花光全部的审判经费就得到了解决，而且许多替代性纠纷解决程序的花费与争议并不少于传统的判决。例如，在私人选择仲裁员、法官或陪审团成员之前，诉讼程序依赖于传统的对抗体制。拖延与迷惑的机会与当前令人困扰的诉讼程序不相上下。再者，财富、权力以及信息的不对称可能歪曲任何纠纷解决制度的结果，包括那些依赖于没有抗辩方式的制度（nonadversarial approaches），对调解和判决的比较研究就未揭示二者在费用、速度和参与者满意度等方面的一贯不同。[38]

然而,这样的研究强调情境在建构和评价纠纷解决程序中的重要性。特定程序的有效与否取决于参与者的需要、社会价值以及争议中项目的质量。兰德公司最近的一项调查研究发现,在联邦主持的项目中,调解相对于审判来说没有显著优势,但是这些项目并没有很好的设计去完成大多数替代性纠纷解决机制的支持者所追求的目标。例如,这些制度常常没有为调解者提供充分的训练,也没有为当事人的参与提供足够的机会。[39]

其他的研究强调在仲裁和调解程序中的问题是命令多于自愿,或是没有处理好权力和财力中的主要差别。例如,适应于调解的程序对有虐待史的家庭并不适用。涉及重复使用者(repeat player)的雇主的强制劳动仲裁制度可能使那些非重复使用者的受雇者处于劣势。在一项涉及此类案例的研究中,雇主赢的机会大约是5∶1。只有重复使用者有兴趣去调查过去的决定以及公开的"中

---

[38] Deborah R. Hensler, "In Search of Good Mediation: Rhetoric, Practice, and Empiricism,"in *Handbook of Justice Research in Law,* ed. Joseph Sanders and V. Lee Hamilton (New York: Plenum, 2000); Marc Galanter and Mia Cahill, "Most Cases Settle: Judicial Promotion and Regulation of Settlements,"*Stanford Law Review* 46 (1994): 1339; Richard C. Reuben, "The Lawyer Turns Peacemaker,"*ABA Journal,* August 1996, 5; Judith Resnik, "Failing Faith: Adjudicatory Procedure in Decline,"*University of Chicago Law Review* 53 (1986): 494, 553; E. Allan Lind and Tom R. Tyler, *The Social Psychology of Procedural Justice* (New York: Plenum, 1988), 177. For imbalances, see Trina Grillo, "The Mediation Alternative: Process Dangers for Women,"*Yale Law Journal* 100 (1991): 1545; Richard Delgado, "Fairness and Formality: Minimizing the Risk of Alternative Dispute Resolution,"*Wisconsin Law Review* (1985): 135. For a study finding no significant differences in federal cases, see James S. Kakalik et al., "An Evaluation of Mediation and Early Neutral Evaluation under the Civil Justice Reform Act: A Summary,"*Dispute Resolution Magazine,* summer 1997, 4~7. For mixed results, see studies cited in Reuben; "The Lawyer Turns Peacemaker,"56~59.

[39] Deborah R. Hensler, "Puzzling over ADR: Drawing Meaning from the RAND Report,"*Dispute Resolution Magazine,* summer 1997, 8, 9.

立"决策者的预先安排。那些希望继续做生意的仲裁者有明显的驱动力去支持能够提供重复商业的参与者。[40]

即使当事人各方旗鼓相当,替代性纠纷解决机制也并不总是一个令人满意的代替形式。为满足私人双方的程序设计是缺乏公共责任的,并且可能低估公共利益。替代性纠纷解决机制的方法不需要任命的或选举的官员去执行受到民主或司法监督的标准。以处理私人争端为目的的非正式程序可能导致法律先例的发展不充分,欠缺对非法行为的抵制,或对第三方利益保护不力。对具有社会意义的案件如布朗诉教育委员会(Brown v. Board of Education),如果最终以私人调解的方式解决,将会失去更多,然其结果对具体当事人来说是可接受的。[41]

然而,正如先前讨论所强调的,评估法律程序的问题始终应该是:与什么相比。那些谴责替代性纠纷解决机制是二等公正的评判者需要考虑一等公正可以获得的频率及其标准。在替代性纠纷解决机制中普遍存在的缺点也在传统的审判制度中长期存在。私人解决是常态,而不是例外,在理论上可以实现的程序保护在实践中经常不能如愿。即使在得到司法最高关注的案例中,财富、权力、信息的不对称也歪曲结果。正如麦克·格兰特(Marc Galanter)教授的经典文章的标题所指出的,在大多数法律环境(le-

---

[40] Grillo, "Mediation Alternative," 1599; Lisa Lerman, "Mediation of Wife Abuse Cases: The Adverse Impact of Informal Dispute Resolution on Women," *Harvard Womens Law Journal* 7 (1988): 53; Reuben, "The Lawyer Turns Peacemaker," 61; Jeffrey W. Stempel, "Reflections on Judicial ADR and the Multi-Door Courthouse at Twenty: Fait Accompli, Failed Overture, or Fledgling Adulthood?" *Ohio State Journal on Dispute Resolution* 11 (1996): 297, 319, 339, 351; Richard C. Reuben, "The Bias Factor," *California Lawyer*, November, 1999, 25.

[41] See Fiss, "Against Settlement"; David Luban, "Settlements and the Public Realm," *Georgetown Law Review* 83 (1995): 2619; Lind and Tyler, *Social Psychology*, 122.

第五章 太多法律，太少公正：太多修辞，太少改革 211

gal settings)中"有钱人来自前面"(Haves Come Out Ahead)。[42]

如果对纠纷解决机制的研究能够得出任何唯一结论的话，那就是没有一个单独的方式是唯一至上的。然而，当前法律程序（legal process）过分看重了单一的抗辩体系（adversarial structure）的作用，而这种体系并不总是为当事人或公共利益服务的。对这个制度的替代经常是强加而不是主动选择，例如对儿童监护案例的强制调解或对低于一定赔偿数额的纠纷的强制仲裁。其需要难以符合规定程序的当事人只有支付足够的费用才能获得替代性解决，而这并不是所有个人都能负担得起的。这种倾向的（opt-out）体制使得改革动力不足。如果法律程序中最强大的消费者能够为自己购买一种替代方案，那么也就没有了改进当前制度的动力。[43]

然而，公众需要的是一个更宽范围的程序选择以及实现这一选择的必要信息。参与者的偏好应该得到尊重，但应该与其他社会价值保持一致。关于这一点的建议并不为少。许多替代性纠纷解决机制的专家已经设计出"多门法庭"（multidoor courthouses）的具有潜力的蓝图，这将"适合对争端的讨论"（fit the forum to the fuss）。这些法庭将会按照几项关键标准，即争议的性质、当事

---

[42] Marc Galanter, "Why the Haves Come Out Ahead: Speculations on the Limits of Legal Change,"*Law and Society Review* 9 (1974):95.

[43] Lind and Tyler, *Social Psychology,* 216~17; Judith Resnik, "Many Doors? Closing Doors? Alternative Dispute Resolution and Adjudication,"*Ohio State Journal on Dispute Resolution* 10 (1995):211. Frank E. A. Sander and Stephen B. Goldberg, "Fitting the Forum to the Fuss: A User-Friendly Guide to Selecting an ADR Procedure,"*Negotiation Journal* 10 (January 1994):49,60. See also Grillo, "Mediation Alternative,"and Federal Courts Pilot Project, Judicial Improvements and Access to Justice Act, 28 USC §§ 651~658 (permitting courts to require arbitrator for monetary disputes under ＄100,000).

人之间的关系、当事人附随于不同纠纷解决程序的优先权以及事件本身的社会利益，将不同类型的案件配备以合适的纠纷解决程序。例如，争议的关键特点包括正在寻找的解决方式以及相关法律的创新与复杂性，涉及赔偿数额相对较少和适用先例的案件不能为充分赔偿判决提供正当依据。在其他条件下，当事人之间的关系可能要求适用最适宜于解决权力悬殊问题或是培养长期工作关系的程序。[44]

在过程的选择当中，也应该给予参与者自身的偏好以更多的考虑。多数情况下取决于各方当事人对确保隐私，加速决定的做出，使费用最小化，补偿最大化，获取有利的先例，或是参与救济性选择赋予的权重的相对值。同样重要的——有时甚至是相互冲突的——考量涉及与私人选择相冲突的公共利益。无论当事人自己的偏好如何，裁决方式对于提出法律解释、社会政策或者不断发生违法事件等突出问题的案件比较理想。更多的司法监督也适合于解决不符合合理的正当程序标准的私人纠纷。例如，法院不愿意执行那些规定由代表当事人一方的同业公会选择仲裁者的合同条款。[45]

当然，在那些引导程序选择的一般性考量上，较之那些涉及相互冲突价值的具体情境中做出程序选择更容易达成共识。一个

---

[44] Sander and Goldberg, "Fitting the Forum," 67 (crediting the phrase to Maurice Rosenberg); Resnik, "Many Doors," 216.

[45] Sander and Goldberg, "Fitting the Forum," 60~61; Carrie Menkel-Meadow, "Whose Dispute Is It Anyway? A Philosophical and Democratic Defense of Settlement (in Some Cases)," *Georgetown Law Journal* 183 (1995):2663, 2670; Stempel, "Reflections on Judicial ADR," 389; Katherine Van Wezel Stone, "Rustic Justice: Community and Coercion under the Federal Arbitration Act," *North Carolina Law Review* 77 (1999):931.

第五章 太多法律,太少公正:太多修辞,太少改革 213

特别棘手的问题涉及公共利益和私人偏好的关系。在什么样的情况下,法庭或立法者应当对具体类型案件适用特定的纠纷解决程序,或者只对那些程序做出一些补充?在我们能够满意地解决这些问题之前,我们需要对替代性纠纷解决机制原则在实践中的运用有更多的了解。从那些正在转向"法院多窗口受理"(multi-door courthouses)的州中可以得到一些教训。例如,在哥伦比亚特区,当事人各方有正式机会登记他们的程序优先权,在考虑这些个人偏好、参与者及其纠纷的其他相关特征后,个案管理员(administrator)向法官提供程序建议,包括裁决、调解、仲裁、小额审判,或者由中立的专家做出预先评估,然后由法官与当事人协商,选择合适的解决程序。[46]

我们需要对诸如此类的替代性纠纷解决项目有更多的体验,对它们的有效性有更系统的了解。它们如何更好地回应公众对成本、效率、公平和可获得性的担心?对与私人偏好冲突的社会利益需要提供多大程度的保护?尽管我们缺乏对这些问题的充分答案,但对更多的纠纷解决程序的一般性研究表明,增加替代性纠纷解决程序的选择类型将引导我们朝正确的方向发展。大多数研究指出,个人对法律程序的满意很大程度上取决于他们对程序公正性的评估,对解决程序选择的参与增强了他们的公平感知。在法律体系中融入更多的选择方式也可能提高问责度(accountability)。如果个人有许多选择,他们在确保其呼声得到倾听和对现有

---

[46] The procedures are administered by the District of Columbia Multi-Door Dispute Resolution Division. For an overview of other programs, see Susan Keilitz, ed., *National Symposium on Court-Connected Dispute Resolution Research: Research Findings; Implications for the Courts; Future Research Needs*(Williamsburg, Va. : National Center for State Courts, State Justice Institute, 1994).

程序的改进上也就拥有了相应的手段。[47]

律师之外别无他途

在增加消费者对选择法律服务提供者的机会方面，我们也可以得出类似的结论。实际上，几乎所有系统地研究过非律师援助的可获得性问题的学者和律师委员会委员们实际上提出了这样的观点。几乎没有任何专家相信当前对此类援助采取禁止措施有实际意义。消费者所需要的框架是增加选择的机会、减少采取自助行为的障碍、允许合格的非律师服务和提供有效的监管机制。[48]

当前，对外行竞争者无证执业行为的禁令过于宽泛，在实践中也得不到支持。非律师参与的与法律相关的活动都应遵守那些前后解释不一致、执行尺度不一的刑法上的禁止性规定。各州对非法活动的定义各有不同，有些州的律师垄断一些常规服务，像制作房地产交易文书（completion of real estate closing forms），而在别的州或同一个州的其他地区，非律师人员同样可以从事以上业务。最主要的措施是禁止非本州律师从事个性化的法律援助，如律师助理（independent paralegals）可以准备文件，但无权回答即便最简单的法律问题。法官助理（courthouse facilitators）按规定可

---

〔47〕 Lind and Taylor, *Procedural Justice*, 64~67, 102~4; Stempel, "Reflections on Judicial ADR,"353~54.

〔48〕 For scholars' views, see the sources cited in Deborah L. Rhode, "Professionalism in Perspective: Alternative Approaches to Nonlawyer Practice,"*New York University Review of Law and Social Change* 22 (1996):701; Deborah L. Rhode, "The Delivery of Legal Services by Nonlawyers,"*Georgetown Journal of Legal Ethics* 4 (1990):209. For other experts, see Commission on Nonlawyer Practice, ABA, *Nonlawyer Activity in Law-Related Situations: A Report with Recommendations*(Chicago: ABA, 1995); *Report of the State Bar of California Commission on Legal Technicians*(San Francisco: State Bar of California, July 1990).

以提供法律"信息"(information),但是不能提供法律建议,并避免回答诸如"我应当申报那些表格"之类的"应当性"(should)问题。美国律师协会最近通过决议改进对无证执业行为的执法,这一决议与该专家委员会此前做出的建议不一致。根据《职业行为示范守则》(Model Rules of Professional Conduct),"无论如何定义,将法律执业行为限定于律师协会成员,可以保护公众免受无证执业人员提供的法律服务,效果如何"和"成本多大"是人们经常忽视的问题。[49]

正如专家们很久前就指出的,在常规问题上许多非律师专业人员与律师一样提供援助,甚至比他们更能胜任。这些专业人员是一个如此多样性的群体,例如会计师或者房产经纪人,他们已经需要遵守许可的要求,因为他们的工作经常涉及法律事务的援助,在履行职责时必定在技术层面上违背无证执业行为的禁止性规定。其他非律师服务者是独立的律师助手或原来是法律秘书,在协议离婚和行政性代理事务(administrative agency representation)领域有相当的专业知识。比较研究发现,这些外行专家能和律师一样高效地工作。在一份委托人满意度调查报告中,非律师法律工作者的满意度比律师更高。正像一名法官所说,在特定领域受过训练的法律助手,从那些欠缺类似背景的律师中脱颖而出。一个刚毕业的大学生对自己和律师助手在工作上的不同提出相似的观点,他"开出的账单是每小时应得报酬的2倍,只有他们知道

---

[49] Rhode and Luban, *Legal Ethics*, 670~73; Debra Baker, "Is This Woman a Threat to Lawyers?"*ABA Journal*, June 1999, 5; Kentucky Bar Association, Opinion U-58 (1999); Resolution on Unauthorized Practice, ABA House of Delegates, February, 2000; ABA, Model Rules of Professional Conduct, Rule 5.5, Comment; In re Opinion No. 26, 654 A.2d 1344 (N.J. Sup. Ct. 1995).

他们在干什么"。[50]

这样的评价应该不足为奇。在法学院的3年学习和通过律师考试,既不必要也不充分,不能保证他们拥有在以后工作中所需要的能力,后者最为需要的是常规服务。一般来说,对处理离婚、租赁纠纷、破产、移民、申请福利等一些常规法律服务中所要的能力,法学院不教,律师考试也不考。对于许多的这类需要,雇用一个律师是在"花钱买罪受"(hiring a surgeon to pierce an ear)。一些别的国家往往允许非律师担供法律建议,对常规法律事务提供援助,无证据表明这些外行专家不能胜任此项工作。在法学院之外的训练和经验可能为实习者提供充分的准备,后者从事的领域对法律需求更大。大英帝国的公民咨询局(Great Britain's Citizen's Advice Bureaus)就是一个例子,该机构的非律师专业人员能够提供有效、廉价的法律援助。[51]

这并不是让我们忽视一些由不合格、不道德的外行服务所带来的问题。一些无执照的执业者,包括被吊销资格的律师,招摇撞骗,盘剥弱势消费者。移民是最为常见的受害者,这既是因为

---

[50] Herbert Kritzer, *Legal Advocacy* (Ann Arbor: University of Michigan Press, 1998), 193~203; Rhode, "Delivery of Legal Services,"230~31; Mathew A. Melone, "Income Tax Practice and Certified Public Accountants: The Case for a Status Based Exemption from Unauthorized Practice of Law Rules," *Akron Tax Journal* 41 (1995); *California State Bar Commission Report*, 41; Geraldine Mund, "Paralegals: The Good, the Bad, and the Ugly," *American Bankruptcy Journal* 2 (1994): 337; Cameron Stracher, *Double Billing* (New York: William Morrow, 1998), 52.

[51] Hal Lancaster, "Rating Lawyers: If Your Legal Problems Are Complex, a Clinic May Not Be the Answer," *Wall Street Journal*, July 31, 1980, 1, 8 (quoting Robert Ellickson); Richard L. Abel, "Comparative Sociology of Legal Professions: An Exploratory Essay," *American Bar Foundation Research Journal* (1985): 1, 29; Judith Citron, *The Citizens Advice Bureaux: For the Community, by the Community* (London: Pluto Press, 1989); Andrew Boon and Jennifer Levin, *The Ethics and Conduct of Lawyers in England and Wales* (Oxford: Hart, 1999), 55~59, 402; Kritzer, *Legal Advocacy*.

他们往往不熟悉美国法律实践,也因为他们不大可能去告发律师滥用职权。然而,对这些问题的恰当的回应是监管,而不是禁止。委托人需要能给他们提供合理保护的法律体制,而不是被排斥在选择之外。[52]

目前对非法执业的限制并不适合这项使命,因为它们只注重非律师是否在提供法律援助,而不关注他们提供的服务是否有效。委托人对廉价法律服务的强烈需求使得这些限制很难实施,结果使大部分外行法律服务没有得到监管,当有滥用职权发生时,公众得不到足够的救济。相似的问题也发生在替代性纠纷解决的从业人员中,他们不服从资格或职业道德规范的约束。大多数州施加更大的压力,要求他们成为一个发型师而不是调解家。[53]

一个明智的监管体制会提供或多或少的保护——对律师的保护少一些,对委托人的保护多一些。州政府批准的非律师人员如会计师、房产经纪人等,应该可以提供与他们专业相关的法律援助。其他州批准的律师也应该可以提供符合当地职业准则的法律服务。许多个人现已从事这种服务,他们工作中出的问题应通过加强对其行为的引导来解决,而不是通过广泛的授权实践,限制成本—效益的援助。

对于当前未经许可的法律服务提供者,各州应建立相应的监

---

[52] See ABA Commission on Nonlawyer Practice, *Nonlawyer Practice in the United States: Summary of the Factual Record before the Commission*(Chicago: ABA, 1994) , 18 ~ 19; Alexandra A. Ashbrook, "The Unauthorized Practice of Law in Immigration: Examining the Propriety of Non Lawyer Representation," *Georgetown Journal of Legal Ethics* 5 (1991) : 237, 249 ~ 51.

[53] Reuben, "The Lawyer Turns Peacemaker," 60. See Nader and Smith, *Ne Contest*, 299 ~ 301; Carrie Menkel-Meadow, "Ethics in Alternative Dispute Resolution: New Issues, No Answers from the Adversary Conception of Lawyers' Responsibilities," *South Texas Law Review* 38 (1997) : 407; Resnik, "Many Doors, "228.

管机制，以适应公众需求，该机制在不同实践领域中有不同的表现。在受害风险明显存在的领域如移民的情况下，消费者可以从认证体系中受益，该体系规定最低执业合格标准，实施岗前资格制。而在其他领域实行执业注册和那些需要符合特定标准的自愿性认证就足够了。各州还要求所有非专业执业者购买医疗事故保险，帮助为受害委托人获得赔偿，还应监察那些涉及信赖、能力、利益冲突的基本道德义务的实施情况。[54]

这样的一个监管机制将提供比现行体制更多的好处。国内外的经验显示，律师和非律师工作人员之间日益加剧的竞争将导致较低的收费、更高的效率和更高的委托人满意度。对外行从业人员行为的监管应有助于遏制当前那些尚无法救济的侵权行为，同时也能促进律师和非律师专家之间形成创新性的伙伴关系。通过有组织地提供多学科的法律服务，这种伙伴关系可以增加本轻利厚（cost-effective）的法律援助的可获得性。这些"一站式服务"（one-stop shopping）将特别有利于寻求有坚强财政支持的业务及其

---

[54] For examples of such proposals, see sources cited in Rhode, "Professionalism,"715; *California Commission on Legal Technicians' Report;* Menkel-Meadow, "Ethics in Alternative Dispute Resolution,"448.

他诸如老年人、少年群体或需要援助以断绝职业联系的移民委托人。[55]

先前的共同努力进一步激化了律师协会对律师与非律师从业人员之间费用分配及其关系的禁令。结果,职业行为示范规则(MRPC)允许律师为那些非律师控制的组织工作,但只许以内部顾问的身份代表该组织,而不能成为公开委托人。试图突破这些准则的努力都不成功。美国律师协会代表们拒绝了这样的一些提议,这些提议能使西尔斯(Sears)这样的公司可以聘用律师提供简单的低廉的法律服务。同时,美国律师协会还搁置了一些改革,这些改革允许律师和非律师人员(如会计师)为了提供坚实的财政援助而结成伙伴关系。反对者所关注的是,这样的安排可能会损害律师的独立判断,影响对规范信赖和利益冲突的律师职业道德规范的遵从。这些是法律所关注的问题,但它们可以通过监管

---

[55] See Steven Brint, *In an Age of Experts: The Changing Role of Professionalism in Politics and Public Lift* (Princeton: Princeton University Press, 1994), 76 (discussing the unwarranted price increases due to restricting competition); Simon Domberger and Avrom Sherr, "The Impact of Competition on Pricing and Quality of Legal Services," *International Review of Law and Economy* 9 (1989): 41, 55 (discussing Great Britain); George C. Leer, "Lawyer Fees Too High: The Case for Repealing Unauthorized Practice of Law Statutes,"*Regnlation*(winter 1997): 33, 34 ~ 35 (discussing Great Britain and Canada); Rhode, "Professionalism,"712 ~ 13; ABA Commission on Multidisciplinary Practice, Report to the ABA House of Delegates, reprinted in *Professional Lawyer* 10 (1999):1; and ABA Commission on Multidisciplinary Practice, Background Paper on Multidisciplinary Practice: Issues and Developments, reprinted in *Professional Lawyer* 10 (1998):1; Mark E. Doremus, "Wisconsin Elderlinks Initiative: Using Technology to Provide Legal Services to Older Persons,"*Wake Forest Law Review* 32 (1997):545.

来解决，并不限制竞争或妨碍消费者的选择。[56]

多学科合作吸引了越来越多的注意，这在很大程度上归功于会计公司日益激烈的竞争。别的西方工业化国家通常允许非律师人员提供一些与法律相关的服务，聘用律师或与他们形成伙伴关系。因此，在130多个国家中拥有6万多员工的五大会计公司控制着全球的法律市场，这五大公司也在努力进入美国市场。联邦法律规定，在税务法庭上，税务建议及税收说明不构成法律惯例。这个对传统未批准禁令的特例，使得律师能给会计公司的委托人提供服务，只要该业务被界定为税收，而不是法律援助。在过去的几十年里，五大公司越来越自由地借这一定义大做文章，扩大其内部法律员工队伍，在包括财政、房产计划、知识产权、ADR和诉讼支持方面，提供与律师事务所同样的服务。美国律师职业在与这些会计公司竞争中所面临的困难不断增加，这些会计公司常常提供更为广泛的金融服务，更大的经济援助，更高效的营销管理能力。这样一来，世界上最大的法律服务提供者不再是律师事务所。正像法学教授杰弗里·哈泽德（Geoffrey Hazard）所指出，会计公司正在"抢我们的饭碗"（eating our lunch）。[57]

---

[56] See, for example, Model Rules of Professional Conduct, Rules 5.4 and 5.7; ABA Model Code of Professional Responsibility, DR 3-102, DR 3-103, EC 3-8; Philadelphia Bar Association Professional Guidance Committee, Opinion 97~11（October 1997），13; David Kaplan, "Want to Invest in a Law Firm?" *National Law Journal*, January 19, 1987, 28; Roger Cramton, "Delivery of Legal Services to Ordinary Americans," *Case Western Law Review* 44（1994）: 531, 575~77. The ABA Committee on Professional Ethics, *Formal Opinion* 355（1987）sets forth guidelines.

[57] John Gibeaut, "Squeeze Play," *ABA Journal*, February 1998, 42, 43; Cindy K. Goodman, "Line Between Accounting, Law Professions May Soon Blur," *Miami Herald*, March 1, 1999; Boon and Levin, *Ethics and Conduct*, 84; Geoffrey Hazard, "Accountants vs. Lawyers: Let's Consider Facts," *National Law Journal*, November 9, 1998, A24.

这一结果所引发的争论被一些人看做是抢夺势力范围的争斗，在另外一些人眼中则是一场圣战。混业模式的反对者们以末世预言的方式来描述这一斗争：信奉利益最大化的异教徒的侵入，正在威胁着律师职业的独立及其核心价值。他们担心律师们将臣服于来自于另一传统的主管者的号令，这一传统对于保密、利益冲突以及无偿服务等理念所持有的标准相比较而言要大为宽松。法律将成为纯粹的生意，客户们掏钱，而专业判断则挣扎于职业底线之间；混业模式的支持者们却没有将事态看得那么严重，在他们看来，这仅仅是关乎地位和金钱的争斗，专业性只不过是保护主义的借口。没有能力或不愿竞争的律师们正在试图将他们的个人利益装扮成为公共价值。

更富有成效的辩论必须从不同的角度切入。反对者的关注点是真实的，但他们并不限于多学科背景，这可以通过监管而不是禁止来解决。美国律师已面临许多危害其职业独立性的压力和束缚。内部律师（in-house counsel）需要讨好非律师管理者，外聘律师（outside counsel）需要讨好重要委托人、介绍委托人或支付费用的第三人以及按小时计算的监管者。法庭为穷人指定的律师需要平衡竞争性案件和资源需求。没有证据显示，对多学科领域的独立判断的威胁与其他领域的威胁有质的不同。[58]

最近美国律师协会也承认，以少一些禁止性规定的策略去解决多学科法律实践中增加的压力是可以实现的。委员会建议，在有关利益冲突和保密的监管方面，对 MDP 律师适用与一般律师会

---

[58] See Stephen Gillers, "The Anxiety of Influence," *Florida State University Law Review* 27 (1999): 123; Robert Gordon, written remarks to the Multidisciplinary Practice Commission, May 1999.

140 员同样的伦理标准，并强制实施特别的审计规定，以防止非律师干扰专业律师的专业判断。律师—委托人特权（attorney-client privilege）可以扩大到包涵这些情况，或警告委托人其资格欠缺。另一种做法对会计事务所更为可行，这种做法将效仿它们较宽松的利益冲突程序。这些程序为专业人士的竞争创造平台，并寻找同意接受双重代表权的消息灵通的委托人。不管在国内还是国外，这类体制并没有被证明有何不足，老练的委托人也没有提出改革的建议或寻找替代办法。除非多学科合作伙伴关系出现问题，律师协会已没有令人信服的理由去限制其可用性。实际上，行业人员应该从竞争对手中学习，而不是回避竞争。[59]

相关的改革将致力于创建更和谐更完美的实现公平的制度，不遗余力地增加有关公民法律权利、法律服务以及法律程序的知识，使得这些程序更易获得，扩大公民寻求低廉援助的机会。一系列的策略能让更多的美国公民通过自身的努力满足自己的需要。此外，我们不再缺乏充满前景的社会模式。几个世纪以来，批评家的言论强烈地攻击了不必要的形式主义、陈风陋俗以及令人生厌的各种仪式。这些形式主义的做法使得人们对于自行解决法律问题望而生畏，种种过度的繁琐程序似乎和早期英国律师的言辞控诉以及美国律师协会期望保留个人利益有紧密联系。简化的形式和程序让公民有更多的机会处理日常琐事，如政府福利、遗嘱认证、协议离婚、房东—房客纠纷和消费者委托人诉讼。诉讼时

---

[59] ABA Commission on Multidisciplinary Practice, Report to the House of Delegates; Mary C. Daly, "Choosing Wise Men Wisely: The Risks and Rewards of Purchasing Legal Services from Lawyers in Multidisciplinary Partnerships," *Georgetown Journal of Legal Ethics* 13 (2000): 217.

第五章 太多法律，太少公正：太多修辞，太少改革 223

间的延长、无微不至的援助以及多种语言的服务都让公民更接近法律机构。[60]

对自我申辩的更多援助有相似的作用，一些法庭和法律援助者提供了领先的互动电脑设置以及在线的自救系统，用户只要完成了常规操作就能获取基本信息和帮助，这些开创性的活动沿着正确的轨迹发展，但还需要使它们更为有效，为需求得不到满足的公民服务。这些努力应该包括建立免费或低成本的工作间（workshops）、开通热线、提供法律顾问以及创办随时可以拜访的中心机构，以便在任何时间都能给公民提供个性化的多语言服务。活动的创办得到了社会和普通公民的广泛支持，包括司法行政部门的资金、基金会捐赠以及律师的捐献、法学院和项目以外的法律服务。[61]

尽管在原则上，有组织的律师协会允诺推进法律程序的简化和自救服务机构，但在实际中却并非如此。数不清的委员会、委员以及任务执行者纷纷赞同这种调和，但收效甚微。主要的障碍来自于那些对改革将促进业务发展持怀疑态度的律师以及依赖律师合作或支持竞选的法官。然而，这些改革对公众和法律职业的公开形象都是有利的。由于受调查律师都认为"坏形象"是他们

---

[60] Alan Houseman, "Civil Assistance for the Twenty-first Century: Achieving Equal Justice for All," *Yale Journal of Law and Policy Review* 17 (1998): 369; Fred Rodell, *Woe unto You Lawyers*, 2d ed. (New York: Pageant Press, 1957), 123~36; Galanter, "Predators," 635; Cramton, "Delivery of Legal Services," 562~63; Franklin Strier, *Reconstructing Justice*(Chicago: University of Chicago Press, 1996), 233.

[61] Dianne Molvig, "Growing Solutions to Unmet Legal Needs: Commission Issues Key Recommendations,"70 *Wisconsin Lawyer*(1996): 10, 12; State Bar of California, *And Justice for All*, 33~34 (1996); ABA Standing Committee, *Self-Representation*, 21, 37~39; Cantril, *Agenda for Access*; ABA, *Just Solutions: A Program Guide to Innovative Justice System Improvements*(Chicago: ABA, 1995).

最为关心的问题，因此作为一个整体，律师职业可以在倡导公平的创新活动中受益匪浅。商业律师在自救行动中几乎没有经济风险，其他律师可能受益于提供非捆绑式的服务群体，他们现在在市场之外。律师可以提供有限度的低成本的援助，这并不涉及充分代理，例如有关合法选择的建议，对提议解决方案的评估，谈判策略的发展，对其他服务提供者如会计师、调解人、健康专家的推荐。[62]

如果律师协会不愿或不能有效地提供此类服务，那么评论家的看法是对的，即我们国家有太多的律师。我们的确太缺少公平性，至少对于中低收入的公民而言是如此，律师协会对后者的传统解决方式是不了了之。一个优先的考虑是由政府资助的法律援助和志愿提供的免费法律服务，他们虽然赢得广泛的支持，但仍不能满足公众的现实需求。对于法律服务和法律程序而言，基础制度的重建是很有必要的。

律师行业内外政策的争论很少触及现实问题以及该行业所面临的选择。简单的言语攻击替代了系统的分析。我们发现，公平性是一种更容易宣告但却很难界定的概念，更不用说提供财力支持。如果我们能严肃对待美国法律和公平之间的平衡关系，我们就需要把更多的口头承诺转化为政策上的优先。

---

[62] For examples, see Cantril, *Agenda for Access;* ABA, *Just Solutions;* Houseman, "Civil Legal Assistance." For bar opposition, see Kagan, "Do Lawyers Cause Adversarial Legalism," 56. For image, see chapter 1. For unbundling, see Forrest S. Mosten, "Unbundling of Legal Services and the Family Lawyer," *Family Law Quarterly* 28 (1994): 421, 428; Jean Guccione, "'Unbundling' Legal Services," *San Francisco Daily Journal,* October 31, 1997, 1, 9.

第六章

对律师业的监管

在美国律师协会(ABA)主导的对法律职业有影响的历史中,前哈佛法学院院长罗斯科·庞德(Roscoe Pound)向 ABA 领导保证他们的组织"不同于零售杂货商协会"。如果他是对的,那是基于错误的理由。职业利益对律师的驱动程度不亚于零售商。美国律师行业与其他行业的区别在于律师行业有能力视其自律监管为社会价值。律师们比其他行业的人拥有更多自我监督的权利。这些免受外部问责机制的自由是服务于律师业,而以公众利益为代价的。[1]

接下来讨论的是在律师资格、惩戒、专业失职行为、收费、广告等相关事务的监管程序中存在的局限性。这些程序大部分是由律师行业自行制定和执行的,这种超然的地位必然要影响其有效性。问题并不在于律师行业不是自我服务,而是掌控日常决策

---

[1] Roscoe Pound, *The Lawyer from Antiquity to Modern Times*(St. Paul: West, 1953), 7.

的律师和法官通常想在促进公共福利的同时也增进本职业的福利。这样做的困难在于眼光短浅，而问责机制亦有所欠缺。不论其本意多好，对其他律师实施监管的律师和曾任律师者均无法摆脱工作中的经济、心理或政治的约束。如果没有外部制约，这些决策者大都无法预见职业利益与社会利益可能发生的冲突。本章将详述这些冲突。

监管的理论基础

监管的传统理由在于经济学家所说的法律服务市场中存在的缺陷。其中一类问题涉及许多消费者难以判断法律服务的价值。大多数个人（与企业不同）都只是一次性买家。他们极少咨询律师、缺少经验，加上货比三家的难度和成本问题，使得评价服务品质，非常困难。一些老道的公司消费者甚至提到在决定服务的必要性或效率方面也存在问题。由于缺乏外部监管，多数委托人得到的是不适格、定价过高的或品质低劣的服务。一个相关问题是当消费者不能准确比较所接受的服务时，服务标准就可能下降。除非监管者介入制定最低标准，否则律师缺少必要的激励投资时间、教育和资源来提高其服务品质。竞争会鼓励律师寻找捷径，并且迟早会出现"柠檬市场"（market for lemons）的现象。[2]

还有一个困难则是"搭便车者"——没有遵守维持公众信任所需要的标准而同样受益的律师。如果没有一个有效的监管机构来执行这些标准，律师们就会缺少遵守规则的经济动力。他们享

---

[2] Barbara A. Curran, *The Legal Needs of the Public: The Final Report of a National Survey*(Chicago: ABA, 1977) , 190; George A. Akerloff, "The Market for Lemons: Qualitative Uncertainty and the Market Mechanism," *Quarterly Journal of Economics* 84 (1970):488.

受律师界的声誉，却逃避这种荣誉所代表的义务。结果是律师们"力争下游"，而使消费者成为最后的受害者。

最后一类则是"外部性"问题——给社会和可能利于特定委托人和他们律师的第三方带来的外部成本。例如，公众希望看到纠纷得到快速和公正的解决，即便是在某些情形下个体委托人愿意付钱给律师来推迟或阻止查找真相。[3]

尽管人们普遍同意这些问题需要受到监管，但对于应该如何监管和由谁来监管却没有相对一致的意见。法律服务市场既专业化又层级化，适合缺乏经验的委托人的保护措施对于商家委托人来说不一定都是必要的。在所有消费看来，品质最大化和成本最小化之间的平衡对于所有买家也并不都是一样的。设计一个有效地适应不同利益的监管体系涉及复杂的相互争议的选择。而对于谁来作为监管者，也会引发同样的争议。

历史上，律师业本身还控制着监管过程。几个世纪以来，法院已经宣称拥有监管法律执业行为的"内在权力"。这种权力之所以存在的一个理由是法官需要控制律师的行为和资格以确保适当的司法管理。第二个理由是自律监管可以维持权力分立，保护法律职业不受政府的操纵。作为一个实践性的问题，美国法院已经将其拥有的众多监管权授予了以类似理由保护自身自治地位的组织化的律师团体。ABA 的律师职业行为示范规则（Model Rules of Professional Conduct）的序言表明："独立的法律职业是一支确保政府依法行政的重要力量，因为法律职业的成员如果不必依赖政府

---

[3] See Roger Cramton, "Delivery of Legal Services to Ordinary Americans," *Case Western Law Review* 44 (1994): 531, 541~46.

以获得执业的权利，就更容易挑战政府滥用法定权力的行为。"[4]

　　这些争论具有相当的影响力，但它们并不能证明现有监管框架的正当性。保护律师行业免受国家控制显然有利于实现重要的价值，在缺乏独立律师行业的国家，保障个人权利和制约政府不良行为往往也会遇到困难。但是，行业自治和政府控制不是非此即彼的关系。许多实行律师行业自治的国家也对其自律监管权施加更多的制约，他们在制定和执行职业标准的过程中也吸收了公众的呼声。政府增强律师业问责机制的努力并不必然带来报复的风险，也不会对适当的司法管理造成威胁。实际上，与立法机关和行政机关一样，美国法院同样承认并且越来越多地允许某些对律师的监管。[5]

　　然而总的说来，律师对其自己的监管保留相当的控制。律师行为规范声明要保护公众，但是公众几乎没有机会对这些规则的制定和执行过程发表意见。受委托起草《ABA 职业责任示范守则》和《行业行为示范规则》的人员中只有 1 名非律师。2000 职业伦理委员会（Ethics 2000 Commission）的 13 名成员中只有 1 个人建议对其重新修订。有权接受或修改示范伦理规范的 ABA 成员大会只能由律师组成。而最终接受、拒绝或修改 ABA 标准的州最高法院十分信赖他们当地律师团体的推荐，通常并无公众参与。尽管

---

[4] Charles Wolfram, *Modern Legal Ethics* (St. Paul, Minn.: West, 1986), 24～33; ABA, Model Rules of Professional Conduct, preamble (Chicago: ABA, 1983).

[5] For other countries, see Carl M. Sellinger, "The Public's Interest in Protecting the Dignity and Unity of the Legal Profession," *Wake Forest Law Review* 32 (1997): 863; Andrew Boon and Jennifer Levin, *The Ethics and Conduct of Lawyers in England and Wales* (Oxford: Hart, 1999), 61, 141; Christine Parker, *Just Lawyers* (Oxford: Oxford University Press, 1999), 8～17. For other regulation, see Wolfram, *Modern Legal Ethics*, 26.

非律师人士经常在诸如纪律委员会等监管机构充当象征性的代表,但这些门外汉都是由律师们选出来的。他们几乎从未实施过制约律师协会控制所需的信息、资源、影响力或对消费者团体的责任机制。事实上,正如美国最高法院首席大法官的一篇报道中所说的:"一直以来,这些外行代表成了律师团体的善意大使。"[6]

这一结构的局限性显而易见。国内外专家早已撰文记载了实行自律监管的职业的自私倾向。正如前斯坦福法学院院长贝利斯·曼宁(Bayless Manning)所说,美国律师一般在建立利益冲突的防范机制时都"极其谨慎"。但是在讨论建立本职业的治理结构时,这种敏感就消失了。尽管存在明显偏见,绝大多数接受调查的律师都喜欢由律师协会控制监管过程。[7]

在为这种控制权辩护时,律师经常声称最终管理权属于各州的法官,他们并不与自由执业者面对同样的利益冲突。然而,自律监管的历史表明了这种监督的局限性。大多数法官因为所受的训练,更为同情律师们的利益,而且他们的声誉、效力和连任在很大程度上需要依靠律师的支持。司法部门很少试图实施可能严重影响律师地位、收入和权利的监管措施。

---

[6] Deborah L. Rhode mad David Luban, *Legal Ethics* (Westbury, N. Y. : Foundation Press, 1998), 124; "ABA Commission Examining Model Rules," *ABA/BNA Manual on Professional Conduct* 14(1998): 125; Chief Justices Committee on Professionalism and Lawyer Competence, *A National Action Plan On Lawyer Conduct and Professionalism* (Williamsburg, Va. : National center for State Courts, 1998), 43.

[7] Boon and Levin, *Ethics and Conduct,* 112, 141, 142; Parker, *Just Lawyers,* 8, 17~19; Michael Bayles, *Professional Ethics* (Belmont, Calif. : Wadsworth, 1981), 131~38; Bayless Manning, "If Lawyers Were Angels: A Sermon in One Canon," *ABA Journal,* July 1974, 821, 824; "Self-Regulation: Some Lay Participation Still Are Favored," *ABA Journal,* February 1983, 154; Deborah Hensler and Marisa E. Reddy, *California Lawyers View the Future* (Santa Monica, Calif. : RAND Institute for Social Justice, 1994), 23.

因此，律师协会制定的行为标准没有足够的约束力，也不能很好执行。这些职业监督中存在的局限反过来促进了其他更多的临时监管形式的产生。立法者、行政官员和保险公司已经试图强化行为规则，修改律师协会制定的自我保护政策。然而，和其他监管机构一样，这些群体也常常被受监管者俘获。并且，他们的努力不过是对有时相互冲突的伦理规范进行的缝缝补补。在不同州执业或者从事不同领域工作的律师越来越多，对于他们也需要制定不同的要求。随着越来越多的律师在不同州执业，监管来源也有多种形式，缺乏统一所引发的问题日益突出。[8]

对于任何这类问题都没有简单的解决方案，公众通常缺乏足够的信息或激励来推动律师协会监管的根本变革，而这一行业有足够的动力和实力抵制任何改变。但是近来的改革努力表明某些进步是可能的，增进监管过程的公众问责还需要进一步的努力。

广告和推销

尽管许多律师把广告和对客户的个人推销看作最近出现的令人遗憾的现象，但是事实上，对这类做法的限制才是最近出现的。古希腊和古罗马的律师并不会羞于推销他们的服务。包括亚伯拉罕·林肯的18世纪和19世纪的美国律师也不会羞于推销他们自己，他们会用宣传单和报纸列出他们的服务。但到了本世纪，律师行业的领导者变得越来越关心行业的公众形象，早就规定禁止所有形式的广告和个人推销。直到20世纪70年代，法院和伦理委

---

[8] See the symposium on "Institutional Choices in the Regulation of Lawyers," *Fordham Law Review* 65 (1996), and Charles H. Koch Jr., Administrative Law and Practice, sec. 7.12, 2d ed. (St. Paul, Minn.: West, 1997).

员会对各种执业行为加以谴责,不仅包括"拼命拉官司的现象",而且包括卖弄的办公室标志、在圣诞卡中宣传律师、电话簿中使用粗体等方式。这些广泛的禁令帮助律师们维持其尊严,但代价是限制竞争,对缺乏经验的委托人封锁其应得到的法律援助的信息。[9]

这些限制正在受到越来越多的挑战。过去的 25 年里,各州和联邦法院已经有力地推动了律师伦理规则的自由化。本质上,最高法院已经承认真实可信的广告行为有权得到第一修正案的保护。然而,各州可能限制具有潜在误导作用的信息,基本禁止个人推销,并制定了可以狭义解释为促进"州的实质性利益"的监管措施。但是,究竟何为"实质利益"仍然存在各种争议,并且现有规则是否能够很好地服务于公众,对此绝不清楚。[10]

各州律师协会已经施加了许多限制,包括禁止戏剧化、形象化、签字和自夸的表现方式等。几乎各州均禁止"当重要动机只是为了嫌钱而与律师无亲属或职业关系时"向可能的委托人当面或电话推销。一些州还进一步限制在事故发生 30 天内不得与事故受害者及其家属通信。这些规则比调整其他形式的商业言论的规则更具有限制性。例如,法院赞成禁止律师的个人推销,但是没有给出解释,理论上律师是更熟练的操纵者而委托人就没有如此老道。法院还赞成禁止与法律服务相关的通信,但是并不禁止与其他产品相关的通信,因为国家的根本利益在于挽救律师界"日益衰败的声誉"和防止"因一再侵犯个人隐私而损害对职业的信

---

[9] Rhode and Luban, *Legal Ethics*, 622~23.
[10] In re R. M. J., 455 U. S. 191, 203 (1982); Rhode and Luban, *Legal Ethics*, 624~25.

心"。其他职业日益衰败的声誉却没有得到同样的保护,也没有全面禁止戏剧化、签字或自夸的表现形式。[11]

上述选择性的限制措施从对消费者保护的角度看很难证明其正当性。实证调查总体表明,职业服务广告可以促进竞争,在保持品质不变的情况下降低价格。降低价格可以扩大需求、扩大生产和鼓励规模经济。尽管律师协会认为禁止目标邮寄(targeted mailing)是出于保护收信者隐私的需要,这一目标邮寄可以合理地通过更狭义的手段得以实现。比如,如果律师有商业请求,一些州要求律师披露与原告律师的私人通信。可问题是这些禁令不能适用于保险公司和被告。其结果是事故受害者及其家人经常在接受法律建议前就被迫要求接受不平等的和解方案。这也难怪,由律师代理的受害者得到的赔偿能比直接与保险公司协商的受害者得到的多得多。[12]

简言之,许多对律师商业言论的限制措施似乎不是为了保护公众,而更多的是为了保护律师业的公众形象。大多数律师反对大众媒体的广告宣传,多数执业者和法官似乎同意前首席大法官Burger 所说的,像兜售泻药一样推销法律服务,是"律师所能做出的最不道德"的事。然而,正如宪法学者凯瑟琳·沙利文(Kathleen Sullivan)所指出的,对律师协会所的担心的证据"严重

---

[11] ABA Model Rules of Professional Conduct, Rules 7.1, 7.3 (1999); ABA Model Code of Professional Conduct, DR 2-101. Compare *Edenfeld v. Fane*, 507 U.S. 761, 774 (1993) with *Florida Bar v. Went For It*, 515 U.S. 618, 24~25 (1995).

[12] . Rhode and Luban, *Legal Ethics*, 625; Peter A. Bell and Jeffrey O'Connell, *Accidental Justice: The Dilemma of Tort Law* (New Haven: Yale University Press, 1997), 165~66; Richard Zitrin and Carol M. Langford, *The Moral Compass of the American Lawyer* (New York: Ballantine, 1999), 129, 135.

不足"。大多数研究包括 ABA 自己的全国性研究，发现广告宣传不是树立律师界公众形象的主要因素，正面的广告宣传有助于树立行业形象。在受调查的州中，超过 90% 对律师宣传的抱怨来自其他律师，只有 1%~2% 的客户对律师的抱怨与广告有关。律师协会为了证明禁止目标邮寄的合理性而作的研究结果表明，由于推销行为只有大约 1/4 的客户表示很少关心律师行业。[13]

这并不表明所有律师对公众形象和公众保护的关心是杞人忧天。事故后向受害者及其家人所进行的扰人的推销行为过分频繁。大量的灾难吸引了大量的律师，他们或在医院走廊侦查或是潜藏在受害者家属入住旅馆的过道中。在防止出现这种滥用行为以及防止误导性宣传方面，律师协会拥有合法的利益。现在一些用于监管无味宣传的资源可以更好地用于惩罚严重的违规行为。正如以下的探讨将要表明的，律师协会的惩戒机构没有能力处理多数委托人投诉的渎职、疏忽行为和收费过高的问题，他们无法担负起担心律师是否应该推着灵柩承诺"特惠的遗嘱"或者使用仿照大富翁游戏中的"越狱"卡的车铃。[14]

更明智的监管结构将把对商业言论的监管权更多地授予没有

---

〔13〕 Rhode and Luban, *Legal Ethics* (paraphrasing Chief Justice Burger), 630; Kathleen Sullivan, "Intersection," *Fordham Law Review* 67 (1998) : 583; ABA Commission on Advertising, *Report on the Survey on the Image of Lawyers in Advertising* (Chicago: ABA, 1990); Richard J. Cebula, "Does Lawyer Advertising Adversely Influence the Image of Lawyers in the United States?" *Journal of Legal Studies* 27 (1998) : 503; "Anti-Lawyer Attitude Up, but NLJ/West Poll Also Shows More People Are Using Attorneys," *National Law Journal*, August 9, 1993, 1; Wiese Research Associates, "Attorney Advertising Perception Study"(Chicago: ABA, 1994) , 10~11.

〔14〕 Rhode and Luban, *Legal Ethics*, 627; Christine Biederman, "Families of Crash Victims Say Lawyers Ignore Solicitation Ban, " *New York Times*, June 4, 1996, A9; Ruth A. Woodruff, "Investigating Lawyer Solicitation in the Aftermath of Tragedy," *Professional Lawyer*, November 1996, 1, 4.

利益关联的非组织化的律师协会。消费者委员会应当决定什么构成误导性广告或滥用推销行为。监管机构应当使原告律师与被告代理人双方在合适的时间、地点进行接触，接触的行为受到合理的限制，而不是禁止前者有任何形式的私人接触，而不禁止后者。例如，联邦贸易委员会有项明智提议，即禁止向任何可能造成骚扰、胁迫、不当影响或"不能作出合理判断的人"进行联系的个人推销。[15]

有组织的律师协会也应当扩大适用现在仅存在于某些州的处理重大灾难的活动计划。这些计划提供了有关法定权利的书面建议，包括揭露不法推销信息和获得志愿公益律师提供免费咨询，这样将可更好地服务于公众和行业利益。对有关律师协会的调查也反复证明，律师提升其公众形象的好方法是改善他们的行为，而不是限制他们的言论。更多的免费咨询和更多地涉及委托人所关心的事会比限制大部分美国人不反感的商业行为更能提升律师衰败的声誉。

律师资格

纵观美国历史，律师从业标准从来都是相当随意的，直到20世纪才有了法学院，通常并不需要实习期，入学考试才非常简单。一份准律师的报告能帮助你了解19世纪中期考试过程的情形。他的考官亚伯拉罕·林肯在监考时还冲了个凉。林肯问了几个关于简单概念的简单问题，如合同的定义等，之后就认为该申请人

---

[15] Federal Trade Commission, *Improving Consumer Access to Legal Services*(Washington, D. C.: Federal Trade Commission, 1984), 151.

"比他外表看上去更聪明",因此得到了从业资格。[16]

相反,现在多数州在接受经过认可的法学院的毕业生时,要通过繁琐的律师资格考试,还要有品德证明。理论上,这些要求是为了避免无能的或不道德的律师。但是在实践中,实施的手段非常不完备。正如第五章和第七章所表明的,法学院的3年学习生涯既没必要也不足以确保学生能胜任许多日常的专业任务,律师资格考试也是这样。从其他角度看,这甚至是更为恣意的筛选方式。[17]

现在的考试只测试了作为合格律师所必需的部分技能。在多数州,获得资格只需极低的写作能力、了解基本的法律原理和在极端的时间压力下正常工作的能力。几乎没有考试会努力地考评他们的关键能力,如查找、起草或谈判能力。现有过程过分关注背诵能力和表面分析能力,正如最近州最高法院大法官大会的报道中所说的,现有的考试"不能有效的判断新律师的基本能力"。律师复习死记硬背课程,正好警告准律师知道太多是一种危险,据一位经验丰富的教师说,"问题的关键在于不要独立思考"。法律伦理学教授对职业责任考试的复选题也提出类似的建议,大家都认为"如果拿不准的时候,就选第二位符合伦理的行为"。[18]

这样的筛选方法既有内容过多的缺点也有内容过少的缺点。它遗漏了个人应有足够的经验和实践技巧以便胜任日常的工作,

---

[16] Len Tang Smith, "Abraham Lincoln as a Bar Examiner," *Bar Examiner* 51 (1982): 37.

[17] See James Willard Hurst, *The Growth of American Law* (Boston: Little, Brown, 1950), 292~93; Rhode, *Professional Responsibility*, 59~60.

[18] Chief Justices, *A National Action Plan*, 15; Letter to the Editor, *New York Times*, December 16, 1994, A7.

而且不能保证通过了的或即将通过的人能否胜任该领域的工作。委托人需要律师解决的大部分问题不在于考试评价几乎没怎么反映出律师对相关法律知识和伦理规则了解不足的缺陷。而是正如以下讨论所显示的，这种缺陷通常反映了办公室管理混乱、疏忽大意、漫天要价、不切实际的案件受理量，或者诸如经济压力和精神药物滥用所导致的相关问题。[19]

尽管律师资格考试的确可以评价相关技能，但现有的评分系统不能显示相关区别，也没有向将资格考试分数与实践表现相联系的方向努力。律师协会的官员们所能建立的最多只是考试分数和法学院等级间的联系。两者都评价类似技能，对此也不奇怪，该如何预见律师的成功又是其他的问题，而该问题未能得到体现。查尔斯·埃文斯·休斯（Charles Evans Hughes）曾6次参加纽约的律师考试，并以失败告终，后来他却成为了美国最高法院的首席大法官，知名度略低的其他失败案例则更是数不胜数了。[20]

考试和工作表现联系不紧是非常令人担忧的，因为少数民族或种族申请者的通过率低得不成比例。部分问题在于这些申请者没有足够的时间和金钱来参加考试。尽管法院已经驳斥了这样一种论调，即考试过程存在种族偏见，不能充分预测实践能力，他们的理由主要是在其他职业中发现的不足，相信其问题没有偏见也是相关的官员所提供的缺乏支持的证据。但时，即便推定考试

---

[19] Association of the Bar of the City of New York, Special Committee on the Constitutional Convention, *Final Report* (New York: Association of the Bar of the City of New York, 1988), 5~6 [discussed in Task Force on Mandatory Continuing Legal Education, Report to the Board of Governors of the District of Columbia Bar (Washington, D. C.: District of Columbia Bar, 1995)].

[20] Rhode and Luban, *Legal Ethics*, 818~21.

的表现体现了一些必要的律师技能,现在的评分过程也十分随意。加州的一份研究发现,1/3 的律师考官在针对一套答案是正确或错误上发生分歧;1/4 的考官在第二次面对同一张试卷时可能会推翻原先的决定。[21]

通过分数的划定也产生了进一步的困难。各州使用同样的选择题来测试,但分数又千差万别,在设定通过与不通过的比例上也各有不同。通过的比例在 35% 至 90% 多之间变化,难怪律师最多的州其通过率最低,因为在那里新竞争者不受欢迎。相反,其他州有如此高的通过率,以至于被认为是"律师资格世界的提华纳(Tijuana)"。没有证据表明这些州发生过特别的律师能力问题。如果各州间分数线互换,多数申请者在通过率高的州会落榜,大部分原本在严格的州落榜的申请者则可能通过资格考试。正如统计学家指出的,在一个只要坚持报考而有 95% 最终都能通过的体系中,更高的评分标准并不能保证更强的能力。在成功率低的州,学生只有更努力地学习,而且更多的报考者只好多次参加考试。[22]

当前律师品德评定方法出现了类似的担心。原则上,这些要求很合理,保护公众而免遇不道德的律师有明显的好处。而实际上,律师筛选过程不可能准确地区别出道德与不道德的律师,还通常带有浓厚的偏见(highly idiosycratic),以及过度的冒犯性(unnecessarily intrusive)。还有与时机有关的内在问题,当前的处

---

[21] *Richardson v. McFadden*, 540 F. 2d 744 (4th Cir. 1976); sources cited in Rhode and Luban, *Legal Ethics*, 818~21; National Law School Admission Council, *National Longitudinal Bar Passage Study* (Newtown, Pa.: National Law School Admission Council, 1998).

[22] Cornish F. Hitchcock, quoted in Michael Wines, "At the Bar," *New York Times*, April 15, 1994, B12; Armando Menocal, "Comments," *Bar Examiner*, November 1998, 10; Steve Klein, quoted in Rhode and Luban, *Legal Ethics*, 821.

理方法既太迟又太早。太早是说筛选在申请人面对可与现实相比较的环境之前就进行了;太迟是说候选人投入了如此多的时间与金钱进行法律培训,以致审查人都不愿意否决他们。系统的调查表明,大约99%的律师报考人最终都能通过。然而,这个筛选过程也给申请人施加了相当重的负担,很多人因此而被阻止、耽搁或降低身份。一些证据还表明,常青藤大学的毕业生比别的申请人接受的调查要粗略,有色人种所接受的审查比白人更严格。[23]

对于不诚实、藐视法律、精神障碍或"不名誉"、"不道德"或"不合适"的行为,各州通常都会有冗长的问卷调查。律师调查通常会涉及少年时期的违规、违章停车、孩子的抚养费及公民反抗(civil disobedience)等的情况。报考之前10年有违反捕鱼许可法规的记录都足够让密西根当地的委员会拒绝给予证明。而在同一州同一时间条件下,另一些审查人又让犯有儿童性骚扰和密谋炸毁公众建筑物的个人通过了考试。某些申请人遭否决,是因为属于共产主义者或种族至上组织的成员,或由于拒绝回答有关成员关系的问题。在服用毒品和饮酒违规、性行为、破产、政治关系和精神健康治疗方面,决策尤其不一致。在鸡奸入罪的州,性倾向成为需考虑的问题,其他州则会明确避免询问。[24]

这些决策不仅前后矛盾、相互干扰而且不准确。心理学调查

---

〔23〕 Deborah L. Rhode, "Moral Character as a Professional Credential," *Yale Law Journal* 94 (1985):491; Mike Allen, "Beyond the Bar Exam," *New York Times*, July 11, 1999, E3; Abdon M. Pollasch, "Screening Process May Become Screaming Process for Bar Applicants," Chicago Lawyer, September 1997, 4; M. A. Cunningham, "The Professional Image Standard: An Untold Standard of Admission to the Bar," *Tulane Law Review* 66 (1992):1015, 1037~39.

〔24〕 Rhode, "Moral Character," 537~42, 574; Pam Bellick, "Avowed Racist Barred from Practicing Law," *New York Times*, February 10, 1999, A12.

表明道德行为具有很强的环境性。当个体对诱惑的反应不同时，环境压力就会对道德行为有具体的影响。律师对道德规则的遵从在很大程度上依靠在获批时不能预期的因素，比如外界诱惑、客户需求以及经济或同行压力。先前的行为虽然有关连，但常具有误导性，因为估计申请人对未来某些不同形势会作出怎样的反应，需要了解大量有关其对先前形势所作的反应和原因的信息，而审查人对这方面的认知即使有也很少。[25]

基于心理健康及相关障碍的预测也是如此。在许多州，所调查的问题相当广泛，包括几乎所有的精神治疗问题，并要求申请人提供所有的医疗记录。有些申请会询问最近7年的一切醉酒事件，有些则需要任何严重影响申请人"正常生活需求"能力的信息。在当事人已经以《美国残障人士法》为据提出正式反对的州，律师审核人不能再以过去的心理治疗预测未来的实际问题。大约有一半寻求心理帮助的人并没有病。这些人比那些有隐患而又未接受治疗的报考者引起危害的可能性更小。除了某些极端的例子，就算心理健康专家也不可能确切地依据过去的治疗来预测未来的情形，更何况是未受训练的律师审核人。这么大范围的提问调查使得一些申请人不敢去寻求可能会危及他们职务许可的专业

---

[25] Rhode, "Moral Character,"556~62; Walter Mischel and Yuiche Shada, "A Cognitive Affective Theory of Personality: Reconceptualizing Situations, Dispositions, Dynamics, and Invariances,"*Psychological Review* 10 (1995):246.

咨询。[26]

律师的资格许可与惩戒过程的比较对当前的律师角色要求提出了更为深刻的疑问。律师惩戒官员并不要求实习律师汇报他们违章停车、逾期支付孩子赡养费、政治关系或者心理治疗方面的情况。而如果这些行为与申请人有关，那么与持照律师的关系不是更大吗？更确切地说，为什么律师界不投入更多的精力去约束牵涉客户的不当行为呢？成为法庭官员之后的行为虽然比适格前的行为对现实的指示更可靠。然而这种相反的双重标准更盛行，申请人必须比实习律师满足更高的标准。这种选择性筛选与其说保护民众不如说更合乎公共形象。[27]

律师资格许可过程的最后一个问题是对跨州执业的影响。除了有限的需要法庭许可的情况外，律师只能在通过律师资格认定的区域做代理人。根据一些司法裁决，律师甚至不能通过电话或计算机就他们未获得执照的州里的事务提供建议。这样的禁令不能服务于经常跨过州界的委托人，而且在疆界逐渐无关紧要的科技时代也不可能实行得了。为了抵制这种障碍，律师尝试通过在多个州获得律师资格认定来避免行为违法，而且许多州也要求通过它们自己的律师考试。一些州还需要实习，包括当地官员。还

---

[26] Stanley S. Herr, "Questioning the Questionnaires: Bar Admissions and Candidates with Disabilities," *Villanova Law Review* 42 (1997): 635, 669~74, 721; Hilary Duke, "The Narrowing of State Bar Examiner Inquiries into the Mental Health of Bar Applicants: Bar Examiner Objectives Are Met Better Through Attorney Education, Rehabilitation, and Discipline," *Georgetown Journal of Legal Ethics* 11 (1998): 101, 105~7; *Clark v. Virginia Board of Bar Examiners*, 880 F. Supp. 430, 436 (E. D. Va. 1995).

[27] West Virginia Board of Law Examiners, 408 S. E. 2d 675 (W. Va. 1991) (finding higher standard of conduct for bar applicants than admitted attorneys is permissible); Rhode, "Moral Character," 546~51 (discussing double standard).

有很多州只对来自同样提供免考制度的州的律师豁免考试要求。这样的互惠体制从消费者角度很难证明其合理性。它们当地的律师界怎样对待竞争者应当无所谓。这种情况还能容忍，只是因为律师代理机构很少有足够的信息或来源实施对其州外执业行为（out-of-state practice）的禁令。然而，惩罚的威胁使许多律师不敢对牵涉多个州的案件进行合算的代理。客户只得补贴律师与当地律师联系的费用，而雇用这些当地律师除了遵守地方保护主义性质的律师资格要求外别无他用。[28]

简而言之，当前的许可制度在理性政策的基础上不可能被证明是合理的，它之所以继续存在主要是由于职业利益和民众的迟钝。一旦律师获得了资格许可，对要取消这些专横的范围过广的限制的刺激就相当少了，如果限制取消了还会增加潜在的竞争对手。例如，80%～90%的被调查律师想要保留律师资格考试，即使2/3的律师同意这种考试并不足于检测报考者的能力。很多律师认为已经有太多的新律师，唯恐放宽限制。民众大体上持相同的观点，而且因为了解甚少或者缺乏激励而无法对律师许可政策提出反对意见。[29]

然而至少一些改革是有可能的，主要是因为许多律师都对排

---

[28] Debra Baker, "Lawyer Go Home," *ABA Journal*, May 1998, 22~23; Lawrence A. Salibra II, "Counsel Seek Changes in Admission System," *National Law Journal*, May 20, 1991, S17; Rhode and Luban, *Legal Ethics*, 845~46; "Moving Toward Interstate Advocacy: Ethical Concerns Facing Multi-State Practitioners," *Journal of the Legal Profession* 22 (1998): 289, 292 ~93. See Charles W. Wolfram, "Sneaking Around in the Legal Profession: Interjurisdicdonal Unauthorized Practice by Transactional lawyers," *South Texas Law Review* 36 (1995): 657.

[29] Paul Reidinger, "Bar Exam Blues," *ABA Journal*, July 1987, 84; Charles B. Colvin, "'Yes, There Are Too Many Lawyers.' Now What Do We Do about It?" *Louisiana Bar Journal* 42 (1994): 246~48.

他的州控制的许可制度所造成的不协调和壁垒不满意。大多数被调查的律师偏好采用国家律师资格考试,如果朝向全国性制度发展,那么许可制度的其他方面就可能被修改。任何明智的改革策略都会试图使申请人能力和道德评价更接近实际表现。改革的一种可能是取消律师考试,只要官方认可的法学院毕业生。当然这样的制度存在一定的危险性。由于无须担心律师考试的通过率,渴求学费的学校可能会过度放宽入学和毕业要求。但是像威斯康星州一样,长期以来,在一直免除州立大学法学毕业生律师考试的州里并没有发生这样的事。该制度的进一步试验还是有保证的。无论如何,如果律师考试要保留部分许可程序,那么它们的结构就需要重新考虑,更广范围的技能应记入评估中。正如第五章所讨论的,各州也应当制定许可制度,准许那些未取得三年制法学学位的专家从事日常法律业务。

在品德要求上也可以有相似的考虑。虽然民众和业界都不可能赞同取消品德调查,但是品德调查应当局限在最近的严重的不端行为或心理疾病的记录。法律官员应当取消过分的侵犯性的调查,尤其是涉及心理咨询、性倾向及政治信仰方面的问题。申请人有权利获得一致对待,对于可能导致拒绝或推迟决定的行为有被告知的权利。现在用于预测不端行为的无效努力上应当改而投入能阻止或改正不端行为的惩戒管理项目上来。比如,作为律师有种族歧视行为,他可以受到制裁,但却不应由于他表明自己的种族观点而被拒之门外。只有更受约束的一致的道德行为管理制度可以避免轻视这些正在争论中的问题。

最后,各州应建立一个全国性的律师资格许可制度,或者采取一种更有效的协调州与州之间法律行为的手段。在国家组织的统一考试和道德标准下,各州还可以处罚有不端行为的律师,并附加一些必要的对地方制度知识的测试。州里可以保留资格许可权利,但要批准符合条件的其他州的律师,或者允许他们获得客户的同意后可以从事有限的职业活动。美国法学会的《律师法重述》(Restatement of the Law Governing Lawyers)指出,外州律师应当可以从事与他们本州事务有相当关系的本地业务。业界要起诉的只应是那些代理危及正当民众利益业务的未获得许可的律师。地方执业律师们的使竞争最小化的愿望并不能达到那个要求。[30]

法律继续教育(continuing legal education)

> 问题:律师如何得到税收减免和劳动报酬以支付在墨西哥 Med 俱乐部待一周、在欧洲周游 13 天、观看一场旧金山巨人队棒球比赛或者是报名参加体育营养、心血管健康、饮食过量和藏式放松疗法的课程等的开销呢?
> 答案:法律继续教育。[31]

执业律师法律继续教育开始于 1970 年代的水门事件之后,主要是为了回应有关律师伦理和能力的担心。现在大约有 40 个州都要求律师完成基本上每年 10~12 小时的课程。在大多数州,这些

---

[30] Lawrence A. Salibra II, "Counsel Seek Changes in Admission System," *National Law Journal,* May 20, 1991, S17; ABA, model Rules of Professional Conduct, Rule 8.5; American Law Institute, *Restatement of the Law Governing Lawyers,* sec. 3, proposed final draft (Philadelphia: American Law Institute, 1998).

[31] Carrie Dolan, "California Lawyers, Required to Study, Study at Club Med," *Wall Street Journal,* May 21, 1992, Al; George M. Kraw, "Classtoom Capers," *San Francisco Daily Journal,* January 7, 1997, 4.

课程可能集中在职业伦理方面。少部分课程则涉及职业中的偏见、物质滥用或情感挫折等主题。[32]

如今对这些要求的争议已相对较小了。有谁能够反对让律师们做出适当努力以便在执业领域内与时俱进，消除重大职业伦理问题的忧虑呢？但是，考虑到上面所列的课程，答案并非不证自明的。为了获得律师协会的认同，法律继续教育的要求应当是最小限度的，竭力采取用户友好型的方法（user-friendly approaches）。有关物质滥用和情感挫折的课程可以围绕减压、饮食小窍门和"在法律执业生涯中发现快乐和获得满足"而展开。对体育法，可以在边观摩运动赛事边吃些热狗、花生时得到了解。"和高级法院的法官交流有关法律发展的机会"也可以是在豪华的旅游胜地进行潜泳或兜风的短暂间隙获得。[33]

问题并不仅仅在于某些课程曲解了"法律教育"的理念，更主要的障碍在于该制度本身并不能保证达到教育所追求的目标。正如哥伦比亚区的一个特别小组所指出的，"对法律继续教育的效力尚无可靠、科学的论证"。调查表明，在如医药和工程等其他职业中，执业表现和参与继续教育两者之间并无关联，也不能证明被动地参与不分等级的课程能显著地提高律师的执业能力。[34]

---

[32] ABA, *The MeGrate Report: Building the Educational Continuum*, Conference Proceedings (Chicago: ABA, 1993), 99~100; Task Force on Mandatory Continuing Legal Education, *Report to the Board of Governors of the District of Columbia Bar* (Washington: District of Columbia Bar Association, 1995), 26~28.

[33] Carrie Dolan, "California Lawyers," A6; Maura Dolan, "High Court Backs Legal Education," *California Bar Journal*, August 27, 1999, A8.

[34] Task Force on Mandatory Continuing Legal Education, *Report*, 33; Victor J. Rubino, "MCLE: The Downside," *CLE Journal* 38 (1992): 14, 17; Joel F. Henning, *Maximizing Law Firm Profitability: Hiring, Training and Developing Productive Lawyers* (New York: Law Journal Seminars-Press, 1997), §5~4.

律协的工作人员并未做出适当的努力,对是否符合最起码的必备条件进行监督。一些州较为宽松地规定"自学"要求。律师们可以证明他们看过录像、听过磁带、完成了电脑互动课程或撰写过可供发表的文章。既然不要求通过考试,律协的工作人员就不能证明事实上是否进行了有意义的"学习"。要求亲自参与课程却没有人核查听课者是否清醒、投入甚至是并未打瞌睡,这样并不能解决问题。一位经验丰富的人所说:"几乎任何一个律师都会告诉你,就算是喝了'血腥玛丽'(Bloody Marys),*他仍然可以很容易修到法律继续教育课程的学分。"有人补充说:"要求恶棍每年听上5个小时的有关职业伦理的课程只会培养出令人讨厌的恶棍,而非诚实的律师。"[35]

这并不是说所有的法律继续教育都毫无效果。正如罪犯和各项课程参与者一样,我常常看到它们存在的价值。一个值得记住的例子是:在我讲完职业伦理课后,一位50中旬的男子走上讲台告诉我,他毕业的时候,法学院尚未开设职业责任课程,之后他成为一家大型公司的CEO。我的讲课可能提出了一些被他忽略的问题。他说:"我从您的谈话中知道律协有一部关于职业伦理的规范。我可以从什么地方得到一份副本。"对于一些参与者,法律继续教育可以是有效的警钟(wake-up call),而纯粹自愿性的制度未必能影响到那些最需要它的人。一知半解可能是危险的,然而全然无知也不见得强多少。

---

* 一种鸡尾酒,由伏特加、番茄汁、柠檬片、芹菜根混合而制成,鲜红的蕃茄汁看起来很像鲜血,故而以此命名。在美国禁酒法期间,这种鸡尾酒在地下酒吧非常流行,称为"喝不醉的蕃茄汁"。——译者注

〔35〕 "A Little Advice on How to Behave at the Firm Retreat," *Illinois Legal Times*, March 1996, 5; William Stevens, "Ethics and CLE," *Philadelphia Lawyer*, winter 1993, 25.

然而，只要各州能证实现行的义务性教育制度富有成效地提高了律师的执业能力，那么此项制度就应当被保留。正是这些意义尚不明确的课程，让律师们投入数以百万计的时间和财力。他们之所以仍然坚持，则在于法律继续教育显示了良好的公共关系，而对于管理他们的律协来说，它也是一只能下金蛋的母鸡。然而在代表性的调查中，大多数执业者对现行的方式并不满意。如果教育的宗旨是为了保护公众，而不仅仅为了树立公众形象，那么就需要对该项制度重新考量，因而可能要求对制度本身的某些部分考量得少一些，对其他部分又考量得多一些。各州要求的时间可以缩短但要加强质量控制。律协的工作人员应当要求参与者通过考试，对证明与执业表现联系不大的课程取消学分。更多的课程应当针对那些会引发重大纪律性问题的不足之处，如委托人的不作为、财务方面的不当行为。法律继续教育的提供者应当保证其所设置的课程具备基本的效用。在此项制度下，既然法学院和法律用人单位在提高质量方面有着独立的利益，那么这些机构就应该有更大的动力去设置法律继续教育课程，并追求其各自利益的最大化。[36]

相应地，各州可以将必修和选修方式结合起来。法律继续教育对新律师和那些违反职业伦理的执业律师为必修课。应当要求那些受过纪律、司法或失职处分的律师参加一些相应的课程。其他选修法律继续教育课程的律师，通过基本考试后可获得所修课程的证书。这一证书可以成为更广泛意义上的认证制度框架的一

---

〔36〕 Nancy McCarthy, "Poll Shows 2 to 1 Objection to MCLE," *California Bar Journal*, July 1999, A1.

部分。例如，符合"最佳执业规则"要求的律师可以此吸引委托人，降低其律师职业责任保险费。现在越来越多的律师打算完成要求严格的教育课程来获得证书，以此证明其为特定执业领域内的专家。为此，各州应当大力鼓励增设专业化课程，向参与者宣传其价值，并提高它们的教育质量。[37]

作为一个理念，法律继续教育难以被否定。对于面对法律的不断更新、渐进的执业技能和公认的职业伦理问题的律师们，法律继续教育的内在价值是不证自明的。但是依照目前的发展来看，此项制度本身仍有待改进。太多的执业者结课的情景使人想起W·H·奥登（W. H. Auden）对那些"虽有过经历，但迷失其意义"者的描述。法律教育应当真正成为持续性的事业，而不是当前执业者所体验的、象征性的过场。

执业能力和执业纪律

根据美国律协的自行调查，公众对律师执业纪律制度的看法是："过于缓慢、过多秘密、过于软弱和过多自律监管"。不到1/3的美国人认为，律师界对律师的监管做得很好。正如一位杰出的美国律师协会委员会委员所承认的，大多数民众的评价是"公正的和准确的"。这种评价几乎也每次都出现在律协展开的调查结果中。然而根据这些调查结果可以推论出，律师界应当保留对律师监管过程的控制。如尽管接受调查的加州律师仅有20%认为执业纪律制度具有成效，但是约90%的人仍然认为律协应当继续开展

---

[37] Jeremy Perlin, "Special Recognition," *ABA Journal,* May 1998, 76.

纪律管理活动。[38]

在解释这一持续性的权力时，律协的领导们强调保证"那些评价律师行为的人充分了解执业规则"的重要性。然而事实上，有关执业纪律的申诉程序却恰恰反其道而行之。律协几乎将委托人作为获知存在违反职业伦理行为的唯一来源。那些对违反职业伦理行为最了解的律师们、法官们反而很少举报此类渎职情况，而律协要求举报的规则也从未被执行过。[39]

对违反职业伦理的行为不予揭发，反映出社会、心理和经济等因素的综合性的影响，而部分原因在于一些专业标准过于笼统的表述。除非在极端情况下，很难判断出哪些构成"不够格"或是"不合理"的收费，律师们通常也不会主动去收集有关信息。执业纪律制度的结构反映出典型的"搭便车"条款或者说共同行为问题。虽然由别的律师来举报渎职行为对整个社会和律师界都会有益，但是却很少有利于举报律师本人或他们的委托人。虽然有时准备申诉的暗示性威胁为双方提供了有益的协商余地，但是

---

[38] ABA, Commission on Evaluation of Disciplinary Enforcement, *Lawyer Regulation for a New Century* (Chicago: ABA, 1992), xx; ABA, *Perceptions of the U. S. Justice System* (Chicago: ABA, 1999), 77; Hensler and Reddy, *California Lawyers'*, 18; Paula Hannaford, "What Complainants Really Expect of Lawyers, Disciplinary Agencies, "*Professional Lawyer* 7 (May 1996): 4 (finding majority of complainants rated Virginia's system as poor or very poor).

[39] Commission on the Future of the Legal Profession and the State Bar of California, *The Future of the California Bar* (San Francisco: State Bar of California, 1995), 103; Darryl Van Duch, "Best Snitches: Illinois Lawyers, "*National Law Journal*, January 26, 1997, Al; John P. Sahl, "The Public Hazard of Lawyer Self-Regulation: Learning from Ohio's Struggle to Reform Its Disciplinary System, "*University of Cincinnati Law Review* 68 (1999): 65, 75; Laura Gatland, "The Himmel Effect, "*ABA Journal*, Review April 1997, 24~28. See DR 1-103, which requires reporting by lawyers who have "unprivileged knowledge of a violation of the [Disciplinary Rules], "and Model Rule 8.3, which requires reporting of violations that "raise a substantial question as to [another] lawyer's honesty, trustworthiness, or fimess"unless the knowledge of the violation was received through a privileged communication.

他们往往造成旷日持久的经济负担或是拉开对个人并没有任何好处的长期反目的帷幕。许多执业律师不愿表现为"伪善"或将行业内的"家丑"外扬，也是助长不举报执业纪律遵守情况的原因。[40]

结果造成律协机构几乎完全依赖于委托人的申诉或者提出的重罪指控，作为开展执业纪律调查的基础。但是，仅靠这一渠道是远远不够的。委托人往往缺乏充分的了解或提出申诉的动力。许多人并不了解他们的权利与律师发生纠纷后的救济途径，仅仅有2个州提供了集中受理消费者建议的渠道。律师的某些渎职行为，如滥用披露的行为，可能会有利于委托人，而其他的行为方式则不会产生有效的补偿。通常对于90％的申诉，律师协会纪律机构未经调查就予以驳回，或者因为缺乏合理事由或不属于机构管辖而驳回。有关不作为、"纯粹"过失或费用纠纷的申诉，通常因为纪律机构没有充足的人手和物力而被排除在调查范围之外。对此，可以通过起诉渎职或律协组织的替代性纠纷解决程序等其他方式来解决。然而，下文的讨论将表明，相对大部分诉由来说，提起渎职行为之诉过于昂贵，而且也只有少数州对委托人申诉有替代性纠纷解决程序的保障。这些程序的适用通常是出于自愿，最需要法律帮助的委托人很少得到律师们心甘情愿的配合。许多纪律机构也不愿和手握大权的律协领导或政府官员纠缠。调查表明约380多起性质严重的渎职案件，并未在有关执业纪律的诉讼中

---

[40] Geoffrey Hazard Jr., quoted in David O. Weber, "Still in Good Standing: The Crises in Attorney Discipline," *ABA Journal*, November 1986, 61; Gerald Lynch, "The Lawyer as Informer," *Duke Law Journal* (1986): 491.

得出任何结论。[41]

更深层次的问题是处罚的不够充分性。不到2%的申诉结果是警告、停职或除名等公开处罚。执业纪律制度提供的救济方式中,很少有类似于补偿委托人的方式。虽然一些申诉的提出明显毫无根据,仅反映了申诉人对诉讼结果而非律师执业行为表现的不满,但是处罚措施的不够充分也反映出监管过程中存在的根本性问题。绝大部分纪律机构面临资金不足和人手短缺的问题,其程度则取决于纪律机构与律师界之间的良好关系,因为正是律师界决定了纪律机构的预算,并对其表现进行监督。许多对监管者实施监管的法官和律协领导们对除了最为严重的渎职行为外的渎职行为,都持一种"要不是上帝的慈悲,就该轮到我是他了(there but for the grace of God go I)"的态度。纪律委员会或对委员会裁定进行复审的法院很少希望剥夺律师赖以谋生的手段或惹怒当地的律协。前不久旧金山的一名律师被除名,但是对该名律师的除名却是在下列处罚之后才做出的:因放弃处理委托人事务被私下处罚、被联邦上诉法院4次处罚以及因以欺骗性手段超额索取委托人大约

---

[41] New York Bar Committee on the Profession and the Courts, *Final Report to the Chief Judge* (November 1995), 44; ABA Commission, *Lawyer Regulation*, xv; Geoffrey C. Hazard Jr., Susan P. Koniak, and Roger Cramton, *The Law and Ethics of Lawyering,* 2d ed. (Westbury, N. Y.: Foundation Press, 1994), 172; "ABA Committee Proposes Rules for Lawyer Client Mediation,"*ABA/BNA Lawyers Manual on Professional Conduct* 13 (December 24, 1997): 398; ABA Commission, *Lawyer Regulation,* 129; Dick Goldberg, "Arbitration for Success,"*San Francisco Daily Journal,* November 18, 1997, 1; Sahl, "Public Hazard,"86; Ken Armstrong and Maurice Possley, "The Verdict,"*Chicago Tribune,* January 10, 1999, Al.

28万美元而被认定有罪。然而,被报道的类似案例还有很多。[42]

律协的执业纪律处分程序也反映出与困扰道德品质认可程序相同的特殊判断(idiosyncratic judgments)问题。对一般委托人的申诉,不如对发生在非律师界的可能适用民事或刑事处罚的申诉来得重视。如南部卡罗莱纳州对一名律师做出停职处分,该律师把自己女儿在女童子军(Girl Scout)点心费账户上的1800美元纳入自己的腰包,而对类似随意动用委托人账户上资金的执业律师,其他州仅仅给予留用察看处分或要求补修职业伦理课程。在印第安纳州最高法院数天内对两起案件的处理过程中,也反映了类似的优先考虑:在一起案件中,律师"对委托人进行欺骗、不立即转交非其劳动所得的报酬和其他属于委托人的合法财产、疏忽委托人事务、滥用委托人信任";而在另一起案件中,律师"明知大麻种在其住所而未予铲除"。判决的结果是,第一起案件的律师被停职45天,第二起案件的律师被除名。[43]

与执业纪律程序有关的是迟延和保密问题。大多数地区对结案没有时间限制,而且在其他任何有关渎职问题的诉讼程序仍在进行时,都拒绝继续进行。结果所导致的迟延可以成功地阻止提起诉讼,使更多的委托人遭受律师的渎职行为的损害。除了3个州

---

〔42〕 Nancy McCarthy, "Bar Starts to Rebuild Discipline," *California Bar Journal*, March 1999, 1; Beth M. Daley, "Is the Illinois Disciplinary System Working?" *Legal Reformer*, spring 1998, 3; Leslie Levin, "The Emperor's Clothes and Other Tales about the Standards for Imposing Lawyer Discipline Sanctions," *American University Law Review* 48 (1998): 1, 39~46; Sahl, "Public Hazard,"69, 82~87; Mike McKee, "Disbarment OK'd for San Francisco Practitioner," *Recorder*, August 7, 1997, 3; Ralph Nader and Wesley J. Smith, *No Contest: Corporate Lawyers and the Perversion of Justice in America* (New York: Random House, 1996), 132.

〔43〕 *In re Holloway*, 452 N. E. 2d 934, 935 (Ind. 1983); *In re Moore*, 453 N. E. 2d 971, 974 (Ind. 1983).

之外，律协纪律机构不会透露针对某一律师提出的申诉，除非他们发现有违纪行为或有理由相信发生了违纪行为。一名被申诉20多次并正被调查的律师，在委托人提出要求了解其有关记录时，仍然持有合格执业证明，更不必说潜在的委托人仍然不能找到便捷的了解渠道，即便对律师的调查结束、公开处罚业已完成。对于有关执业纪律的诉讼，不是所有的州都会判处刑罚或向普通大众公布结果。没有统一的国家信息数据库供消费者查阅某律师受到纪律处分或渎职投诉的全部记录。[44]

批准律师重新执业的程序也同样存在种种问题。一名新泽西州的律师因盗窃其所在律师事务所3.8万美元而被除名，但是一年之后他却在宾夕法尼亚州重新注册。几乎所有的州都认可被除名的律师在几年之内可以在同一地区重新申请执业。即使这些申诉人中有40%的人有盗窃委托人资金的记录，他们仍然会有一半的人再次取得律师资格。富有代表性的是，这些律师并没有向委托人披露其受纪律处分的历史记录的义务，事实上也极少有人愿意这么做。一名律师对此的解释是："就像我不会告诉他们本人有痔疮一样。"[45]

律师界长期存在无法解决执业纪律程序中存在问题的现象，

---

[44] Don J. DeBenedictis, "ABA Adopts Most Discipline Proposals," *ABA Journal*, April 1992, 28; Rhode and Luban, *Legal Ethics*, 859n. 2; ABA Commission, *Lawyer Regulation*, 35 ~ 39; Sandra L. DeGraw and Bruce W. Burton, "Lawyer Discipline and 'Disclosure Advertising': Towards a New Ethos," *North Carolina Law Review* 72（1994）: 351, 358; Levin, "Emperor's Clothes, "73; Sahl, "Public Hazard, "105 ~ 11.

[45] Ann Davis, "Bar Readmission Cloaked in Secrecy", *National Law Journal*, August 12, 1996, A17; Ann Davis, "The Myth of Disbarment," *National Law Journal*, August 5, 1996, A1; Wendy Davis, "Advice for the Disbarred: Go West," *New Jersey Law Journal*, July 19, 1999, 1; Susan Adams, "Sleaze Control," *Forbes*, October 21, 1996, 134.

这就要求建立具有更高公众问责度的替代机制。但是，这一机制的设计的确提出了特殊的挑战。正如律协领导所指出的，律师业立法监管的历史并未表明政治上更多的直接控制会促进对公众的保护。依法设立的监督机构也同样会面临律协难以处理的资金不足、延迟和管理团体的控制等问题。[46]

加州经历过的教训表明了律师执业纪律程序的过度政治化。糟糕的管理、高额的税金和缺乏威信的游说，使得组织化的律协无法迎接来自行业内外的各种挑战。和其他州不同的是，加州立法部门有权决定律协的税金。当彼得·威尔森州长否决了1997年议案后，加州律协被迫依靠其成员的自愿性捐赠维持开支。只有1/4的成员这么做了，大多数律协的活动包括纪律处罚也被长期推迟。在聪明的评论员看来，州长的行为似乎主要是针对律协反对其本人部分政治事项议程的惩罚。威尔森本人未通过律考的不愉快经历（至少失败过两次）被认为导致了他对律师的反感，而在他投否决票之后的党派策略尚未对政治化的监管过程建立起信心。[47]

然而，所有强化职业监管公众问责度的做法本身并不存在任何先天缺陷。对此，其他国家提供了有益的示范。新南威尔士、奥地利都有独立受理申诉的办公室，英国规定通过议会监察专员和咨询委员会进行监督，该委员会的一半成员要从律协之外的人员中选拔。而普遍性的美国式提议则是该委员会的众多会员完全

---

[46] ABA Commission, *Lawyer Regulation*, 4; Wilkins, "Who Should Regulate Lawyers?", 17; Kitty Calavita, "Beyond Regulatory Reform: The State, Power, and 'Trouble'," in *Everyday Practices and Trouble Cases*, ed. Austin Sarat et al. (Chicago: Northwestern University Press, 1998), 126.

[47] George M. Kraw, "California's Bad News Bar," *American Lawyer*, June 1998, 110.

受州最高法院控制并独立于有组织的律协。例如，加州监管专家特别小组提出的一项未获通过的议案本来可能促成律师执业纪律和能力委员会（a Commission on Attorney Discipline and Competency）的成立，其成员拟包括律师和具有丰富的保护消费者的经验的非律师人员，这些成员由不同的机构委派，如律协、加州司法委员会、州长和加州众议院。委派过程中的互相制衡会使监管结构比现行的制度更能保护公众的利益。[48]

即使没有此类结构性改革，也可能取得实质性的进展，但是这种进展需要来自律协外部更大的压力。美国律师协会非律师执业委员会建议采用一些有效的渐进性对策，但少数几个州采用了其最为重要的几项建议：在执业纪律性程序中引入综合性替代性申诉解决机制；制定消费者权利法案，包括出席律协纪律机构和对驳回申诉提出上诉的机会。这些改革的方向本来是正确的，但是恰恰缺少必要的变革。在三个方面需要进行进一步的努力：律协纪律机构和委托人需要更多有关律师渎职行为的信息；消费者需要更多有关执业纪律程序的信息；律协需要更多的执行资源和权力。[49]

扩大纪律机构、用人单位信息基础的一个显而易见的策略是执行要求律师举报违反职业伦理行为的规定。只有一个州尝试过此类做法，并且取得了引人注目的进步。在 In re Himmel 一案中，

---

[48] See Parker, *Just Lawyers*, 17~21; Boon and Levin, *Ethics and Conduct*, 64; Donald Nicolson and Julian Webb, *Professional Legal Ethics: Critical Interrogations* (New York: Oxford University Press, 1999), 87; Rhode and Luban, *Legal Ethics*, 953~54. For a similar proposal, see Robert Fellmeth, "Lessons of the Dues Debacle," *California Bar Journal*, June 1998, 8.

[49] ABA Commission, *Lawyer Regulation*, 48; "Lawyer Discipline," *Legal Reformer*, January-March 1996, 3.

伊利诺伊州最高法院对该律师作出了停职处分的决定，原因在于他隐瞒了委托人之前的律师非法扣留了属于委托人的和解费。在该决定之后，对渎职行为的举报突然开始增多，而且从数量上远远超过了其他地区。其他州应当效仿伊利诺伊州的做法。它们应当要求所有法律用人单位与州内外的组织一样制定充分的内部伦理政策和举报渠道。[50]

执业纪律机构也应当采取措施鼓励委托人举报和揭发渎职行为。有成功希望的对策包括公开申诉程序、帮助消费者提出申诉、要求律师向委托人提供有关其权利和补救性选择的信息。一系列相关的对策应当重点围绕增加公众对律师执业道德记录的了解。消费者现在已经可以通过国家信息数据库了解有关医生执业纪律和渎职情况的记录。律协应当提供或帮助建立类似的在线清算中心和免费热线，此类数据中心可以披露律师执业纪律和渎职纪录，也可以向消费者提供权利救济方面的咨询。监管机构应当主动地揭发渎职行为，如执法官员启动调查，以对渎职行为的判决、委托人托管资金账户随机性审计以及法院对诉讼相关的滥用行为给予的处罚为基础。[51]

这些执业纪律性程序应当从受理申诉开始向社会公开，接受监督。律协一直反对此类监督的原因在于披露没有根据的申诉有损于律师的名誉。然而，俄勒冈州长期的程序公开经验并未暴露

---

〔50〕 *In re Himmel*, 533 N. E. 2d 790 (Ill. 1988); Gatland, "The Himmel Effect, "24.

〔51〕 Michael Higgins, "Getting Out the Word, "*ABA Journal*, September 1998, 22. Davis, "Toughening Readmission Procedures, "A15; Levin, "Emperor's Clothes, "73. For a modest fee, the ABA National Lawyer Regulatory Data Bank will respond to written inquiries about a lawyer, but will provide only information about public bar disciplinary sanctions, which are imposed in only a small fraction of cases.

出此类问题,在其他情况下此类主张也无法成立。美国司法体制一般认为有关渎职的控告属于记录公开的范围,而不论这么做是否有价值。为保证对公众负责,社会容忍对某些隐私和名誉权利带来的风险。律师执业纪律制度应当基于类似的立场。被调查的消费者们表示对封闭式程序的深切怀疑,而且他们的怀疑有合适的理由。驳回90%的申诉和封闭有关信息的制度并不能令人产生信任。正是这些关注,促使美国律师协会非律师执业委员会组成的专家委员会建议向社会披露全部有关执业纪律的投诉。律协反对此建议的理由不能解释其是否出于成员自身利益的考虑。[52]

任何律师监管律师的制度也需要外部的有效监督,消费者机构应当积极参与其中。例如公益团体应当效仿公众健康研究团体发行的"问题医生"名录,出版一本律师的相关材料。"问题医生"名录列出13 000名因提供标准治疗而曾接受过州或联邦机构的处罚,但现仍在执业的医生。另一个有效的监管对策是设置一名独立于律协但又能查阅相关记录的纪律监督员。20世纪80年代末到90年代初,加州立法部门曾任命一名消费者保护专家承担这一职责,他发表的年度报告都引发了重大的改革。其中一个例证是他最初发现州律协未公布有关执业纪律申诉电话,甚至未在电话本黄页中列出。即使是申诉电话号码已被列出,监督员报告说拨打该号码的人遇上长时间的占线或无人接听。最后,公众拥有了一条能拨通的申诉电话专线。在其他国家,更多的实质性进展依赖于议会监察专员对律协申诉程序的监督和要求法律用人单位

---

[52] Hannaford, "What Complainants *Really* Expect," 1, 5~7; Sahl, "Public Hazard," 105~11; Levin, "Emperor's Clothes," 33; Mary Devlin, "The Development of Lawyer Disciplinary Proceedings in the United States," *Georgetown Journal of Legal Ethics* 7 (1994):921,931~32.

开展内部合规机制。[53]

最后一系列改革应当围绕扩大执业纪律制度的执行能力问题。大多数州特别需要更多的专业人员、调查经费和其他救济选择，应当重点强调预防性对策，如对物质滥用的援助和律师事务所管理方案。那些因过失、多收律师费而被起诉的轻微渎职的律师，如果委托人提出要求费用低的调解或仲裁程序，律师也应当参与。对这些程序的执行包括消费者满意度衡量都应当接受独立评估。

对更为严重的渎职进行处罚，应当扩大处罚选择的范围。只有一些州规定可以对律师事务所和律师进行永久性除名或处罚，没有地区授权适用罚款。所有这些处罚措施，监管机构都应当有权适用。当发生众多人员需要承担渎职行为的责任，反映出未能提供有效监督、伦理行为举报渠道或财务管理不当行为的预防措施时，由单位来承担渎职责任是恰当的。在这种情况下，执业纪律机构应当有权力命令其进行制度性修正或是适用能产生类似效果的经济处罚。虽然律协一贯反对适用罚款，因为那看上去更像是一种刑罚而不是对公众的保护，但是其间的差别并不能令人信服。没有律师愿意接受比现有的停职或除名处罚更有惩罚性质的罚款。增加罚款处罚依据在于可以在不剥夺律师谋生手段的同时增加对渎职行为的威慑，可以用罚金来补贴执业纪律性程序的进行，补偿委托人。但是，对重复犯有严重渎职行为的违反者则适合采取除名处罚措施。至少在委托人聘请律师之前，有权知悉其曾被除名过。虽然在理论上进行补偿总能行得通，但是消费者不

---

[53] Stuart Auerbach, "Consumer Group Lists 'Questionable Doctors'," *Washington Post*, April 9, 1996, 7; Robert C. Fellmeth, *Final Report of the California State Bar Discipline Monitor* (San Diego: California State Bar, 1991), 61; Nicolson and Webb, *Professional Legal Ethics*, 90.

应该在实践中只能依赖于此。[54]

这种改革议程需要得到更多的来自律协内外的压力的推动。立法机关、行政机关和消费者机构应更多地参与对律师的监管过程。就像律协领导们一再坚持的,如果他们的首要考虑是要保护民众的话,那么公众在这一监管过程中就应当发挥更重要的作用。

专业失职行为(malpractice)

由于律师惩戒程序不能为消费者提供有效救济,导致更加倚重专业失职诉讼。过去 20 年里失职诉讼的增长,也反映出与推动其他职业侵权诉讼相同的原因:消费者能动主义(consumer activism)、寻找可以起诉其下属财务丑闻的"大款"(deep pockets)、专门从事专业失职工作的律师数量大幅增加。评论家们也相信,通过鼓励律师抄近路和处理超出其专业能力之外的业务,职业内部的竞争促使了日益增长的不称职现实。结果就是在任何一年里,10%~20% 的律师都面临专业失职的风险,保险赔偿据估计有 60 亿。[55]

尽管专业失职诉讼在增加,有碍赔偿的因素仍旧存在。最易获得的证据表明一半以上的诉讼没有得到任何补偿,1/4 的诉讼只得到不足 1000 美元的赔偿。因为很少有专门从事失职诉讼的律师

---

[54] The Committee on Professional Responsibility, "Discipline of Law Firms,"*Record of the Association of the Bar of the City of New York* 48 (1993):628,631, Ted Schneyer, "Professional Discipline for Law Firms," *Cornell Law Review* 77 (1991):1; Steven G. Bene, "Why Not Fine Attorneys? An Economic Approach to Lawyer Disciplinary Sanctions," *Stanford Law Review* 77 (1991):907.

[55] "Figuratively Speaking", *ABA Journal,* October 1996,12; Manuel R. Ramos, "Legal Malpractice: No Lawyer or Client Is Safe,"*Florida Law Review* 47 (1995):1,5.

(lawyers)认为值得去起诉未投保的律师（attorneys），1/3以上的执业者都没有投保，大量潜在的有确实根据的诉讼从来没有提出过该请求。许多不合格或不道德的执业行为的受害者也不能满足专业上对证据标准的高要求。许多成功的诉讼都涉及一些明显的过失，如超过最后期限、忘记提交文件或者财务管理不当。在一些还不太知名的案件里，原告经常必须证明他们律师的表现逊色于所在地区通常的执业水准。这一要求很难得到满足，因为对律师在一般情况下是如何处理法律工作并不能获得可采信的证据。许多欠缺助手的被告也不愿意去证明争议的行为在通常界限以内。法庭也不会允许针对纯粹的"判断错误"（mere "errors of judgement"）提出赔偿请求。在许多州，即使违反律师伦理规则也不足以证明专业失职行为的成立。其规则本身宣称无意划定民事责任的标准，有些法庭则将违规（noncompliance）的证据排除在外。[56]

那些能够证明其律师的表现存在缺陷（deficient）的原告面临另外一个难题：他们必须证明这些失误造成了可以量化的伤害。这一要求通常要求在审判之中再来一次审判，申请人需要去证明如果不是因为律师的失职行为，他们在寻求法律援助的事务上应该是圆满的。对于刑事案件来说，赔偿的门槛更高而且通常是不

---

[56] ABA Standing Committee on Lawyers' Professional Liability, *Legal Malpractice Claims in the 1990s* (Chicago: ABA, 1996), 12, 16; John Gibeaut, "Good News, Bad News in Malpractice," *ABA Journal,* March 1997, 101; Manuel R. Ramos, "Legal Malpractice: Reforming Lawyers and Law Professors," *Tulane Law Renew* 70 (1996): 2582, 2603, 2612; ABA Model Rules, Scope; Model Code, Prefatory Note; Wolfram, *Modern Legal Ethics,* 207~15; Gary A. Munneke and Anthony E. Davis, "The Standard of Care in Legal Malpractice: Do the Model Rules of Professional Conduct Define It?" *Journal of the Legal Profession,* 22 (1998): 33, 62~25; John Leubsdorf, "Legal Malpractice and Professional Responsibility," *Rutgers Law Review* 48 (1995): 101, 111~19; *Wiley v. San Diego County,* 966 P.2d 983 (Cal. 1998).

可逾越的，委托人一般必须证明他们实际上并未犯有受控告的罪名，律师的不当表现应为他们的定罪负责。[57]

对专业失职行为救济的进一步限制涉及对以违背专业标准为由要求赔偿的申请人的限制。律师协会长期拒绝承担对非委托人的责任，法院则经常予以支持。传统的观点认为，律师对第三方负责将影响其对委托人的忠诚，也将"不当的自我保护的利益"（undesirable self-protective interests）引入职业关系。最近的决议已经给该规则创造了一些例外，但是大部分非委托人依旧缺乏对专业失职行为的救济。通常只有律师履行的责任对于第三方当事人的影响是可以预见的，而执行这些责任与委托人的利益看起来是一致的情况下，法院才会允许赔偿。例如，那些因为律师不称职而没有从委托人的遗嘱中获益的个人，依旧可以获得赔偿。但是，对方当事人却不能以律师不诚实或滥用职权行为为由得到赔偿，其理论依据是律师对此类义务的担心会影响他们对委托人的积极辩护。有时候，同样的论证也曾用来反对那些买家或投资者的赔偿要求，他们合理依赖于律师失误的代理。这样一些决定使得律师需要遵守的标准比二手车商人还要少。[58]

所有这些对救济的限制都需要反思。由于律师惩戒程序的薄弱，专业失职行为的诉讼程序扮演着至关重要的监管者的角色。

---

[57] Wolfram, *Modern Legal Ethics*, 218~22; *Baily v. Tucker*, 621 A. 2d 108 (Pa. 1993); *Carmel v. Lunney* 511 N. E. 2d 1126 (N. Y. 1987); *Shaw v. State*, 861 P. 2d 566 (Alaska 1993).

[58] *Goodman v. Kennedy*, 556 P. 2d 737 (Cal. 1976); *Shatz v. Rosenberg*, 943 F. 2d 485 (4th Cir. 1991), cert. denied, 503 U. S. 936 (1992); Leubsdorf, "Legal Malpractice," 111, 130 ~35; Geoffrey C. Hazard Jr., "The Privity Requirement Reconsidered," *South Texas Law Review* 37 (1996): 967; Forest Bowman, "Lawyer Liability to Non-Clients," *Dickinson Law Review* 97 (1993): 267~76.

这一角色应该通过下述方式加强,即为违背伦理规则行为以及执业行为表现未能达到理性人对其能力的合理期待的受害者提供救济。专业失职行为的受害者无需证明这是导致他们损失的唯一原因。一个公平的替代是在英国、法国以及美国医疗事故案件中实行的标准:原告在说明被告的低水准表现剥夺了自己获得实质赔偿的可能性之后,将有资格去申请更有希望成功的损害赔偿。第三方也应该能对专业失职行为要求赔偿,除非律师能够说明这一赔偿将会有害于具体的法定委托人的利益。金钱责任(financial liability)的可能性能帮助制止那些现在看来有利可图的不当行为(misconduct),如发现对第三方当事人的滥用职权或错误代理(misrepresentation)。结果不仅将增强律师的"自我保护",也会增进公众的自我保护。[59]

切实关心公共保护的制度也会要求所有从业律师购买专业失职保险。现在,只有俄勒冈州有这样的强制性规定,全国其他州大约有30%~40%的律师不愿意或不能获得这一保险的保障。因为大部分未投保的律师要么缺乏足够的个人资产,要么能够避免责任,他们很少被起诉专业失职。这一"刀枪不入"(invulnerability)的状态放纵他们不予投保,弃大部分无辜的受害人于不顾。一个有关的例子涉及马萨诸塞州的律师沃尔特·帕莫(Walter Palmer),他在被吊销律师资格之前将24个年老劳工委托人的价值约300万的财产据为己有。他成功地保护了自己的财产,根据一项保护老年人免于他自己实施的那种剥削行为的州法律,将其一栋

---

[59] Leubsdorf, "Malpractice," 149.

价格不菲的避暑别墅进行登记，使其免于承担专业失职行为的责任。[60]

救济不足的问题还伴有其他因素，其中之一就是律师事务所有限责任合伙制的趋势。这一制度使没有监督责任的律师对其同僚的专业失职行为免于承担任何个人性的财务责任，这就剥夺了受害者的救济机会，如果失职律师没有进行足额投保，即使那些针对有足额保险的律师有确切权利要求的个人，因为这一程序的成本和收费非常之高，所能获得的只是他们损失的一部分。总体来说，申请人、原告一般能得到的不足保险公司赔付额的一半。受害人最终获得的赔偿数额少于原告及其辩护律师在专业失职行为诉讼中的所有费用。[61]

尽管现行制度存在这些问题，律师协会仍然拒绝那些简化诉讼程序、要求所有律师投保专业失职风险以扩大保障范围，或者降低成本的建议。美国律师协会只是建议"进一步研究"这些建议，而州律师协会则拒绝了这些建议。其原因更多地和行业利益而不是公共利益相关。许多律师都担心扩大救济范围、要求购买保险将增加成本和对专业失职行为的诉讼。但是，在唯一实行强制保险的俄勒冈州并无这样的状况出现。该州的诉讼率处于全国平均水平，保险数额低于其他相当的州。俄勒冈州成功的部分原因是设立了面向全州律师的非盈利的职业责任基金会（Professional Liability Fund），并吸收了有效的预防方案（prevention initiatives）。因为要求律师直接参与，这一制度能够消除昂贵的市场营销费用

---

[60] Ramos, "Malpractice: Reforming Lawyers," 2601~4; Daniel Golden, "Elderly Beneficiaries Are Often Ripe for Fraud," *Boston Globe*, December 15, 1997, A1.

[61] Ramos, "Malpractice: Reforming Lawyers," 2601~4.

和经纪人的佣金。适当的保险费和高效服务的结合赢得了很高的满意度,该州 4/5 以上的律师支持这一计划。其他州应该效仿俄勒冈州和欧盟的行为守则的做法,强制推行类似的专业失职行为保险。[62]

律师行业和公众也都支持采取更多预防措施来增加可选择的救济途径。额外的自愿和强制援助应该帮助律师避免那些导致专业失职行为诉讼的问题,如利益冲突、财务管理不当、没有遵守最后期限、与委托人沟通不足以及物质滥用等个人困难。更低成本的纠纷解决程序对于那些在当前的制度框架内落空的小额诉讼是有必要的。律师协会的基金应该扩大适用于那些不能从他们的律师那里获得赔偿的受害人。尽管许多州现在都提供一些有限的赔偿,但它们一般都要求欺诈或者不诚实的证据,而且须在赔偿单上盖章。结果,赔偿的范围限于委托人损失的很小一部分。例如,在伊利诺伊州大约只有 1/3 的诉讼获得赔偿,平均赔偿额大约只有 3300 美元。要求律师资助更为充裕的赔偿基金不仅对无辜的受害人有利,也将鼓励在律师惩戒、专业失职行为和保险制度方面的改革,以减少此类基金的需要。同时,律师对专业不当行为承受更高的成本,也可能为有效变革提供必需的激励。[63]

---

[62] ABA Commission, *Lawyer Regulation*, 81~82; Harry H. Scbeider, "At Issue: Mandatory Insurance," *ABA Journal*, November 1993, 45. Ramos, "Malpractice: Reforming Lawyers, "2610; Sahl, "Public Hazard, "101~7; Franklin Strict, *Reconstructing Justice* (Chicago: University of Chicago Press, 1996), 218.

[63] Ramos, "Malpractice: Reforming Lawyers, "2602; HALT, "Toothless Discipline System Puts Illinois Legal Consumers at Risk," *Legal Reform*, May 7, 1998, 1.

收费

不到 5% 的美国人认为,他们的法律服务价格很划算,而这种看法的理由也是显而易见的。收费过高的原因有很多种,包括从明目张胆的欺骗和"创造性的计时"到散漫的会计制度和职员的低效率等问题。对"法律费用"的审计揭示了诉讼期间提供的按摩服务、男子假发的干洗、标有"地面运输"的跑步鞋、维多利亚牌的私密女用贴身内衣与为比预期时间更长的州外初审所备的男士西装等信息。律师计费的一天时间总计超过 24 个小时不再罕见。记录表明集团诉讼的代理律师记录了超过 1000 小时,为约 5000 名石棉诉讼的客户每人提供需要耗费 20 分钟的同样的任务。当女继承人 Doris Duke 死后,留下上亿美元给慈善机构,24 个律师事务所开始了有律师坦率描述为"疯狂的哺养"(a feeding frenzy)的活动。一些全国著名的律师住在各大酒店里按保险费率收费,成功地相互重复各自的工作,并保证各方得到雇用,这些活动需要从慈善事业中瓜分大约 2000 万美元。[64]

乱收费的次数往往难以统计,因为他们总能构成"完美的犯

---

[64] Marc Galanter, "Anyone Can Fall Down a Manhole: The Contingency Fee and Its Discontents," *DePaul Law Review* 42 (1994): 457, 459; Lisa Lerman, "Gross Profits: Questions about Lawyer Billing Practices," *Hofstra Law Review* 22 (1994): 645, 649; William G. Ross, *The Honest Hour: The Ethics of Time-Based Billing by Attorneys* (Durham, N. C.: Carolina Academic Press, 1996), 65; John P. Marquess, "Legal Audits and Dishonest Legal Bills," *Hofstra Law Review* 22 (1994): 637, 643~44; Darlene Richter, "Greed, Ignorance, and Overbilling," *ABA Journal*, August 1994, 64~66; Gary Hengstler, "Vox Populi: The Public Perception of Lawyers," *ABA Journal*, September 1993, 63; "The Money Doris Duke Meant for Humanity," *New York Times*, January 24, 1997, A11; Paul Lieberman and John J. Goldman, "Doris Duke's Will Evolves into Ultimate Probate Fight," *Los Angeles Times*, January 1, 1996, 1; "Duke Rebuke," *American Lawyer*, June 2000, 22.

罪"。我们也难以证实有些任务是否是必需的,以及他们是否需要,或者实际接受了律师所记录的相应时间的服务。然而,审计员在另外25%～35%的审查和提出质疑的案件中,发现5%～10%存在可以证实的欺诈行为。这种做法包括多计小时数、雇用人员过多、做不必要的工作、同一任务或时间收取两位客户的费用。在最近的调查中,40%的律师承认他们有些工作只是想收取额外的费用,另外大约一半的公司内部律师及行政总裁也认为,他们的律师事务所收费过高。[65]

当然,对律师收费的抱怨有相当长的历史。约2000年以来,人们已经做出很大的努力来限制律师收费或完全禁止收费。在我国,这种限制或是短命或是轻易地被规避。到了19世纪中叶,大多数州的立法机构已经放弃努力,而且法定的收费限制目前只适用于小范围的一类案件中,如为贫困当事人提供的刑事辩护、退伍军人福利和医疗事故诉讼中采取胜诉取酬制的收费。虽然律师协会长期以来一直参与对收费行为的监管,它们初步关注的是收费过低而不是收费过高,它们的解决办法是为特定任务设定最低而非最高收费标准。根据在美国律师协会1961委员会的职业伦理标准,"费用削减应该对律师事务所所有成员都有明显不利",习惯性收取低于律师设立收费标准的费率,是"不道德的行为事实"。美国律师协会律师手册推荐,律师代表客户以有吸引力文件夹中低收费列单为标准,它暗示某种程度的尊严与实质。真皮包

---

[65] Nader and Smith, *No Contest*, 233～42; Ross, *The Honest Hour*, 27～30; James P. Schatz, "Why Attorneys Overbill," *Rutgers Law Review* 50 (1998): 2211, 2214.

裹、书脊烫金者是首选。[66]

　　无论怎么包装，这些收费表均旨在劝阻货比三家和竞争出价。最高法院意识到了这一点，1975年宣称根据《联邦反托拉斯法》，颁布最低费用构成非法价格。然而，那时候很多律师转向计时收费，而不是计件收费。在1940年代初，管理专家发现那些采取计时收费的律师，比那些依靠较为传统的措施来收费的律师要挣得更多，因为后者对其工作的难度和价值的评估更不精确。最后，计时收费吸引了很多客户，它似乎为建立费用和比较律师的等级提供的一个客观依据。一份详细的报表说明，小时计费似乎比律师制定的最低收费占优势，或者普通的案例表明只有律师费到账才提供服务。[67]

　　虽然计时收费仍然是确定收费标准的主要方法，但是它的不足之处日益明显，律师协会的执行机构提供了足够的反应。许多州的伦理规范要求合理收费，另外它们提供一系列因素，如时间、工作量及有关技术、得到的结果和相同服务的常规收费等来评价收费的合理性。这些标准具有不确定性，再加上执行成本高，使得法院和纪律机构不愿意监测律师收费问题。正如上面所提到的，行政机关一般不处理收费投诉，除非证据表明存在严重欺诈或收费过高。大部分也不提供选择性的纠纷解决程序。虽然许多公司客户在讨价还价以保护自己利益方面拥有充分的经验，但是缺乏经验的消费者则远为脆弱。监督如何收费需要付出很高的代价，

---

　　[66] ABA Committee on Professional Ethics, *Formal Opinion* 302 (1961); Philip M. Stern, *Lawyers on Trial* (New York: Times Books, 1980), 55.

　　[67] *Goldfarb v. Virginia State Bar*, 421 U.S. 773 (1975); Ross, *The Honest Hour*, 16~21; Herbert Kritzer, "Lawyers' Fees and the Holy Grail: Where Should Clients Search for Value?" *Judicature* 77 (1994): 186, 187.

收集证据的困难，加上采取低成本的救济措施，这一切都带来了收费过高的风险。[68]

问题的本源在于律师利益和客户利益之间存在差别。律师的目标是利润最大化，而客户的目标是价值最大化，并尽量压缩成本。如果律师计时收费，而他们的时间中又缺乏其他同样有利可图的方法，他们会故意在项目中尽可能地拖延时间。如果他们的收费会影响到律师事务所内部的权力、提升或补偿，这些动机就会得到加强。当时间长短决定收费多少，而收费多少又能决定其他很多因素时，效率就不再是一种美德。

但是，律师事务所需要的工作量日渐增加，使得问题进一步复杂化。当计时收费开始，律师期待每年收费时间在1200小时和1500小时之间。目前的范围是在1800小时和2000小时之间，大律师事务所的平均数相对更高。然而，大部分估计显示律师上班的约1/3的时间不能诚实地收取客户的费用。行政问题、律师事务所会议、个人的需求和保持与现行法律的发展，在上班中占相当多的时间。为了产生2000个计费小时数，律师通常需要每天工作10小时，每星期工作6天。首席大法官伦奎斯特指出，如果期待律师按当前标准收费，一定会诱惑他们夸大投入的时间。而另一位审计专家补充说，你要么没有个人生活，要么你就要将那些法

---

[68] ABA Model Rule 1.5. See also Model Code DR 2-106.

案进行综合处理。[69]

　　面对这些压力，逐渐合理化是可以轻易克服的。一些律师坚持认为他们的工作比所要求的时间更有价值。一些律师上调收费标准以弥补他们认为忘记索赔的时间和开支。另一些律师可能去责备客户，作为对不合理的限制或讨价还价的那些人的反应，律师往往夸大合理化收费。当一切其他的措施失败了，律师们总是会相互责备。正如韦伯斯特·哈伯尔解释，当他的妻子询问他是否真的标明了他的时间时，他回答："是的，我标了。国家的每一个律师都标了。"[70]

　　坚持采取合理化措施的律师们甚至发现一些夸大处理是很难逃避的。许多律师以 6~15 分钟的间隔收费，但很少同时这样做。当他们后来。完成时间表时，要记住中断客户工作的所有不收费事情，经济上很不方便。疑虑可能以过量报道加以消除，并且"工作"的定义也可以进行相应地扩展。将近 90% 的接受调查的合伙人表明，与客户拉家常也要收费。虽然超过 90% 的公司高层管理人员说，他们不期望在这样的时间里也收费。正如一个律师所发现的，在计费时数所占比例较高的律师中，填写工作时间记录

---

〔69〕 Ross, *The Honest Hour*, 3, 27; Carl T. Bogus, "The Death of an Honorable Profession," *Indiana Law Review* 71 (1996): 911, 925~26; William H. Rehnquist, "The Legal Profession Today," *Indiana Law Journal* 62 (1987): 151, 153; Harry Maute, "Problem of Overbilling by Many Large Firms Is Confirmed in Surveys," *Wall Street Journal*, September 17, 1993, B7; "Around the Nation," *Chicago Daily Law Bulletin*, January 7, 1998, 3; Nancy D. Holt, "Are Longer Hours Here to Stay?" *ABA Journal*, February 1993, 62, 64.

〔70〕 Lisa Lerman, "Blue Chip Bilking: Regulation of Billing and Expense Fraud by Lawyers," *Georgetown Journal of Legal Ethics* 12 (1999): 205, 259~62; Wade Dann, quoted in Barbara B. Serrano, "Lawyer Who Flouted Ethics Rules Escapes Reprimand," *Seattle Times*, March 31, 1996, A1; Webster Hubbell, quoted in Susan Koniak, "When Did Overblling Become a Habit?" *New York Times*, May 2, 1998, 15.

单是他们最富有创造性的专业活动。[71]

况且在许多律师事务所,计费时数所占比例不可能产生具备成本有效性的服务。杰弗里·哈泽德(Geoffrey Hazard)指出:"没有一项职业在每年达2000个小时的收费时数时精神仍然免于严重影响。"并非所有时间都创造相同的利润,部分让律师精疲力竭的时间,对于律师事务所来说要比客户更为有利可图。当然,执行合伙人也认识到了这一点。律师往往会减少相对于其成果来说明显过高的计时收费,至少是向有价值的客户提供重复的业务。但并非所有的客户都会为缩减计费时数而讨价还价,尤其是并非所有过高收费都是显而易见的。甚至连富有经验的消费者也很难知道,是否有些工作是无关紧要的或完成效率很低的。[72]

相关的问题都源自于收费小时创造出用人过多的激励。从律师事务所的角度来看,用人多了收费自然也多了;从客户角度出发,用人更多未必更好。另外,效果类似于纽约卡通,一个企业经理面对漫漫一房屋律师和客户,并问"有人失去律师吗?我好像结束了两个"。最近很出名的一个例子是在破产诉讼中,联邦法官拒绝认可洛杉矶的一家有名的律师事务所收取的超过50万美元的费用。典型的律师事务所的工作是毫无根据的运转,其中20位律师为一个构想提出拙劣的异议,或从事"重复性和似乎永无休止的审查和修订"。[73]

---

[71] Michael Trotter, *Profit and the Practice of Law* (Athens: University of Georgia Press, 1997), 181; Macklin Fleming, *Lawyers, Money and Success* (Westport, Conn.: Quorum Books, 1997), 36; "Talk Ain't Cheap," *National Law Journal*, November 16, 1992, A2; Kirsch, "How Do I Bill This?" *California Lawyer* 5 (1985): 15, 17.

[72] Geoffrey Hazard Jr., "Ethics," *National Law Journal*, February 17, 1992, A19.

[73] Nader and Smith, *No Contest*, 243.

而有报道的案例也表明报道过的案例也揭露了律师的身价在他们手头的业务中被过高或过低地评估。一些每小时收费几百元的律师忙于摄影拷贝、标注展品、拆包箱或检查咖啡和会议室的铅笔用品。资深律师完成日常文件可大量增加开支。例如,当要求为起草标准的监护申请估算其费用时,一些大型律师事务所的要价达到2300美元,而别人预计几百元就可完成。正如这一例子所表明的,当律师无力完成特定的任务时,也会出现收费过高的问题。即便对法律的无知,律师们也从未停止接收案件,而是进行自学并让客户掏腰包。虽然当这些费用高于合格律师的收费时,法庭有时会减低费用,为过分滥用提供迅速救济。最近的例子是一位马萨诸塞州的律师没有任何刑事辩护经验,但还是同意为企业级客户的儿子酒后驾车罚款案件辩护。这个律师尽管成功了,但是花了200个小时自学,他的收费是5万美元。马萨诸塞州最高法院历史上第一次公开谴责律师收费过高。[74]

对其他各项乱收费用问题来说,补救的方法相对较少。有的采取计件收费的办法,但律师们提供服务被控制在尽可能少的时间内,如20多分钟。在这种体系下,从每小时收费500美元的合伙人在90秒的通话时间里也要收取客户100美元的费用。一些律师事务所采取了一些策略从最小收费中获取最大利润,例如"无

---

[74] For overqualified lawyers, see Elena S. Boisvert, "Is the Legal Profession Violating State and Federal Consumer Protection Laws?" *Professional Lawyer* 9 (November 1997): 1, 6; Ross, *The Honest Hour*, 138~45; Ann Davis, "Lug a Box, Scan Mail: Is It All Billable Time?" *Wall Street Journal*, January 6, 1998, B1; Wes Hansen, "Lawyers, Lawyers, Lawyers," *Ethics: Easier Said than Done*, 1993, 71. For underqualified lawyers, see *In the Matter af Fordham*, 668 N. E. 2d 816 (Mass. 1995); Gail Diane Cox, "Excessive Fees Are Attacked Across the Board," *National Law Journal*, November 4, 1996, Al.

论你是否在车上，在洗澡或在上高尔夫球课时，都想着这个案例，就可以收费"。[75]

另一个策略涉及同一时间对同一任务向客户收取更多费用。例如，有些律师乘坐国际航班的旅行时间也向客户收取费用，而在飞机上做的工作是去收取另一位客户的费用。律师曾研究了单一的问题，如在购买保险时所指的某个术语，为执行这项任务收取100多个客户的费用。虽然美国法律协会伦理委员会谴责这些行为，但它的观点并不具有约束力，很多律师可以忽视这些规则。在他们看来，如果他们代表一位客户去旅行，同时选择为另一位客户工作而不是看电影，为什么不都要付钱？但是如果支付旅行时间的理由是代表可以用作其他额外工作的时间，而律师也确实将时间用于这些工作，那么客户何必支付两次呢？对循环性质的任务进行收费则更成问题，如果虚假地代表律师花时间在一个项目上，如草拟一份文件，事实上他只是在复制其他已向客户收费的材料。甚至假设在那种情况下，律师有充分理由主张双倍收费，而他们不向客户披露频繁的执业行为也是很难的。在调查中，多于2/3的公司法律顾问认为双倍收费是不道德的，90%的认为不向客户告知情况也是不道德的。如果这一案件如一些律师相信的那样可以辩护，那么他们应该愿意为支付费用的执业行为提供正当理由。如果不能说服客户，律师不应该暗地里收取那些不能公开收取的费用。[76]

另一种常见的做法也同样如此：包括未透露的补偿诸如影印、

---

[75] Nader and Smith, *No Contest*, 233~34.

[76] Ross, *The Honest Hour*, 34~38, 83; ABA Committee on Ethics, *Formal Opinion*, 93~379.

传真及秘书加班费之类的费用的上涨。律师越来越多地将这些服务变成额外的利润中心，结果就是收费大大超过了市场价格。《美国律师杂志》刊登了说明世达（Skadden）经济学（Skaddenomics）现象的文本例子——收费过高在世达（Skadden Arps）律师事务所很盛行。一个特别生动的例子包括"对挪威酥饼小题大做"，即当事人以超过标准售价200%的价格买咖啡和酥饼。在类似的一起案件中，100万美元的影印账单反映了每张纸1美元的价格，消耗了整个补偿费的1/6。当有经验的当事人限制他们所愿付的费用的上涨程度时，一些律师通过收取律师费弥补通常被认为是管理服务性费用，像铅笔或"档案保管"费。为规避审计，这些费用经常以含糊的形式出现。尽管ABA道德委员会已谴责了这类收费过高的行为，但是一位警惕特别高的当事人发现了账单上出现了"HVAC"字眼，指的是取暖通风和周末空调费。

这些对了解不充分而不足以抗议的当事人来说是很常见的，并且在无知便是福的情况下，要律师事务所进行节约是徒劳的。如果律师能从他们所复印的每一页纸中获利，为什么大家不尽可能地对一切东西都复印一份呢？[77]

其他和收费相关的问题包括不可退还的抵押物和中介费用。当他们接受一件案件的时候，某些律师要这样的抵押物，为的是补偿名誉和将来为当事辩护的协议。如果在他们履行重要职责之前问题就得到了解决的话，这种额外的抵押物是不可退还的，除

---

[77] Susan Beck and Michael Orey, "Skaddenomics," *American Lawyer*, September 1991, 3; Fleming, *Lawyers, Money and Success*, 38; Sharon Walsh, "Lawyer' Clients Get a Little Cross-Examining," *Washington Post*, June 8, 1992, F1; Marquess, "Legal Audits," 641~44; ABA Committee on Ethics, *Formal Opinion* 93~379.

非是在明令禁止这种费用安排的少数几个州。当他们向律师事务所以外的律师移送案件时,许多律师也要收取许多中介费用。只要总的费用是合理的,并且所履行的服务与所收的中介费用成比例或双方律师"假定对陈述有责任",法庭伦理规则就允许其存在。事实上,许多律师假定只承担名誉责任而不提供任何服务,并且还要抽走总费用的1/3。由于伦理规则并不要求律师们把实际的劳力分工或回扣多少告诉给当事人,所以这些过高的费用就不会引起异议了。就像杰弗里·哈泽德(Geoffrey Hazard)所说的那样,这些中介费,像不可退还的抵押物那样让律师"不劳而获"。[78]

一个相关的问题可能与胜诉取酬制相关。在这种安排下,律师可收取当事人胜诉费用的1%,最高达到1/3。如果索赔未成功就无需付费。尽管这样的收费安排对当事人有利,但也容易存在滥用的危险。律师的回报可能与所做事的数量或实际上具有的风险没有必然联系。在许多案件中,责任明确、损害赔偿数额巨大、收取1/3的胜诉费用对律师来说构成了暴利。如果被告作出过早的和解,原告的律师就可以收取高额费用而仅仅作出最低限度的常规服务。在一些广为人知的案件中,工作量如此微小,以至于相当于每小时收费达到了2万至4万美元。[79]

---

〔78〕 ABA Model Rules of Professional Conduct, Rule 1.5e; Model Code of Professional Responsibility, DR 2-107(A); Jeffrey O'Connell, "Early Offers as Contingent Fee Reform,"*DePaul Law Review* 47 (1998), 413, 416; Larry Bodine, "Forwarding Fees: Ethical?"*National Law Journal,* February 5, 1979, 1 (quoting Hazard).

〔79〕 Lester A. Brickman, "Contingency Fee Abuses, Ethical Mandates, and the Disciplinary System: The Case Against Case-by-Case Enforcement,"*Washington and Lee Law Review* 53 (1996): 1339, 1345n. 22; Margaret Cronin Fisk, "Two Texas Lawyers Hit with $6.3M Overcharging Verdict,"*National Law Journal,* December 6, 1999, A11.

而在原告的律师方面，这种暴利除了许多合理化之外常常造成尴尬的情景。一个典型的反应是，在一个人们常常复述的轶闻中，有人跌入下水道受伤。他聘请了一位著名的律师，如果胜诉时律师会收取2/3的赔偿费。客户愤愤不平，"可是我才是真正的受害人呀"。律师的回答是："但是说服陪审团的是我。任何人都可能会跌入下水道。"当然，胜诉取酬制下的收费有着比计时收费更明显的优势，可以产生重要的社会功能。最重要的是，他们向那些无力承担计时收费的客户提供了接近司法的机会。这种安排可以给律师提供分散未得到收费的风险以及积极处理案件的激励。这种激励在个人损害和反歧视案件中为原告代理的情况下尤为重要。这些客户通常都是法律服务的一次性消费者，缺乏能力和经验对律师的行为进行监督，在这些案件中，胜诉取酬制的安排非常普遍。通过赋予律师与结果效益最大化之间的相关性，胜诉取酬协议可以提供一些重要的保护，避免衡量律师行为或代理不充分的危险。

但是，这些保护方法绝不是完美无缺的。胜诉取酬制下的收费常常会导致律师和客户之间的冲突。律师的利益在于从他们的工作中获得最大限度的回报，而客户的利益在于获得最高限度的损失补偿。许多研究表明，对于赔偿请求不高的诉讼，律师通常要求尽快和解，这样律师就不必彻底为该案件作准备，从而为客户争取最好的条件。相反，在利害关系较密切的案件中，一旦律师已经投入了大量的时间，相比收入很低、需要迫切的客户来说，他们可能会从奋力一搏以获得最高的赔偿中获得更多的回报。即便是善意的律师也难以防止他们的利益影响到他们作出正确的建议，而许多经验不足的客户在评估和解条件时必然会依赖于律师的建议。[80]

在集体诉讼案件里，这类利益冲突产生了许多特殊的难题。正如第五章所指出的，在单个的受害人由于缺乏足够的信息或者动力去起诉的情况下，集体诉讼就可以通过遏止不法行为对其进行救济，从而对重要的公共利益加以保护。但由于原告方的很多成员同样缺乏足够的信息和动力去监督律师的要价，集体诉讼案件也存在着律师滥收费的风险。对于主审法官来说，情况也是如此，尽管他们有明确责任，确保集体诉讼解决方案中律师费用协议的合理性，并根据法律裁决费用。指望超负荷工作的法官来完成冗长的审议进程以有效地监督收费事项并不现实。许多法庭积压着大量的案件，很难期望法庭会为了推翻一个收费协议而延长一个案件的审理。[81]

当被告的辩护人默认了对方开出的过高的律师费用要求时，实施充分的司法审查就更为困难。对于被告方来说，反驳这些要求通常是有利的，它可以挫败非正当的诉讼请求。但有时阻力更小的另一种选择则是用少许的钱与受害人和解，而拿出大把的银子付给他们的律师。如果救济方案能够使大多数的原告不再行使他们在理论上所拥有的基于损害的权利，那么这种选择就更为划算。"优待券方案"就是这样一种选择，原告在未来购买被告方产品的时候，可以享受打折优惠。在一些案件中，这种优惠的金额小到不值得去费时费力地搜集数据。而在有关油箱产品缺陷的通

---

[80] Rhode and Luban, *Legal Ethics*, 699.
[81] Federal Rules of Civil Procedure, Rule 23; John C. Coffee Jr., "The Corruption of the Class Action: The New Technology of Collusion," *Cornell Law Review* 80 (1995): 851, 855; Samuel Issacharoff, "Class Action Conflicts," *University of California at Davis Law Review* 30 (1998): 805, 829.

用卡车案件里，大多数的原告不会在原车的赎回期内去买另一辆通用卡车。由于胜诉方的律师费通常是基于官方许可的数额，而不是实际上所要求的，律师在"优待券方案"这种对于被告方来说费用几乎与推广自己产品的广告费一样多的救济方案里也可以得到可观的报酬。[82]

在戴夫·巴里（Dave Barry）所描述的"*Adhesive Denture Menace*"案件中，"优待券方案"之类的策略被他大加赞赏。在某个制造商召回一种含有苯———种潜在的致癌物质——的粘合剂后，警觉的律师在没有任何实际损害的证据时，就代表还未意识到自己是"受害人"身份的购买者们发起了诉讼。审理结果是几百名已知的买家获得了7美元的赔偿，另外2800多位未登记的购买者则填写派发了表格以获取打折优惠，而律师费及其他费用则有将近100万美元。正如戴夫·巴里（Dave Barry）所评论的，这看起来"是一大笔钱……（但）这可不是件轻松的工作，一个在未经训练的外行眼里看来没有人受到任何可察觉伤害的案件，通过律师对法律技能的运用，最终演变成一项涉及到几千人的财务交易以及100万美元！还有优惠"！在其他的"隐形原告"（phantom plaintiff）案件中，同样无法确定有人受到了重大的伤害，真正的利益攸关方只有律师。曾有一位律师代表他的母亲就有关产品的尺寸与广告不相符合，如儿童浴池的直径短了几英寸，提起诉讼。另一些大公司的律师（enterprising lawyers）则热衷于低额（de mi-

---

[82] In *re General Motors Pick-up Truck*, 55 F. 3d 768 (3d Cir. 1995); Brian Wolfman and Alan B. Morrison, "Representing the Unrepresented in Class Actions Seeking Monetary Relief," *New York University Law Review* 71 (1996): 439, 502 ~ 7; Nader and Smith, *No Contest*, 195; Barry Meier, "Fist Full of Coupons," *New York Times*, May 26, 1995, C1.

nimis）赔偿案件，例如给予每个原告方 28 美分的赔偿诉讼，而律师自己则期待着丰厚得多的报酬。当确定被损害人的工作成本过高时，一些律师则另辟蹊径。他们以现金方式获取律师费，被告方则将判决款项的剩余部分以慈善捐款的形式捐出。如果法律事务的成本超过了补偿价值，一些原告甚至将最终面临一份上诉意见里所描述的情境："在阿拉巴马州的一项集体诉讼中，德克斯特·卡麦维茨（Dexter Kamilewicz）为了得到价值 2.19 美元的赔偿，花费了 91.33 美元的律师费。"[83]

当然，这些案件的价值不能以纯粹的经济学的术语来衡量，它们的主要功用在于威慑（deterrence）。集体诉讼的一项基本原理，就是在众多的受损害方中没有任何单独一方遭受到足以提起法律诉讼的损害时，对不法行为加以阻遏。律师们可以用胜诉案件的丰厚报酬补偿他在败诉案件里的损失。一些原告律师在一些事关重大社会利益的案件里会由于资助诉讼而承担巨大的风险。同时至少还有一些证据表明，在诉讼中心的大都会区域以外，与那些按小时收费的律师相比，偶然收费律师的平均收入并没有明显地低于他们。但是更多的时候，律师们卷走了远远超过合理回报的收入，或者说他们的收入远远超越了为提起社会公益诉讼所需要的激烈的程度。在《美国律师》的年鉴中，记载了一名在一项有关管道泄漏的集体诉讼案件中，代表了持有相同诉讼请求的

---

[83] Dave Barry, "Lawyers Put the Bite on Denture-Adhesive Maker," *Orlando Sentinel*, November 23, 1993, 22; E. Paul Warner, "Cottage Industry," *California Law Business*, November 10, 1997; *Mace v. Van Ru Credit Corporation*, 109 F. 3d 338（7th Cir. 1997）; Edward Felsenthal, "Lawyers Rebuked for Pursuing Class Case," *Wall Street Journal*, August 12, 1994, B5; *Kamilewicz v. Bank of Boston Corp.*, 92 F. 3d 506, 508 (7th Cir. 1996), rehearing denied en banc, 100 F. 3d 1348 (7th Cir. 1996).

8000多位客户的律师。尽管这位律师承担的只是重复性的琐碎工作，却获得了超过100万美元的律师费和其他费用，这笔款项占到整个集体诉讼资金的2/3。报道的标题很精辟："贪婪，贪婪，贪婪。"[84]

过高的律师费成本并非简单地由腰缠万贯的商人负担，很多时候律师费要从给予遭受到严重损害的原告的赔偿基金里提取，或者以涨价的方式转嫁给消费者。这一点在大规模的严重产品责任侵权案件中体现得最为明显。在此类案件中，由于原告方包括未来的要求补偿者，令律师们惬意的方案所带来的后果就愈发严重。这些受害者之所以还未提起诉讼，主要是因为他们所遭受到的损害还未体现出来，他们也不知道正在进行的诉讼及其对自身利益可能造成的影响。在绝大多数场合中，这些受害人的诉求都被忽视。最近的石棉案件就是一个典型，在该案中，代表1400名现有索赔人的原告律师与20家石棉制造商达成了一个协议。该协议对律师们提供了丰厚的报酬，也给予现有的索赔者不错的补偿，然而，数量更为庞大的未确定的受害者们却为此付出了代价，他们所得到的是远远低于前两者的待遇。利益的冲突是如此的明显，其影响是如此的重大，以至于惊动了最高法院对此案进行复审并推翻了原协议。但是，其他类似的串通协议却往往被放行。[85]

即使没有利益冲突，大型侵权诉讼对于律师来说也是以牺牲

---

[84] Herbert Kritzer, "The Wages of Risk: The Returns of Contingency Fee Legal Practice," *DePaul Law Review* 47 (1998): 267, 302; Alison Frankel, "Greedy, Greedy, Greedy," *American Lawyer*, November 1996, 71.

[85] *Anchem Products v. Windsor*, 521 U.S. 591 (1998); Susan Koniak, "Feasting While the Law Weeps," *Cornell Law Review* 80 (1995): 104; John C. Coffee Jr., "Class Wars: The Dilemma of the Mass Tort Class Action," *Columbia Law Review* 95 (1995): 1343.

其他所有人的利益为代价来获取财富的好机会。烟草诉讼就是一个典型的例子。媒体报道经常以此作为标题:"首要的事情,是付清所有律师费";"烟草辩护律师事务所:没有必要去变更习惯";"法律伦理会随香烟一起灰飞烟灭?"大的烟草公司的辩护律师们每年可获得大概7.5亿美元的报酬,甚至有许多律师获取得更多。在得克萨斯州,高级代理律师可得到23亿美元,据估计每小时可挣9.2万美元。相对而言,国会提出的法律草案中提出的每小时收费数额则小一点,1998年参议院提出的法律草案中规定,律师收费以差不多4000美元一个小时计算。[86]

　　这些情况所隐含的问题当然绝不仅仅是律师收费问题。法学教授卡里·门克尔·梅多(Carrie Menkel-Meadow)认为侵权带来了更大的挑战:"我们的法律体制在没有足够正义的情况下如何为所有人提供正义?"立法救济以及替代纠纷解决程序,或者扩大的社会保险项目可以在很多情况下带来更大程度的费用与效率成正比的救济,也会产生过度收费。除以之外,如果行政机关和执法官员拥有足够的资源,私法诉讼的监管功能可以更便宜地实现。但是无论这些改革的前景如何,对直接解决与收费相关的问题来说都是有影响的。现在只要涉及到避免过高收费,就会有许多"委托人不能,律师不愿,法庭不做"(clients can't, lawyers won't, and courts don't)的局面。我们应该致力于提高律师协会的伦理标

---

　　[86] Neila Lewis, "First Thing We Do, Let's Pay All the Lawyers," *New York Times*, October 11, 1997, A8; Krysten Crawford, "[Tobacco] Defense Firms: No Need to Kick the Habit, "*American Lawyer*, May 1998, 59; Lester Brickman, "Will Legal Ethics Go Up in Smoke?"*New York Times*, June 16, 1998, A18; David E. Rosenbaun, "Senate Approves Limiting Fees in Tobacco Cases, "*New York Times*, June 17, 1998, A1.

准,扩大委托人的监督能力,并且进一步改进救济程序。[87]

关键的第一步是由法院、律师协会和伦理委员会采取更苛刻的标准来管理律师的收费行为。老练的委托人越来越多地要求那些保护措施,而且不老练的委托人也可以从这种类似的保护措施中获益。律师收费应该有书面的费用协议,委托人应该收到标准的"委托人权利法案"(client's bill of rights),详细阐明不合适的收费行为和投诉程序。某些做法,如双重收费、不可归还的律师费和超过十分钟间隔的计件收费,应该被认为是不符合伦理规范的,除非委托人明确表明是出于自愿。应该要求有附属说明费用的明细账、介绍费是多少和相关律师提供的服务。在委托人签署胜诉取酬协议之前,他们应该收到关于预期的花费、获得赔偿费的可能性和另一种费用安排的花费及收益的信息。他们最后的陈述应该表明每个小时工作的回报率以及他们反对过高收费的权利。[88]

法院、律师协会和立法机关也应该采用更严格的收费标准。法律批准的集团诉讼和法定收费的指导可以制定控制合理收费的政策。法院应该将胜诉取酬制立足于实际的损害额度,而不是理论上的评估。这种收费不应该超过所实施工作和承担风险的合理回报率。当然,我们所说的合理也根据纠纷而各有不同。但是制

---

[87] Carrie Menkel-Meadow, "Ethics and the Settlement of Mass Torts: When the Rules Meet the Road," *Cornell Law Review* 80 (1995): 1159, 1164; Fleming, *Lawyers, Money, and Success*, 45.

[88] See Lester Brickman, "Contingent Fees Without Contingencies: Hamlet Without the Prince of Denmark?" *University of California at Los Angeles Law Review* 37 (1989): 29, 49~53; Congress has also debated such proposed disclosure requirements. See "Lawyers Fees Are Subject of Proposed Federal Laws," *ABA/BNA Manual on Professional Conduct* 11 (February 8, 1995): 12.

定合适的指导不应该阻碍正常的过高的赔偿费判决。更好的监管胜诉取酬协议的方法对于很多法律反对条款无法断定的案件也是很必要的。从理论上来说，委托人可以反对有非正常费用的胜诉取酬安排。事实上很少有人会这么做，因为司法费用是固定的，而且司法也是不可更改的。法院缺乏能力去监管即便很少的每年将近100万的实行胜诉取酬收费安排的案件。在这些限制下，采取更具结构性的限制措施可能会有实际意义。[89]

有些州采用的策略是要求"增加百分比公式"，在这个方法下，当案件在进行的时候，时间拖得越长，律师收到的钱就越多。所以比如说，如果案件不需要通过诉讼，律师收取25%的报酬；如果案件在立案后解决，则收33%；如果到了法庭审理阶段，收取40%；如果案件胜诉，收50%的诉讼费。这种方程式存在最明显的问题就是它会鼓励律师以拖延案件来获取更大利益，也可能会导致在问题解决之前消极怠工。要决定它们是否能成为改革的选择之一，有必要对这种百分比做法如何运行进行深入研究。

另一种方法是由曼哈顿研究所和一些权威的律师协会领导人发明的，也能防止巨大的费用。在这种方法下，辩护人有机会提出一个早期的解决提议，如果这个提议被接纳，原告的律师可以获得一定的小额小时报酬，如10%。如果辩护人选择不接受，原告的代表律师可以根据当时的法律规则合理地自由谈判更高的胜诉取酬百分比。这种方法的反对者认为它的范围过广或者过窄，

---

[89] Judith Resnik, Dennis Curtis, and Deborah R. Hensler, "Individuals Within the Aggregate: Relations, Representation, and Fees," *New York University Law Review* 71 (1996): 296, 396; Brickman, "Contingency Fee Abuses," 1349; Lester Brickman, "ABA Regulation of Contingency Fees: Money Talks, Ethics Walks," *Fordham Law Review* 65 (1996): 247, 305~8.

它使解决提议得不到保护，而且会否定律师在赢得案件后应得的报酬。最后的结果是律师们不愿去接胜诉取酬案件，限制委托人寻求法律的手段，并且减少信任的价值。但是只有通过这种公式才能使这些担心得到正确的对待。影响可能会因不同案子的种类而有所不同。但是现有的有限证据表明，有一些律师虽然收取较低的比较短时间解决的胜诉取酬制案费用，但是也得到了可观的报酬。虽然费用的限制导致其他的律师逐渐失去了补贴风险性案件的能力，但是权衡利弊这仍是值得的。[90]

第二种改革策略应该着眼于增强委托人谈判和监督费用使用的能力。律师协会不能仅要求披露与收费相关的信息，他们也应该帮助消费者权衡一下替代性收费安排方法。许多老练的公司委托人就会选择别的方法，而不是直接的计时收费或者是胜诉取酬制收费，这样可以提高效率，减少费用。这些组织已经知道，固定的费率对于常规业务是适用的，后者需要的时间是相对可以预见的。对于其他的服务，不高的费用可能让律师不会尽全力，一些其他的收费形式可以解决这个问题。第一个解决方法是把整个案子分解成具体的阶段，每个阶段采用不同的费用安排。例如，初审准备工作难以估计确切的时间，所以采取计时收费，而法庭辩护则采胜诉取酬制。相反，估算收费将律师的工作对于委托人的价值与补偿额度建立联系，根据相互接受的因素，包括需要的时间和结果等来衡量。这种模式的一些变数是费用反映的是打过

---

[90] Lester Brickman, Michael J. Horowitz, and Jeffrey O'Connell, *Rethinking Contingent Fees* (New York: Manhattan Institute, 1994); Peter Passell, "Contingency Fees in Injury Cases under Attack by Legal Scholars," *New York Times*, February 11, 1994, B1; Lawrence Fox, "Contingent Fees," *ABA Journal*, July 1995, 44; Kritzer, "The Wages of Risk."

第六章 对律师业的监管 283

折的计时收费，附加根据结果质量和律师办事效率确定的奖金。律师协会可以通过提供信息和组织研究这种模式对于特定案件的成本有效性，来帮助委托人实验这种安排。[91]

消费者团体和审计师事务所也可以帮助委托人更好地评估收费安排。不老练的消费者"典型的想讨价，但是不知道应该讨个什么样的价"，所以应该更多地借助于可以帮助这些委托人讨价还价的团队、社团组织和退休者协会等。听证组织协会可以发展一些程序来认定一些符合收费标准的律师事务所。合格的公司将会收到一个类似于"好的管家人"的标志，这对于企业以及寻求法律服务的个人都会非常有用。[92]

法庭也可以做更多的事来保护委托人，以使委托人可以在审理过程中保护自己。指导委员会成员可以帮助他们选择律师和商讨不同的费用。法官可以要求律师以文件的形式来说明他们解决与原告的利益纠纷所付出的努力，然后把这些努力与确定律师收费挂钩。更多的信赖独立的律师和特殊的专家来检查费用使用问题，能减少乱收费的情况，特别是那些涉及将来索赔者或者是没有金钱价值的报酬。[93]

最后一种改革着眼于改善与费用有关的补救方法，更有效的

---

[91] Robert E. Litan and Steven C. Salop, "Reforming the Lawyer-Client Relationship Through Alternative Billing Methods," *Judicature* 77 (January/February 1994) : 191; Richard C. Reed, ed. , *Beyond Billable Hour* (Chicago: ABA, 1989) .

[92] John A. Beach, "The Rise and Fall of the Billable Hour," *Albany Law Review* 59 (1996) : 941, 943; Margaret A. Jacobs, "Problem of Overbilling by Many Large Firms Is Confirmed in Surveys," *Wall Street Journal*, September 18, 1993, B7; Charles Silver and Lynn A. Baker, "Mass Lawsuits and the Aggregate Settlement Rule," *Wake Forest Law Review* 32 (1997) : 733, 777.

[93] Menkel-Meadow, "Ethics and the Settlement of Mass Torts," "1214 ~ 15; Resnik, Curtis, and Hensler, "Representing Individuals Within Aggregates," "396; Coffee, "Corruption," "856.

争端解决程序应该是一个重要的方面。超过 1/3 的州没有收费仲裁项目, 而且只有少数州要求律师一定要参与。许多这些项目不能满足委托人的切身问题, 也很少有机会使仲裁公开化来帮助缺乏经验的原告。有某些州, 委托人在不到 1/3 的案件中可以减少费用。在其他的州, 尽管一些原告得到了一定的宽慰, 但 30% ~ 40% 的人不满意过程。委托人对仲裁的满意度不如律师高, 律师们通常会对仲裁项目感觉良好。这些不同的评价源于许多的项目将法律援助的质量排除在外, 经常不重视委托人关于收费的抱怨。而且非律师的成员至多占到了 1/3, 所有的仲裁委员都是由律师协会选择和训练出来的。没有任何公开的研究试图评价这些过程的结果, 或者委托人不满的来源。也没有哪个州尝试在有组织的律师协会之外建立低成本的纠纷解决机制。建立有效的纠纷解决过程, 需要对当前项目进行更多的评估和实验更多的替代办法。[94]

我们不仅需要为消费者提供更好的补救方法, 更需要来自于律师事务所的更好的反应。在法学教授莉萨·勒曼 (Lisa Lerman) 的研究中, 关于律师费用欺骗行为没能得到相关机构的重视。当这种事发生的时候, 监督律师会以另一种方式来看待, 或者根本就不予理会, 事态严重之后也不会有什么严肃的反应。勒曼的调查案件中只有不到一半的律师事务所反映了违反法律权威和规则的行为。一些为企业客户服务的内部代表律师也同样不愿意曝光他们没能检测出来的欺骗的收费。在一个例子中, 合伙人知道有

---

[94] Scott Slavick, "Illinois and the McKay Commission: A Match Made in Heaven?", *Georgetown Journal of Legal Ethics* 11 (1997): 129, 142; Rhode and Luban, *Legal Ethics*, 695; James E. Towery and Linda L. Harrington, "California Fee Arbitration Program," *Professional Lawyer* (February 1997): 18.

12万美元的假账,而他们得到的反应是小心谨慎地要求(最后是没用的)他们的同事下不为例。其他一些律师事务所处罚低级律师,源于他们有一些不合理的收费。一位陪审员在一起案件中注意到收费较高的合伙人有 200 万的不合理收费,但是没有一位同事"发表了一点点意见,因为他们只要拿到了自己应得的就行了"。[95]

为了改变这种态度,首先应该改变背后的激励机制。在勒曼的研究中,大多数公开律师错误行为的律师事务所都来自伊利诺伊州。不巧的是,伊利诺伊州是唯一一个处罚了一位没能报告违反法律伦理规则行为的律师的州。如果其他的州开始要求律师为严重的乱收费行为负责,那么那些行为会变得更少。更多的律师事务所也可以建立内部的审计程序,建立正式的报告渠道,修改不切实际的控制不计费时间比例从而导致虚增计费小时数的规定。法院和律师协会纪律机构可以通过对乱收费施加严格的处罚,从而鼓励这种保护措施。许多案件中,收费过高的唯一处罚是减少费用或者是退还多收的费用,使这个委托人以后都不会再找他们提供法律服务。由于这种处罚被察觉的概率很低,难以产生足够的威慑效果,特别是在委托人是一次性客户,或者律师是初级助手,更多地关注计费时间比例的要求而非争取回头生意时。为了改变那些激励机制,需要加大处罚的力度。一些法院已经意识到了这一点,并且要求那些大量过高收费的律师上缴所有的收入。这种处罚会变得更普遍,结构性的方法也会如此。所有的律师事

---

[95] Lerman, "Blue Chip Bilking," 278~80; Jacobs, "Overbilling," B7; Ross, *The Honest Hour*, 199~219; *Bohatch v. Butler and Binion*, 977 S. W. 2d 543 (Tex. 1998).

务所应该形成合理的监督程序，而那些被发现存在乱收费问题的律师事务所则需要接受随机的收费审计。[96]

法院和仲裁委员应该常规性地把每一个涉及严重收费问题的错误行为报告给律师协会纪律结构，而且如果合适的话，应当报告给政府检察机关。对于这些案子，严重的处罚应该成为惯例而不是例外，而不应该在超过一百个违反伦理的案子里，只有23起最后会被取消律师资格，这在最近的一起亚利桑娜州的案件中出现了。检察官也不应该放弃发送更清楚的关于个人欺骗性收费的信息。一些研究表明，执法机关人员不够，经常导致不愿处罚那些会投入大量资源为自己辩护的律师，尽管他们的违法行为非常明显。处罚严重的与费用相关的错误行为，应该像韦伯斯特·胡贝尔（Webster Hubbell）的21个月的监禁处罚才能起到威慑效果。其他的方法可以用来辅助这种惩罚方式。法院也可以要求那些故意不解决乱收费问题的合伙人承担责任。更多的州应该认可根据《消费者保护法》提出的针对欺骗性收费的赔偿请求。这些法律规定了惩罚性赔偿金和律师费，这是在专业失职行为的诉讼请求中所没有的。如果保险和汽车销售人员因欺骗性收费而被惩罚，那么律师当然也有义务遵守同样的标准。[97]

---

[96] Lerman, "Blue Chip Bilking," 279, 297~366; Erin White, "More Firms Are Auditing Themselves to Catch Billing Errors," *Wall Street Journal*, July 14, 1998, B5; Joanne Pitulla, "Excessive Fees Bite Back," *ABA Journal*, April 1997, 82; "24th Conference on Professional Responsibility," *ABA/BNA Manual on Professional Conduct* 14 (June 1998), 272.

[97] In re *Struthers*, 877 P.2d 789 (Ariz. 1994); Lerman, "Blue Chip Bilking"; Sonia S. Chan, "Double Billing and Padding," *Georgetown Journal of Legal Ethics* 9 (1996): 611, 632; Schratz, "Why Attorneys Overbill," 221. For consumer protection remedies, See Richard B. Schmitt, "Widow's Fight Tests New Way to Sue Lawyers," *Wall Street Journal*, April 21, 1998, B1.

前美国律师协会诉讼部门主管劳伦斯·福克斯（Lawrence Fox）在他最近对乱收费行为的分析中提到在这个职业中共享的一个观点："我们解决问题的办法不是要帮穷人说话。确实是，在现在的时代，电视剧作家可以签 1300 万的合约，运动员每年挣 8 位数的钱，有才能的律师靠辛苦的劳动换得非常高的收入没有什么不对。"这种理所当然的感觉也掩盖了乱收费的问题，在勒曼的研究中，所有的律师都不会为贫穷说话，而且很多人过着似乎真有每年 8 位数收入的生活。他们能承担得起卡地亚（Cartier）珠宝、欧洲游、私人飞机和豪车（一个律师有 6 部车）。如勒曼说的，在这些案件历史中任何一个都"没有丝毫利他主义的迹象"。这些律师都自信他们当得起他们追求的生活方式，在这个过程中也从未遇到太大的阻碍。[98]

这一章提到的改革可以增强那些阻碍，他们也不是完美的"解决我们的问题的办法"。正如有关乱收费的一篇文章标题写的那样，没有什么监管体制可以完全弥补"律师在幼儿园里没有学到的东西"。内在的问题深深地植根于拜金主义的文化和嫉妒超越自控的职业中。律师觉得不仅应该要有实质性的收入，也应该有实质性的独立。他们相信他们自己应该独立决定谁应该受律师协会管制，谁应该监管别人，以及应该相信谁，相信什么。这种独立性带来了很大的代价，主要是由消费者以支持过高的费用、不足的纪律和不够专业的失职行为补救办

---

[98] Lawrence J. Fox, "Money Didn't Buy Happiness," *Dickenson Law Review* 100 (1996): 531, 539; Lerman, "Blue Chip Bilking," 251.

法。[99] 律师也付出了一定的代价,如大众对他们的公众形象的反映。

但是,那些代价还不至于明显或重大到可以成为推动改革的力量。这个职业在立法机关和司法机关的力量造成了外部监督的障碍,那是有待变革的。公众需要得到充分的告知,而且被鼓励要求知道。在过渡期间,我们至少可以致力于一些增加的调整。这一章提到的只是开始,正如华莱士·史蒂文(Wallace Stevens)的诗《身背蓝色吉他的男人》(*The Man with the Blue Guitar*)中反映的精神"我不能够让世界变得很圆/我尽可能来修补它"。

---

[99] Amitai Etzioni, "What Lawyers Didn't Learn in Kindergarten," *Baltimore Sun*, February 16, 1994, A11.

第七章

法学教育

"（法学专业）学生需要做的就是钻进图书馆，找到读书指南以懂得如何读书。"托马斯·杰斐逊的这一观点，在美国法学的奠基（formative）年代已经广为人知。在历史上，法学教育多是通过给执业律师当学徒来实现的，其中多数实习生干的主要是杂务而没有得到什么教导。另外还有一种法学教育模式，就是学生可以就读于追求利润的为数不多的法学院，然而这些法学院的质量也参差不齐。到19世纪末期，法学训练和其他职业一样日益正式化和学术化。到20世纪末，美国大约有180个法学院提供三年制课程并达到了美国律师协会的认证标准，每年大约有5万名学生毕业。[1]

许多观察者发现,法学教育日益变成了标准化的学术训练,可谓是祸福掺半。当然,教育的整体质量得到了大幅度的提升。但是,随之而来的是教育费用的不断攀升。而且,尽管法学教育已经有所发展,但其与法律需要之间的差距仍然十分巨大。美国提供了当今世界上最为昂贵的法学教育体系,却未能解决日常法律问题,因为大多数中低收入阶层的美国人付不起法律服务所需的费用。现在的法学毕业生能够熟练地掌握后现代的文学理论,却不会起草一份文件。他们或许已经学会了"像律师那样思考问题",却不知道如何依靠它来谋生。

这些问题绝非近期的现象,对此的批评也早已存在。法学教育拥有多重委托人,具有迥异的计划和预期。人们希望法学院能够同时培养出"培里克利斯(Pericles)和管子工(plumbers)"——律师政治家(lawyer statesmen)和法律文书(legal scriveners)。教师、学生、雇主、消费者以及大学高层管理者都有能力推动法学院朝着不同的方向发展。但显而易见的是,法学教育尚未形成最为有效的体制以满足上述各异的需求。与(法学)职业规范的其他情况一样,公众对深刻影响其利益的(法学教育)体制却鲜有影响。法学专家拥有至关重要的决定权,而他们除了

---

[1] For discussion of the issues raised in this chapter, see Deborah L. Rhode, "The Professional Responsibility of Professional Schools," *Journal of Legal Education* 49 (1999): 24; Deborah L. Rhode, "Missing Questions: Feminist Perspectives on Legal Education," *Stanford Law Review* 45 (1993): 1547. See Thomas Jefferson, *Selected Writings*, ed. Merrill P. Peterson (New York: Viking, 1984), 966; Robert Bucking Stevens, *Law School: Legal Education in America from the 1850s to the 1980s* (Chapel Hill: University of North Carolina Press, 1983).

具有最多的专业知识外,还在教育政策中拥有最大的自我利益。[2]

任何致力于完善法律实践和律师规范的重大举措都必须始于法学院。法律文化的根基存在于此,如果我们不改变刚入行的律师对职业角色和责任的观念,那么重大变革将无从谈起。不论是业界还是公众都需要密切关注法学教育的实效性。尽管人们已就教育的目标达成了广泛的一致,但如何实现这些目标尚需继续付出更多的努力。从理论上说,法学教育的职责十分明确,可谓一目了然。法学院应当向学生灌输法律知识、法律技能以及最重要的法律判断力。学生应当养成勤于思考的习惯,培养道德价值观念,从而在追求正义的过程中服务公众。为了实现上述目标,法学院应该考虑到更为广义上的文化背景和观念的多样性,课程设置也应当满足美国多样化的法律需求。按照这种标准,法学教育并没有达到预期的目标。对于许多学生来说,它并没有提供获取必需技能的行之有效的方法。在许多法学院中,多样化仍然只是一种愿望,而非事实。对于许多教师来说,职业职责仍然是他人的责任。

恰恰在本世纪之交,索斯顿·凡勃伦(Thorsten Veblen)宣称,法学院"在现在的大学中不过是一个学习类似击剑或舞蹈的学院"。在随后的重建社会地位和历史渊源的不断尝试中,法学教育丧失了它的部分功能。法学家企图通过案例教学和严格的理论分析把法学定位为一门"科学"。这种举措已被证明是极不充分的。满足业界和公众的需要要求法学院对自身的结构、课程和重

---

[2] William Twining, "Pericles and the Plumber," *Law Quarterly Review* 83 (1967): 396.

心做出重大调整。[3]

法学教育体制

法学教育体制反映了公共政策、专业知识、市场压力和学界自我利益的复杂结合。美国教育部承认了美国律师协会以"法律教育和律师认证理事会"的标准作为法学院权威的认证准则。根据该授权理事会制定了详细的标准，规范了诸如授课时数、师生比例、图书资源等问题。美国大约有4/5的州只认可那些从ABA认证的法学院毕业并通过律师资格考试的律师。其他一些州则制定了自己的认证体制，还有一些州如加利福尼亚则准许那些未经认证的法学院的毕业生成为律师，前提是他们通过了律师资格考试。

认证体制的原理与职业规范的其他改革原则类似，法学教育的完全自由的市场不能保证充分有效的控制以保护公共利益。学生作为法学教育最直接的消费者，却只掌握了有限的信息，且对所掌握信息进行评价的能力也极为有限，以至于他们无法对比进而挑选法学院。他们缺乏进行判断的基础，无法预知诸如师资力量、图书服务或依赖客座或附属教授与否等因素是否会影响到他们的教育历程。

许多学生严重依赖于大学统计排名，尤其是《美国新闻与世界报道》的调查结果来做出判断。但是，影响法学院排名的最重要因素残缺不全，通常是很不可靠的。例如，《美国新闻与世界报

---

[3] Thorstein Veblen, *The Higher Learning in America* (New York: Sentry Press, 1918), 211.

道》的排名中大约有 2/3 的分数是以入学选择、LSAT 成绩以及该法学院在接受调查的专家、律师以及法官中的声望为基础的。正如下面的讨论所表明的，测试成绩并非考察申请人素质的充分尺度。同样，学院声望的排名也不是考察教育质量的一个完美参数。鲜有调查者能够对多数法学院做出足够而系统的了解，进而做出正确的比较判断。许多参与者依靠的是该大学在公众中的口碑，这就是为什么普林斯顿的法学院和职业学院即使不存在都会得分很高。另外，排名体制也排除了对学生受教育经历产生实质性影响的许多因素，如实践课程、义务服务机会（pro bono opportunities）以及多元化的教师和学生群体等。[4]

这并非如一些法学院院长所说的那样，所有排名都具有先天性缺陷，这种活动几乎是一种排名崇拜。（教育的）某些方面确实得到了客观的评价，学校也应该为它们的行为负责。学生也确实对诸如声望等主观因素具有浓厚的兴趣，尽管这是一种令人奇怪的尺度，毕竟大学声望也是他们出资购买的商品之一。排名能够成为自满和盛气凌人的一种有效制衡。如果没有排名，申请者可能会遭遇教育上的乌比冈湖（Lake Wobegon），几乎所有学院都会认为自己非同凡响。但是诸如《美国新闻与世界报道》的排名也存在如下问题，即他们武断地赋予并不完整的相关特征以不同的分量，又依靠这些特征进行并不充分的考察，最终计算出了一个总分。这些分数为前 50 名的学院确立了自己的社会地位，同时也决定了其他学院所占据的等级。这些等级排名极其强调可信任度

---

[4] Stephen P. Klein and Laura Hamilton, *The Validity of the U. S. News and World Report Rankings of ABA Law Schools* (Washington, D. C.: Association of American Law Schools, 1998).

的重要性,不仅与该学院在未来学生的可信任度挂钩,而且与该学院在管理者、教师和毕业生中的可信任度成正比。通常情况下,这种排名还扭曲了法学院的发展重点,诱惑那些法学院放弃对美国新闻编辑认为不重要的方面诸如多样化和公共服务的投入,并拨出十分珍贵的资源用于能够影响排名的宣传攻势。

法学教育市场中存在的第二个问题是,最直接的消费者——学生——所关注的不一定与最终消费者——委托人和公众——的兴趣一致。教育是少有的数个领域之一,在这个领域中购买者通常希望得到的东西比他们支付的资金要少。一些学生希望毫不费力地获得学位,通过律师资格考试并找到一份工作。在缺乏认证标准的情况下,法学院需要通过竞争吸引申请者,而这些申请者则认为"这些法学院半斤八两"。大学管理高层也存在着类似的态度,这就使问题进一步复杂化。许多院校都将法学院看作是"赚钱机器"。多数法学教育是通过相对廉价的大型演讲来获取,而学费则设定在相对较高的水平,因为这反映了学生未来收入的潜力。如果没有资格认证体制,许多大学会进一步削弱法学院的师资力量,并将它们更多的收入用于资助其他项目。

这些问题表明法学院确实需要制定一些管理标准,但这决不意味着,当前的这些标准确实起到了重要作用。问题的关键在于利益冲突。事实上,资格认证的控制权在很大程度上掌握在ABA的法学教育理事会手中。从理论上讲,该组织的成员负责保护公众利益,事实上他们也是律师业界的代表并对业界负责,而业界也有自己的利益需要保护。限制律师竞争、维护社会地位、防止许多律师领袖所谓的"过分拥挤",显然都攸关自身利害。从他们的角度看,法学教育"越宽松人越多",这对申请者和管理者则具有不同的含义：较为宽松的教育标准意味着有更多的新律师、更多谋生的人口、更多的竞争压力。[5]

法学教育者还与教育结构利害攸关。在《纽约时报》杂志的一篇文章中，一名教师坦言相告：无论法学院有其他的何种不足，"它们正在很好地服务于我们"。一般来说，法学研究者在大学所有教师中的薪水是最高的。认证体制保证了他们在许多重要方面的生活质量，如任期、教学负担和研究支持等。[6]

不过，这些标准是否在保护业界利益的同时也保护了公众利益，就另当别论了。政府部门的确也采取了一些措施以确保认证体制不仅仅服务于业界的自我利益。20世纪90年代中期，司法部的反托拉斯局强行修改一些纯粹属于保护性措施的认证标准，诸如教师工资和来自非认证体制法学院的竞争等。依据最近修订的规范，教育部还有权确保认证标准"能够真实可靠地反映所提供教育或培训的质量"并"与相关学生的需要密切相关"。教育部正在审查法学院的认证标准，目前尚不清楚政府审查有什么样的要求。传统上，认证过程极为尊重法学专家的观点，这在很大程度上源于人们十分关注学术自由，且检验教育质量的尺度也很难把握，因此这种尊重的代价则是建立了并未充分服务于公共利益的教育体制。[7]

---

〔5〕 Charles B. Colvin, "'Yes, There Are Too Many Lawyers.' Now What Do We Do about It?" *Louisiana Bar Journal* 42 (1994): 246, 247; Robert F. Potts, "Too Many Lawyers, Too Few Jobs," *Chronicle of Higher Education*, February 2, 1996, B1.

〔6〕 David Margolick, "The Trouble with American Law Schools," *New York Times Magazine*, May 22, 1983, 21, 39; Alison Schneider, "Law and Finance Professors Are Top Earners in Academe, Survey Finds," *Chronicle of Higher Education*, May 28, 1999, A14.

〔7〕 34 CFR sec. 602.23(b)(5)(1995).

认证要求取代了教育投入——诸如设施、资源、师生关系等——的详细规定，成为教育产出的最直接标尺。不过没有证据显示，这些标准的重大修正会对实际操作产生重大影响。目前的有限资料并未反映出传统标准下，法学院的教育质量与毕业生滥用职权的频率之间有什么关联。而且，有充分的研究表明，目前的教育体制使许多学生在满足社会需要时一方面没有做好准备，另一方面又准备得过了头。最典型就是，他们在可支付的费用之下能够提供高质量的日常工作。但是通常情况下，他们在诸如金融、管理、协商以及信息技术等领域却缺乏足够的实用技能和跨学科的培训。有时当律师接受调查，被问及如何评价他们的法学教育时，大多数人都对教育中的技能准备十分不满。例如，3/2 至 4/5 的被调查毕业生都认为，学院应该更有效地传授谈判、收集事实、文件准备的技能，但只有 1/4 的被调查者感到这些技能得到了充分的重视。解决问题、口头交流、协商和诉讼等方面也存在着类似的差距。[8]

法学院所提供的知识与法律实践所要求的技能之间存在着差距，这就要求采取不同的教育方法。美国法律需求的多样化也相应地要求法学教育的多元化。认证体制应该从形式上确认什么是事实上的真实。法律实践日益专业化，要求华尔街证券专家与小镇婚姻律师接受同样的培训，这是毫无疑义的。尽管一些学生可能希望得到一个综合性的学位，但其他人会从更为专业化的高级课程或那些能够帮助毕业生在某些特定地区就业的更为低廉的短

---

[8] Manuel R. Ramos, "Legal Malpractice: No Lawyer or Client Is Safe," *Florida Law Review* 47 (1995):37; Joanne Marlin and Bryant Garth, "Clinical Education as a Bridge Between Law School and Practice: Mitigating the Misery," *Clinical Law Review* 1 (1994):443, 448.

期课程中受益。大约 75 年前，艾尔弗雷德·里德（Alfred Reed）就在卡耐基基金会资助的名为《公共法律职业的培训》（Training for the Public Profession of Law）的著名报告中提出了类似的观点。从此以后，各个领域的变化更是日新月异。就某些日常服务来说，大多数法学院目前所提供的三年制课程既不必要也不充分。几乎没有法学院要求学生从事如下领域的工作，如破产、移民、无争议离婚（uncontested divorces）、承租事宜等，但这些领域的法律需求恰恰最大，而且尚未得到满足。其他国家允许受过法律培训的非律师人士提供这些服务，并无明显的负面影响。美国法学院也应该提供类似的培训，帮助制定许可证制度，从而便于人们有更多的机会从法律辅助专家那里得到可承受的帮助。[9] 无论是业界还是公众都会从一种能够以多样化方式服务于不同群体需要的教育体制中获益。随着费用的不断攀升，申请者的数量就会逐渐下降，就业市场就会萎缩，法学院不得不从扩大职责范围和潜在的招生群体中获利。放弃万金油式的认证体制将挖掘出一系列新的潜能。一些学院可以提供费用较低的两到三年制课程。一些州已经认可这些课程，它们将通过逐渐依靠助手和在线图书资源等战略来削减开支。其他的学院则可在标准课程之外，为法律辅助人员、本科生以及法律相关专业的专业人士补充设置课程。许多法学院还为法学专业的学生和实习律师开设高级跨学科课程，或者缩短那些希望在特定地区取得营业执照者的学位课程年限。日益增多的网络远程教育也有助于削减开支并增加接触专业教育的机

---

[9] Alfred Reed, *Training for the Public Profession of Law* (New York: Carnegie Foundation, 1921); W. Scott Van Alstyne Jr., Joseph R. Julin, and Larry D. Barnett, *The Goals and Missions of Law Schools* (New York: Peter Lang, 1990), 43, 84~87, 115~23.

会，而这些专业教育并不是所有法学院都能提供的。当然，这些举措中的每一项均存在错综复杂的费用与质量关系的权衡问题，并非所有举措最终都能达到预期的效果。但是，如果不对目前的体制进行更多的改革，我们就无法评价其潜在的益处。

法学教育的多样性也会推动法律职业的多样化，并为其成员提供更多元化的就业道路。许多来自弱势群体的人由于目前课程的高昂费用而对法学院望而却步。即使是那些已经获得法学学位的人也背负着极为沉重的债务负担，使他们无力维护公共利益或进入公共部门工作，从而违背了他们首选法学的初衷。越来越多的法学院毕业生都无法找到足以偿还债务负担的工作。他们在所有专业的学生贷款中拖欠率最高，几乎有1/5的人宣布破产。尽管一些法学院为那些接受了待遇较低的公共职位的毕业生推出了债务豁免计划，但是这些计划仅仅解决了很少一部分人的问题。只有更为多样化和低廉的教育机会才能够吸引那些来自弱势群体的申请者。短期的、限定性学位也会使更多的毕业生走上工作岗位，从而满足长期以来法律服务尚未满足的需求。[10]

不仅法学教育要提供更多可供选择的机会，而且申请者也有权获取关于如何做出选择的更多信息。诸如美国《新闻报道》及竞争者的排名并未能满足上述需求，ABA提供的有限的标准化信息也同样不能满足上述需求。未来的学生需要更多的可供参考比较的资料，法学院也需要更多的激励机制，从而可以在更为广泛的领域而不仅仅是在目前排名所关注的内容上展开竞争。例如，

---

〔10〕 Ann Davis, "Graduate Debt Burden Grows," *National Law Journal*, May 22, 1995, A1.

申请者或许可以借鉴本科教育的方法,通过教学"良好实践(good practices)"来评价各个法学院。这些方法能够就学生在诸如教师联系、有效反馈、技能教育以及合作项目等方面的经历获得比较性信息。[11]

这并不意味着,那些完全服从消费者的选择而毫无规范管理的法学教育体制是可取的。公众对维持关键性的质量标准十分敏感,而一些学生在选择行之有效的课程方面则缺乏充分的判断力、经验或动机。但是,鉴于目前教育体制存在的缺陷和不足,更多的变革、尝试和研究已经变得十分迫切了。为了做出明智的政策决断,无论是业界还是公众都需要进一步了解不同的教育方法如何影响教育的实际运作。无论法学教育能否实现百花齐放,它至少要允许飞燕草(delphiniums)和大丽花(dahlias)两种选择的存在。

多样性

法学教育不仅未能在各个法学院之间提供多样化服务,而且也未能保证法学院内部的多样性。毫无疑问,上个世纪的最后25年确实取得了巨大进步。在 1960 年代以前,在法学院接受培训的美国律师几乎全部是白人男性。10 年后当我就读于法学院时,几乎没有授课女教师,更没有开设关于妇女的课程。当我执教于斯坦福大学并希望开设性别歧视课程时,法学院院长吓得目瞪口呆。正如他所说,那将"表明你是女性"。随着希望的逐渐破灭,我发

---

[11] Gerald F. Hess, "Seven Principles for Good Practice in Legal Education," *Journal of Legal Education* 49 (1999): 367; Ben Gore, "A New Survey of ' Good Practices' Could Be an Alternative to Rankings, " *Chronicle of Higher Education*, October 22, 1999, A63.

现大多数人对此可能已毫不奇怪了。那么，我到底应该做出什么样的选择？当然，这已经不重要了。重要的是学术信誉，为了树立它，我需要"一个真正的领域"。院长建议我选择谈判技巧。

虽然现在法学院已经发生了许多变化，但同时也仍然面貌依旧。妇女以及关于妇女的课程已经得到充分的重视。大约45%的入学学生是女性，大约20%的学生来自某个种族或族裔群体。但是，他们中仍然有很多人对教育环境感到不适，很少有人晋升到足以影响这种环境的岗位。女性和有色人种依旧处于学术界的最底层，而在聘任教师和高级管理职位上严重不足。仅有20%的全职教授、10%的院长是女性。在上述两种职位中，又只有10%的人属于有色人种。这种在升职方面存在的差异，只用诸如学术证书或经历等客观素质差异来解释是不够的。妇女和少数族裔群体的学生更有可能在课堂上受到压制，在课堂之外受到骚扰。通常情况下，关于种族、性别和性取向等问题几乎被避而不谈，或者游离于核心课程的边缘。鉴于上述问题，妇女和少数族裔对法学教育极为不满和疏远也就毫不奇怪了。如果我们的目标是创造一个机会平等、相互尊重的教育社区，并最终形成同样的业界（profession），我们恐怕尚需付出更多的努力。[12]

与此同时，缩小上述差距的努力却遭到攻击。加利福尼亚州第209号决议案以及联邦上诉法院在"霍普伍德诉德克萨斯"（*Hopwood v. Texas*）一案的裁决，都禁止大学在其辖区内实施种族依赖。其他州也在考虑出台类似的禁令，从而引发了反对肯定性行动的全国性运动。反对派认为，以种族、族裔或性别为基础的政策使某种优先权（preferential treatment）永恒化，而这恰恰正是美国社会力图要消除的东西。在批评者看来，这种优先权意味着妇女和有色人种要求得到特殊优惠，而这种优惠又恰恰强化了我们国家必需反对的种族优劣理论。[13]

不过，尽管肯定性行动自身的缺陷显然是一个亟待解决的问题，但是反对派却错误地解释了它最基本的诱因，也没有找到合理的解决途径。种族优劣理论在肯定性行动之前已经出现，即使没有后者，前者也仍然会顽固地存在下去。很少有妇女和有色人种位居法律界要职，也是令人感到不安的一个污点。另外，我们

---

[12] Richard A. White, Summary from the Directory of Law Teachers, unpublished memoranda, Washington, D. C., Association of American Law Schools, 1998; ABA Commission on Women in the Profession, *Elusive Equality: The Experiences of Women in Legal Education* (Chicago: ABA, 1996); Linda F. Wightman, Law School Admission Council Research Report series, *Women in Legal Education: A Comparison of the Law School Performance and Law School Experience of Women and Men* (Newtown, Pa.: Law School Admission Council, 1996), 25, 36, 72~74; Deborah L. Rhode, "Whistling Vivaldi: Legal Education and the Politics of Progress," *New York University Review of Law and Social Change* 23 (1997): 217; Law School Outreach Project of the Chicago Bar Association Alliance for Women, *Women Students' Experience of Gender Bias in Chicago Area Law Schools* (Chicago: Chicago Bar Association, 1995), 24; Lani Guinier, *Becoming Gentlemen: Women, Law School and Institutional Change* (Cambridge: Harvard University Press, 1997), 28~29, 51~62.

[13] ABA Commission on Minorities in the Profession, *Miles to Go: Progress of Minorities in the Legal Profession* (Chicago: ABA, 1998), 16, 17; *Hopwood v. Texas*, 78 F. 3d 932 (5th Cir. 1996), cert. den., 518 U. S. 1033 (1996).

可以自称我们已经实现了真正的机会平等,或自命应该反对所有形式的优先权,但通过这种方式我们是不可能取得真正意义上的机会平等的。排斥妇女和有色人种使整个社会蒙羞并使他们处于从属地位,但排斥白人男性永远不会出现上述结果。与反对派观点恰恰相反的是,推动多样化的必要举措非但不会降低教育质量,反而会进一步提高它。联邦最高法院在1978年"加州大学董事诉贝基"(Regents of the University of California v. Bakke)的著名案例中做出裁决,承认并支持稍加修正的学生入学考试的种族优先权问题,当然这种种族优先不能将严格的配额强加于人。在贝基一案的多数派裁决中,鲍威尔法官强调了多样性在推动知识探索以及向未来领袖人物灌输不同观念和价值方面所起到的关键作用。[14]

自从贝基一案以来,肯定性行动的发展历程一直在强调上述贡献。正如美国法学院协会(Association of American Law Schools)(AALS)以及其他几乎所有高等教育组织的就业报告所显示的一样,多样性的价值已经得到了广泛认可。调查研究也一贯表明,那些在教育中经历了种族多样性的学生很少有种族歧视行为,能够更好地处理冲突,具有更为优秀的团结技巧,能够从多个角度清楚地理解问题,并对自己的学术生涯更为满意。根据1999年对两所著名法学院大约1800名学生的调查,90%的学生报告说多样性对他们的教育经历产生了积极影响。正如美国法学院协会声明所认识到的,"不同文化背景丰富了学生的知识、学业、公共服务以及学院管理。它们促进熟悉的同学之间互相交流,并使学术界能更好地对不断变化中的业界和社会做出灵活反应"。致力于推动

---

[14] *Regents of the University of California v. Bakke*, 438 U.S. 312 (1978).

多样性是我们社会必需的,是合乎宪法规定的,而且在道德伦理上也是迫切需要的。在法学教育中,多样化要求有新的改革创意,以重新调整入学标准、推动法学院形成相互尊重的社会环境为目标。[15]

为了确保有色种族学生获得足够的代表名额,法学院需要调整入学标准,使之充分反映法律实践所需要的各种人才。大多数法学院过分依赖LSAT成绩以及本科学习期间的平均分,这一做法得到《美国新闻》以及其他类似高校排名机构的推波助澜。十分具有讽刺意味的是,这些分数原本是用来限制歧视并保证机会平等的,但现在却产生了截然相反的效果。不过,这种明显以"价值"为基础的标准难以充分评价这种效果。平时成绩和考试成绩仅仅能够预示就读于法学院后的部分行为的变化。我们无法想象,它们到底预示了多少实际行为。一些对毕业生的跟踪调查表明,法学院成绩与学生后来的成就之间并没有必然联系。密歇根大学法学院所举行的一次迄今为止最为系统的调查发现,LSAT成绩与GPA分数与毕业生的薪水收入、职业满足感或者社会贡献之间并无关联。通过肯定性行动入学的少数族裔学生在这些方面与其他

---

[15] "On the Importance of Diversity in Higher Education," statement by sixry-seven higher education organizations, included in the Americus Curaie Brief of the Association of American Law Schools et al., in *Grutter v. Bollinger* (E. D. Mich. 1999); Association of American Colleges and Universities, *Diversity Works: The Emerging Picture of How Students Benefit* (Washington, D. C. : AACU, 1997); Expert Report of Patricia Gurin in *Graetz v. Bollinger* and *Grutter v. Bollinger*; Maureen T. Hallinen, "Diversity Effects on Students: Social Science Evidence," *Ohio State Law Journal* 59 (1998): 733, 746 ~ 50; William G. Bowen and Derek Bok, *The Shape of the Raver* (Princeton: Princeton University Press, 1998), 218 ~ 55; Gary Orfield and Dean Whitla, *Diversity and Legal Education: Student Experiences in Leading Law Schools* (Cambridge: Harvard University Civil Rights Project, 1999), 14 ~ 16; Association of American Law Schools, *Statement on Diversity* (Washington, D. C. : AALS, 1998).

毕业生同样优秀。尽管全国性调查表明，少数族裔学生通过律师资格考试的比率要低于白人，但是大约85%的少数族裔仍然事业有成。如果没有肯定性行动，这些律师中的大多数人将无缘就读于法学院。[16]

推动多样性以及提高教育质量的重大努力既需要继续维持肯定性行动计划，又要求制定更具包容性且较少强调入学成绩的入学标准。正如加利福尼亚一些法学院的经历所表明的，单纯依靠经济课程并以之取代种族和族裔标准，既不能确保多样性，也不能提高有利于职业成功的一系列个人素质。与之相反，法学院应该采取一些高校正在广泛采用的方法，即更为强调诸如领导能力、就业经历、社区服务以及面对经济困境或者其他逆境的忍耐力等额外品质的考察。当然，对这些因素的考察也会付出一定的代价。这需要更多的时间来审查申请表，也为评估过程中的特殊偏见创造了机会（idiosyncratic bias），但是过分依赖分数的代价则更大。道德品质是一个难以逃脱的充满价值判断的概念。考察相关品质没有任何中立的和客观的基础。同样，也没有任何类似的基础可以用来决定那个群体有权得到特殊对待，也无法决定不同群体应该得到多大的代表比例才是恰当合适的。不过，一些评价的过程

---

[16] Linda F. Wightman, *Women in Legal Education*, 25~74; Linda Wightman, "The Threat to Diversity in Legal Education: An Empirical Analysis of the Consequences of Abandoning Race as a Factor in Law School Admission Decision," *New York University Law Review* 72 (1997): 1; Kacy Collons Keys, "Privileged Classes," *Recorder*, May 28, 1997, 4: ABA Commission on Minorities, *Miles to Go*, 18; Lani Guinier, "Lessons and Challenges of Becoming Gentlemen," *New York Review of Law and Social Change* 24 (1998): 1, 12; David Chambers, Richard O. Lempert, and Terry K. Adams, "Doing Well and Doing Good: The Careers of Minority and White Graduates of the University of Michigan Law School, 1970-1996," *Law Quadrangle Notes* 42 (1999): 60.

比其他因素更有说服力。无论是公众还是业界都有责任充分考察申请者方方面面的潜能并创造形成多样性的学习环境。与教育体制中的其他问题一样,如何最好地实现上述目标也应该是一个不断实践和反复评价的过程。[17]

同样,其他教育机构也需要类似的多样性创意。其中一个值得关注的领域就是,妇女在终身教师和管理职位中人数过少,而少数族裔群体几乎在所有学术等级中都比例过低。毫不奇怪的是,客观因素无力解释这些差异。正如第二章所示,种族、族裔和性别歧视通常存在于整个法律界,我们没有理由将法学教育领域排除在外。但是,我们有理由期望法学院能够解决这个问题。由于缺少相似背景的同事,妇女和少数族裔在顾问和承办会议方面承担着不成比例的沉重负担,他们也缺乏足够的监控和支持网络。法学院还丧失了宝贵的指导人员,学生也没有了珍贵的学习榜样。真正推动多样性的努力要求招募和保留更多的工作人员。[18]

法学院还需要在整个教育过程中更为有效地处理关于种族、性别、族裔以及性取向等诸多问题。通常情况下,这些话题只是制定课程后的附加考虑——暂时偏离了"真正的"主题。有些教师避开了十分重要的内容如家庭暴力、同性恋婚姻或种族主义的话题,因为这种讨论会变得极具爆炸性。一旦出现了相关问题的

---

[17] Law School Admission Council, *New Models to Assure Diversity, Fairness, and Appropriate Test Use in Law School Admission* (Newtown, Pa.: Law School Admission Council, 1999).

[18] Deborah J. Merritt and Barbara Reskin, "The Double Minority: Empirical Evidence of a Double Standard in Law School Hiring of Minority Women," *Southern California Law Review* 65 (1992): 2299. See also Richard White, *Preliminary Report: The Promotion, Retention, and Tenuring of New Law School Faculty Hired in 1990 and 1991* (Washington, D. C.: Association of American Law Schools, 1999) (finding disparities in promotion without attempting to control for all variables).

讨论，那些表达过激观点的学生通常会被开除或遭到歧视。大多数机构都出现过以电子邮件、涂鸦乱写和匿名传单等形式流传的种族主义、性别歧视和同性恋歧视的负面反应。法学院招生委员会在调查中发现，大约2/3的男女同性恋、大多数非洲裔学生、1/3的妇女、亚裔和西班牙裔美国人都遭受过歧视。据不完全调查，保守学生毫无顾忌的言语骚扰也十分普遍。[19]

对这种多样性模式冲击尤为剧烈的是那些教师，他们企图无视多样性的重要性。例如，一个法学院公布有关规定，支持在课堂讨论中采用性别中立语言，一位男性教授的反应是，将所有以"man"结尾的词语都变成了"person"，就连"德国种短毛犬（Doberperson Pinsher）"也不例外。其他教师更为普遍的反应则仅仅是忽略不恰当的评论或依靠其他学生做出反应。不过，这种容忍不能容忍之事，远远不能保证负责任的专业学院在职业上提出的要求，即机会平等和相互尊重。维持这些价值观念需要积极推动多样性、文明礼貌和怜悯之心。[20]

另外，这些尝试还要求重新思考其他的教学体制。一系列广泛的研究表明，女生的课堂参与要少于男生，有色种族女生则最可能在其法学院教育中感到被疏远和孤立无援。关键的问题在于，许多法学院的课程具有过度激烈的竞争文化，它削弱了学生的自

---

[19] Law School Outreach Project, "Women Students, "vii, 27, 35, 56; Guinier, *Becoming Gentlemen*, 56, 28 ~ 29, 68; Rhode, "Whistling Vivaldi, "220, Lorraine Dusky, *Still Unequal: The Shameful Truth about Women and Justice in America* (New York: Crown, 1996) , 28, 39; Scot N. lhrig, "Sexual Orientation in Law School Experiences of Gay, Lesbian, and Bisexual Law Students, "*Law and Inequality* 14 (1996) : 555, 568; Janice L. Austin et al. , "Results from a Survey of Lesbian, Gay, and Bisexual Student Attitudes about Law School, "*Journal of Legal Education* 48 (1998) : 157, 166.

[20] Law School Outreach Project, "Women Students, "27.

尊心，阻碍了那些不太自信和自我肯定的学生参与课堂活动。[21]

解决这些问题的关键就是让更多的教育者认识到当今法学教育体制存在的许多严重问题。为了达到这个目的，法学院教师应该在自己所在的学院中搜集关于妇女和少数民族的信息以及关于多样性创意的效用。这些创意包括肯定性行动、专题研讨会（workshops）、演讲以及课程沉浸（curricular integration）等。学院应该鼓励教师开发补充读物、案例研究、角色演练等活动，推动学生有效地参与敏感话题的讨论。这些尝试只有在法学教育重新调整其激励机制之后才能产生效果。重视多样性不仅要在理论上而且要在实际中成为教育的中心使命。[22]

教育方法和重点

耶鲁大学法学院教授弗雷德·罗德尔（Fred Rodell）曾说过，传统的法学教育存在两方面的错误：一个是形式，另一个是内容。主流的课堂教学方法是演讲与苏格拉底式的对话，主要集中于理论分析。尽管一度与苏格拉底法相连的辱骂性提问方式已经基本消失，但是文明程度的提高也分散了对更为重要的教育效用问题的关注。部分问题在于，我们并没有让法学院的教授提出这些问题，没有能够有效地教育法学教育者。大多数法学教授并未接受正式的教学培训，也没有多大兴趣对学生如何学习这个问题进行更为广泛意义的教育学研究，但这种研究将十分重视弥补传统法

---

[21] Guinier, *Becoming Gentlemen*, 28~29; Elizabeth Mertz with Wamucii Njogu and Susan Gooding, "What Difference Does Difference Make? The Challenge for Legal Education," *Journal of Legal Education* 48 (1998): 1, 6~7, 27; Rhode, "Whistling Vivaldi," 223.

[22] ABA Commission on Women in the Profession, *Don't Just Hear It Through the Grapevine: Studying Gender Questions at Your Law School* (Chicago: ABA, 1998).

学院教育中的一些缺陷。[23]

首先,这种缺陷涉及许多课堂上的过度集权（overly conventional）和竞争机制。在传统的苏格拉底教学法之下,教授控制着话语权,要求学生"猜测我在思考什么",不可避免地他会发现学生毫无反应。其结果就是课堂形成了如下一种氛围,"学生身处其中听不到一句鼓励的话语……思考问题如阴云一样无时无刻笼罩着他们"。对于许多学生来说,这种阴云只有在毕业后才真正烟消云散。到那时,商业律师评论的填鸭式课程将不得不补充法学教育遗漏或神化的内容。高度竞争性的课堂进一步加剧了这种混乱。大多数情况下,寻求知识的行为演变成为地位之争、参与者相互竞争,其目的不在于掌握知识而在于给人留下深刻印象。斗争式的教学方式也与实际生活中必不可少的合作与协作背道而驰。这并不是说苏格拉底式的技能毫无教育价值,如果这种教学方法能被一位内行的教授加以合理利用的话,它们就会有助于培养诸如细心准备、合理分析以及流畅的口头表述等有用的专业技能。但是大课形式的苏格拉底教学法具有内在的局限性,它阻碍更多的学生尤其是女性和少数族裔学生参与其中,也未能提供充足的机会以便于学生反馈和互动,而反馈和互动是效用教育的关键所在。[24]

同时,这些缺陷也使得学生付出了个人代价。越来越多的研

---

[23] Fred Rodell, "Good-bye to Law Reviews," *Virginia Law Review* 23 (1936): 38; Steven I. Friedland, "How We Teach: A Survey of Teaching Techniques in American Law Schools, " *Seattle University Law Review* 20 (1996): 1.

[24] Grant Gilmore, "What Is a Law School?" *Connecticut Law Review* 15 (1982): 1; Hess, "Seven Principles, "367~69; Lawrence S. Krieger, "What We're Not Telling Law Students and Lawyers, " *Journal of Law and Health* 13 (1999): 1, 2~11.

究表明，法学院激烈竞争的氛围再加上学生反馈不足以及人力支持体制缺乏等问题，使得学生个人面临着许多困难，并为他们在未来实际生活中出现问题埋下了隐患。法学院学生在入学时心理素质与整个公众大致相当，但到毕业时20%~40%的学生都患有某种心理不正常，包括沮丧、滥用药物、各种情绪错乱等。这些问题并非需求日益扩大的专业教育与生俱来的副产品，因为医学院的学生就不存在类似问题。[25]

法学院教育还在其他方面使得毕业生得不到应有的训练。尽管这方面已经有了很大提高，但大多数法学院并未充分重视诸如采访、协商、谈判、起草文件以及解决问题等实用技能。处于主流地位的教材文本则是上诉案例，这些材料将相关争论以高度概括且整洁统一的表格形式呈现出来。按照这种方法，学生从未遇到"杂乱无章的事实"，也不会淹没于资料堆中，更不会被相互冲突的回忆所迷惑。这种标准化的案例教学法对律师如何解决问题以及了解它们所产生的影响毫无意义，而且也不能恰当地将正式理论还原于当时的社会、历史和政治环境。课堂讨论在大多数情况下既显得理论性过强，又显得理论性不足；它既没有考察法律理论的社会背景，也没有提供将该理论运用于特定案例的实用技巧。正如斯坦福大学教授劳伦斯·弗里德曼（Lawrence Friedman）所说，学生得到的法学教育相当于"没有石头的地理学……与社会脱离的枯燥无味的逻辑学"，其中迷失了理解法律与社会如何互

---

[25] Ann L. Iijima, "Lessons Learned: Legal Education and Law Student Dysfunction," *Journal of Legal Education* 48 (1998): 524; Deborah L. Rhode and David Luban, *Legal Ethics* (Westbury, N. Y.: Foundation Press, 1995), 910; Krieger, "What We're Not Telling Law Students,"29~32.

动所必需的社会背景。[26]

另外，它（法学教育）还未能采取持续措施来解决法律实践中的人际关系问题。法学院宣称，它们首先要教育学生学会如何"像律师一样思考问题"。实际上，它们通常在教育学生如何像法学教授那样以一种远距离的脱离人文环境的方式思考问题。培养律师思维方式的问题在很大程度上沦为实践课程。尽管已经有了很大改善，实践培训在大多数法学院仍然被看作是可有可无的课程。由于没有足够的资源、地位或课时，实践课程并不能弥补其他课程对实用技能和人际关系的忽视。关于思维问题的思考——大理论（Grand Theory）与理论分析——在学术上赢得了最大限度的尊重。正如加利福尼亚大学洛杉矶分校的教授杰拉尔德·洛佩兹（Gerald Lopez）所指出的，法学院"仍然几乎全部是关于法律的……只是偶尔和肤浅地涉及如何做律师"。[27]

另外，关于法律也仅仅只有一种孤立隔绝的看法。尽管人们已日益认识到跨文化和跨学科思想的重要性，但是法学核心课程仍然顽固地抵制入侵者。除了法律和经济学已经取得很好的渗透之外，其他的观念通常仍然处于边缘地位。在许多教师、学生和法律职员看来，这些"法学与社会"之类的课程看起来就像"法

---

[26] ABA Section on Legal Education and Admission to the Bar, *Legal Education and Professional Development-An Educational Continuum* (Chicago: ABA, 1992); Paul Brest, "The Responsibility of Law Schools: Educating Lawyers as Counselors and Problem Solvers," *Law and Contemporary Problems* 58 (1995): 5; Cameron Stracher, *Double Billing* (New York: William Morrow, 1998), 50; Lawrence M. Friedman, quoted in Paul Wice, *Judges and Lawyers: The Human Side of Justice* (New York: Harper Collins, 1991).

[27] Gerald P. Lopez, "Training Future Lawyers to Work with the Politically and Socially Subordinated: Anti-Generic Legal Education," *West Virginia Law Review* 91 (1988-89): 305, 321~22.

律与香蕉"：一种深奥但毫无价值、又与实际需要毫无关系的东西。在大多数法学院，从知识界东挪西借来的华丽服饰装扮着法学标准化的行头，可惜其风格依旧，其结果是剥夺了学生在未来实践中极为有用的方法。一个明显的例证就是解决问题，因为它是大多数律师日常工作的中心，但只有少数法学院开始直接解决这个问题。为解决该难题所做的充分准备，能够为协商顾问、风险分析、竞技理论以及组织行为等诸多方面提供背景知识。类似的跨学科方法也能够丰富人们对其他同样重要问题的理解。计划专攻公司法的学生应该更多地接触经济学和金融学知识。未来的婚姻法律师将会从拥有醇厚的心理学背景受益匪浅。几乎所有毕业生，不论他们专业兴趣何在，都能够通过接受信息科技、多样性解决方法（alternative dispute resolution）、国际法、社会科学研究法以及管理战略等方面的基础训练而得到优良的教育。更多有序的课程将更好地帮助学生为许多专业培训做好充分准备。[28]

扩大社会实践，把更多的技能培训融入核心课程之中也同样会使学生获益。实践学习最宜于培养学生的协调合作、法律判断、伦理分析（ethical analysis）等才能。模拟训练和监管培训（supervised practice）为培养更为多样化的技能提供了难得的机会，而这是传统的演讲或苏格拉底式的教学法所无法比拟的。为低收入委托人提供实践服务将为学生提供极为宝贵的机会，使他们了解法律是如何为贫困者服务，或为什么它未能为贫困者服务。

原则上，大多数法学院管理者都认可上述观点。他们也愿意

---

[28] Aric Press, "We're All Connected," *American Lawyer*, November 1998, 5; Arthur Austin, "Womanly Approach Harms Future Lawyers," *National Law Journal*, May 11, 1998, A23.

提供更多的技能培训、跨学科方法论、国际视野以及实践机会。但多是口惠而实不至,许多预期的教育创意都无法实现。最显而易见的局限就是,法学院在不增加学费的情况下到底能提供多少时间集中或专业化的培训技能。因为如果学费增加将会进一步限制学生入学人数,并使学生的债务负担达到难以容忍的水平。不过,并非所有课程的设置都需要大量额外资源,也不会给教师带来难以承受的课程负担。许多建议都可以通过充分利用跨学科协作、在线网络技术、案例分析、角色扮演实践以及课外合作项目等方式来完成。通常情况下,这些课程设置的问题并不在于它们在财政上无力维持,而是得不到充足的回报。课程改进通常不能在法学院排名中得到很好的反映,教授相关课程的教师即使非常优秀也得不到认可。

法学院课程的重大调整还要求对法学院的激励机制做出同样重大的变革。十分关键的第一步就是寻求更为系统的方法来评价教学效果并建立相应的学院和个人负责制。至少,我们需要更多的信息来比较各个法学院的课程设置,并监督它们以确保教学质量。教育者需要得到更多的鼓励以推动他们了解教育实效并支持课程改革。

职业责任

法学院在铸造职业道德上通常起着十分关键的作用。但直到最近,法律道德教育也未能超越很久以前一位评论家的恰当概括:"一派胡言(general piffle)"。几乎没有法学院提供关于职业责任的任何课程,许多学院即使有该课程,也仅仅是安排了一些简短且不算学分的讲座。如果说律师资格考试曾涉及这个问题的话,那么它也不过是引导人们思考诸如"道德价值规则对我来说意味着什么"之类的毫无用处的话题。直到1960年代末和1970年代初,进步主义运动兴起,才引导人们开始关注长期存在的职业责任问题。律师卷入水门丑闻使得法律职业形象跌入低谷,推动美国律师协会采取了相关行动。首要的建议就是要求法学院提供职业责任教育。州律师资格考试机构也感到了类似的压力,而且大多数机构都在律师认证时增加关于职业道德的多重选择测试。当然,这些职业道德要求并非是解决水门事件中相关犯罪行为的直接答案,它们的焦点集中于确保律师熟悉职业道德规则。不过,无视这些规则并非导致白宫律师犯下重罪的明显因素。律师协会所做出的冷淡反应也未能逃脱人们的注意。正如加里·特鲁多(Gary Trudeau)在卡通中所描绘的,职业道德要求看起来在很大程度上是用来装点门面的:"给我们这些好人的时髦的纸上谈兵。"[29]

不过,尽管这些要求在设立时毫不起眼,但它们至少已经部分地达到了预期的效果。它们将职业责任提上教育日程,并为一个独立的学科领域奠定了基础。然而它们的发展进程并不平衡,律师职业道德测试最多也不过是喜忧参半。多重选择的考试形式反而使许多问题繁琐化,并迫使法学院课程接受美国律师协会的规则约束。野心勃勃的教授遭遇了学生顽强的抵制。一个非常典型的例子就是,我们无意中听到一个学生建议朋友不要选修某位教师的职业道德课程,因为他"问了许多令人不舒服的问题,例

---

[29] See Rhode and Luban, *Legal Ethics*, 928~29; Gary Trudeau, *Doomsbury*, reprinted in Thomas D. Morgan and Ronald D. Rotunda, *Problems and Materials on Professional Responsibility* (Westbury, N.Y.: Foundation Press, 1995), 1.

如你认为什么是正确的，但从不告诉你考试的规则是怎样的"。[30]

其结果则是没有人再愿意承担这门课程，也不愿意完善相关规则要求。大多数法学院会开设一门必修课，集中讲授律师行为规则。除此之外，它们就很少再关注这个问题了。结果通常是"只剩下没有道德的法律道德了"。学生掌握了约束规则却缺乏批评分析的基础。这种方法的不足之处在律师规则中尤为引人注目，因为这些规则十分模糊或是服务于自我。例如，学生了解到，美国律师协会的规定明令禁止非律师未经授权而从事律师职业，而无视关于准法律专家的较为自由的许可证制度可能更好地服务于公共利益。美国法律界还面临许多关键的问题，这些都是理论界悬而未决的，如中低收入阶层的公民没有充足的机会得到正义，惩戒举措未能为大多数控诉提供有效的纠正方案，过度的对抗规范也增加了不必要的费用，工作压力缩短了人们对社会工作的贡献。不到1/5的被调查律师认为，法律服务达到了他们致力于社会改进的期望。不过，以职业道德准则为导向的课程未能阐明如下问题的结构性原因，即为什么法律服务常常不能满足人们的期望。[31]

除了职业责任课程之外，上述问题以及其他职业道德困境都没有引起人们的足够重视。这种对职业道德课程的不负责任在联邦最高法院法官鲁斯·巴德·金斯伯格（Ruth Bader Ginsburg）喜

---

[30] Daniel S. Kleinberger, "Ethics and Conscience-A Rejoinder," *Connecticut Law Review* 21 (1989): 297, 401n. 23.

[31] William Reese Smith Jr., "Teaching and Learning Professionalism," *Wake Forest Law Review* 32 (1997): 617; William Simon, "The Trouble with Legal Ethics," *Journal of Legal Education* 41 (1991): 65, 66; ABA, Young Lawyers Division, *Career Satisfaction* (Chicago: ABA, 1995), 11.

欢的故事中得到很好的体现：在第一年的核心课程上，教授正在讨论律师的策略问题，这使学生"既感到枯燥无味又一头雾水"。学生问道："但是什么是职业道德？"教授冷若冰霜地回答说："职业道德将在第二年讲授。"几乎没有法学院坚持将法律职业道德融入第一年的核心课程或高级课程，专业领域之外的案例著作几乎没有涉及相关的详细内容。一次调查表明，主要教材的总页数中只有不到2%的内容在探讨职业责任问题。标准课程之外的相关课堂教学通常十分肤浅或特别，既不会布置阅读作业，也没有需要考试的问题。在这里，学生既没有获得什么理论知识也没有得到任何实践；课堂讨论既对跨学科的理论框架懵懂无知，又远远脱离了律师的日常实际。这种将法律道德压缩到最低限度的方法将这个问题的重要意义边缘化。显而易见，教育的重点既在教材之中也在教材之外。核心课程没有涉及的内容会传递强有力的信息，这是任何一门选修课无法与之相抗衡的。[32]

法学教育未能将职业道德视为课程重点是有多重原因的。对于职业道德方面的非专家而言，仅仅拥有很少的相关知识是十分危险的事情，但是更多的知识却无法在标准的教材中找到。不过，这些问题并没有教师通常所想象的那么复杂。相当多的资源已经开发出来，以便于将职业道德融入核心课程。大多数教师经过一些努力，也准备把与职业道德相关的话题纳入他们的实质性教育领域。但真正的问题在于大多数教师却不愿这样做。一些教师怀

---

[32] Ruth Bader Ginsburg, "Supreme Court Pronouncements on the Conduct of Lawyers," *Journal of the Institute for Study of Legal Ethics* 1 (1996): 1; Deborah L. Rhode, "Into the Valley of Ethics: Professional Responsibility and Educational Reform," *Law and Contemporary Problems* 58 (1995): 139.

疑在专业学院中探讨职业道德的价值。在他们看来，研究生阶段的道德教育来得太少也太晚。他们中普遍存在的看法就是，道德行为主要是性格问题，学生要么已经具备了它，要么还没有。正如 NAACP 律师埃里克·施内珀（Eric Schnapper）曾经说过的，法律道德"就像在地铁站的礼貌待人……和对婚姻的忠诚一样"，是无法通过课堂教育获取的。即使是法学教育对学生的态度产生了某些影响，怀疑论者仍然怀疑，它是否能对学生以后的职业生涯产生重要作用。许多教育者都认为道德行为因时而异，社会环境很可能会迫使学生放弃在法学院学到的所有东西。[33]

这些担忧不无道理，但是它们也使得人们有理由在避免过分夸大法学院影响的同时，也尽量避免低估其价值所在。当然，怀疑论者认为道德价值本身并不能决定行为，他们无疑是正确的。一项极为严肃认真的调查表明，伊利诺伊州牧师与监狱犯人的道德信念并没有什么重大的差异。道德行为既反映了社会环境的限制，也反映了个人的能力，即认识和分析道德问题的能力，按照道德标准行事的动机以及抵抗外界压力的力量。尽管法学院不可能有效地培养上述所有品质，但是其中一些还是可以重新塑造的。关于道德教育的研究发现，道德观念和策略在成年早期变化很大，完善的课程可以提高道德推理能力。尽管环境压力极为重要，但是道德判断的确影响着道德行为。教育可以帮助学生做出积极的

---

[33] Deborah L. Rhode, *Professional Responsibility: Ethics by the Pervasive Method* (Boston: Aspen, 1998); Deborah L. Rhode, "Annotated Bibliography of Educational Materials on Legal Ethics," *Georgetoum Journal of Legal Ethics* 11 (1998): 1029; Eric Schnapper, "The Myth of Legal Ethics," *ABA Journal*, February 1978, 202, 205. 关于道德行为和影响力的研究，比如权威、压力、竞争、经济动机和时间限制等，参见 Rhode, "Into the Valley of Ethics," 148~49.

道德判断。在学生对律师事务的结果具有既得利益之前，他们可以通过探讨法律诉讼中的两难处境，进而从中受益。法学院课程具有极为重要的作用，可以帮助这些未来的律师评价他们所作决策的后果，并对构成道德问题基础的经济和组织激励做出相应的反应。[34]

另外，对于职业责任中的许多关键问题，学生还没有形成固定不变的看法。这些问题通常涉及相互碰撞的价值体系所引发的复杂权衡以及远离个人直觉的职业标准。未来的律师在即将冒险触线之前应该了解律师协会所规定的底线是什么。由于一些学生最终将会帮助决定未来底线的位置，法学教育也应该为正在考虑的政策决策提供充足的背景知识。大多数接受调查的律师都同意上述观点。他们报告说，他们在法学院所接受的道德教育对其职业生涯帮助很大，该课程的范围应该继续维持或进一步扩大。[35]

不过，对于一些教师来说，法律道德教育的最大问题不是怀疑其是否有用，而是怀疑他们自身是否能够胜任这项任务。许多教师担心他们会把指挥台变成布道坛或导致"棘手地偏离""真正的"法律。尽管许多道德问题并没有客观正确的答案，但是并非所有的答案都是正确的，一些答案与所掌握的证据更连贯一致，更尊重事实。诱导风险并非是职业道德问题所独有的。教师可能

---

[34] Peter Caw, "On the Teaching of Ethics in a Pluralist Society," *Hastings Center Report*, October 1978, 32. See research summarized in Rhode, "Valley of Ethics," 148; James R. Rest, "Can Ethics Be Taught in Professional Schools? The Psychological Research," *Ethics: Easier Said than Done*, winter 1988, 22, 23 ~ 24; Albert Bandura, "Social Cognitive Theory of Moral Thought and Action,"in *Handbook of Moral Behavior and Development*, ed. William M. Kurtines and Jacob L. Gewirtz (Hillsdale, N. J.: Lawrence Erlbaum, 1991), 45, 53.

[35] 律师的意见参见 Frances Kahn Zemans and Victor G. Rosenblum, *The Making of a Public Profession* (Chicago: ABA, 1981), 176 ~ 77.

发表关于所有问题的或伪善或专断的看法，从而滥用他们的权力。他们可以避免道德教育，但是他们却无法逃避所面临的困境。因此，答案在于教育教育者。法学教授在价值判断上不能价值中立。他们选择讨论什么本身已经传递了一种道德价值信息，沉默则是强有力的潜台词。大多数情况下，法律教育者会用他们能够回答的无关紧要的问题替代那些他们不能回答但极为重要的问题。当他们拒绝将道德问题提上议事日程时，他们认为，职业道德是别人的责任。而且他们也在鼓励未来的律师也这样做。

使职业道德问题成为专业学院的中心课程，需要各个法学院做出长久不懈的努力。传统方法——增添一门道德课程并制造轰动效应——不足以完成这项使命。职业道德需要融入核心课程体系，而不是孤立于专业课程或仅在形形色色的仪式上才显露一下。将道德课程体制化的战略也是多种多样的。法学院应该提供与职业相关的课程和专门计划，同时监督它们的实施效果。除此之外，我们更应该关注整个法学院文化直接或间接强化的信息，这些信息主要是关于钱财、地位和社会公平的相对价值。更多的法学院需要效仿公共卫生学院，关注更为宏大的问题，比如该职业的有效规范和传递职业服务等。如果不采取有效举措，律师协会的口头承诺与法学院的教育重点之间的差距仍然大如鸿沟。学生已经认识到了这个问题，法学院也该认识到了。

职业价值与义务机会

1996年，美国律师协会修订了它的律师资格认证标准，呼吁法学院"鼓励学生参与义务实践活动并为他们提供相应的机会"。修订后的 ABA 标准还鼓励法学院强调教师对公众所承担的包括参与义务活动在内的责任。尽管越来越多的法学院开始尝试为公众服务,但严峻的挑战仍然存在。只有大约 10% 的法学院要求学生参与义务活动,对教师提出具体要求的法学院则更少。即使在这些法学院中,要求参与义务活动的数量有时也是微不足道的:每年不少于 8 小时。尽管大多数机构提供志愿公共服务项目,但参与其中的学生只是少数。大约 1/3 的学院根本就没有与法律相关的义务活动计划,或它们拥有的项目每年只有不足 50 人的参与者。总之,大多数法学院的毕业生并没有参加义务法律工作的教育经历。美国法学院协会的公共服务与义务机会委员会(Commission on Public Service and Pro Bono Opportunities)在 1999 年报告中得出的结论是:"法学院能够也应该做得更多一些"。[36]

法学院学生与教师从事义务服务的合理性部分依赖于律师提供义务服务的合理性,这在第二章中已经讨论过。这种帮助是以以下两个方面为基础的:其一,接受法律服务是一种最为基本的需求;其二,律师有责任提供充足的法律服务。尽管法学教育者认可上述观点,但他们质疑义务服务的要求是否是满足这种需求的经济有效的方式。让公司法教授或者不愿从事义务服务的学生涉猎与贫困相关的法律,看起来并不是帮助贫困者的救世良方。不过,我们缺乏足够的实践和研究来评估这种反对之声。许多法

---

[36] ABA, Section of Legal Education and Admission to the Bar, Standards for Approval of Law Schools and Interpretation, Standards 302(e), August 1996, at 31; William B. Powers, *Report on Law School Pro Bono Activities* 75 (Chicago: ABA, 1994):2~5; Association of American Law Schools (AALS) Commission on Pro Bono and Public Service Opportunities in Law Schools, *Learning to Serve: A Summary of the Findings and Recommendations of the AALS Commission on Pro Bono and Public Service Opportunities* (Washington, D.C.: AALS, 1999), 4; AALS Commission, focus group interviews, June 1998; Deborah L. Rhode, "Cultures of Commitment: Pro Bono for Lawyers and Law Students,"*Fordham Law Review* 67 (1999):2415.

学院已经开展了义务服务培训和就业策略,从而使它们能够适应多种多样的兴趣爱好。一些强制性义务服务建议还允许负担过重的教师和律师以资金支持的方式代替直接服务。无论如何,人们通常会提出如下问题:"与什么相比较?"目前的政治氛围使采取更多的有效策略,诸如政府提供充足资金资助贫困法专家以及公共事业专家等,来满足人们的法律需要显得希望渺茫。尤其是在低收入社区,得到一些法律帮助总比根本没有要好一些,这就是当前他们所处的困境。

  义务工作还为法学教授和学生提供了一系列的实际益处,如实践训练、盘问经验以及职业联系等。对于多数参与者来说,该工作为他们提供了深入了解贫困者中何为正义的唯一机会,使他们深切感受到法律改革的必要性。公共服务的提高也是个人开阔眼界、提高声望、锻炼问题解决技能的机会。对法学院自身来说,义务服务能够在毕业生之间、更为广阔的社区之间培养和睦友好的关系。[37]

  除了上述的教育作用与实际收益外,法学院的义务服务项目还服务于另一个同样重要的目的:鼓励学生长期为此做出贡献,并使这种精神"慢慢渗透"到整个业界。对数个学院所要求项目的调查发现,大多数学生报告说,参与这种活动增强了他们在毕业后继续为义务服务做贡献的愿望。尽管我们需要更为系统地研究以决定法学院的经历是否的确使学生在毕业后更乐于从事义务服务,但是对美国志愿者活动的相关研究已经说明了这个问题。

---

[37] AALS Commission, *Learning to Serve*.

学生参与公共服务增加了他们日后参与类似活动的可能性。[38]

鉴于上述的一系列益处,任何人都很难再反对法学院的义务服务项目,至少在原则上如此。但实际上,这些项目应该采取何种形式,身处一个资源稀缺的世界它们应该将重点放在哪里,对于这些问题人们还存在着分歧。在一些教育者看来,如果法学院的目的在于扩大律师对未来义务服务的贡献,那么它们就应该通过所要求的义务服务来相应地扩大学生所做的贡献。这些要求传递了如下信息,即义务工作是一种职业责任,从而迫使那些不愿自愿参加的人也参与进来。不过我们缺乏足够的研究来证实,与得到广泛支持的自愿选择相比,强制性项目是否真的能够推动人们长期致力于义务服务。一些法学院的管理者担心,强制参与可能会导致某些非自愿的学生提供质量低下的服务,也可能削弱毕业后继续无偿服务所必需的志愿精神。尤其是那些位于市区以外的法学院,它们很难找到充分的维护公共利益的法律机会,以适应所有毕业生各异的技能、日程和时间限制。但是,志愿义务服务也有局限性。在大多数法学院,它们仅吸引了少数参与者,体制性的资源不足,也几乎没有采取任何保证质量的措施。[39]

培育一种致力于公共服务的文化尚需长期坚持不懈的努力。

---

[38] John Kramer, quoted in "Mandatory Pro Bono at Tulane Law School," *National Association for Public Interest Law, Connection Closeup Newsletter*, September 30, 1991, 1~2; Committee on Legal Assistance, "Mandatory Law School Pro Bono Programs: Preparing Students to Meet Their Ethical Obligations," *Record* 50 (1995): 170, 176; Rhode, "Cultures of Commitment," 2434; Virginia A. Hodgkinson et al., *Giving and Volunteering in the United States: Findings from a National Survey* (Washington, D. C.: Independent Sector, 1996), 12~13, 87~88.

[39] AALS Commission, Focus Group Interviews; Mark S. Sobus, "Mandating Community Service: Psychological Implications of Requiring Community Service," *Law and Psychology Review* 19 (1999): 153, 164, 170.

法学院至少应该采纳美国法学院协会的主要建议：它们应该"为每位法学专业的学生提供至少一次与法律相关的义务服务的机会，或要求他们参与，或通过恰当的方法吸引大多数学生自愿参加"。法学院还应该出台政策，鼓励法学教授按照美国律师协会的标准每年提供50个小时的义务服务或者等量的资金支持。关于志愿活动的研究表明，学生通过榜样学习要比通过训诫学习快得多。如果教师都不愿参加他们自己宣扬的义务服务，他们就会给学生传递如下信息，即职业责任是别人的事情。马克·吐温曾说："做正确的事情是高贵的。建议别人做正确的事情也是高贵的且与己无扰。"毫无疑问，他是正确的。但是法学院应该采取更多的措施来减少阻力，鼓励人们从事公共服务。显而易见的是，充足的资源和工作认可是最好的策略。法学教育提供了难能可贵的机会也应承担相应的责任，它应该使无偿服务成为有付出又有回报的机会。[40]

最后，也是最重要的是，义务服务计划应该成为培养职业责任意识的各种措施中的重中之重，而这种职业责任又必须以服务公共事业为己任。关于法律教育的研究表明，大多数法学院的"潜在课程"与这种责任意识相互冲突。传统教育方法使得学生从好的方面说对公共利益问题持怀疑态度，糟糕的话他们甚至对这个问题冷嘲热讽，"总有另一种论调存在，罪恶也常常成为好的例证"。在大多数法学院，标准化课程未能引导学生思考和探索他们希望在社会中做什么。法学课程看起来在很大程度上是一种技能，与更为宏大的社会问题毫无关系，但恰恰是这些社会问题推动学

---

[40] AALS Commission, *Learning to Serve*; Rhode, "Cultures of Commitment," 2429.

生走进了法学院。那些入学时谈论着公平的人在毕业时常常提起的却是工作。[41]

反击这些势力需要更多的努力,但是这是一个收益颇多而无任何损失的举措。强化学生的职业责任意识将凸显他们的最佳直觉和愿望。通过使职业意识成为重点,法学院教师也实现了自己的愿望。

---

[41] Stewart Macaulay, "Law School and the World Outside the Doors II: Some Notes on Two Studies of the Chicago Bar," *Journal of Legal Education* 32 (1982): 506, 524; Robert Granfield, *Making Elite Lawyers: Visions of Law at Harvard and Beyond* (New York: Routledge, 1992), 72~93; Rhode and Luban, *Legal Ethics*, 906~8.

第八章

职业改革

本书的写作源于对职业责任和公共利益的关注，这种想法开始于25年前，当时我就读于法学院一年级。当时，我在纽黑文法律援助办公室做实习生。这个机构的日常离婚事务繁多，于是采取了分流措施，即一个月中仅有一天上午受理新的家庭纠纷案件。结果是，只有很小一部分在离婚中寻求法律援助的贫穷委托人得到帮助。不管所处的社会环境如何紧迫，他们得到的都是同样的待遇，然而他们也没有其他更好的选择。一个日常无争议的案件，私人律师通常收取按照今天币值计算大约相当于1500~2000美元的费用。当时也没有任何自助机构或服务可以为那些希望代表自己申诉的人提供帮助。当我所在的办公室建议在当地开设法律援助机构时，当地的律师协会威胁要以未经授权而受理法律案件为由提起诉讼。这并不是业界大公无私的表现。

律师协会在此次斗争中最终败北，但它反对竞争的企图仍然顽固地继续了下来，数百万美国人正在为此付出代价。尽管自助机构和文字服务已经为人们所接受,但是律师仍然拒绝简化法律程序和扩大非律师援助者可以处理相关问题的范围。结果,公众需要与业界供应之间出现了难以容忍的巨大差距。美国是世界上律师最集中的国家,也是法律文化最丰富的国家。但是,它只满足了不到1/5的贫困者的法律需要,也常常使中等收入家庭无钱满足其法律需要。对于最需要帮助的人来说,法律却遥不可及。"法律面前人人平等"不过是形式化的陈词滥调,而并非实际生活中法律程序的合理描述。

普通美国人不仅被拒于正义的大门之外,而且还被蒙在鼓中,对影响他们的管理决策一无所知。法律程序和法律道德则受控于组织严密的律师协会,而后者根本无力做出公正的决策。尽管律师规范法规宣称要保护公众,但公众在法规内容及其执行上却毫无发言权。结果,律师协会成了对消费者的需要无法做出反应的监管体制。只有不到1/5的美国人对律师的可信度及其约束体制充满信心——这当然也是不无道理的。律师协会不予理会大约90%的针对律师的投诉,只有不到2%的投诉得到公正裁决。大多数诉讼中出现的失误都没有公布于众,也未能受到挑战。妨碍议事日程、模糊搅局、故意拖延都是法律诉讼中的常见现象,通常情况下是金钱而不是道德在起作用。简而言之,目前的法律体制为那些能够出得起钱的人提供了过分热情的服务,而其他人则无缘得到相关服务。

这些问题的根源就在于业界不愿正视这些问题,而其中的主要原因则是他们缺乏公共责任感。组织严密的律师协会在涉及法律服务和维护正义的管理问题上比消费者更有发言权。正如威廉·拉尔夫·英奇(William Ralph Inge)曾说过的:"绵羊通过决议支持素食主义毫无疑义，因为饿狼仍然持有不同的观点。"尽管许多律师和法官都真心致力于改革，但业界自身的政治经济利益却通常在朝着相反的方向前进，从而使他们步履蹒跚。法律业界的规则主要是由业界制定并保护业界利益的，通常情况下它在保护自身利益时甚至不惜牺牲公共利益。尽管由律师协会、委员会和各种中心组成的业界大家庭已经开始关注"职业危机"，但他们还尚未启动为解决问题而必需的改革。

业界也未能就律师自身对他们职业生活的不满做出相应的回应。商业化与不文明行为不断增加，而社团精神与集体责任感不断下降。利润优先以及由此导致的血汗工厂计划也在不断压缩公共服务和家庭生活的时间。机会平等仍然只是一种美好的愿望而非现实的成就。种族与性别歧视在原则上遭到谴责，但是实际上却又常常被人忽视。几乎没有其他的职业（比律师）能够提供更加有利的机会来赢得权力、金钱和地位。但是，律师也在其他方面付出了代价，精神紧张、绝望以及滥用药物的比例都极高。他们中许多人已经丧失了追求社会公平的理想，而正是最初的这种理想引导其走上律师之路。大多数律师都更愿意选择其他职业，几乎没有人再鼓励子女学习法律。

解决这些问题需要大刀阔斧地进行结构性改革，而不是目前业界的职业化运动的理想回归要求。任何适当的改革议程都从不同的前提出发。公众有权得到合理的法律援助和正当法律程序，从而达到公平、真诚和效率的最基本标准。他们也有权制定管理体制，以执行上述原则并确保产生预期效果。律师在追求社会正义的同时也有权获得强调职业道德的现实环境。他们有权获得鼓励机会平等和公共服务的工作环境以及体面的生活质量。应对上述挑战需要进行如下几个层面的改革。首先,我们需要利用市场力量来提供关于法律服务、法律工作环境以及法学教育的更多更好的选择。其次,我们需要更为灵活地应对市场失败所带来的挑战,这就意味着公众应该在监管体制中拥有更多的发言权。最后,我们需要律师实现社会化,使他们在职业行为、工作环境以及管理程序上承担更多的个人责任。

我们一系列改革的重点应该集中于法律服务的市场化。尽管人们十分讨厌,但市场价值还是影响到了专业活动,因此恰当的策略是利用竞争并从中学习,而不是压制它。消费者多样化的选择通常还推动成本—效益比例合理的更多服务的出现。现在,成千上万的美国人正在从有别于律师的自助服务以及由于竞争而推动产生的律师费用下降中受益匪浅。通过进一步扩大消费者的选择,无论是业界还是公众都会收益颇丰。委托人有权选择律师,诉讼当事人有权选择争议解决程序,律师有权选择律师事务所,学生有权选择法学院,所有这些人都应该拥有更多的选择机会,有权了解更多的相关的可靠信息。这反过来又要求业界的规范政策更加灵活,要求加强对法律服务、法律工作环境和法学教育等问题的研究,并增强其透明度。

显而易见,我们的出发点是律师执照和非律师专家许可证的颁发应该采取一种更为灵活的方法。美国社会对法律需要的多样化要求教育和管理体制的多元化。法学院应该提供更为广泛的学位课程服务,如对受理指定地区法律事务的人员进行短期培训等。那些特定学位的获得者以及其他合格的非律师专家,应该有权提供日常服务,同时在诸如熟练程度、利益冲突、保密程度、滥用职权等方面也必须达到职业道德的要求。

公众还应该拥有选择其他解决争议程序的机会，并对相关程序效用的信息有更为充分的了解。对于大多数美国人来说，法律难以接近、冷酷无情且难以负担。那些更为简化、敌对性较小的程序能够更好地解决一系列的广泛问题，使人们能够更多地满足他们的直接需要，而不必支付昂贵的资金。如果人们能够更为通畅地了解他们的法律权利以及律师的所作所为，许多争端将消于无形。我们有望采取如下策略，即要求律师向委托人提供关于代理的"权利法案"，集中建立职业道德信息交流所，将关于律师纪律程序以及特定律师的职业记录公布于众。

律师和委托人还需要充分了解律师事务所及其他法律雇员的更为全面的信息。业界和公共利益组织应该帮助制定最佳的实施标准以及相关的评价办法。这些标准将涉及职业道德培训、监督管理、多样化、义务服务以及相关问题的程序。问题的关键在于对那些具有负责社会行为的律师进行奖励，鼓励人们选择那些拥有崇高职业声望的业界人士。同样道理，法学院的认证要求和排名体系也将鼓励教育者对他们的行为负责，使他们沿着诸如多样化、职业责任教育、无偿服务、技能培训以及跨学科机会等方向前进。

协会还需要在市场作用不充分或与预期目标背道而驰的领域制定更为完善的管理规范。毫无疑问，关于法律服务、法学教育以及法律程序质量的全面信息很难获取，代价也很大。即使是掌握了全部信息，每个人也不一定都能做出预期的选择。委托人的主要目的在于迫使对方尽量多地支付所花费用，因此通常就会选择那些愿意这样做的律师。为了防止这些律师将竞争恶化，业界需要更为有效的规范体制。当然，只有公共利益在制定过程中发挥核心作用之时，这些体制才能更好地制定出来。在大多数情况下，业界自身关注的焦点支配着关于资格认证、规范约束、双方竞争、保密程度以及滥用职权等诸多问题的决策。如果我们希望取得重大进步，就应该要求法官、立法者、管理机构以及消费者组织更为积极地参与决策。职业行为应该蕴含着公共道德观念，它们应该在职业标准的制定和执行过程中起到更为重要的作用。

  为了达到上述目标，律师道德价值应该朝着对社会更为负责的方向重新调整。许多业界标准或要求过低，或公开进行自我保护。有能力出钱的人提出诉讼的比例过高，而那些出不起钱的人则控诉无门。面对这种情况，业界几乎无所作为。防止过分对抗就要求更为有效地遏制故意拖延、歪曲和欺骗行为。例如，律师有责任公开物证和必要的秘密信息，以防止对当事人造成重大的身体和经济伤害。我们必须确保诸如穷困潦倒的刑事犯或社会下层等在经济上十分脆弱的委托人群体能够享有充分的控诉权利，而这就要求更多的资源并进行司法监管。对被任命的委员会未能提供必要资金支持的司法判决，法院需要审查它是否违宪，并做出恰当的补救措施。在其他情况下，当律师再无任何借口也得不到充分支持时，他们通过行业约束程序、滥用职权处罚以及取消法律服务费用等方式促使他们对自己的行为负责。

  关于竞争的道德规则也应该重新考虑。与广告宣传、诱惑拉客以及非律师诉讼等相关的规范，必需集中于保护公众利益而非保护业界自身的利益。无条件禁止非法营销和直接与委托人联系的规定应该废除，代之以反对欺诈、剥削和侵犯隐私权为明确目标的相关规定。其目的应当是推动消费者选择的多样化，而不是维护律师的公共形象。跨越州界的律师以及非律师竞争者可以实施"未经授权的行为",关于这些行为的规定应该反映委托人在成本—效益型服务中的利益,而不是维护当地律师的垄断利益。非律师专家和多领域合作应该得到有效规范而不是压制,且这种规范体制应该由更为公正的裁决者制定,而不是由组织严密的业界提出。

业界还需要建立更为有效和负责的惩罚约束机制。最低限度的要求是,律师被投诉的记录应该公布于众,惩戒机构应该扩张所掌握的资源、管辖权限以及补救措施。对于那些涉及忽视、拖延或收费过高等小问题,业界应该新建一套争议解决机制以满足公众而不仅仅是业界的要求。我们还需要更加努力才能清查和防止不当行为,可以采取的策略有随机财政审计、免费自由投诉以及要求律师汇报严重违反职业道德的事故等。与在雇用律师的组织内部建立完善的职业道德监督程序和激励机制一样,一系列广泛的制约机制以及强有力的实施这些机制的愿望也是极为关键的。作为执行正义的官员,律师应该承担更多的责任来追求正义。

当然,这是一个十分宏大的计划,实施起来困难重重。任何管理体制都有可能被接受管理的群体俘虏或同化。由于律师和前律师在预期提供监管的官员中处于主导地位,这种风险在法律业界更为复杂。在执行业界标准或挑战业界自己的执法体制时,这些司法、行政以及立法官员常常具有极大的惰性。法官尤其是那些选举产生的法官,都依靠律师的支持来寻求自己的声望、晋升以及竞选资助。有限的时间与资源,通常制约着对律师的收费和行为进行充分的审查。大多数选举官员认为,在管理体制改革问题上挑战诸如组织严密的法律业界等强大的利益群体毫无益处,尤其是当消费者还没有就这些问题行动起来时,这种情况就更为明显了。惩戒机构也存在同样的问题，因为它们也直接或间接地依靠业界的支持。

消除这些惰性因素并非易事，只有建立更为有效的制衡体制和公众负责制才能取得重大的进展。其中一个可行性建议就是，将制定和执行职业道德标准的权力赋予一个独立的管理委员会。该委员会成员将由立法、司法和行政官员从各个选区选举产生，因此能够更好地在职业自主权与责任心之间保持平衡。在这个机构中，消费者管理专家、公共利益组织、竞争性职业成员以及律师协会都应该有自己的代表。

所有这些改革策略都将从法学院的充分参与中受益。专业教育课程类似于公共卫生课程，将更多地集中于法律服务的费用、管理和分配上。法学院应与律师协会和公共利益组织共同努力，创造更多的机会以重新思考和强化职业责任。目前的职业道德课程还远远不够，在实际行动中进行系统思考的时候也很少。无论是市场还是管理体制都不能弥补或应对律师支持自己的利益而无视公众利益的问题。

法律业界的主要挑战是，如何强化职业道德意识，并在实践中激发由此而产生的责任感。实际上，律师需要对其职业行为的后果以及自身规范体制和工作环境的充分性承担更大的道德责任。这反过来要求律师思考特定诉讼环境中所必需的所有社会价值观念。这些思考不可避免地都应置于具体的社会背景中，但是其结果应该是依据公平和概括性的原则进行的。委托人所关注的问题有权利得到尊重，但也不应该达到目前业界道德观念中所拥有的歌功颂德的地步。律师的主要职责在于追求正义，维护这一体制所必要的核心价值观念，即诚信、公正以及忠诚。同样，业界独立于政府主导也值得保护,但这并不能以牺牲公共责任感为代价。律师对金钱的追求和律师事务所的利润追求固然十分重要,但是它们也不能因此而超越其他职业道德价值,而后者在个人实现和公共服务中更多地居于中心地位。

在原则上维护职业主义(观念)比较容易,但实现起来就十分困难。美国律师协会前主席杰尔姆·谢斯塔克(Jerome Shestack)指出,职业主义"并不是瞬间流行的运动"。从目前的状况转变为上述状况困难重重。但是,更为严峻的挑战在于说服律师,取得重大进步在事实上是可能的,在职业主义运动礼仪式的修辞语言背后确实存在一个"目标"。尽管律师在美国生活中产生着重要影响,但他们中的许多人在面对业界自身的问题时仍然感到他们是无能为力的。

不过,改革阻力绝非不可克服。在美国历史上,律师在追求社会正义的历次运动中都起到先锋作用,他们的行动为全世界树立了榜样。在解决诸如追求正义、多样化、工作与家庭的冲突以及采用对抗性较低的争议解决方法等许多职业道德问题上,业界都取得了重大进展,而当我就读于法学院时,这些问题的严重性甚至还没有得到业界的承认。在一个对律师工作方方面面都存在不满的时代,我们有充分的理由希望,业界的某些善意的本能如果得以疏导则能推动更为重要的变革。现在对律师不满的最大根源在于,人们认为他们没有为推动社会正义做出贡献。因此,我们现在所面临的挑战就是争取公众和业界支持改革,从而将理想目标与法律实践重新结合起来。

索 引

Abrams, Floyd, 弗洛伊德·艾布拉姆斯, 115
Abrams, Roger, 罗杰·艾布拉姆斯, 119~20
Access to legal services/justice, 获得法律服务/接近正义, 7, 117~18, 130~31
　and adversarial system, 对抗制, 53, 56, 68
　and fees, 费用, 175
　and need for reform, 改革的需要, 17, 18~20, 207~8, 209, 213
　and nonlawyer assistance, 非律师援助, 138, 140~41, 207
　and Pro bono work, 公益工作, 204
　and professional responsibility, 职业责任, 201

　too little, 太少, 117, 118~124. *See also* Litigiousness, 好讼的
Accountability, 问责: and ADR, 替代性纠纷解决机制, 133
　and adversarial system, 对抗制, 67~70, 73, 78, 96
　and confidentiality, 秘密性, 112, 113, 114
　and disciplinary system, 惩戒制度, 161, 162, 163
　and fees, 费用, 182
　and legal education, 法律教育, 210
　and malpractice, 专业失职行为, 166
　and need for reform, 改革的需要, 15~18, 19~20, 208, 209, 210, 211~12, 213

and nonlawyer assistance, 非律师援
助, 139
and professionalism, 职业主义,
16～17
and professional regulation, 职业监
管, 143, 145, 146, 212
Accountants/accounting firms, 会计师/
会计师事务所, 30, 136, 137,
138～39, 140, 148
Ackerman, Bruce, 布鲁斯·阿克曼,
11
Admission: to bar, 加入律师协会,
150～55, 210～11
to law schools, 法学院, 194～95
Adversarial system, 对抗制
and delay, 迟延, 4～5, 84～86
and oversight, 监督, 89～90
and public perception, 公众体验,
4～5, 6
and reform, 改革, 93～96
and sharp practices, 不正当的手段,
86～88, 91
and techniques for manipulating
system, 操纵制度的技巧, 83～
84
traditional methods in, 传统方法,
104, 105, 132

and truth, 真相, 82, 94～105.
See also Advocacy; Civility, 辩护礼
貌
confidentiality, 秘密
Discovery, 秘密开示
Witnesses, 证人
Advertising, 广告, 6, 30, 147～49,
211
Advocacy advocate's role in, 辩护：辩
护者的角色, 49～80
alternative framework for, 替代框
架, 66～72, 79
contextual framework for, 情境框架,
67～70, 71～72, 78～80
cost of, 成本, 201
and criminal cases, 刑事案件, 51,
54～55, 60～63, 72, 73, 74,
94, 105
and culture, 文化, 50, 52, 53
and factual and legal guilt, 事实过
错和法律过错, 73
and hard cases, 疑难案件, 49～
50, 71～80
idealized model of, 理想模型, 55～
56, 67
and individual rights, 个人权利,
53～58, 72, 73～74, 115

inequalities in, 不足, 2, 58, 61~62, 67, 105

and lawyers as "champion against hostile world", 作为反抗邪恶世界之勇士的律师, 55

justifications for, 正当理由, 53~58

and means and ends, 手段与目的, 71, 76

oversight structures for, 监督框架, 62~68

and over zealousness, 过度热情, 53~58

profession's perspective on problems with, 对问题的职业视角, 11, 15

and protection of rights, 权利的保障, 82

and public interest, 公共利益, 50, 51, 53, 58

reform of, 改革, 17~18, 66~70, 78~79, 89~96, 105~6, 211, 212, 213

and selfinterest of lawyers, 律师的自我利益, 60~61

and truth, 真相, 53~58

and unpopular causes/clients, 不受欢迎的原因/客户, 50, 54~55, 57, 58~60, 72, 74~76, 79

and values, 价格, 50, 51, 57, 66, 67, 70, 71, 72

Affirmative action, 正面行动, 41, 44, 193~94

Alternative dispute resolution (ADR), 替代性纠纷解决机制

advantages and disadvantages of, 有利与不利, 130, 131~35

and adversarial system, 对抗制, 131~35

and continuing legal education, 法律继续教育, 158

and discipline, 惩戒, 162, 211

and fees, 费用, 178, 181

and need for reform, 改革的需要, 19, 118, 209, 210, 211, 213

and nonlawyer assistance, 非律师援助, 137, 139

and regulation, 监管, 158, 162, 168, 178, 181

American Academy of Matrimonial Lawyers, 美国婚姻律师协会, 21, 86

American Bar Association (ABA), 美国律师协会

AAIS joint conference with, AAIS 联席会议, 53
  and accreditation, 鉴定, 187, 188~89, 191, 203~4, 205
  and adversarial system, 对抗制, 51~52, 53, 56, 66, 71~72
  and advertising, 广告, 148
ALI Conference Report with, 美国法学会会议报告, 66
  and discipline, 惩戒, 158, 162, 163
  and discontent of lawyers, 对律师的不满, 25, 39
  and diversity, 多样性, 44
  and fees, 费用, 169, 173~74
  and image of lawyers, 律师的形象, 4
  and legal needs study, 法律需要的研究, 124
  and licensing, 许可, 201
  litigation study of, 诉讼研究, 88, 96
  and malpractice insurance, 专业失职行为保险, 167
Model Code of Professional Responsibility, 职业责任示范行为守则, 109, 145

Model Rules of Professional Conduct, 职业行为示范规则, 51~52, 53, 56, 71~72, 88, 93, 109~10, 112, 113, 136, 138, 145
  and nonlawyer assistance, 非律师援助, 138, 139~40
  and pro bono work, 公益工作, 37, 205
  and professional responsibility, 职业责任, 201
  and regulation, 监管, 145~46
American Bar Foundation (ABF), 美国律师基金会: satisfaction study by, 满意度研究, 25
American Civil Liberties Union, 美国公民自由联盟, 74~75, 76
American College of Trial Lawyers, 美国初审律师学院, 15
American Inns of Court, 美国中庭律师会馆, 93, 95
American Law Institute, 美国法学会, 66, 155
American Lawyer. ethics exposé, 美国律师伦理, 98
American Tort Reform Association, 美国侵权法改革协会, 128
American Trial Lawyers' Foundation, 美

国初审律师基金会, 50

Americans with Disabilities Act, 美国残障人士法

 and bar admission standards, 律师资格标准, 153

Anatomy of a Murder (film), 《桃色血案》（电影）, 97

Apprenticeships, 学徒, 150, 185

Arbitration, 仲裁, 132, 133, 135, 158, 164, 181

Asbestos litigation, 石棉案诉讼, 97, 98, 108~9, 131, 177

Associates, 助手

 advancement of, 进展, 35

 and billable hours, 计费时间, 10, 35~37

 and competition, 竞争, 10

 and discontent of lawyers, 律师的不满, 29, 34, 35, 36~37, 42

 and fees, 费用, 182

 mentoring of, 指导, 37~38, 85

 and meritocracy, 知识界精华, 38~42

 and profession's perspective on problems, 对问题的职业视角, 10, 36

 and profits, 利润, 31, 34, 35,

36~37, 38

 and promotion and attrition, 促进和磨损, 35~37

 and size of firm, 公司规模, 34

 and structure of practice, 执业的框架, 29

 work assignments of, 工作的分配, 10~11, 29, 42

Association of American Law Schools (AALS), 美国法学院协会, 53, 193, 194, 204, 205

Association of Business Trial Lawyers, 商业初审律师协会, 95

Attorney-client privilege, 律师—客户特权, 83, 97, 109, 111, 140

Auden, W. H., W·H·奥登, 2, 158

Australia, New South Wales, W·H·奥登, 162

Autonomy of legal profession, 法律职业的自治, 17~22, 145, 183, 212, 213. *See also* Regulation, 另可见监管

Babcock, Barbara Allen, 艾伦·芭芭拉·巴布科克, 73

Bachman, Walter, 沃尔特·巴克曼,

28, 36

Bankruptcy, 破产, 123, 136, 152, 171

Bar examinations, 律师考试, 136, 150, 151–52, 154, 155, 200

Baron and Budd, 巴龙和巴德, 97, 98

Barrett, Paul, 保罗·巴雷特, 43~44

Barry, Dave, 戴夫·巴里, 176

Berkey-Kodak antitrust lawsuit, 柯达反垄断诉讼, 85

Biases, 偏见

 of judges, 法官的, 89~90, 115.

 See also Discrimination, 另可见歧视

Billable hours, 计费时间, 10, 35~36, 42, 46, 47, 84~85, 169~73, 178. See also Fees, 另可见费用

Bogle and Gates, 博格尔和盖茨, 87~88

Bok, Derek, 德里克·博克, 119

Bok, Sissela, 西塞拉·博克, 112

Brandeis, Louis, 路易斯·布兰代斯, 11~12

Bright, Stephen, 斯蒂芬·布莱特, 63

Brill, Steven, 斯蒂芬·布里尔, 33

Brookings Institution, 布鲁金斯研究所, 126

Brown v. Board of Education, 布朗诉教育委员会, 133

Buchwald, Art, 阿·布赫瓦尔德, 4~5

Burger, Warren, 沃伦·伯格, 13, 148

Bush, George W., 乔治·W. 布什, 122

Business, 商业 and discontent of lawyers, 律师的不满, 9~10, 45

 lawyers as servants of, 作为仆人的律师, 12

 legal profession as, 法律职业, 1~2, 9, 139

 and workplace structures, 工场结构, 45

"Cab rank principle", 汽车分级原则, 60

California, 加利福尼亚, 4, 151, 161~62, 164, 193

Calling, 使命

 legal profession as, 法律职业, 1~2, 9

Career choice, 职业选择

 law as, 法律, 4, 8, 26, 27, 70,

209
Carnegie Foundation, 卡耐基基金会, 190
Character, 品德
　　and admission to bar 律师资格, 150, 152~53, 154, 155
　　public perspective on, 公共视角, 3~4
Civil litigation, 民事诉讼, 20, 51, 70, 71, 95, 120, 123. See also type of litigation, 另可见诉讼类型
Civility/collegiality, 礼貌/共同掌权
　　and adversarial system, 对抗制, 50, 82~96
　　and civility codes, 礼仪规范, 82~83, 91~93, 95
　　and clients' legal objectives, 客户的法律目标, 85, 92
　　and compensation/profits, 补偿/利润, 34, 91
　　decline in, 下降, 13
　　and discontent of lawyers, 律师的不满, 23, 26, 30, 45
　　and "drive-by" incivility, 受无礼驱使, 85
　　and ethics, 伦理, 86
　　and examples of incivility, 无礼的例子, 83~84
　　and fairness, 公平, 85~86
　　and image of lawyers, 律师的形象, 4, 83
　　and justice, 正义, 82~94
　　and legal education, 法律教育, 196
　　and need for reform, 改革的需要, 208
　　and profession's perspective on problems, 对问题的职业视角, 9, 11, 13, 82~83
　　and structure of practice, 执业行为框架, 30, 45
　　vague and inconsistent standards, 模糊不一致的标准, 91~93
Class action suits, 团体诉讼, 64, 95, 175~77, 178~79, 181~82, 211
Clients, 客户
　　and adversarial system, 对抗制, 51~52, 56~57, 58, 67, 69~70
　　autonomy of, 自治, 57, 66
　　bill of rights for, 权利法案, 178, 210
　　and civility/collegiality, 礼貌/共同掌权, 85
　　conduct of, 行为, 18, 52, 58, 67,, 74, 106~11

confidentiality for, 秘密, 52, 58, 67, 97, 106~15
corporate, 企业, 6, 9, 30, 144~45, 170, 181
deadbeat, 精疲力竭, 110, 112
decline of long-term relationships with, 长期关系的下降, 9, 30
and discipline system, 惩戒制度, 95, 158, 159, 163
and discontent of lawyers, 律师的不满, 28, 30
fee concerns of, 客户费用, 30, 35, 93
guaranteed rights of, 得到担保的权利, 108
and image of lawyers, 律师的形象, 4
and inexperience in choosing lawyers, 对选择律师缺乏经验, 144
lawyers' judgments concerning, 律师的判断, 15, 58, 68~69
legal objectives of, 法律目标, 18, 85, 92
loyalty to, 忠诚, 7, 15, 51~52, 56~57, 69~70, 166
moral independence of lawyers from, 律师的道德独立性, 12
and need for reform, 改革的需要, 18, 210
overzealous representation of, 过度热心的表达, 55~58, 65, 83~89
and primary obligation of lawyer, 律师的首要义务, 66
and profession's perspective on problems, 改革视角的问题, 9, 12, 15
and regulation, 监管, 144~45
and structure of practice, 执业行为的框架, 28, 30
underrepresentation of, 未能得到充分代表, 4, 58~63
withholding of information by, 阻碍信息流通, 70, 107. See also Adversarial system, 另可见对抗制
Advertising, 广告
Billable hours, 计费时间
Legal aid, 法律援助
Privilege, 特权
attorney client, 律师/客户特权
Solicitation, 推销
Unpopular causes/clients, 不受欢迎的原因/客户
Clinical courses, 法律诊所课程, 198, 199

Clinton, William Jefferson, 威廉·杰弗逊·克林顿, 55, 71, 73, 83, 98, 102, 104

Codes of conduct, 行为守则
  and abuses of adversarial system, 对抗制的滥用, 91, 103, 109, 110, 114
  and advocate's role in adversarial system, 律师在对抗中的作用, 50~52, 57, 59, 70
  and civility/collegiality, 礼貌/共同掌权, 83~94
  and confidentiality, 秘密, 109, 110, 114, 115
  and continuing legal education, 法律继续教育, 157
  and legal education, 法律教育, 200
  and need for reform, 改革的需要, 20, 21, 22
  and regulation, 监管, 16, 19, 145, 146
  and witnesses, 证据, 103. See also Ethics, 伦理; specific organization or topic, 特定的组织或主题

Cohn, Roy, 86

Commercialism, 商业主义, 1~2, 9, 11, 12, 14, 23, 25~26, 51, 208

Commission on Professionalism (ABA), 美国律师协会职业委员会, 14

Committee on Professional Ethics (ABA), 美国律师协会职业伦理委员会, 169

Compensation 补偿: and adversarial system, 对抗制, 50
  and civility/collegiality, 礼貌/共同掌权, 91
  and confidentiality, 秘密, 115
  and discontent of lawyers, 律师的不满, 14, 26, 27, 31~38, 39
  of faculty, 能力, 189
  and image of lawyers, 律师的形象, 3~4, 5, 7
  increases in, 增加, 10, 31~33
  law as second highest occupation in, 律师作为第二等职业, 5
  and limits for criminal defense, 刑事辩护的局限, 61~62
  and merit, 优点, 39
  for minorities, 少数民族, 39
  and moral issues, 道德问题, 15
  and need for reform, 改革的需要, 45~48, 61~62, 213
  and overvaluation of, 过高评价,

14, 31~38

and profession's perspective on problems, 对问题的职业视角, 9~11, 12, 13~15

public disclosure of, 公开披露, 33

and sexual orientation, 性取向, 39

for women, 女人, 39

and workplace structures, 工场结构, 48. *See also* Fees, 另可见费用; Profits, 利润

Competence, 能力

and admission to bar 律师资格, 150, 151, 152, 154

and continuing legal education, 法律继续教育, 156, 157

and diversity and bias, 多样性与偏见, 38~44

and malpractice, 专业失职行为, 165

and need for reform, 改革的需要, 210

and nonlawyer assistance, 非律师援助, 136, 138, 210

and regulation, 监管, 144, 158~65

and stereotypes, 老套, 40~41, 43~44

Competition, 竞争

and admission to bar 律师资格, 155

and adversarial system, 对抗制, 51, 53

and advertising and solicitation, 广告与推销, 147~49

and discontent of lawyers, 律师的不满, 9~10, 23, 24, 25~26, 29, 30, 33, 35, 36, 45

and image of lawyers, 律师的形象, 1

and legal education, 法律教育, 189, 196, 197

and malpractice, 专业失职行为, 165

and need for reform, 改革的需要, 19, 207, 209, 210~11, 212

from nonlawyer specialists, 非律师的专家, 120, 135~36, 138~39, 140, 211

and profession's perspective on problems, 对问题的职业视角, 9~10, 12, 14

and profits, 利润, 33, 35, 36

and regulation, 监管, 144

and structure of practice, 执业行为的框架, 9~10, 29, 30, 45

索引 *343*

and too many lawyers, 律师过多, 120
Complaints, 投诉
about abuses of adversarial system 对抗制的滥用, 95, 102
about advertising and solicitation, 广告与推销, 149
about disciplinary system, 惩戒制度, 158
about discrimination, 歧视, 42~44
about fees, 费用, 159, 169, 170
about incompetent or ineffective legal assistance, 法律援助的不适格或无效, 62~63, 139, 159
and need for reform, 改革的需要, 158~65, 208, 211~12
and reports of misconduct, 不当行为的举报, 158, 162
responses to, 回应, 7, 16~17, 158~65. See also Discipline 另可见惩戒
Compliance counseling, 合规咨询, 65~66
Conference of State Supreme Court Justices, 州最高法院大法官会议, 150
Confidentiality, 秘密, 106~115
and accountability, 问责, 112, 113, 114
and adversarial system, 对抗制, 52, 58, 67, 82, 89, 93, 97, 106~15
and clients, 客户, 52, 58, 67, 97, 106~15
and corporations, 公司, 107, 111
differences between lawyers and nonlawyers views about, 律师与非律师观点之间的区别, 112~13
and discipline, 惩戒, 158, 161, 163~64
and enforcement, 执行, 114
and ethics, 伦理, 107, 109, 110, 111, 113, 114, 115
and ethical rules, 伦理规则, 106~10, 112~14, 115
and fees, 费用, 110, 112, 113
and individual rights, 个人权利, 110~11
and justice system, 司法体制, 106~15
and nonlawyer assistance, 非律师援助, 138, 139~40, 210
and organizations, 组织, 110
and public interest, 公共利益, 113
and reform, 改革, 18, 113~16,

210~11

and self-interest of lawyers，律师的自我利益，110，112

Conflict of interest，利益冲突，138，139~40，146，168，175，177，210

Consumer bill of rights，消费者权利法案，162

Consumer claims，消费者权利诉求，63~64，140. See also Product liability suits，产品责任诉讼

Contingency fees，胜诉取酬费用，64，105，169，174~77，178，179~80

Continuing legal education，法律继续教育，47，156~58

Contract law，合同法，134

"Cooling the client out"，使委托人冷静下来，64

"Corporate conscience"，公司良心，65

Corporations，公司

    and awards in liability suits，责任诉讼奖金，126

    as clients，委托人，6，9，30，144~45，170，181

    and confidentiality，秘密，107，111

    false claims against，错误主张，86~87

    in-house counsel of，公司内部律师，93，107

Council on Legal Education (ABA)，美国律师协会法律教育委员会，187，188~89

Court-appointed counsel，法院任命的律师. See also Legal aid，另可见法律援助

Courthouse facilitators，法官助理，136

Criminal cases，刑事案件，51，54~55，60~63，72，73，74，94，105，211

Cross-examination，交叉询问，100~3，104

Culture，文化

    and adversarial system 对抗制，50，52，53

    and America's reliance on law，美国对法律的依赖，119~20，123，125，207

    and civility/collegiality，礼貌/共同掌权，85

    and discontent of lawyers，律师的不满，25~26，36

    and fees/profits，费用/利润，36，183

and legal education，法律教育，186，196，205

and pro bono work，公益工作，205

and profession's perspective on problems，对问题的职业视角，8~13

and reasons for discontent with profession，对职业不满的理由，1~7

and reform of legal practice，法律执业行为的改革，48

Dalkon Shield litigation，达康顿诉讼，108~9

Darrow, Clarence，克拉伦斯·达罗，68

Daubert v. Merrel Dow Pharmaceutical 道伯尔特诉梅雷·道制药厂，104. See also Experts as witnesses，另可见专家证人

Death penalty，死刑，55，61，62~63，104

Delaying tactics，拖延战术，82，83，84，89，131，144，160~61，208，211

Depression and lawyers，沮丧与律师，8，21，25，197，209

Diderot, Denis，丹尼斯·狄德罗，32

Dirty hands dilemmas，脏手悖论，76~78

Disbarment，剥夺律师资格，159，161，164，165，182

Discipline，惩戒：and accountability，责任，161，162，163

and admission to bar，律师资格，153

and ADR，替代性纠纷解决方式，158，211

and adversarial system，对抗制，59，62~63，94~95，97

and advertising and solicitation，广告与推销，149

and clients，客户，95，158，159，163

and continuing legal education，法律继续教育，158

and ethics，伦理，158，163

and fees，费用，158，182，211

and image of lawyers，律师的形象，7

and lay representation on disciplinary agencies，惩戒机构中的外行代表，146

and malpractice，专业失职行为，158

and moral issues, 道德问题, 68
and need for reform, 改革的需要, 20, 21, 158~65, 210~12
politicalization of, 政治化, 161~62
and professional responsibility, 职业责任, 200, 201
and public interest, 公共利益, 162
and public criticism of, 公共批评, 158, 163
and secrecy about, 秘密, 160~61, 163
standards for, 标准, 158
and unpopular cause/clients, 不受欢迎的理由/客户, 59
vague and inconsistent provisions, 模糊不一致的规定, 91~93. See also Complaints, 另可见投诉 Enforcement, 执行; Regulation, 监管; Sanctions, 惩罚; Unprofessional behavior, 非职业行为
Discontent of lawyers, 律师的不满
and adversarial system, 对抗制, 2, 24, 65
and alternative structures, 替代结构, 45~58
and discrimination, 歧视, 38~44

dynamics of, 动力学, 24~28
and ethics, 伦理, 30, 47~48
and meritocracy, 知识界精华, 38~44
and need for reform, 改革的需要, 21, 30, 45~48, 208, 213
and profession's perspective on problems, 对问题的职业视角, 8, 10~11
and profits, 利润, 31~38
and reform, 改革, 45~48
and structure of practice, 执业行为的结构, 28~30. See also Satisfaction/dissatisfaction of lawyers, 律师的满意与不满; specific topic, 具体的主题
Discovery, 证据开示
discovery abuse 滥用, 83~84, 86~88, 89, 90
and reforms, 改革, 93, 94, 95, 108
Discrimination, 歧视, 38~44, 47, 54~55, 151, 192~96
Diversity, 多样性
and discontent of lawyers, 律师的不满, 38, 39, 44~45, 47~48
and legal education, 法律教育,

186, 190, 191, 192~96, 210

and meritocracy, 知识界精华, 39, 44~45

and need for reform, 改革的需要, 17, 20, 21, 38~48, 209~10, 213

and profits, 利润, 38

and regulation, 监管, 20, 145, 209~10

and workplace structures, 工场结构, 47~48

Divorce, 离婚, 19, 30, 64, 65, 76, 77, 78, 85~86, 123, 136, 140, 207

"Doctor of Doom": as expert witness, "医生的判决": 作为专家证人, 104

Duke, Doris: litigation, 杜克·多丽丝: 诉讼, 169

Educational debt, 教育债, 32, 36, 191

Employers, 雇主

  legal: difficulty of getting information about, 获取信息的法律困难, 210

  ranking of, 分级, 48. See also

Diversity, 多样性; Discontent, 不满; Firms 企业

Enforcement, 执行

  and adversarial system, 对抗制, 91, 93, 94

  and confidentiality, 秘密, 114

  and continuing legal education, 法律继续教育, 156~57

  and discipline system, 惩戒制度, 162, 163, 164

  and fees, 费用, 170

  and need for reform, 改革的需要, 22, 208, 209, 211, 212

  public role in, 公共角色, 208

England, 英格兰. See Great Britain, 大不列颠

Equal opportunity, 平等机会, 10, 21, 23, 38, 39, 42, 44, 47, 196, 208~9. See also Discrimination, 另可见歧视; Diversity 多样性

Erroneous criminal convictions, 错误的刑事判决, 106, 108

Ethics 2000 Commission, (ABA) 2000 伦理委员会, 145

Ethics, 伦理

  ABA studies about, 美国律师协会对

......的研究, 4, 88

and adversarial abuses, 对抗性的滥用, 82, 86, 88, 89, 92, 93, 94, 97, 98, 99, 100, 102, 103, 105

and advocate's role in adversarial system, 辩护律师在对抗制诉讼中的作用, 49~52, 54, 57~60, 64, 65, 67~74, 76~79

expedience, 经验, 58~60

and legal education, 法律教育, 186, 200~203, 212

and need for reform, 改革的需要, 17, 19, 20~21, 58~70, 208, 209, 210, 211, 212, 213

and profession's perspective on problems, 对问题的职业视角, 8, 9, 11, 12, 14~15, 16

public role in determining, 决定中的公共角色, 17, 19, 20~21, 208, 211. See also Codes of conduct, 行为守则; specific topic or association, 具体的主题或协会

Europe, 欧洲

corporate privilege in, 法人特权, 111

judges in, 法官, 100. See also

Germany, 德国; Great Britain, 大不列颠

Evidence, 证据

destroying or withholding, 破坏或者阻止, 83~84, 89

DNA, 脱氧核糖核酸, 55

Expectations, 期待

and adversarial system, 对抗制, 52

and discontent of lawyers, 律师的不满, 26, 27, 32

gap between practice and, 实践与......之间的隔阂, 11, 14~15, 27~28, 37, 45, 70

of legal education, 法律教育, 186

about practice, 执业, 201

and professional responsibility, 职业责任, 201

and profession's perspective on problems, 对问题的职业视角, 8, 11, 14~15

and profits, 利润, 32

Expense, 费用

and abuses of adversarial system, 对对抗制的滥用, 5, 83~85, 90

and ADR, 替代性纠纷解决机制, 131

and awards in liability suits, 责任诉

讼中的奖赏，125~29
of justice system，司法体制，125~29
of legal education，法律教育，185
of malpractice litigation，专业失职行为，158
and need for reform，改革的需要，18~19，125~29

Experts，专家
evaluation by neutral，中立者的评估，135
as witnesses，证据，103~4

Externalities，外部性，144

Faculty，能力
legal，法律系，189，202，203~6

Fairness，公正性，68，82，85~86，93，94，114，131，209，213

False claims litigation，错误主张的诉讼，86~87

Families of lawyers，律师家庭，40~41，42，45，46~48，208，213

Family law，家庭法，85~86，134，207. See also Divorce，参见离婚

Family leave policies，家庭假政策，21，46

Federal Trade Commission，联邦贸易委员会
and lawyer solicitation proposal，律师推销建议，149

Fees，费用
and accountability，责任，182
and advancing percentage formulas，推进比例的公式，180
and adversarial system，对抗制，7，61~62，64，69，70，74，93
and advertising and solicitation，广告与推销，148
and alternatives to hourly billing，按小时计费的替代方式，181
clients' concern about，客户的担忧，30，93
clients' lack of knowledge about，客户缺乏对……的了解，181
collection of unpaid，收取欠费，110，112
complaints about，对……投诉，3~4，169，170
and confidentiality，秘密，110，112，113
and conflict of interest，利益冲突，175，177
contingent，偶然性的，105，169，174~77，178，179~80

and corporate clients，公司客户，170, 181

and criminal defense，刑事辩护，61~62

and discipline，惩戒，158, 182, 211

and discontent of lawyers，律师的不满，24, 28, 30

and double billing，双倍计费，172~73, 178

and ethics，伦理，170, 174, 178

examples of abuses，滥用的例子，171~74

of expert witnesses，专家证人，105

and fee-shifting policies，费用转移政策，129

and image of lawyers，律师的形象，4, 7, 183

and malpractice，专业失职行为，182~83

and markups on expenses，费用的补偿，173~74

and multidisciplinary firms，多学科的律师事务所，138

and need for reform，改革的需要，168-83, 207, 211, 212

and nonrefundable retainers，不可退费的聘用，174, 178

padding of，填料，171

and price fixing，价格固定，170

and price of partisanship，党派忠诚的代价，86

and profession's perspective on problems，对问题的职业视角，9, 181~82

referral，提名，174, 178

and regulation，监管，168~83

splitting with nonlawyers，与非律师划分界限，138

statutory awards for，法定的奖赏，178~79

and statutory limits，法定限额，61

and structure of practice，执业行为的结构，28, 30

and time-based versus task-based billing，计时收费/计件收费，169~72

windfall，暴利，180

written agreements about，书面协议，178. *See also* Billable hours，计费时间；Compensation，补偿；Profits，利润；type of litigation，诉讼类型

Felder, Raoul，拉乌尔·费尔德，86

Firms，罚款

  and disciplinary system，惩戒制度，164～65

Firms，公司

  legal，法律

  and discipline，惩戒，212

  and discontent of lawyers，律师的不满，24，34，45，47

  and diversity，多样性，10，38～48

  and fee disputes，收费争议，181～82

  information about，信息，210

  multidisciplinary，多学科性的，19，138～40，211

  and need for reform，改革的需要，29～49，210，212

  organizational liability of，组织责任，164

  overstaffing in，用人过多，171

  and pro bono work，公益性工作，37

  and profession's perspective on problems，对问题的职业视角，10

  and profits，利润，34～35，37

  size of，规模，24，34～35

  and status，地位，34

  structure of，框架，34，45，47. *See also* Associates 合作者

Compensation，补偿

Discontent，不满

Diversity，多样性

Partners/partnerships，合伙人/合伙关系

First Amendment，第一修正案，74～76，147

Fisons Corporation，法伊森公司，86～88，90，95，104

Ford Motor Company，福特汽车公司，95

Forster, E. M.，E·M·福斯特，106

Fox, Lawrence，劳伦斯·福克斯，183

Frank, Leo，利奥·弗兰克，108

Frankel, Marvin，马文·弗兰克尔，69

Frankfurt, Harry，哈里·法兰克福，45

Frankfurter, Felix，费利克斯·法兰克福特，59

Franks, Maurice，莫里斯·弗兰克斯，85～86

Fraud，欺诈，106，111，112，114，138，169，170，181，182～83，211

"Free riders"，搭便车，144，158

Freedman, Monroe, 门罗·弗里德曼, 88, 98

Freidson, Eliot, 埃里奥特·弗里德森, 16

Friedman, Lawrence, 劳伦斯·弗莱德曼, 125, 198

Frivolous suits, 轻佻的诉讼, 90, 95, 120~22, 124, 129

Galanter 格兰特, Marc 麦克, 133

Gang of Four (China), 四人帮（中国）, 54

Gender issues, 性别问题, 10, 12~13, 23~24, 26, 38, 208~9. *See also* Discrimination, 歧视; Diversity, 多样性; Minorities, 少数民族; Women, 妇女

General Motors, 通用汽车, 93, 176

Germany, 德国

 expert witnesses in, 专家证人, 105. *See also* Europe 参见欧洲

Gibson, Dunn, 邓恩·吉布森, and Crutcher, 克拉彻, Gillers, Stephen, 史蒂芬·吉勒, 11

Ginsburg, Ruth Bader, 鲁斯巴德·金斯伯格, 201

Glen Ridge, New Jersey: gang rape in, 新泽思峡谷山脊：一伙抢匪, 101

Glendon, Mary, Ann, 安·玛丽·格林顿, 11, 27

Goffman, Erving, 埃尔温·戈夫曼, 52

Gordon, Robert, 罗伯特·戈登, 65~66, 94

Government, 政府

 number of lawyers in, 律师数目, 24

Great Britain, 大不列颠, 26, 60, 81, 94, 137, 162, 166

Greed, 贪婪

 See Compensation, 补偿

 Fees, 收费

 Profits, 利润

Griffin, Anthony, 安东尼·格里芬, 75, 79

Guilt, 负罪; factual and legal, 事实/法律, 73

Hard cases, 疑难案件, 49~50, 71~80

Hazard, Geoffrey, 杰弗瑞·哈泽德, 69, 74, 77, 112, 139, 171, 174

Health and safety concerns, 对健康安全的担忧, 114, 124, 126, 128,

129

Herring, Jacob, 雅各布·赫林, 40

Hoffman, David, 戴维·霍夫曼, 51

Hopwood v. Texas, 霍普伍德诉德克萨斯, 193

Hubbell, Webster, 韦伯斯特·胡贝尔, 171, 182

Hughes, Charles Evans, 查尔斯·文斯·休斯, 151

Idealism, 理想主义

 and discontent of lawyers, 律师的不满, 26

 and gap between practice and expectations, 实践与期待之间的差距, 2, 14~15, 22, 26, 37, 45, 70, 80

 and image of lawyers, 律师的形象, 15

 and need for reform, 改革的需要, 22, 213

 and profession's perspective on problems, 对问题的职业视角, 14~15

Illinois, 伊利诺斯, 114, 162~63, 168, 182

Image of lawyers, 律师的形象

 and adversarial system, 对抗制, 4, 6, 7

 and advertising and solicitation, 广告与推销, 147, 148, 149

 and ethics, 伦理, 4

 and fee abuses, 乱收费, 183

 and media, 媒体, 118

 and need for reform, 改革的需要, 8, 208, 211

 and nonlawyer assistance, 非律师人员的援助, 141

 and pro bono work, 公益性工作, 149

 and profession's perspective on problem, 对问题的职业视角, 5~6, 15~16

 public image of lawyers, 律师的公共形象, 3~8, 15~16, 83, 118, 200

 and regulation, 监管, 2~3, 5, 7~8, 183

Immigration, 移民, 136, 137, 138

In re Himmel, 162~63

In-house counsels, 公司内部律师, 93, 107, 138, 139, 181

Incivility, 粗野. *See* Civility/collegiality, 文明/共同掌权

Indigent clients，贫困的客户. *See* Legal aid 法律援助；Unpopular causes/clients 不受欢迎的原因/客户

Individual rights，个人权利，72，73~74，110~11，115，145

Inequalities，不平等

and ADR，替代性纠纷解决机制，132，133

in adversarial system，对抗制，2，58，67，105

and image of lawyers，律师的形象，5，7

in justice system，司法制度 19，58

in legal representation，法律代表，2，24

and need for reform，改革的需要，18，19

and too much rhetoric，131

Inge，William Ralph，威廉·拉尔夫·英奇，208

Innocent third parties，无辜的第三方，18，52，58，67，106~7，111，112

Insurance，保险

claims，诉讼请求，63~64

and companies，公司，146

and malpractice，专业失职行为，167~68，210

Interdisciplinary studies，跨学科研究，198~99，201，210

Interstate practice，跨州执业，153~54

Jamail，Jo，乔·占迈尔，91

Japan，日本

lawyers in 律师，118~19

Jefferson，Thomas，汤姆斯·杰弗逊，185

Joint Conference of American Bar Association and Association of American Law Schools，美国律师协会与美国法学院协会的联席会议，53

Jones，Paula，保拉·琼斯，98，102，104

Judges，法官

and problems in adversarial system，对抗制的问题，56，88，89~90，92，94，95，96，100，102，104，115

and ADR，替代性纠纷解决机制，132

and advertising and solicitation，广告与推销，148

and awards in liability cases, 责任案件中的判决, 127

biases of, 偏见, 89~90, 115

and class action suits, 集团诉讼, 175, 181~82

and confidentiality, 秘密, 108

and discipline, 惩戒, 159, 212

in Europe, 欧洲, 100

evaluation of, 评估, 95

and need for reform, 改革的需要, 208, 211, 212

and nonlawyer assistance, 非律师的援助, 141

and oversight of fees, 对收费的监督, 175, 181~82

and oversight of lawyers in adversarial system, 对对抗制中的律师的监督, 62, 74, 89~90, 92, 108

and regulation, 监管, 145, 146

and witnesses, 证人, 98, 102, 104, 105

"Junk Science", 104

Juries, 陪审团

and ADR, 替代性纠纷解决机制, 132

and adversarial system, 对抗制, 56, 68, 77, 78, 101

and awards in liability cases, 责任案件中的判决, 127, 128~29

and justice, 司法, 81

and witnesses, 证人, 98, 101, 104

Justice, 司法

and abuses in adversarial system, 对抗制的滥用, 81–115

ADR as second-class, 作为第二位的替代纠纷解决机制, 133

and advocate's role in adversarial system, 辩护律师在对抗制诉讼中的作用, 52~53, 54, 58, 61, 64, 65, 70, 73, 77~78, 79

ambiguity of, 模棱两可, 68

barriers to, 障碍, 124

and career choice, 职业选择, 70

and civility, 文明

collegiality, 共同掌权, 82~83

differing views of, 不同观点, 18

and discontent of lawyers, 律师的不满, 65

and ethics, 伦理, 82

and fairness, 公正性, 82, 85~86, 93, 94, 114

and image of lawyers, 律师的形象, 2, 83

and inequalities, 不平等性, 58

and need for reform, 改革的需要, 18, 21~22, 213

"sporting theory" of, 体育理论, 81, 115

and truth, 真相, 82, 94~105, 115

and unpopular causes/cases, 不受欢迎的诉因/案件, 54. See also Justice system, 另可见司法制度

Justice Department, U. S.: and antitrust investigation into legal education, 美国司法部和对法律教育的反垄断调查, 189

Justice system, 司法制度

and adversarial system, 对抗制, 67, 74, 78

and alternative dispute resolution, 替代纠纷解决机制, 131~35

and confidentiality, 秘密, 106~15

and discontent of lawyers, 对律师的不满, 38

expensiveness of, 昂贵, 125~29

inequalities in, 不平等, 19, 58

and legal education, 法律教育, 186

and legalization, 法律化, 125

and litigiousness, 好讼的, 120~24

and need for reform, 改革的需要, 19, 82~86, 117~41, 208, 213

and nonlawyer assistance, 非律师援助, 135~41

and number of lawsuits, 诉讼的数目, 120~24

and number of lawyers, 律师的数目, 118~20

and pro bono work, 公益性工作, 204

procedural pathologies and prescriptions for, 程序性问题与解决方法, 82~96

rhetoric about, 修辞, 129~31

and witnesses, 证人, 96~105. See also Access to legal service/justice, 获得法律服务和司法; Justice, 司法

Katten, Muchen, and Zavis, 马肯·卡腾和萨维斯, 43~44

Kaufman, Andrew, 安德鲁·考夫曼, 77

Keates, William, 威廉·杰特斯, 27, 32

Koniak, Susan, 苏珊·柯尼卡, 112

Ku Klux Klan, 三K党, 75, 76, 79, 108

Kunstler, William, 威廉·孔斯特勒,

79

Kutak, Robert, 罗伯特·库塔克, 53

Landlord-tenant disputes, 地主与佃户的纠纷, 136, 140

Law 法律: evasion versus violation of 规避/违反: 78

 and explanations to witnesses, 证人的解释, 97, 98

 too much, 太多, 5, 124~25

Law School Admission Council, 法学院录取委员会, 194

Law schools, 法学院. See Legal education, 另可见法律教育

Law students, 法科学生

 debt burden of 债务负担, 32, 36, 191

 and educational experience, 教育经历, 185~206

 and gap between expectations and practice, 期待与实践之间的差距, 27~28

 pro bono work by, 公益性工作, 13, 203~6. See also Legal education, 另可见法律教育

Law v. Life, 法律与生活, 28, 36

Lawyers, 律师

 concerns about too many 对太多的担忧, 117~20, 141, 154, 189

 definition of, 定义, 3

 demonization of, 使成为魔鬼, 3

 number of, 数目, 9, 118~20, 207

 primary obligation of, 首要义务, 66. See also specific topic, 另参见具体主题

Legal aid, 法律援助

 and adversarial system, 对抗制, 61~62, 63, 64, 74, 78, 79

 and debt burden of law students, 法科学生的负债, 191

 and image of lawyers/legal profession, 律师或法律职业的形象, 2

 inadequate resources for, 资源不足, 29, 61~62, 74

 and need for reform, 改革的需要, 208, 211

 and nonlawyer assistance, 非律师援助, 139

 number of lawyers in, 律师的数量, 24

 and profits, 利润, 31

 and structure of practice, 执业行为的结构, 28

subsidization of, 补贴, 2, 141. See also Pro bono work, 另参见公益性工作

Legal education, 法律教育

and accountability, 责任, 210

accreditation of, 认证, 20, 187, 188~89, 190, 203~4, 205, 210

and admission to bar, 加入律师协会, 150, 151, 154~55

and admission to law schools, 进入法学院, 27, 194~95

and adversarial system, 对抗制, 95

and antitrust investigation, 反垄断调查, 189

as "cash cow," 188

and competition, 竞争, 196, 197

continuing, 继续, 47, 156~58

and culture, 文化, 196, 205

curriculum in, 课程, 196~99, 212

and discontent of lawyers, 律师的不满, 27, 29~30, 45, 47

disjuncture between legal needs and, 法律需要与……之间的分离, 185~86, 189~90, 197~98, 201

dissatisfaction of lawyers with, 律师对……不满, 189~90

and diversity, 多样性, 186, 190, 191, 192~96, 209~10

and ethics, 伦理, 186, 200~203, 212

expectations for, 对……的期待, 186

as expensive, 昂贵, 185

as foundation for reform, 改革的基础, 186

history of, 历史, 185

increased demand for, 更多的需要, 29~30

and interdisciplinary studies, 跨学科的研究, 198~99, 201, 210

and issues facing legal profession, 法律职业面临的问题, 201

Justice Department's investigation of, 司法部对……的调查, 189

and justice system, 司法制度, 186

methods and priorities in, 改革和优先性, 196~99

and minorities, 少数民族, 192~96

mission of, 任务, 186~87, 196

and need for reform, 改革的需要, 20, 190~92, 194~206, 209~10, 212

and nonlawyer assistance, 非律师援助, 136
one-size-fits-all model of, 一刀切的方法, 20, 189
and pro bono work, 公益性工作, 13, 203~6, 210
and professional responsibility, 职业责任, 200~203, 204, 206, 210, 212
and profession's perspective on problems, 对问题的职业视角, 12, 13
and public, 公共, 191~92, 194
rankings in, 分级, 187~88, 191, 194, 210
and regulation, 监管, 186, 201
responsibility for, 责任, 186
and rewards, 奖赏, 196, 199
and romanticization of law, 法律的浪漫化, 27
and salaries of faculties, 教师的薪水, 189
self-interest in, 自我利益, 27, 186, 189
and specialization, 专门化, 20, 190, 212
structure of, 结构, 186, 187~92

and structure of practice, 执业行为的结构, 29~30, 45, 47
and values, 价值, 203~6
and women, 妇女, 192~96. *See also* Apprenticeships, 另可见学徒制; Law students, 法科学生

Legal profession, 法律职业
autonomy of, 自治, 17~22, 145, 183, 212, 213
challenges facing, 面临的挑战, 3, 13~14, 201, 213
contributions and responsibilities of, 责任, 3
diversity in, 多样性, 17, 38~44, 47~48
and professing, 表示, 21~22
reasons for discontent with, 不满的理由, 1
size of, 规模, 1, 9, 29~30, 85, 118~20
structure of, 结构, 9, 16~17, 29~30, 45~48. *See also* specific topic, 另可见具体主题
Legal secretaries, 法务秘书, 136
Legal system, 法律体系
and adversarial system, 对抗制, 67

costs of，成本，125~30

and image of lawyers，律师的形象，3~8

manipulation of，操纵，7

and profession's perspective on problems，对问题的职业视角，9，11

and public interest，公共利益，1~22

reasons for discontent with，不满的理由，1~2，81~115

recasting problems of，问题重述，17~22

structure of，结构，4~5，51~52，81~82. See also Adversarial system，另可见对抗制；Justice system，司法制度

Lerman, Lisa，莉萨·勒曼，181，182，183

Liability suits，责任诉讼，125~29

Licensing，许可

　by ABA，美国律师协会做出的，201

　and admission to bar，加入律师协会，153，154

　in Japan，日本，119

　and need for reform，改革的需要，20，209~10

for nonlawyer assistance，非律师的援助，19，136，137，201，209~10

Limited liability partnerships，有限责任合伙，167

Lincoln, Abraham，林肯·亚伯拉罕，80，147，150

Lincoln Savings and Loan，林肯储蓄信贷，109

Linowitz, Sol，索尔·利诺维茨，12~13

Litigation，诉讼

　and image of lawyers，律师的形象，5

　and number of lawsuits，诉讼的数目，5，117~18，120~24

　unmet needs in，未能得到满足的需要，124. See also Adversarial system，另可见对抗制；type of litigation，诉讼类型

Litigiousness，好讼的，117~31

Llewellyn, Karl，卡尔·卢埃林，59

Lobbying，游说，74

Lopez, Gerlad，杰拉尔德·洛佩兹，198

Los Angeles，洛杉矶，California: bar association guidelines in，加利福尼

亚律师协会的指南，92~93
"Loser pay" system，败诉付费制度，129
Low-income households，低收入家庭：
　legal problems of，法律问题，124
LSAT scores，法学院入学考试分数，194
Luban, David，戴维·卢班，53，57，104
Lunz Research Companies，伦兹研究公司，3

Macaulay, Lord，洛尔·麦考利，4
McConnell, Mitch，米奇·麦康奈尔，12
McDonald's，麦当劳，121~22
Malpractice，专业失职行为
　ABA recommendations about 美国律师协会的建议，167
　and abuses in adversarial system，对抗制的滥用，89，95，108
　and accountability，责任，166
　and advocate's role in adversarial system，辩护律师在对抗制中的作用，62
　and awards in liability cases，责任诉讼的赔偿，127

burden of proof for，举证责任，165~67
and confidentiality，秘密，108，113
and conflict of interest，利益冲突，168
and continuing legal education，法律继续教育，158
and discipline system，惩戒制度，158，163
and ethics，伦理，165~66
expense of litigation for，诉讼成本，158
and fees，收费，182~83
growth in claims of，诉讼请求的增加，165
insufficient remedies for，救济不充分，62，89，165~68，183
insurance for，保险，167~68，210
and legal education，法律教育，189
medical，医疗，108，124，126，128，129，163，166，169
and need for reform，改革的需要，21，62，95，166~68，210~11
and nonlawyer assistance，非律师的援助，137，210
recovery in claims of，权利请求的

实现，165~67, 168
standard/burden of proof for，证明标准/举证责任，165, 166~67
and structure of profession，职业结构，167

Managerial issues，管理性问题，45, 47, 89~90, 151, 164

Manning, Bayless，贝利斯·曼宁，146

Markups on expenses，成本的补偿，173~74

Mass disaster programs，巨灾项目，149, 177~78

Media，媒体，5, 6, 24, 118, 120~23, 126, 127-28, 130

Mediation，调解，19, 93, 132~33, 134, 135, 137, 164

Mencken, H. L.，H·L·门肯，130

Menkel-Meadow, Carrie，卡丽·门克尔-梅多，178

Mental health，精神健康
 and admission to bar 加入律师协会，152, 153

Mentoring，指导
 and adversarial system 对抗制，85, 93
  of associates，副手，38, 85

and discontent of lawyers，对律师的不满，38, 41, 42, 47~48
and meritocracy，知识界精华，41, 42
and minorities，少数民族，10, 38, 194
and need for reform，改革的需要，21
and profession's perspective on problems，对问题的职业视角，9, 10
and profits，利润，38
and stereotypes，老套，41
and women，妇女，10, 38, 194
and workplace structures，工作场所结构，47~48

Merit，优点，35, 38~44, 194

Mini-trials，小额审判，135

Minnesota Supreme Court，明尼苏达州最高法院，107~8

Minorities，少数民族
 and admission to bar 加入律师协会，151, 152
 bias against，对……的偏见，10
 compensation for，补偿，39
 and legal education，法律教育，192~96

and mentoring, 指导, 10, 38, 194
and need for reform, 改革的需要, 38~44, 47
and opportunities for, 机会, 23, 38~44, 47
and partnerships, 合伙制, 39
and problems of, 问题, 38~44
and profits, 利润, 38. *See also* Diversity, 另可见多样性

Minority Counsel Programs, 少数民族律师项目, 47

Model Code of Professional Responsibility (ABA), 职业责任示范规则, 109, 145

Model Rules of Professional Conduct (ABA), 职业行业示范规则, 51~52, 53, 56, 71~72, 88, 109~10, 112, 113, 136, 138, 145

Moral issues, 道德问题
    adversarial system, 对抗制, 11, 18, 49~59, 64~69, 70, 71, 74, 76, 77~78, 79
    and discontent of lawyers, 律师的不满, 38
    and image of lawyers, 律师的形象, 15
    and moral character, 道德品格, 150, 152~53, 154, 155
    moral neutrality, 道德中立性, 51~58, 65, 66, 69
    and need for reform, 改革的需要, 17, 18, 22, 213
    and professional responsibility, 职业责任, 202
    and profession's perspective on problems, 对问题的职业视角, 12, 15
    and profits, 利润, 15, 38

Multidisciplinary practice, 跨学科的执业行为, 19, 138~40, 211

"Multidoor courthouses", 法院多窗口受理, 134

Mungen, Lawrence, 劳伦斯·明根, 43~44

Myers, David, 戴维·迈尔斯, 26

National Association for the Advancement of Colored People (NAACP), 有色人种全国促进会, 75

National Association for Law Placement (NALP), 法律职业全国协会, 39, 46

Nazis, 纳粹
    representation of, 74~75, 76

New Jersey, 新泽西
  discipline system in, 规范体系, 161
New South Wales, 新南威尔士: Australia, 澳大利亚, 162
No-fault processes, 无过错过程, 130
Nonlawyer assistance, 非律师援助, 19, 135~41, 207, 209~10, 211 See also Paralegals, 律师助理
Nonrefundable retainers, 不可退费的, 174, 178

Office of Independent Counsel U. S., 美国独立律师办公室, 55
Office of Thrift Supervision U. S., 美国节约监督办公室, 114
Oregon, 奥利根, 163, 167, 168
Out-of-state lawyers, 州外律师, 153~54, 211

Palmer Walter, 沃尔特·帕莫, 167
Paralegals, 律师助理, 20, 136, 191, 201. See also Nonlawyer assistance, 另可见非律师援助
Part-time work, 兼职工作, 21, 41, 46
Partisanship, 党派忠诚性

premises of 前提, 53~58
price of, 代价, 64~66, 86~88
and professional interests, 职业利益, 58~64. See also Adversarial system, 另可见对抗制
Partners/partnerships, 合伙人/合伙制: compensation/profits for, 补偿/利润, 34, 35, 36~37, 48
and discontent of lawyers, 律师的不满, 29, 34, 35, 36~37, 39
limited liability, 有限责任, 167
and meritocracy, 知识界精华, 39
and minorities, 少数民族, 39
and profession's perspective on problems, 对问题的职业视角, 10
and structure of practice, 执业行为的结构, 29, 48
and women, 妇女, 39
Performance evaluations, 行为评价, 46, 47~48, 115
Personal injury suits, 个人损害诉讼, 105, 106, 107~8, 124, 125, 127, 147, 148, 149, 175
Plato, 柏拉图, 1
Plea bargains, 辩诉交易, 62, 74
Posner, Richard, 瑞查德·波斯纳, 9, 103

Postema, Gerald, 杰拉尔德·朴斯蒂玛, 65
Pound, Roscoe, 罗斯科·庞德, 81, 143
Poverty law, 贫困法, 37, 46, 76~77
Powell, Lewis, 刘易斯·鲍威尔, 193
Practice, 执业行为: and discontent of lawyers, 律师的不满, 27
  disjuncture between legal education and, 法律教育与……的分离, 185~86, 189~90, 197~98, 201
  expectations about, 对……的期待, 11, 14~15, 22, 27~28, 37, 45, 70, 80, 201
  interstate, 州际, 153~54
  and need for workplace reform, 工作场所改革的需要, 30, 45–48
  and profession's perspective on problems, 对问题的职业视角, 9~10
  structure of, 结构, 24, 28~30, 34, 50. See also Workplace, 参见工作场所; type of practice, 执业的类型
Preparation, 准备
  of witnesses 证人的准备, 96~105, 115

Press, 新闻界
  See Media, 参见媒体
Private practice, 私人执业, 10~11, 24, 32
Privilege 特权
  attorney-client, 律师—客户, 83, 97, 109, 111, 140
  for other professionals, 对于其他职业人士, 111
Pro bono work, 公益性工作
  and adversarial system, 对抗制, 51, 59
  and advertising and solicitation, 广告与推销, 149
  benefits of, 好处, 37~38
  and culture of profession, 职业文化, 205
  and discontent of lawyers, 律师的不满, 33, 37~38, 45~46, 47~48
  history of, 历史, 13
  and image of lawyers, 律师的形象, 5, 149
  and indigent defense, 贫乏的辩护, 74
  and legal education, 法律教育, 13, 203~6, 210

and need for reform, 改革的需要, 18~19, 46, 141, 204, 208, 209, 210

and professional responsibility, 职业责任, 201, 204, 206

and profession's perspective on problems, 对问题的职业视角, 12, 13

and profits, 利润, 33, 37~38

rationale for, ……的理由, 37~38, 204~5

and self-representation, 自我陈述, 140

and unpopular causes/clients, 不受欢迎的诉因/客户, 58~59

and values, 价值, 203~6

and workplace structures, 工作场所结构, 37~38, 45~46, 47~48. See also Legal aid, 另可见法律援助; Public service, 公共服务

Problem solving, 解决问题, 86, 95, 198

Product liability suits, 产品责任诉讼, 86~88, 123, 177~78

Profession, 职业

meaning of term 术语解释, 21~22

Professional responsibility, 职业责任

and adversarial system, 对抗制, 50, 60~61, 66~67, 70, 72, 79, 201

and challenges facing legal system, 法律体系面对的挑战, 3

and discipline, 纪律, 200

and legal education, 法律教育, 200~3, 204, 206, 210, 212

and need for reform, 改革的需要, 18, 22, 207, 208, 210, 212, 213

and pro bono work, 公益性工作, 37~38, 204, 206

and profession's perspective on problems, 对问题的职业视角, 15~16

and regulation, 监管, 201

and self-interest, 自我利益, 16

Professionalism, 职业主义

and accountability, 责任, 16~17

and adversarial system, 对抗制, 79, 82, 91, 92

claims of crisis in, 危机的呼吁, 13, 208

claims of decline in, 减少的权利请求, 9, 11, 13

courses about, 有关……的过程, 91

and need for reform, 改革的需要, 17, 21, 22, 208, 213

and nonlawyer assistance, 非律师援助, 139

and pro bono work, 公益性工作, 37~38, 46, 206

and profession's perspective on problems, 对问题的职业视角, 9, 11, 12, 13, 14~17

and regulation, 监管, 16~17

Profits 利润

and discontent of lawyers 律师的不满, 31~38, 45, 48

and image of lawyers, 律师的形象, 4, 6

and need for reform, 改革的需要, 48, 208, 209, 213

and over-valuation, 过度评价, 14, 31~38

and reluctance to address problems, 不愿解决问题, 9, 13~14, 30

and workplace structures, 工作场所结构, 45, 48. See also Compensation, 另可见补偿; Fees, 收费

Proposition, 209 (California), 陈述, 193

Prosecutors, 控方, 62, 68, 73, 85, 159

Public, 公共

and discipline system 惩戒制度, 162, 163

ignorance of, 无知, 7~8, 146~47, 163

image of lawyers, 律师的形象, 3~8, 15~16, 83, 200

and legal education, 法律教育, 191~92, 194

and regulation, 监管, 2~3, 7~8, 144, 146~47, 165, 208~13. See also Accountability, 另可见责任; Public interest, 公共利益

Public defenders, 公共辩护人. See Legal aid, 法律援助

Public health and safety, 公共健康与安全, 88~89

Public interest, 公共利益

and ADR, 替代性纠纷解决机制, 133, 134, 135

and adversarial system, 对抗制, 50, 51, 53, 58

and confidentiality, 秘密, 113

and discontent of lawyers, 律师的不满, 29, 37

and image of lawyers, 律师的形象,

15～16

and legal profession, 法律职业, 1～22

and need for reform, 改革的需要, 207

and profession's perspective on problems, 对问题的职业视角, 13～15

and profits, 利润, 37

and structure of practice, 执业行为的结构, 29. See also Public 另可见公共

Public interest cases, 公益案件, 90

Public service, 公共服务: and discontent of lawyers 律师的不满, 37, 38, 45～46

and profession's perspective on problems, 对问题的职业视角, 9, 10, 12

and profits, 利润, 37, 38

and workplace structures, 工作场所, 45～46. See also Pro bono work 公益性工作; Public interest 公共利益

Quayle, Dan, 丹·奎尔, 118, 122

Race, 种族

and admission to bar 加入律师协会, 151, 152

and adversarial system, 对抗制, 54～55, 72, 75

and discontent of lawyers, 律师的不满, 23～24, 26

and need for reform, 改革的需要, 208～9

and profession's perspective on problems, 对问题的职业视角, 12～13. See also Diversity, 另可见多样性; Minorities, 少数民族

RAND Institute, 25, 131, 132～33

Rape cases, 强奸案件, 101, 102, 106

Rawls, John, 约翰·罗尔斯, 113

Real estate brokers, 不动产经纪人, 136, 137

Reasonable doubt standard, 合理怀疑标准, 103

Reasoner, Harry, 哈里·里森纳, 122

Reed, Alfred, 里德, 艾尔弗雷德·里德, 190

Referral fees, 推荐费, 174, 178

Regents of the University of California v. Bakke, 加州大学董事诉贝基, 193

Regulation, 监管: and accountability

责任，143，145，146，212
and admission to bar, 加入律师协会，150~55
and adversarial system, 对抗制，58，62，64，66，67，103
and advertising and solicitation, 广告与推销，147~49
and autonomy of legal profession, 法律职业的自治，17~22，145，183，212，213
and clients, 客户，144~45
and codes of conduct, 行为守则，16，19，145，146
and competence, 能力，144，158~65
and competition, 竞争，144
and confidentiality, 秘密，109，115
and conflict of interest, 利益冲突，146
and continuing legal education, 法律继续教育，156~58
and discipline, 纪律，158~65
and diversity, 多样性，20，145，209~10
and fees, 收费，168~83
and image of lawyers, 律师形象，2~3，5，7~8，183

and individual rights, 个人权利，145
and legal education, 法律教育，186，201
and malpractice, 专业失职行为，165~68
and need for reform, 改革的需要，14~17，19~21，144，183，207~13
and nonlawyer assistance, 非律师的援助，135，137~38，139
and professional self-interest, 职业性的自我利益，14~16，19~21
and profession's perspective on problem, 对问题的职业视角，11，16~17
and public/public interest, 公共/公共利益，2~3，7~8，14~21，144，146~47，165，208~13
rationale for, 理由，144~47
self, 自我，2~3，7~8，14~21，143，145，146，208
and separation of powers, 分权，145
and witness relations, 证人关系，103. See also Admission, 另可见加入；Bar examinations, 律师考试；Codes of conduct, 行为守则；

Complaints，投诉；Discipline，纪律；Licensing，许可；specific organization，特定组织
Rehnquist, William, 104, 171
R. J. Reynolds tobacco company, R·J·雷诺兹烟草公司, 84
Rodell Fred, 罗德尔·弗雷德, 196

Sanctions, 制裁
 and abuses of adversarial system, 对抗制的滥用, 62, 84, 85, 87, 88, 89, 90, 93, 94~95, 102
 and continuing legal education, 法律继续教育, 158
 and disciplinary system, 惩戒制度, 159~165
 and discontent of lawyers, 律师的不满, 30
 and fees, 收费, 182
 inadequacy of, 不足, 159~160
 as mandatory, 所要求的, 90, 93
 and need for reform, 改革的需要, 19, 20, 21, 159~65, 208
 and profession's perspective on problems, 对问题的职业视角, 9
 and responses to complaints, 对投诉的回应, 16~17, 159

Satisfaction/dissatisfaction of lawyers, 律师的满意/不满
 and adversarial system, 对抗制, 65
 and compensation/rewards, 补偿/奖励, 14, 26
 and discontent of lawyers, 律师的不满, 24~27, 32, 37, 38, 45
 doing good vs doing well, 做好事与做坏事的区别, 28
 and gender, 性别, 38~44, 46~48
 and justice, 司法, 65
 and occupational characteristics, 职业特征, 24~26
 and personal characteristics, 个人特征, 26
 and race, 种族, 38~44, 47
 and self-esteem, 自尊, 14
 and sexual orientation, 性取向, 38~39, 42, 47. See also Career choice, 另可见职业选择; Discontent of lawyers, 律师的不满
Scapegoats, 替罪羊
 lawyers as, 律师, 6, 28
Schnapper, Eric, 埃里克·施内珀, 202
Schor, Juliet, 朱丽叶·朔尔, 31
Securities and Exchange Commission,

证券交易委员会, 114
Self-esteem, 自尊, 14, 15~16, 26, 70, 196
Self-help, 自助, 207, 209
Self-interest, 自我利益, 16, 27, 60~61, 110, 112, 163, 186, 189
Self-representation, 自我陈述, 140~41
Sells, Benjamin, 本杰明·塞尔斯, 13
Seneca, 塞内加, 1
Sexual harassment cases, 性骚扰案件, 101~2, 121
Sexual orientation, 性取向, 12~13, 38, 39, 42, 47, 152, 194
Sharswood, George, 乔治·沙斯伍德, 51
Shuck, Peter, 皮特·沙克, 130
Simon, William, 威廉·西蒙, 72, 74, 77
Simpson (O. J.) case, O·J·辛普森辛, 61, 94, 105
60 Minutes (CBS-TV), 122
Skadden Arps 世达律师事务所, 173
SLAPPs (strategic lawsuits against public participation), 反对公共参与的策略性诉讼, 86~87, 95

Sleeping lawyers, 打瞌睡的律师, 63
Small town lawyers, 小镇上的律师, 63~64
Smith, William Kenneds, 威廉·肯尼迪·史密斯, 101
Social good, 社会良善, 8, 11, 38. *See also* Public interest, 参见公共利益
Socratic approach, 苏格拉底式的方法, 196, 197
Solicitation, 推销, 147~49. *See also* Advertising, 另可见广告
Solo practice 单独执业, 24, 29, 47
Special masters, 专门的大师, 89, 182
Specialization, 专业化, 9, 17, 20, 29, 158, 190, 210, 212
Sporkin, Stanley, 斯坦利·斯伯金, 109
Starr, Kenneth, 肯尼斯·斯塔, 72
State supreme courts, 州最高法院, 145~46, 150, 162
Status, 法律地位, 26, 32, 33, 34, 35, 46, 50, 70, 197, 209
Stereotypes, 老套 and competence 能力, 40~41
Stevens, Wallace, 华莱士·史蒂文,

183

Stone, Harlan Fiske, 哈伦·菲斯克·斯通, 12

Stossell, John, 约翰·斯托塞尔, 127

Stress, 压力, 21, 25~26, 29, 197, 209

Subin, Harry, 哈里·苏宾, 72

Substance abuse, 物质滥用, 8, 25, 62, 151, 152, 153, 156, 164, 168, 197, 209

Sullivan, Kathleen, 凯瑟琳·沙利文, 148

Supreme Court, U. S., 美国最高法院, 147, 169-70, 177

Tawney, Richard, 理查德·托尼, 131

Tax and financial planning, 税收和财务计划, 30

Tax Section Committee (ABA), 税务分委员会, 21

Technicalities, 专门性, 4, 49, 57, 60~61, 71, 73-74

Texaco case, 德士古案件, 89

Third parties, 第三方当事人
  innocent 无辜的, 18, 52, 58, 67, 106-7, 111, 112

and malpractice, 专业失职行为, 166~67

Tobacco litigation, 烟草诉讼, 108~9, 177~78

"Total justice", 总的正义, 125

Train, Arthur, 阿瑟·特雷恩, 12

Trial by ordeal, 神明裁判, 81

Trollope, Anthony, 安东尼·特罗洛普, 100

Trudeau, Gary, 加里·特鲁多, 200

Truth, 真相, 53~58, 82, 94~105, 115

Twain, Mark, 马克·特温, 206

University of Michigan Law School, 密歇根大学法学院
  affirmative action survey, 法学院平权行为调查, 194

Unpopular causes/clients, 不受欢迎的诉因/客户, 50, 54~55, 57, 58~60, 72, 74~76, 79

Unprofessional behavior, 非职业性行为
  disclosure of, 披露, 114~15
  and discontent of lawyers, 律师的不满, 30
  and legal education, 法律教育, 202

and professional responsibility，职业责任，11，202

and profession's perspective on problems，对问题的职业视角，11

and structure of practice，执业行为的结构，30. See also Discipline，另可见纪律；Malpractice，专业失职行为；Sanctions，制裁

U. S. Department of Education，美国教育部，187

U. S. News & World Report，美国新闻和环球报导：rankings of legal education by，法律教育的分级，187，188，191，194

Values，价值：and ADR，替代性纠纷解决机制，132，134

and adversarial system，对抗制，50，51，53，57，66，67，70，71，72，78

and confidentiality，秘密，110~11

and discontent of lawyers，律师的不满，37，45

and justice，正义，82

and legal education，法律教育，203~6

and need for reform，改革的需要，18，19~20，213

and pro bono work，公益性工作，203~6

and profession's perspectiveon problems，对问题的职业性视角，14

and profits，利润，37

and workplace structures，工作场所结构，45. See also Ethics，另可见伦理；Moral issues，道德问题

Veblen Thorsrein，索斯顿·凡勃伦，186

Virginia：civility code，礼貌规则，83

War crimes tribunals，战争刑事法庭，68

Wasserstrom，Richard，瑞查德·沃瑟斯托姆，65

Warergate scandal，水门丑闻，200

Welfare system，福利制度，76~77，78，79，136

Whistle blowers，内部揭发者，87，89，113，114

Wilde, Oscar，奥斯卡·王尔德，48，81

Wilson, Pete，皮特·威尔逊，122，161~62

Windfall fees，暴利性收费，180~81

Wisconsin，威斯康辛
  admission to bar in，加入律师协会，155
Witnesses，证人，73, 82, 83, 96~105, 115
Women，妇女，36, 38~44, 47, 192~96. See also Diversity，多样性；Discontent，不满；Gender issues，性别问题；Legal Profession，法律职业；Minorities，少数民族；Workplace，工作场所
Working conditions，工作状况. See Workplace，工作场所
Working mothers，有工作的母亲，40~41
Workplace，工作场所
  assignments in 分配，42~46
  civility/collegiality in，礼貌/共同掌权，85
  and discontent of lawyers，律师的不满，24, 32~33, 36, 41, 42, 46
  and ethics，伦理，47~48
  and flexible schedules，弹性工作制，46
  and meritocracy，知识界精华，41
  and need for reform，改革的需要，21, 45~48, 208, 209, 213
  pressures of，压力，201
  in private practice，私人执业，10~11
  and profession's perspective on problems，对问题的职业视角，9, 10~11
  priority of profits in，利润的优先性，31~38
  and quality of work，工作质量，10~11
  structure of，结构，9, 24, 41, 45~48
  sweatshop hours in，血汗工厂，21, 32~33, 35, 36, 208
  women in，妇女，38~44, 47. See also Associates，参见副手；Partners/partnership，合伙人/合伙制
World Trade Center，世贸中心
  bombing of，轰炸，79

Younger, Irving，欧文·杨格，100

Zacharias, Fred，弗雷德·扎卡赖亚斯，111, 112~13

图书在版编目（CIP）数据

为了司法/正义：法律职业改革/(美)罗德著；张群等译 －北京：中国政法大学出版社，2009.3

（美国法律文库）

ISBN 978-7-5620-3349-3

Ⅰ.为... Ⅱ.①罗...②张... Ⅲ.律师制度-体制改革-研究-美国 Ⅳ.D971.265

中国版本图书馆CIP数据核字（2009）第027435号

书　　名	为了司法/正义：法律职业改革
出 版 人	李传敢
出版发行	中国政法大学出版社（北京市海淀区西土城路 25 号） 北京 100088 信箱 8034 分箱　邮政编码 100088 zf5620@263.net http://www.cuplpress.com　（网络实名：中国政法大学出版社） （010）58908325（发行部）　58908285（总编室）　58908334（邮购部）
承　　印	固安华明印刷厂
规　　格	880×1230　32 开本　12.25 印张　270 千字
版　　本	2009 年 3 月第 1 版　2009 年 3 月第 1 次印刷
书　　号	ISBN 978-7-5620-3349-3/D·3309
定　　价	30.00 元

声　　明　　1.版权所有，侵权必究。
　　　　　　2.如有缺页、倒装问题，由本社发行部负责退换。

本社法律顾问　北京地平线律师事务所